新編 情報公開条例集

(1)

都道府県情報公開条例〔全文集〕＜上＞

新編 情報公開条例集

(1)

都道府県情報公開条例〔全文集〕＜上＞

秋吉健次 編
田北康成

信山社

はしがき

　情報公開法は、1999年5月7日に成立し、同月14日に制定された。
　総務省調査によると、後掲のとおり、2002年4月1日現在、地方自治体（3,288団体）のうち、2,669団体（47都道府県、2,622市町村）が情報公開条例（要綱を含む）を制定しているが、情報公開法制定直前の1999年4月1日現在の908団体（47都道府県、861市町村）に比べ、1,761団体という大幅増加になっている。しかも、情報公開法成立の影響を強く受け、その後の全部改正、部分改正の団体が数多く見受けられる。
　編者秋吉は、1999年8月31日現在で、「情報公開条例集」上・中・下（以下「前書」という。）を編集、信山社から発行したが、その後の制定、改正状況から、今回、「新編・情報公開条例集」を編集、前回同様、信山社から発行することとした。当初、紙幅の関係もあり、印刷物4巻とCD-ROM2巻を予定し、特に、CD-ROM編集・作成の関係上、田北康成氏（マスコミ倫理懇談会全国協議会嘱託・立教大学大学院博士課程在学）に編者に加わっていただいた。
　結果的に、本書は、全8巻（1巻都道府県条例・全文集上、2巻都道府県条例・全文集下、3巻都道府県条例・項目別条文集上、4巻都道府県条例・項目別条文集下、5巻政令指定都市・県庁所在36市条例・全文集、6巻政令指定都市・県庁所在36市条例・項目別条文集、7巻最新首都圏各市条例・全文集、8最新首都圏各市条例・項目別条文集）を印刷物として作成した。
　前書との対比では、都道府県条例全文集（本書1巻・2巻。47団体64条例）は、前書とほぼ同様であるが、都道府県項目別条文集（本書3巻・4巻）は、自由人権協会編「情報公開条例の運用と実務」（下巻、新版）を、編者秋吉が担当していたので、前書では除外したが、編集時期の関係で大幅に改正になったので、本書では収録した。
　また、本書では、新たに「県庁所在36市」（37条例）条例を収録し、政令指定都市（12市15条例）と併せ、5・6巻とした。さらに、埼玉県、千葉県、東京都（区・市）、神奈川県で、前書編集時（1999年8月）以降（1999年9月から）、2002年2月までに、全文改正された75条例（70団体）について「最新首都圏各市条

はしがき

例」として、7巻・8巻に収録した。ただし、この他に、この間制定された条例は幾つかあるが、紙幅の関係で割愛した。

　前書では、東京都23区、東京都27市の条例を収録したので、全文改正は本書の「最新首都圏各市条例」中に収録し、部分改正は、改正部分のみ別途収録した。

　最新の条例収録を意図したが、収録した条例（191条例、165団体）は数多く、編集開始・校正作業と印刷・発行時期との関係上、都道府県と政令指定都市は、2002年8月現在とし、2002年9月から2003年3月までの改正は追補として収録、その他は2002年12月現在とした。

　編者秋吉は、マスコミ倫理懇談会全国協議会事務局長、顧問などとして、青少年条例問題に関わり、その制定、改正の動きをフォローするため、都道府県に条例の送付をお願いするとともに、随時、例規集・広報を閲覧してきた。その作業と並行して、情報公開条例についても、例規集・広報などにより、収集することができ、さらに都道府県以外にも収集の範囲を広げ、前書を編集した。

　本書は、さらに国会図書館、東京都中央図書館、埼玉県・千葉県、神奈川県の県政情報センター、各県立文書館、各県立図書館、千葉県市川市市政情報センターなどで公開閲覧されている例規集、公報から条例を収集するとともに、各自治体関係者に条例の送付をお願いしたり、インターネットで公開している自治体の例規集を見たりした。最近、印刷物による「例規集」の加除を停止し、インターネットによる「例規集」に切り替える自治体が増えている。また、町村レベルでの情報公開条例制定が増え、しかも、印刷物による例規集の閲覧が困難であったり、インターネットによる例規集が未公開であったり、また、市区レベルでの条例の直近改正の内容の把握が困難ということで、編者秋吉は、100近い自治体を直接訪問し、条例（個人情報保護条例を含め）を入手（本書収録以外を含む）するとともに、多くの自治体の情報公開の実情を把握することができた。

　すでに制定されている情報公開条例は、改正作業は一応終了し、法律改正に伴う条例改正の動きが続いて見られる。最近の例としては、独立行政法人等の情報公開法制定、独立行政法人通則法改正に伴い、独立行政法人の役員、職員を国家公務員と同様に扱う改正が数多く見られるし、今なお続いている。

　編者秋吉は、97年10月、千葉県市川市の公文書公開審査会委員として、98年2月の条例施行の直前から制度の内容などについて事務局から詳細な説明を受

　　　　　　　　　　　　　　　　　　　　　　　　　　はしがき

け、さらに審査、建議などに関わったが、条例の内容いかんよりも、トップから事務当局に至る積極的な姿勢がよりよい情報公開制度運営に肝要であることを、幸いにして、痛感することができた。

　条例の内容は普遍化し、似たような内容をもつものが多くなったが、本書が情報公開制度に関心のある市民、学者、地方自治体関係の方々に広く利用され、情報公開制度の発展の資料となるよう、編者として切に願うものである。

　2003年6月

　　　　　　　　　　　　　　　　　　　　　　　秋　吉　健　次

平成14年7月31日
総　務　省

情報公開条例（要綱等）の制定状況調査の結果

　平成14年4月1日現在の地方公共団体における情報公開条例（要綱等）の制定状況に係る調査結果を下記のとおりとりまとめましたのでお知らせします。

記

1　全体の状況

　都道府県と市区町村を合わせた地方公共団体全体（3,288団体）では、<u>2,669団体</u>が条例（要綱等）を制定しており、前年度（2,178団体）に比べて<u>491団体</u>、<u>約23％</u>増加している。

　条例（要綱等）の制定率は、<u>81.2％</u>となっている（前年度調査時：66.1％）。

2　都道府県
  (1) 執行機関を対象とした条例
   　全ての都道府県が制定している。
  (2) (1)のうち、公安委員会・警察本部長を対象とした条例（未施行分を含む）
   　<u>全ての都道府県</u>が、公安委員会・警察本部長を実施機関に加えている。
   　（前年度調査時：42団体）
  (3) 議会を対象とした条例（未施行分を含む）
   　<u>全ての都道府県</u>が、議会を情報公開の対象としている（前年度調査時：40団体）。
   そのうち、執行機関の条例で議会を情報公開の対象としているものは<u>30団体</u>、議会を情報公開の対象とした独自の条例を定めているものは<u>17団体</u>である。
   ＜議会独自の情報公開条例を定めている団体＞
   　北海道、岩手県、宮城県、山形県、福島県、茨城県、栃木県、埼玉県、<u>千葉県</u>、
   　東京都、大阪府、兵庫県、鳥取県、<u>岡山県</u>、<u>広島県</u>、香川県、<u>宮崎県</u>
   　（下線を付した県は、新たに条例を制定）

9

3 市区町村(「別紙」参照)
(1) 執行機関を対象とした条例(要綱等)(未施行分を含む)

市区町村では、<u>2,622団体</u>が条例(要綱等)を制定しており、前年度(2,131団体)に比べ<u>491団体、約23%</u>の増加となっている。

市区町村別の制定率は、<u>市99.4%(97.0%)、区100%(100%)、町80.0%(60.5%)、村61.2%(44.8%)</u>となっている。(カッコ内は前年度調査における数値)

(2) 議会を対象とした条例(要綱等)(未施行分を含む)

<u>2,569団体(2,065団体)</u>が議会を情報公開の対象としている。そのうち、執行機関の条例において議会を対象としているものは<u>2,522団体(2,023団体)</u>、議会を情報公開の対象とした独自の条例(要綱等)を定めているものは<u>47団体(42団体)</u>である。(カッコ内は前年度調査における数値)

```
(連絡先)
自治行政局行政課
担当:藤原理事官、植松係長
電話:(代  表)03-5253-5111(内線)3019
    (直  通)03-5253-5509
    (FAX)03-5253-5511
```

情報公開条例（要綱等）の制定状況

平成14年4月1日現在

		都道府県					市区町村					合計
		都	道	府	県	計	市	区	町	村	計	
条例	14年度	1	1	2	43	47	671	23	1,581	344	2,619	2,666
	13年度	1	1	2	43	47	650	23	1,198	253	2,124	2,171
	増減	0	0	0	0	0	21	0	383	91	495	495
要綱等	14年度	0	0	0	0	0	0	0	3	0	3	3
	13年度	0	0	0	0	0	2	0	4	1	7	7
	増減	0	0	0	0	0	-2	0	-1	-1	-4	-4
合計	14年度	1	1	2	43	47	671	23	1,584	344	2,622	2,669
	13年度	1	1	2	43	47	652	23	1,202	254	2,131	2,178
	増減	0	0	0	0	0	19	0	382	90	491	491

（注）「要綱等」の「増減」欄で「－（マイナス）」となっている市町村は、いずれも条例を制定した。

情報公開条例（要綱等）制定率

平成14年4月1日現在

	都道府県					市区町村					合計
	都	道	府	県	計	市	区	町	村	計	
条例	100%	100%	100%	100%	100%	99.4%	100%	79.8%	61.2%	80.8%	81.1%
要綱等						0.2%		0.1%		0.1%	0.1%
合計	100%	100%	100%	100%	100%	99.4%	100%	80.0%	61.2%	80.9%	81.2%
13年度制定率	100%	100%	100%	100%	100%	97.0%	100%	60.5%	44.8%	65.6%	66.1%

※＜参　考＞
　市区町村数（平成14年4月1日現在）
　・市　　　　（675）
　・区　　　　（23）
　・町　　　（1,981）
　・村　　　　（562）
　・合計　　（3,241）

情報公開条例等制定状況（市区町村分）

平成14年4月1日現在

区分	市			区			町			村			市区町村計		
	条例	要綱等	計	条例	要綱等	計	条例	要綱等	計	条例	要綱等	計	条例	要綱等	計
北海道	34		34			0	112	1	113	9		9	155	1	156
青森県	8		8			0	21		21	10		10	39	0	39
岩手県	13		13			0	25		25	11		11	49	0	49
宮城県	10		10			0	59		59	2		2	71	0	71
秋田県	9		9			0	50		50	10		10	69	0	69
山形県	13		13			0	27		27	4		4	44	0	44
福島県	10		10			0	48		48	23		23	81	0	81
茨城県	22		22			0	43		43	17		17	82	0	82
栃木県	12		12			0	30		30	0		0	42	0	42
群馬県	11		11			0	27		27	11		11	49	0	49
埼玉県	41		41			0	34	1	35	1		1	76	1	77
千葉県	33		33			0	41		41	3		3	77	0	77
東京都	26		26	23		23	4		4	1		1	54	0	54
神奈川県	19		19			0	17		17	1		1	37	0	37
新潟県	19		19			0	56		56	33		33	108	0	108
富山県	9		9			0	18		18	6		6	33	0	33
石川県	8		8			0	22		22	1		1	31	0	31
福井県	7		7			0	12		12	2		2	21	0	21
山梨県	7		7			0	32		32	12		12	51	0	51
長野県	17		17			0	36		36	67		67	120	0	120
岐阜県	14		14			0	39		39	16		16	69	0	69
静岡県	21		21			0	46		46	1		1	68	0	68
愛知県	31		31			0	47		47	10		10	88	0	88
三重県	13		13			0	47		47	9		9	69	0	69
滋賀県	8		8			0	32		32	0		0	40	0	40
京都府	12		12			0	22		22	0		0	34	0	34
大阪府	33		33			0	10		10	1		1	44	0	44
兵庫県	22		22			0	66		66	0		0	88	0	88
奈良県	10		10			0	15		15	7		7	32	0	32
和歌山県	7		7			0	27		27	5		5	39	0	39
鳥取県	4		4			0	31		31	4		4	39	0	39
島根県	8		8			0	24		24	5		5	37	0	37
岡山県	10		10			0	43	1	44	11		11	64	1	65
広島県	13		13			0	44		44	3		3	60	0	60
山口県	14		14			0	31		31	2		2	47	0	47
徳島県	4		4			0	25		25	3		3	32	0	32
香川県	6		6			0	17		17	0		0	23	0	23
愛媛県	12		12			0	39		39	7		7	58	0	58
高知県	9		9			0	17		17	5		5	31	0	31
福岡県	24		24			0	49		49	2		2	75	0	75
佐賀県	7		7			0	27		27	3		3	37	0	37
長崎県	8		8			0	52		52	1		1	61	0	61
熊本県	11		11			0	26		26	8		8	45	0	45
大分県	11		11			0	33		33	8		8	52	0	52
宮崎県	9		9			0	16		16	6		6	31	0	31
鹿児島県	14		14			0	37		37	1		1	52	0	52
沖縄県	8		8			0	5		5	2		2	15	0	15
合　計	671	0	671	23	0	23	1,581	3	1,584	344	0	344	2,619	3	2,622

市区町村数及び市区町村条例等の制定率

平成14年4月1日現在

	条例等を制定ずみの市区町村数					市区町村数					条例等の制定率				
	市	区	町	村	小計	市	区	町	村	合計	市	区	町	村	合計
北海道	34		113	9	156	34		154	24	212	100.0%		73.4%	37.5%	73.6%
青森県	8		21	10	39	8		34	25	67	100.0%		61.8%	40.0%	58.2%
岩手県	13		25	11	49	13		29	16	58	100.0%		86.2%	68.8%	84.5%
宮城県	10		59	2	71	10		59	2	71	100.0%		100.0%	100.0%	100.0%
秋田県	9		50	10	69	9		50	10	69	100.0%		100.0%	100.0%	100.0%
山形県	13		27	4	44	13		27	4	44	100.0%		100.0%	100.0%	100.0%
福島県	10		48	23	81	10		52	28	90	100.0%		92.3%	82.1%	90.0%
茨城県	22		43	17	82	22		45	17	84	100.0%		95.6%	100.0%	97.6%
栃木県	12		30	0	42	12		35	2	49	100.0%		85.7%	0.0%	85.7%
群馬県	11		27	11	49	11		33	26	70	100.0%		81.8%	42.3%	70.0%
埼玉県	41		35	1	77	41		40	9	90	100.0%		87.5%	11.1%	85.6%
千葉県	33		41	3	77	33		42	5	80	100.0%		97.6%	60.0%	96.3%
東京都	26	23	4	1	54	26	23	5	8	62	100.0%	100.0%	80.0%	12.5%	87.1%
神奈川県	19		17	1	37	19		17	1	37	100.0%		100.0%	100.0%	100.0%
新潟県	19		56	33	108	20		56	35	111	95.0%		94.3%		97.3%
富山県	9		18	6	33	9		18	8	35	100.0%		100.0%	75.0%	94.3%
石川県	8		22	1	31	8		27	6	41	100.0%		81.5%	16.7%	75.6%
福井県	7		12	2	21	7		22	6	35	100.0%		54.5%	33.3%	60.0%
山梨県	7		32	12	51	7		37	20	64	100.0%		86.5%	60.0%	79.7%
長野県	17		36	67	120	17		36	67	120	100.0%		100.0%	100.0%	100.0%
岐阜県	14		39	16	69	14		55	30	99	100.0%		70.9%	53.3%	69.7%
静岡県	21		46	1	68	21		49	4	74	100.0%		93.9%	25.0%	91.9%
愛知県	31		47	10	88	31		47	10	88	100.0%		100.0%	100.0%	100.0%
三重県	13		47	9	69	13		47	9	69	100.0%		100.0%	100.0%	100.0%
滋賀県	8		32	0	40	8		41	1	50	100.0%		78.0%	0.0%	80.0%
京都府	12		22	0	34	12		31	1	44	100.0%		71.0%	0.0%	77.3%
大阪府	33		10	1	44	33		10	1	44	100.0%		100.0%	100.0%	100.0%
兵庫県	22		66	0	88	22		66	0	88	100.0%		100.0%		100.0%
奈良県	10		15	7	32	10		20	17	47	100.0%		75.0%	41.2%	68.1%
和歌山県	7		27	5	39	7		36	7	50	100.0%		75.0%	71.4%	78.0%
鳥取県	4		31	4	39	4		31	4	39	100.0%		100.0%	100.0%	100.0%
島根県	8		24	5	37	8		41	10	59	100.0%		58.5%	50.0%	62.7%
岡山県	10		44	11	65	10		56	12	78	100.0%		78.6%	91.7%	83.3%
広島県	13		44	3	60	13		67	6	86	100.0%		65.7%	50.0%	69.8%
山口県	14		31	2	47	14		37	5	56	100.0%		83.8%	40.0%	83.9%
徳島県	4		25	3	32	4		38	8	50	100.0%		65.8%	37.5%	64.0%
香川県	6		17	0	23	6		33	0	39	100.0%		51.5%		59.0%
愛媛県	12		39	7	58	12		44	14	70	100.0%		88.6%	50.0%	82.9%
高知県	9		17	5	31	9		25	19	53	100.0%		68.0%	26.3%	58.5%
福岡県	24		49	2	75	24		65	8	97	100.0%		75.4%	25.0%	77.3%
佐賀県	7		27	3	37	7		37	5	49	100.0%		73.0%	60.0%	75.5%
長崎県	8		52	1	61	8		70	1	79	100.0%		74.3%	100.0%	77.2%
熊本県	11		26	8	45	11		63	20	94	100.0%		41.3%	40.0%	47.9%
大分県	11		33	8	52	11		36	11	58	100.0%		91.7%	72.7%	89.7%
宮崎県	9		16	6	31	9		28	7	44	100.0%		57.1%	85.7%	70.5%
鹿児島県	14		37	1	52	14		73	9	96	100.0%		50.7%	11.1%	54.2%
沖縄県	8		5	2	15	11		17	24	52	72.7%		29.4%	8.3%	28.8%
合計	671	23	1,584	344	2,622	675	23	1,981	562	3,241	99.4%	100.0%	80.0%	61.2%	80.9%

新編　情報公開条例集（1）

<別紙>

【市区町村における情報公開条例(要綱等)の制定状況】

1　執行機関を対象とした条例(要綱等)制定団体

(注) 太字は、新規に制定した地方公共団体
下線は、議会を対象としていない地方公共団体

都道府県名	市	町	村
北海道 34市 113町 9村	札幌市、函館市、小樽市、旭川市、室蘭市、釧路市、帯広市、北見市、夕張市、岩見沢市、網走市、留萌市、苫小牧市、稚内市、美唄市、江別市、芦別市、赤平市、紋別市、士別市、名寄市、三笠市、根室市、千歳市、滝川市、砂川市、歌志内市、登別市、深川市、富良野市、恵庭市、伊達市、北広島市、石狩市	当別町、福島町、上磯町、七飯町、南茅部町、鹿部町、森町、八雲町、長万部町、江差町、上ノ国町、厚沢部町、熊石町、大成町、奥尻町、瀬棚町、北檜山町、今金町、黒松内町、蘭越町、ニセコ町、喜茂別町、京極町、倶知安町、共和町、積丹町、余市町、栗沢町、南幌町、奈井江町、上砂川町、由仁町、浦臼町、新十津川町、妹背牛町、秩父別町、雨竜町、北竜町、沼田町、幌加内町、鷹栖町、東神楽町、当麻町、比布町、愛別町、上川町、東川町、上富良野町、中富良野町、南富良野町、和寒町、剣淵町、朝日町、風連町、下川町、美深町、中川町、幌延町、小平町、苫前町、遠別町、天塩町、浜頓別町、中頓別町、枝幸町、女満別町、美幌町、津別町、斜里町、清里町、小清水町、端野町、佐呂間町、遠軽町、丸瀬布町、上湧別町、湧別町、雄武町、壮瞥町、白老町、追分町、厚真町、穂別町、日高町、門別町、新冠町、静内町、三石町、浦河町、音更町、士幌町、上士幌町、鹿追町、新得町、清水町、芽室町、大樹町、幕別町、広尾町、池田町、本別町、足寄町、陸別町、浦幌町、釧路町、厚岸町、浜中町、標茶町、弟子屈町、阿寒町、白糠町、中標津町、羅臼町	浜益村、赤井川村、北村、音威子府村、猿払村、東藻琴村、大滝村、中札内村、更別村
青森県 8市 21町 10村	青森市、弘前市、八戸市、黒石市、五所川原市、十和田市、三沢市、むつ市	平内町、蟹田町、今別町、鰺ヶ沢町、木造町、岩木町、大鰐町、尾上町、浪岡町、平賀町、金木町、中里町、野辺地町、七戸町、百石町、十和田湖町、六戸町、東北町、下田町、川内町、大畑町	蓬田村、平舘村、三厩村、深浦村、森田村、稲垣村、相馬村、西目屋村、常盤村、田舎館村
岩手県 13市 25町 11村	盛岡市、宮古市、大船渡市、水沢市、花巻市、北上市、久慈市、遠野市、一関市、陸前高田市、釜石市、江刺市、二戸市	雫石町、岩手町、西根町、安代町、紫波町、矢巾町、大迫町、石鳥谷町、東和町、金ヶ崎町、前沢町、胆沢町、花泉町、平泉町、大東町、藤沢町、千厩町、東山町、住田町、大槌町、山田町、岩泉町、軽米町、種市町	滝沢村、松尾村、玉山村、室根村、川崎村、宮守村、田野畑村、川井村、野田村、山形村、大野村
宮城県 10市 59町 2村	仙台市、石巻市、塩竈市、古川市、気仙沼市、白石市、名取市、角田市、多賀城市、岩沼市	蔵王町、七ヶ宿町、大河原町、村田町、柴田町、川崎町、丸森町、亘理町、山元町、松島町、七ヶ浜町、利府町、大和町、大郷町、富谷町、中新田町、小野田町、宮崎町、色麻町、松山町、三本木町、鹿島台町、岩出山町、鳴子町、涌谷町、田尻町、小牛田町、南郷町、築館町、若柳町、栗駒町、高清水町、一迫町、瀬峰町、鴬沢町、金成町、志波姫町、迫町、登米町、東和町、中田町、豊里町、米山町、石越町、南方町、河北町、矢本町、雄勝町、河南町、桃生町、鳴瀬町、北上町、女川町、牡鹿町、志津川町、津山町、本吉町、唐桑町、歌津町	大衡村、花山村

14

都道府県名	市	町	村
秋田県 9市 50町 10村	秋田市、能代市、横手市、大館市、本荘市、男鹿市、湯沢市、大曲市、鹿角市	小坂町、鷹巣町、比内町、森吉町、阿仁町、田代町、合川町、琴丘町、二ツ井町、八森町、山本町、八竜町、藤里町、五城目町、昭和町、八郎潟町、飯田川町、天王町、井川町、若美町、河辺町、雄和町、仁賀保町、象潟町、矢島町、岩城町、由利町、西目町、鳥海町、東由利町、大内町、神岡町、西仙北町、角館町、六郷町、中仙町、田沢湖町、協和町、仙北町、太田町、千畑町、増田町、平鹿町、雄物川町、大森町、十文字町、稲川町、雄勝町、羽後町	上小阿仁村、峰浜村、大潟村、南外村、西木村、山内村、大雄村、仙南村、東成瀬村、皆瀬村
山形県 13市 27町 4村	山形市、米沢市、鶴岡市、酒田市、新庄市、寒河江市、上山市、村山市、長井市、天童市、東根市、尾花沢市、南陽市	山辺町、中山町、河北町、西川町、朝日町、大江町、大石田町、金山町、最上町、舟形町、真室川町、高畠町、小国町、川西町、白鷹町、飯豊町、立川町、余目町、藤島町、羽黒町、櫛引町、三川町、温海町、遊佐町、八幡町、松山町、平田町	大蔵村、鮭川村、戸沢村、朝日村
福島県 10市 48町 23村	福島市、会津若松市、郡山市、いわき市、白河市、原町市、須賀川市、喜多方市、相馬市、二本松市	桑折町、伊達町、国見町、梁川町、保原町、豊山町、月舘町、川俣町、飯野町、安達町、本宮町、瓜連町、岩代町、東和町、長沼町、鏡石町、天栄村、下郷町、塩川町、山都町、西会津町、磐梯町、猪苗代町、会津坂下町、柳津町、河東町、会津高田町、会津本郷町、三島町、金山町、矢吹町、棚倉町、矢祭町、塙町、浅川町、古殿町、三春町、小野町、滝根町、常葉町、船引町、広野町、楢葉町、富岡町、大熊町、双葉町、浪江町、鹿島町、小高町	大玉村、白沢村、岩瀬村、天栄村、高郷村、舘岩村、檜枝岐村、伊南村、北会津村、熱塩加納村、湯川村、新鶴村、昭和村、表郷村、東村、泉崎村、中島村、鮫川村、玉川村、平田村、都路村、川内村、飯舘村
茨城県 22市 43町 17村	水戸市、日立市、土浦市、古河市、石岡市、下館市、結城市、龍ヶ崎市、下妻市、水海道市、常陸太田市、高萩市、北茨城市、笠間市、取手市、岩井市、牛久市、つくば市、ひたちなか市、鹿嶋市、潮来市、守谷市	茨城町、小川町、美野里町、内原町、常北町、大洗町、友部町、岩間町、岩瀬町、那珂町、瓜連町、大宮町、山方町、金砂郷町、大子町、十王町、鉾田町、神栖町、波崎町、麻生町、北浦町、江戸崎町、玉造町、阿見町、茎崎町、河内町、東町、霞ヶ浦町、八郷町、千代田町、関城町、明野町、真壁町、協和町、八千代町、石下町、総和町、五霞町、三和町、猿島町、境町、藤代町、利根町	桂村、御前山村、七会村、東海村、美和村、緒川村、水府村、美浦村、里美村、旭村、大洋村、美浦村、桜川村、玉里村、新治村、谷和原村、大和村、千代川村
栃木県 12市 30町	宇都宮市、足利市、栃木市、佐野市、鹿沼市、日光市、今市市、小山市、真岡市、大田原市、矢板市、黒磯市	上三川町、南河内町、上河内町、河内町、北方町、西方町、粟野町、足尾町、二宮町、益子町、茂木町、市貝町、芳賀町、壬生町、石橋町、国分寺町、野木町、大平町、藤岡町、岩舟町、都賀町、藤原町、塩谷町、氏家町、高根沢町、喜連川町、南那須町、烏山町、小川町、馬頭町、田沼町	
群馬県 11市 27町 11村	前橋市、高崎市、桐生市、伊勢崎市、太田市、沼田市、館林市、渋川市、藤岡市、富岡市、安中市	大胡町、榛名町、箕郷町、群馬町、伊香保町、榛東町、鬼石町、吉井町、妙義町、下仁田町、甘楽町、松井田町、吾妻町、長野原町、赤堀町、境町、玉村町、尾島町、新田町、薮塚本町、笠懸町、大間々町、板倉町、明和町、千代田町、大泉町、邑楽町	北橘村、赤城村、富士見村、黒保根村、東村(勢多郡)、倉渕村、子持村、榛東村、嬬恋村、東村(佐波郡)、南牧村

新編　情報公開条例集（1）

都道府県名	市	町	村
埼玉県 41市 35町 1村	さいたま市、川越市、熊谷市、行田市、所沢市、飯能市、東松山市、岩槻市、春日部市、狭山市、鴻巣市、深谷市、上尾市、越谷市、蕨市、戸田市、入間市、鳩ヶ谷市、朝霞市、志木市、和光市、新座市、桶川市、久喜市、北本市、八潮市、富士見市、上福岡市、三郷市、蓮田市、坂戸市、幸手市、鶴ヶ島市、日高市、吉川市、川口島市、加須市、草加市、秩父市、本庄市、羽生市	騎西町、川島町、大里町、横瀬町、川本町、大井町、三芳町、毛呂山町、越生町、鳩山町、美里町、神川町、宮代町、白岡町、菖蒲町、杉戸町、松伏町、庄和町、鷲宮町、岡部町、小鹿野町、花園町、吹上町、上里町、小川町、寄居町、伊奈町、江南町、妻沼町、滑川町、児玉町、嵐山町、栗橋町、吉見町、長瀞町	玉川村
千葉県 33市 41町 3村	千葉市、銚子市、市川市、船橋市、館山市、木更津市、松戸市、野田市、佐原市、茂原市、成田市、佐倉市、東金市、八日市場市、旭市、習志野市、柏市、勝浦市、市原市、流山市、八千代市、我孫子市、鴨川市、鎌ヶ谷市、君津市、富津市、浦安市、四街道市、袖ヶ浦市、八街市、印西市、白井市、富里市	関宿町、沼南町、酒々井町、栄町、下総町、神崎町、大栄町、小見川町、山田町、栗源町、多古町、干潟町、東庄町、海上町、飯岡町、光町、野栄町、大網白里町、九十九里町、成東町、山武町、松尾町、横芝町、一宮町、睦沢町、白子町、長柄町、長南町、大多喜町、夷隅町、御宿町、大原町、岬町、富浦町、富山町、鋸南町、白浜町、千倉町、丸山町、和田町、天津小湊町	本埜村、長生村、三芳村
東京都 23区 26市 4町 1村	八王子市、立川市、武蔵野市、三鷹市、青梅市、府中市、昭島市、調布市、町田市、小金井市、小平市、日野市、東村山市、国分寺市、国立市、福生市、狛江市、東大和市、清瀬市、東久留米市、武蔵村山市、多摩市、稲城市、羽村市、あきる野市、西東京市	瑞穂町、日の出町、奥多摩町、八丈町	檜原村
神奈川県 19市 17町 1村	横浜市、川崎市、横須賀市、平塚市、鎌倉市、藤沢市、小田原市、茅ヶ崎市、逗子市、相模原市、三浦市、秦野市、厚木市、大和市、伊勢原市、海老名市、座間市、南足柄市、綾瀬市	葉山町、寒川町、大磯町、二宮町、箱根町、湯河原町、愛川町、城山町、津久井町、中井町、相模湖町、藤野町、松田町、山北町、真鶴町、開成町、大井町	清川村
新潟県 19市 56町 33村	新潟市、長岡市、三条市、柏崎市、新発田市、新津市、小千谷市、十日町市、見附市、村上市、燕市、栃尾市、糸魚川市、新井市、五泉市、両津市、白根市、豊栄市、上越市	安田町、水原町、豊浦町、聖籠町、紫雲寺町、中条町、小須戸町、村松町、横越町、亀田町、分水町、吉田町、卷町、西川町、田上町、栄町、中之島町、津川町、鹿瀬町、越路町、三島町、与板町、出雲崎町、寺泊町、川口町、堀之内町、小出町、湯沢町、塩沢町、六日町、大和町、川西町、津南町、高柳町、小国町、安塚町、松代町、松之山町、柿崎町、大潟町、吉川町、妙高高原町、板倉町、名立町、能生町、青海町、荒川町、山北町、相川町、佐和田町、金井町、畑野町、真野町、小木町、羽茂町	京ヶ瀬村、笹神村、岩室村、弥彦村、味方村、潟東村、月潟村、中之口村、下田村、上川村、三川村、和島村、山古志村、湯之谷村、広神村、守門村、入広瀬村、中里村、刈羽村、浦川原村、大島村、牧村、頸城村、中郷村、妙高村、清里村、三和村、関川村、神林村、朝日村、新穂村、粟島浦村、赤泊村

16

都道府県名	市	町	村
富山県 9市 18町 6村	富山市、高岡市、新湊市、魚津市、氷見市、滑川市、黒部市、砺波市、小矢部市	大沢野町、大山町、上市町、立山町、宇奈月町、入善町、朝日町、八尾町、婦中町、小杉町、大門町、**大島町**、城端町、庄川町、井波町、福野町、福光町、福岡町	**舟橋村**、山田村、平村、上平村、利賀村、井口村
石川県 8市 22町 1村	金沢市、七尾市、小松市、輪島市、珠洲市、加賀市、羽咋市、松任市	山中町、**美川町**、鶴来町、野々市町、津幡町、**高松町**、**七塚町**、宇ノ気町、富来町、**志雄町**、志賀町、押水町、田鶴浜町、鳥屋町、中島町、鹿島町、能登島町、鹿西町、穴水町、門前町、能都町、**内浦町**	柳田村
福井県 7市 12町 2村	福井市、敦賀市、武生市、小浜市、大野市、勝山市、鯖江市	松岡町、三国町、芦原町、金津町、丸岡町、春江町、**坂井町**、今立町、南条町、朝日町、**越前町**、清水町	和泉村、**宮崎村**
山梨県 7市 32町 12村	甲府市、**富士吉田市**、**塩山市**、都留市、**山梨市**、大月市、韮崎市	春日居町、牧丘町、勝沼町、石和町、御坂町、一宮町、八代町、中道町、三珠町、市川大門町、六郷町、下部町、**増穂町**、**鰍沢町**、中富町、身延町、**南部町**、竜王町、敷島町、**玉穂町**、**昭和町**、田富町、白根町、**若草町**、櫛形町、甲西町、**双葉町**、**高根町**、小淵沢町、**白州町**、**西桂町**、上野原町	三富村、大和村、境川村、**豊富村**、上九一色村、八田村、**武川村**、**秋山村**、**忍野村**、山中湖村、**小菅村**、丹波山村
長野県 17市 36町 67村	長野市、松本市、上田市、岡谷市、飯田市、諏訪市、須坂市、小諸市、伊那市、駒ヶ根市、中野市、**大町市**、飯山市、茅野市、塩尻市、更埴市、佐久市	白馬町、佐久町、小海町、軽井沢町、望月町、御代田町、立科町、丸子町、長門町、東部町、真田町、下諏訪町、富士見町、高遠町、辰野町、箕輪町、飯島町、松川町、高森町、阿南町、木曽福島町、上松町、南木曽町、明科町、波田町、豊科町、穂高町、池田町、上山田町、坂城町、戸倉町、小布施町、信州新町、豊野町、信濃町、山ノ内町	川上村、南牧村、南相木村、北相木村、八千穂村、浅科村、北御牧村、武石村、和田村、青木村、原村、宮田村、清内路村、阿智村、浪合村、平谷村、根羽村、下條村、売木村、天龍村、泰阜村、喬木村、豊丘村、大鹿村、上村、南信濃村、楢川村、木祖村、日義村、開田村、三岳村、王滝村、大桑村、山口村、四賀村、本城村、坂北村、麻績村、坂井村、生坂村、山形村、朝日村、奈川村、安曇村、梓川村、三郷村、堀金村、松川村、八坂村、美麻村、白馬村、小谷村、大岡村、髙山村、牟礼村、三水村、戸隠村、鬼無里村、小川村、中条村、木島平村、野沢温泉村、豊田村、栄村
岐阜県 14市 39町 16村	岐阜市、大垣市、髙山市、多治見市、関市、中津川市、美濃市、瑞浪市、羽島市、恵那市、美濃加茂市、土岐市、各務原市、可児市	川島町、岐南町、笠松町、**柳津町**、養老町、上石津町、垂井町、**神戸町**、揖斐川町、大野町、北方町、本巣町、穂積町、真正町、糸貫町、武芸川町、八幡町、**大和町**、坂祝町、富加町、川辺町、七宗町、白川町、御嵩町、兼山町、笠原町、坂下町、付知町、福岡町、岩村町、明智町、**萩原町**、小坂町、下呂町、金山町、久々野町、**古川町**、**国府町**、神岡町	洞戸村、板取村、美並村、明宝村、**和良村**、**東白川村**、川上村、加子母村、蛭川村、**丹生川村**、**白川村**、**宮村**、朝日村、**河合村**、宮川村、上宝村

都道府県名	市	町	村
静岡県 21市 46町 1村	静岡市、浜松市、沼津市、清水市、熱海市、三島市、富士宮市、伊東市、島田市、富士市、磐田市、焼津市、掛川市、藤枝市、御殿場市、袋井市、天竜市、浜北市、下田市、裾野市、湖西市	東伊豆町、**河津町**、**南伊豆町**、**松崎町**、西伊豆町、修善寺町、函南町、韮山町、**大仁町**、**天城湯ヶ島町**、中伊豆町、清水町、長泉町、小山町、芝川町、富士川町、蒲原町、由比町、岡部町、大井川町、御前崎町、相良町、榛原町、本川根町、大須賀町、浜岡町、小笠町、菊川町、大東町、森町、春野町、**浅羽町**、福田町、竜洋町、豊田町、**佐久間町**、舞阪町、新居町、雄踏町、細江町、**引佐町**、三ヶ日町	豊岡村
愛知県 31市 47町 10村	名古屋市、豊橋市、岡崎市、一宮市、瀬戸市、半田市、春日井市、豊川市、津島市、碧南市、刈谷市、豊田市、安城市、西尾市、蒲郡市、犬山市、常滑市、江南市、尾西市、小牧市、稲沢市、新城市、東海市、大府市、知多市、知立市、尾張旭市、高浜市、岩倉市、豊明市、日進市	東郷町、長久手町、西枇杷島町、豊山町、師勝町、西春町、春日町、清洲町、新川町、大口町、扶桑町、木曽川町、祖父江町、平和町、七宝町、美和町、甚目寺町、大治町、蟹江町、弥富町、佐屋町、佐織町、阿久比町、東浦町、南知多町、美浜町、武豊町、一色町、吉良町、幡豆町、幸田町、額田町、三好町、藤岡町、足助町、旭町、設楽町、東栄町、稲武町、鳳来町、音羽町、一宮町、小坂井町、御津町、田原町、赤羽根町、渥美町	十四山村、飛島村、立田村、八開村、小原村、下山村、**旭町**、豊根村、富山村、津具村、**作手村**
三重県 13市 47町 9村	津市、四日市市、伊勢市、松坂市、桑名市、上野市、鈴鹿市、名張市、尾鷲市、亀山市、鳥羽市、熊野市、久居市	多度町、長島町、木曽岬町、北勢町、員弁町、大安町、東員町、藤原町、菰野町、楠町、朝日町、川越町、関町、河芸町、芸濃町、安濃町、**香良洲町**、一志町、白山町、嬉野町、三雲町、飯南町、飯高町、多気町、明和町、大台町、玉城町、二見町、小俣町、南勢町、南島町、大宮町、紀勢町、度会町、伊賀町、阿山町、青山町、浜島町、大王町、志摩町、阿児町、磯部町、紀伊長島町、海山町、御浜町、紀宝町、紀和町	美里村、美杉村、宮川村、勢和村、御薗村、大内山村、島ヶ原村、大山田村、鵜殿村
滋賀県 8市 32町	大津市、彦根市、長浜市、近江八幡市、八日市市、草津市、守山市、栗東市	志賀町、中主町、野洲町、石部町、甲西町、水口町、**土山町**、甲賀町、甲南町、信楽町、**安土町**、蒲生町、日野町、**永源寺町**、**五個荘町**、**愛知川町**、山東町、伊吹町、米原町、近江町、浅井町、湖北町、びわ町、**高月町**、**木之本町**、余呉町、西浅井町、**マキノ町**、今津町、安曇川町、高島町、新旭町	
京都府 12市 22町	京都市、福知山市、舞鶴市、綾部市、宇治市、宮津市、亀岡市、城陽市、向日市、長岡京市、八幡市、京田辺市	大山崎町、**久御山町**、宇治田原町、山城町、木津町、加茂町、**精華町**、京北町、園部町、八木町、丹波町、日吉町、瑞穂町、和知町、**三和町**、**大江町**、**加悦町**、野田川町、峰山町、**網野町**、丹後町、久美浜町	

都道府県名	市	町	村
大阪府 33市 10町 1村	<u>大阪市</u>、堺市、岸和田市、豊中市、池田市、吹田市、泉大津市、高槻市、貝塚市、守口市、枚方市、茨木市、八尾市、泉佐野市、富田林市、寝屋川市、河内長野市、松原市、大東市、和泉市、箕面市、柏原市、羽曳野市、門真市、摂津市、高石市、藤井寺市、<u>東大阪市</u>、泉南市、四条畷市、交野市、大阪狭山市、阪南市	島本町、豊能町、能勢町、忠岡町、熊取町、田尻町、岬町、太子町、河南町、美原町	千早赤阪村
兵庫県 22市 66町	神戸市、姫路市、尼崎市、明石市、西宮市、洲本市、芦屋市、伊丹市、相生市、豊岡市、加古川市、龍野市、赤穂市、西脇市、宝塚市、三木市、高砂市、川西市、小野市、三田市、加西市、篠山市	猪名川町、吉川町、社町、滝野町、東条町、中町、加美町、八千代町、黒田庄町、稲美町、播磨町、家島町、夢前町、神崎町、市川町、福崎町、香寺町、大河内町、**新宮町**、揖保川町、御津町、太子町、上郡町、佐用町、上月町、南光町、三日月町、山崎町、安富町、一宮町(宍粟郡)、波賀町、千種町、城崎町、竹野町、香住町、日高町、出石町、但東町、村岡町、浜坂町、美方町、温泉町、八鹿町、養父町、大屋町、関宮町、生野町、和田山町、山東町、朝来町、柏原町、**氷上町**、青垣町、春日町、山南町、市島町、津名町、淡路町、北淡町、一宮町(津名郡)、五色町、東浦町、緑町、西淡町、三原町、南淡町	
奈良県 10市 15町 7村	<u>奈良市</u>、大和高田市、大和郡山市、天理市、<u>橿原市</u>、桜井市、五條市、御所市、生駒市、香芝市	平群町、三郷町、斑鳩町、**安堵町**、川西町、三宅町、田原本町、**高取町**、新庄町、当麻町、上牧町、広陵町、河合町、<u>吉野町</u>、大淀町	月ヶ瀬村、御杖村、明日香村、西吉野村、十津川村、川上村、東吉野村
和歌山県 7市 27町 5村	和歌山市、海南市、橋本市、有田市、御坊市、田辺市、新宮市	**下津町**、**野上町**、美里町、打田町、**粉河町**、**那賀町**、桃山町、貴志川町、岩出町、湯浅町、広川町、吉備町、金屋町、清水町、**美浜町**、**南部町**、印南町、白浜町、**中辺路町**、上富田町、日置川町、串本町、那智勝浦町、太地町、古座町、熊野川町、本宮町	**中津村**、**龍神村**、**南部川村**、**大塔村**、北山村
鳥取県 4市 31町 4村	鳥取市、米子市、倉吉市、境港市	国府町、岩美町、郡家町、船岡町、河原町、八東町、若桜町、用瀬町、智頭町、気高町、鹿野町、青谷町、羽合町、東郷町、三朝町、関金町、**北条町**、大栄町、東伯町、赤碕町、西伯町、会見町、岸本町、淀江町、大山町、名和町、中山町、日南町、日野町、江府町、溝口町	福部村、佐治村、泊村、日吉津村
島根県 8市 24町 5村	松江市、浜田市、出雲市、益田市、大田市、安来市、江津市、平田市	鹿島町、東出雲町、玉湯町、宍道町、**広瀬町**、**横田町**、大東町、加茂町、木次町、三刀屋町、**掛合町**、斐川町、**佐田町**、大社町、**仁摩町**、川本町、**桜江町**、旭町、**三隅町**、**美都町**、津和野町、日原町、六日市町、**海士町**	**八雲村**、**吉田村**、弥栄村、五箇村、都万村

新編　情報公開条例集（１）

都道府県名	市	町	村
岡山県 10市 44町 11村	岡山市、倉敷市、津山市、玉野市、笠岡市、井原市、総社市、高梁市、新見市、備前市	建部町、**瀬戸町**、山陽町、熊山町、吉井町、日生町、吉永町、佐伯町、和気町、邑久町、長船町、**灘崎町**、早島町、芳井町、真備町、北房町、賀陽町、成羽町、川上町、**備中町**、大佐町、**神郷町**、哲多町、哲西町、勝山町、落合町、湯原町、久世町、加茂町、奥津町、鏡野町、勝田町、勝央町、奈義町、勝北町、大原町、美作町、作東町、英田町、中央町、旭町、久米南町、久米町、柵原町	山手村、**美甘村**、**新庄村**、川上村、**八束村**、富村、中和村、上斎原村、阿波村、東粟倉村、西粟倉村
広島県 13市 44町 3村	広島市、呉市、竹原市、三原市、尾道市、因島市、福山市、府中市、三次市、庄原市、大竹市、東広島市、廿日市市	府中町、海田町、熊野町、**倉橋町**、**大野町**、**湯来町**、佐伯町、宮島町、**加計町**、戸河内町、**芸北町**、**大朝町**、千代田町、黒瀬町、**福富町**、**豊栄町**、**大和町**、**河内町**、**本郷町**、安芸津町、安浦町、川尻町、豊町、**大崎町**、**東野町**、木江町、瀬戸田町、御調町、甲山町、世羅町、**世羅西町**、**油木町**、神石町、三和町(神石郡)、上下町、総領町、甲奴町、吉舎町、三良坂町、**三和町(双三郡)**、**西城町**、口和町、高野町、比和町	作木村、豊松村、**布野村**
山口県 14市 31町 2村	下関市、宇部市、山口市、萩市、防府市、下松市、岩国市、小野田市、光市、長門市、柳井市、美祢市、新南陽市	久賀町、大島町、東和町、橘町、和木町、**由宇町**、玖珂町、周東町、錦町、**大畠町**、美川町、**美和町**、**大和町**、田布施町、平生町、熊毛町、小郡町、楠町、**山陽町**、菊川町、豊田町、豊浦町、豊北町、美東町、秋芳町、三隅町、油谷町、阿武町、田万川町、阿東町、須佐町	むつみ村、福栄村
徳島県 4市 25町 3村	徳島市、**鳴門市**、**小松島市**、阿南市	勝浦町、石井町、神山町、那賀川町、羽ノ浦町、**鷲敷町**、由岐町、**牟岐町**、海南町、**宍喰町**、松茂町、北島町、藍住町、**板野町**、**土成町**、市場町、阿波町、鴨島町、川島町、山川町、**三好町**、池田町、**山城町**、井川町、**三加茂町**	美郷村、東祖谷山村、西祖谷山村
香川県 6市 17町	高松市、丸亀市、坂出市、善通寺市、観音寺市、**さぬき市**	土庄町、池田町、三木町、香南町、綾上町、綾南町、国分寺町、綾歌町、宇多津町、高瀬町、山本町、三野町、大野原町、詫間町、仁尾町、豊浜町、財田町	
愛媛県 12市 39町 7村	松山市、今治市、宇和島市、八幡浜市、新居浜市、西条市、大洲市、川之江市、伊予三島市、伊予市、北条市、東予市	丹原町、**玉川町**、波方町、大西町、菊間町、吉海町、宮窪町、**伯方町**、弓削町、上浦町、大三島町、重信町、川内町、**松前町**、**砥部町**、中山町、双海町、長浜町、内子町、五十崎町、**肱川町**、**保内町**、伊方町、瀬戸町、**三崎町**、三瓶町、明浜町、宇和町、野村町、城川町、吉田町、三間町、広見町、松野町、**津島町**、御荘町、**城辺町**、一本松町、西海町	朝倉村、生名村、岩城村、**広田村**、**河辺村**、日吉村、内海村
高知県 9市 17町 5村	高知市、室戸市、安芸市、南国市、土佐市、須崎市、中村市、宿毛市、土佐清水市	東洋町、田野町、安田町、赤岡町、佐川田町、**野市町**、**夜須町**、香北町、本山町、大豊町、土佐町、伊野町、**中土佐町**、**越知町**、窪川町、檮原町、大正町	**物部村**、東津野村、葉山村、**十和村**、西土佐村

20

都道府県名	市	町	村
福岡県 24市 49町 2村	北九州市、福岡市、大牟田市、久留米市、直方市、飯塚市、田川市、柳川市、山田市、甘木市、八女市、筑後市、大川市、行橋市、豊前市、中間市、小郡市、筑紫野市、春日市、大野城市、宗像市、太宰府市、前原市、古賀市	那珂川町、宇美町、篠栗町、新宮町、粕屋町、福間町、津屋崎町、玄海町、芦屋町、水巻町、岡垣町、遠賀町、小竹町、鞍手町、宮田町、若宮町、桂川町、稲築町、嘉穂町、穂波町、碓井町、朝倉町、三輪町、夜須町、二丈町、志摩町、吉井町、田主丸町、浮羽町、城島町、大木町、三潴町、立花町、瀬高町、大和町、三橋町、山川町、高田町、香春町、金田町、糸田町、川崎町、苅田町、犀町、勝山町、豊津町、椎田町、吉富町、築城町	小石原村、宝珠山村
佐賀県 7市 27町 3村	佐賀市、唐津市、鳥栖市、多久市、伊万里市、武雄市、鹿島市	諸富町、川副町、東与賀町、久保田町、大和町、富士町、神埼町、千代田町、三田川町、基山町、小城町、牛津町、相知町、鎮西町、呼子町、有田町、西有田町、山内町、北方町、大町町、江北町、白石町、福富町、有明町、太良町、塩田町、嬉野町	東脊振村、脊振村、北波多村
長崎県 8市 52町 1村	長崎市、佐世保市、島原市、諫早市、大村市、福江市、平戸市、松浦市	香焼町、伊王島町、高島町、野母崎町、多良見町、長与町、時津町、琴海町、西彼町、西海町、崎戸町、大瀬戸町、東彼杵町、川棚町、波佐見町、高来町、小長井町、有明町、愛野町、千々石町、小浜町、南串山町、口之津町、南有馬町、北有馬町、西有家町、布津町、深江町、生月町、小値賀町、宇久町、田平町、鷹島町、江迎町、鹿町町、小佐々町、吉井町、世知原町、奈留町、若松町、上五島町、奈良尾町、郷ノ浦町、勝本町、芦辺町、石田町、厳原町、美津島町、豊玉町、峰町、上県町、上対馬町	大島村
熊本県 11市 26町 8村	熊本市、八代市、人吉市、荒尾市、水俣市、玉名市、本渡市、山鹿市、牛深市、菊池市、宇土市	城南町、松橋町、天水町、南関町、長洲町、鹿央町、植木町、七城町、大津町、菊陽町、合志町、泗水町、西合志町、一の宮町、阿蘇町、南小国町、小国町、高森町、御船町、嘉島町、益城町、甲佐町、矢部町、鏡町、宮原町、錦町	旭志村、産山村、久木野村、長陽村、坂本村、東陽村、泉村、球磨村
大分県 11市 33町 8村	大分市、別府市、中津市、日田市、佐伯市、臼杵市、津久見市、竹田市、豊後高田市、杵築市、宇佐市	真玉町、香々地町、国見町、国東町、武蔵町、安岐町、日出町、山香町、野津原町、挾間町、庄内町、湯布院町、佐賀関町、上浦町、弥生町、宇目町、鶴見町、蒲江町、野津町、三重町、緒方町、朝地町、大野町、犬飼町、九重町、玖珠町、大山町、天瀬町、本耶馬溪町、耶馬溪町、山国町、院内町、安心院町	大田村、本匠村、直川村、米水津村、清川村、中津江村、上津江村、三光村
宮崎県 9市 16町 6村	宮崎市、都城市、延岡市、日南市、小林市、日向市、串間市、西都市、えびの市	三股町、高城町、山田町、高崎町、高原町、野尻町、高鍋町、木城町、都農町、門川町、東郷町、北方町、北川町、北浦町、高千穂町、日之影町	西米良村、南郷村、西郷村、北郷村、諸塚村、椎葉村

都道府県名	市	町	村
鹿児島県 14市 37町 1村	鹿児島市、川内市、鹿屋市、枕崎市、串木野市、阿久根市、名瀬市、出水市、大口市、指宿市、加世田市、国分市、**西之表市、垂水市**	喜入町、山川町、頴娃町、開聞町、大浦町、坊津町、知覧町、川辺町、市来町、東市来町、伊集院町、松元町、郡山町、日吉町、吹上町、金峰町、極脇町、入来町、東郷町、宮之城町、鶴田町、薩摩町、菱刈町、加治木町、姶良町、蒲生町、栗野町、牧園町、霧島町、隼人町、福山町、末吉町、有明町、串良町、中種子町、南種子町、上屋久町	<u>鹿島村</u>
沖縄県 8市 5町 2村	那覇市、浦添市、具志川市、沖縄市、宜野湾市、名護市、石垣市、平良市	西原町、佐敷町、北谷町、東風平町、南風原町	<u>国頭村</u>、伊是名村

2 議会独自の条例(要綱等)制定団体

(1)条例制定団体(16市4区25町1村)
　＜北海道＞今金町、喜茂別町、礼文町、豊浦町、標茶町
　＜宮城県＞仙台市、松山町、若柳町、中田町
　＜山形県＞金山町　＜福島県＞浪江町　＜茨城県＞水戸市、茨城町
　＜埼玉県＞栗橋町、玉川村　＜千葉県＞木更津市、鋸南町
　＜東京都＞千代田区、目黒区、杉並区、足立区　＜富山県＞婦中町
　＜長野県＞大町市、軽井沢町　＜京都府＞京都市、綾部市、**加悦町**、野田川町
　＜大阪府＞大阪市、東大阪市　＜兵庫県＞南光町、氷上町、春日町、淡路町、東浦町
　＜奈良県＞橿原市　＜鳥取県＞北条町　＜徳島県＞小松島市　＜高知県＞高知市
　＜佐賀県＞鹿島市　＜長崎県＞佐世保市　＜熊本県＞**長洲町**　＜大分県＞臼杵市
　＜宮崎県＞**日向市**、西都市　＜鹿児島県＞**吉松町**

(2)要綱等制定団体(1市)
　＜奈良県＞奈良市

都道府県情報公開条例・全文集＜上＞

《平成十四年八月三十一日現在》

参　考
　（平成十四年九月一日〜十五年三月三十一日の改定は、本書＜下＞末尾「**前書掲載以降の改正状況**」の追補部分に収録）

都道府県情報公開条例全文集＜上＞・目　次

北海道情報公開条例	33
北海道議会情報公開条例	46
青森県情報公開条例	56
（岩手県）情報公開条例	68
岩手県議会情報公開条例	79
（宮城県）情報公開条例	88
宮城県議会の保有する情報の公開に関する条例	100
秋田県情報公開条例	106
山形県情報公開条例	119
山形県議会情報公開条例	127
福島県情報公開条例	133
福島県議会情報公開条例	144
茨城県情報公開条例	153
茨城県議会情報公開条例	164
栃木県情報公開条例	174
栃木県議会情報公開条例	184
群馬県情報公開条例	192
埼玉県情報公開条例	203
埼玉県議会情報公開条例	214
千葉県情報公開条例	218
千葉県情報公開条例第十一条第二号又は第三号に該当する情報について公開の特例を定める条例	230
千葉県議会情報公開条例	233
東京都情報公開条例	244
東京都議会情報公開条例	259
神奈川県情報公開条例	269
山梨県情報公開条例	279
長野県情報公開条例	291

新潟県情報公開条例………………………………………	301
富山県情報公開条例………………………………………	311
石川県情報公開条例………………………………………	321
福井県情報公開条例………………………………………	331
岐阜県情報公開条例………………………………………	343
静岡県情報公開条例………………………………………	353
愛知県情報公開条例………………………………………	365
三重県情報公開条例………………………………………	377
滋賀県情報公開条例………………………………………	389
京都府情報公開条例………………………………………	401
大阪府情報公開条例………………………………………	412
大阪府議会情報公開条例…………………………………	424
（兵庫県）情報公開条例…………………………………	434
兵庫県議会情報公開条例…………………………………	445
奈良県情報公開条例………………………………………	454

新編　情報公開条例集（1）

～都道府県情報公開条例制定状況～

(2003年3月31日現在)

	名　称	制定順位	制定年月日	施行年月日	改正制定年月日	改正施行年月日
北海道	北海道情報公開条例 （改正前北海道公文書の開示等に関する条例）	(13)	98・3・31 (86・4・1)	98・4・1 (86・10・1)	01・3・30 (94・4・11)	01・4・1 (94・10・1)
	北海道議会情報公開条例	51	99・3・15	99・6・1	01・3・30	01・4・1
青森県	青森県情報公開条例	(42)	99・12・24 (95・10・25)	00・4・1 (96・1・1)	01・3・26 02・7・3 03・3・24 (98・12・24) (99・10・18)	02・2・15 02・10・1 03・4・1 (99・7・1) (00・4・1)
岩手県	情報公開条例 （改正前公文書公開条例）	(38)	98・12・11 (94・3・30)	99・4・1 (94・10・1)	00・12・18 01・3・30 03・3・19	01・4・1 01・10・1 03・4・1
	岩手県議会情報公開条例	53	99・12・17	00・4・1	01・7・9 02・7・5 02・12・16 03・3・19	01・7・9 02・7・5 02・12・16 03・4・1
宮城県	宮城県情報公開条例	(32)	99・3・12 (90・7・16)	99・7・1 (90・10・1)	99・12・21 00・12・20 03・3・20 (96・10・14)	00・4・1 01・4・1 03・4・1 (97・4・1)
	宮城県議会の保有する情報の公開に関する条例	49	99・3・12	99・7・1	02・10・11 03・3・30	02・10・1 03・4・1
秋田県	秋田県情報公開条例 （改称前秋田県公文書公開条例）	18	87・3・13	87・10・1	98・10・9 00・3・29 00・10・17 01・3・16 00・10・16 01・10・16 03・3・31	99・4・1 00・4・1 01・4・1 01・4・1 02・4・1 02・4・10 03・4・1
山形県	山形県情報公開条例	46	97・12・22	98・7・1	00・7・18 00・10・13 01・7・1 02・3・22 02・10・11	00・7・18 01・4・1 01・7・1 02・4・1 03・4・1
	山形県議会情報公開条例	57	00・7・18	00・10・1	00・12・22	00・12・22
福島県	福島県情報公開条例	(33)	00・3・24 (90・10・16)	00・10・1 (91・4・1)	01・12・25 02・10・18 (94・10・14)	01・12・25 02・10・18 (95・4・1)
	福島県議会情報公開条例	61	01・3・27	01・10・1	02・10・18	02・10・18
茨城県	茨城県情報公開条例 （改正前茨城県公文書の開示等に関する条例）	(7)	00・3・28 (86・3・26)	00・10・1 (86・10・1)	00・12・26 02・6・26 03・3・26 (95・3・30) (99・12・24)	01・4・1 01・6・21 03・4・1 規則で定める日 (95・8・1) (00・4・1)
	茨城県議会情報公開条例	60	00・12・26	01・4・1	02・6・26 03・3・26	02・10・1 03・4・1
栃木県	栃木県情報公開条例 （改正前栃木県公文書の公開に関する条例）	(11)	99・12・27 (86・3・31)	00・4・1 (86・10・1)	01・3・27 02・6・25 02・12・27 (94・3・30)	00・10・1 規則で定める日 03・4・1 (94・4・1)
	栃木県議会情報公開条例	55	00・3・6	00・4・1	02・6・25 02・12・16	02・10・1 03・4・1
群馬県	群馬県情報公開条例 （改正前群馬県公文書の開示等に関する条例）	(14)	00・6・14 (86・4・1)	01・1・1 (86・10・1)	02・3・29 (95・12・20)	02・4・1 (96・4・1)

埼玉県	埼玉県情報公開条例 （改正前埼玉県行政情報公開条例）	(2)	00・12・26 (82・12・18)	01・4・1 (83・6・1)	01・12・28 02・3・22 (94・3・31) (00・3・24)	02・4・1 02・4・1 (94・10・1) (00・4・1)
	埼玉県議会情報公開条例	49	99・3・12	99・10・1	00・12・26	01・4・1
千葉県	千葉県情報公開条例 （改正前千葉県公文書公開条例）	(22)	00・12・8 (88・3・28)	01・4・1 (88・10・1)	01・12・21 01・12・21 02・10・18 03・3・26 (93・2・18)	02・4・1 02・4・1 02・10・18 03・4・1 (93・10・1)
	千葉県情報公開条例第8条第2号又は第3号に該当する情報について開示の特例を定める条例 （改正前千葉県公文書公開条例第1条第2号又は第3号に該当する情報について公開の特例を定める条例）	48	97・12・19	98・4・1	00・12・8 01・12・21	01・4・1 02・4・1
	千葉県議会情報公開条例	62	01・12・21	02・4・1	02・10・18 03・3・26	02・10・8 03・4・1
東京都	東京都情報公開条例 （改正前東京都公文書の開示等に関する条例）	(5)	99・3・19 (84・10・1)	00・1・1 (85・4・1)	00・3・30 00・7・21 02・10・15 03・3・14	00・4・1 01・10・1 02・10・15 規則で定める
	東京都議会情報公開条例	52	99・3・19	99・4・1	01・3・30 02・10・15	01・3・30 02・10・15
神奈川県	神奈川県情報公開条例 （改正前神奈川県の機関の公開に関する条例）	(1)	00・3・28 (82・10・14)	00・4・1 (83・4・1)	01・7・10	01・7・10
山梨県	山梨県情報公開条例 （改正前山梨県公文書公開条例）	(8)	99・12・21 (86・3・26)	00・4・1 (86・4・1)	01・3・29 03・3・21 (93・3・26) (95・12・25) (98・10・20)	01・10・1 03・4・1 (93・10・1) (96・4・12) (98・10・20)
長野県	長野県情報公開条例 （改正前長野県公文書公開条例）	(3)	00・12・25 (84・3・26)	01・4・1 (84・10・1)	02・10・21 03・3・24 (91・3・14) (99・7・12)	02・10・21 03・4・1 (91・10・1) (99・10・1)
新潟県	新潟県情報公開条例	(41)	01・10・19 (95・3・31)	02・4・1 (95・10・1)	02・10・22 (98・10・16) (99・11・27)	02・10・21 (99・4・1) (00・4・1)
富山県	富山県情報公開条例	(15)	01・6・27 (86・9・30)	02・4・1 (87・4・1)	(95・9・29)	(95・10・1)
石川県	石川県情報公開条例	(39)	00・12・19 (94・9・27)	01・4・1 (94・4・1)	03・3・24 (99・10・12)	03・4・1 (00・4・1)
福井県	福井県情報公開条例 （改正前福井県公文書公開条例）	(6)	00・3・21 (86・3・24)	00・7・1 (86・10・1)	01・3・26 02・3・22 (95・7・14)	01・7・1 02・4・1 (95・10・1)
岐阜県	岐阜県情報公開条例	(40)	00・12・27 (94・10・14)	01・4・1 (95・4・1)	01・12・21 02・10・9 (97・12・26) (98・7・1) (99・10・7) (00・3・24)	02・10・9 (98・4・1) (98・7・1) (00・4・1)
静岡県	静岡県情報公開条例 （改正前静岡県公文書の開示に関する条例）	(28)	00・10・27 (89・3・29)	01・4・1 (89・8・1)	02・3・28 (94・3・30) 02・7・22 02・10・25	02・4・1 (94・4・1) 02・4・1 03・4・1
愛知県	愛知県情報公開条例 （改正前愛知県公文書公開条例）	(9)	00・3・28 (86・3・26)	00・4・1 (86・10・1)	00・7・18 01・7・10 02・3・26 (92・3・25) (99・7・16)	01・4・1 01・8・1 02・10・1 (92・10・1) (99・8・1)
三重県	三重県情報公開条例	(21)	99・10・15 (87・12・24)	00・4・1 (88・6・1)	01・7・3 02・3・26 02・3・26	01・10・1 02・10・1 02・10・1

新編　情報公開条例集（1）

					(97・3・25)	(97・10・1)
滋賀県	滋賀県情報公開条例 （改正前滋賀県公文書の公開等に関する条例）	(20)	00・10・11 (87・10・16)	01・4・1 (88・4・1)	01・3・28 02・10・22 03・3・20 (95・3・17) (95・10・18) (99・3・10) (00・3・29)	01・4・1 02・10・22 03・4・1 (95・10・1) (95・1・1) (99・10・1) (00・4・1)
京都府	京都府情報公開条例	(25)	01・3・30 (88・4・1)	01・4・1 (88・10・1)	(99・10・19) (00・3・28)	(00・4・1) (00・4・1)
大阪府	大阪府情報公開条例 （改正前大阪府公文書公開条例）	(4)	99・10・29 (84・3・28)	00・6・1 00・6・1 (84・10・1)	00・10・27 01・10・30 03・3・25 (96・3・29)	01・11・1 01・10・30 規則で定める (96・3・29)
	大阪府議会情報公開条例		00・10・27	規程で定める	03・3・25	規則で定める
奈良県	奈良県情報公開条例	(44)	01・3・30 (96・3・27)	01・4・1 (96・10・1)	02・3・29 (00・3・30)	02・10・1 (00・10・1)
兵庫県	兵庫県情報公開条例 （改正前公文書の公開等に関する条例）	(10)	00・3・28 (86・3・11)	00・4・1 (86・10・1)	01・12・20 02・3・27 (86・3・27)	02・1・1 02・4・1 (86・10・1)
	兵庫県議会情報公開条例	58	00・4・3	01・4・1		
和歌山県	和歌山県情報公開条例 （改正前和歌山県公文書の開示に関する条例）	(36)	01・3・27 (93・3・30)	01・10・1 (93・10・1)	02・9・30 03・3・14	02・10・1 03・4・1
鳥取県	鳥取県情報公開条例 （改正前鳥取県公文書公開条例）	(23)	00・3・28 (88・3・28)	00・4・1 (88・10・1)	01・3・28 02・12・25 03・3・18 (95・3・10) (97・10・24)	01・3・28 02・12・25 03・4・1 (95・4・1) (97・10・24)
	鳥取県議会情報公開条例	57	00・3・28	01・4・1	02・12・25 03・3・18	02・12・25 03・4・1
島根県	島根県情報公開条例	(37)	00・12・26 (94・3・25)	01・4・1 (94・10・3)	01・7・23 03・3・11	01・10・1 03・4・1
岡山県	岡山県行政情報公開条例 （改称前岡山県公文書の公開等に関する条例）	43	96・3・26	96・10・1	97・3・25 99・10・8 01・3・23 02・3・19 02・12・20 03・3・18	97・4・1 99・10・8 01・4・1 02・10・1 02・12・20 03・4・1
	岡山県議会情報公開条例	62	01・12・21	02・4・1	02・3・19 02・12・20 03・3・18	02・10・1 02・12・20 03・4・1
広島県	広島県情報公開条例 （改正前広島県公文書公開条例）	(30)	01・3・26 (90・3・26)	01・4・1 (90・10・1)	02・7・5 03・3・14 (95・3・15)	02・10・1 03・4・1 (95・10・1)
	広島県議会情報公開条例	64	02・4・2	公布日から1年以内に議長が定める	03・3・14	03・4・1
山口県	山口県情報公開条例	45	97・7・8	97・9・1	00・3・24 00・12・19 01・12・18 02・10・8	00・4・1 01・4・1 02・4・1 02・10・8
徳島県	徳島県情報公開条例	(27)	01・3・27 (89・3・28)	01・10・1 (89・8・1)	(00・7・27)	(00・7・27)
香川県	香川県情報公開条例 （改正前香川県公文書公開条例）	(17)	00・3・27 (86・12・24)	00・10・1 (87・4・1)	00・3・27 00・12・20 02・3・27 03・3・24 (95・12・22) (97・7・11) (99・3・19)	00・10・1 01・1・6 02・4・1 03・4・1 (96・4・1) (97・8・1) (99・10・1)
	香川県議会情報公開条例	56	00・3・27	00・10・1	00・12・22	01・1・6

28

新編　情報公開条例集（1）

愛媛県	愛媛県情報公開条例	47	98・6・25	99・1・1	00・3・24 01・10・16 03・3・24	00・4・1 01・10・16 03・4・1
高知県	高知県情報公開条例	31	90・3・26	90・10・1	95・10・13 98・3・30 98・10・20 00・7・14 01・3・27 02・3・29	95・10・13 98・10・1 99・4・1 00・7・14 01・3・27 02・4・1
福岡県	福岡県情報公開条例	(12)	01・3・30 (86・3・31)	01・7・1 (86・9・1)	02・12・27 (92・3・30) (97・3・31) (97・7・7)	02・12・27 (92・10・1) (97・7・1) (97・9・1)
佐賀県	佐賀県情報公開条例	19	87・7・16	87・10・1	98・3・27 99・12・17 00・7・13 01・10・9 03・3・12	98・4・1 00・4・1 02・4・1 02・4・1 03・4・1
長崎県	長崎県情報公開条例	(35)	01・3・23 (92・3・30)	02・4・1 (93・1・20)	02・3・27 (99・12・24)	03・4・1 (00・4・1)
熊本県	熊本県情報公開条例	(16)	00・9・27 (86・10・8)	01・9・29 (86・1・1)	00・12・22 02・3・25 03・3・14 (95・10・2) (98・6・22)	01・4・1 02・4・1 03・4・1 （公布から6ヶ月以内規則で定める日） (98・10・1)
大分県	大分県情報公開条例	(26)	00・12・22 (88・8・1)	01・4・1 (89・1・1)	01・9・28 02・3・29 (97・12・22)	01・10・1 02・6・1 02・4・1 (98・1・1)
宮崎県	宮崎県情報公開条例	(30)	99・12・24 (90・3・26)	00・4・1 (90・10・1)	00・3・29 01・3・29 02・3・29	00・4・1 01・4・1 03・4・1
	宮崎県議会情報公開条例	63	02・3・27	03・4・1		
鹿児島県	鹿児島県情報公開条例	(24)	00・12・26 (88・3・28)	01・4・1 (88・12・1)	02・10・15 (99・3・26) (00・3・28)	02・10・15 (99・7・1) (00・4・1)
沖縄県	沖縄県情報公開条例	(34)	01・10・23 (91・12・26)	02・1・1 (92・7・1)	02・10・23 (94・10・20) (98・12・25)	02・10・23 (95・4・1) (99・4・1)

（注）1　北海道は、「北海道公文書の開示等に関する条例」（86・4・1条例第1号）を、「北海道情報公開条例」（98・3・31条例第28号）と改称、全部改正。

　　　　また、北海道は、「北海道情報公開条例」（98・3・31条例第28号）のほかに、「北海道議会情報公開条例」（99・3・15第18号）を制定。

　　2　青森県は、「青森県情報公開条例」（95・10・25条例第44号）を廃止し、「青森県情報公開条例」（99・12・24条例55号）を制定。

　　3　岩手県は、「公文書公開条例」（94・3・30条例第4号）を、「情報公開条例」（98・12・11条例第49号）と改称、部分改正。また、「情報公開条例」のほかに、「岩手県議会情報公開条例」（99・12・17条例第61号）を制定。

　　4　宮城県は、「情報公開条例」制定前に「宮城県情報公開試行要綱」（制定89・7・1、施行89・10・1）。

　　　　また、宮城県は、「情報公開条例」（90・3・12条例第10号）のほかに、「宮城県議会の保有する情報の公開に関する条例」（99・3・12条例第27号）を制定。

5　秋田県は、「秋田県公文書公開条例」（87・3・13条例第3号）を、「秋田県公開条例」（98・10・19条例第38号）と改称、大幅改正。
6　山形県は、「山形県情報公開条例」（97・12・22条例58号）制定前に「山形県公文書公開実施要綱」。また、「山形県議会情報公開条例」（00・7・18条例第49号）を制定。
7　福島県は、「福島県情報公開条例」（90・10・16条例第41号）の全部を改正。
　　また、「福島県議会情報公開条例」（01・3・27条例第36号）を制定。
8　茨城県は、「茨城県情報公開条例」（86・3・31）の全部を改正。
　　また、「茨城県議会情報公開条例」（00・12・26条例第87号）を制定。
9　栃木県は、「栃木県情報公開条例」（86・3・31条例第32号）の全部を改正。
　　また、「栃木県議会情報公開条例」（00・3・6条例第1号）を制定。
10　群馬県は、「群馬県公文書の開示等に関する条例」（86・4・1条例第53号）を改称、全部を改正。
11　埼玉県は、「埼玉県行政情報公開条例」（82・12・28条例第67号）のほか、「埼玉県議会情報公開情報公開条例」（99・3・12条例2号）を制定。また、前記「埼玉県行政情報公開条例」を廃止、「埼玉県情報公開条例」（00・12・26）を制定。
12　千葉県は、条例のほかに「千葉県公文書公開条例第11条第2号又は第3号に該当する情報について公開の特例を定める条例」（制定97・12・19、施行98・4・1）を制定。また、「千葉県公文書公開条例」（88・3・28条例第3号）を廃止し、「千葉県情報公開条例」（00・12・8条例第65号）を制定、前記特例条例を「千葉県情報公開条例第8条第2号又は第3号に該当する情報について開示の特例を定める条例」と改称。さらに、「千葉県議会情報公開条例」（01・12・21条例第49号）を制定。
13　東京都は、「東京都公文書の開示等に関する条例」（84・10・1条例第109号）を「東京都情報公開条例」改称、全部を改正。
　　また、東京都は、「東京都情報公開条例」（99・3・19条例第5号）のほか、「東京都議会情報公開条例」（99・3・19条例第4号）を制定。
14　神奈川県は、「神奈川県の機関の公文書の公開に関する条例」（82・10・14条例第42号）を改称、全部を改正。
15　山梨県は、「山梨県公文書公開条例」（86・3・26条例第35号）を改称、全部を改正。
16　長野県は、長野県情報公開条例（84・3・26条例第4号）の全部を改正。
17　新潟県は、条例制定前に「新潟県文書公開要綱」（制定85・3・29、施行85・10・1）
　　また、「新潟県情報公開条例」（95・10・19条例第1号）の全部を改正。
18　富山県は、富山県情報公開条例（86・9・30条例第51号）の全部を改正。
19　石川県は、石川県情報公開条例（94・9・27条例第28号）の全部を改正。
20　福井県は、「福井県公文書公開条例」（86・3・24条例第2号）を、改称、

全部改正。
21　岐阜県は、「岐阜県情報公開条例」（94・10・14条例第22号）の全部を改正。
22　静岡県は、「静岡県公文書の開示に関する条例」（89・3・29条例第15号）を改称、全部を改正。
23　愛知県は、「愛知県公文書公開条例」（86・3・26条例第2号）を、改称、全部を改正。
24　三重県は、「三重県情報公開条例」（87・12・24）の全部を改正
25　滋賀県は、「滋賀県公文書の公開等に関する条例」（87・10・16条例第37号）を全部改正し、「滋賀県情報公開条例」（00・10・11条例第113号）を制定。
26　京都府は、「京都府情報公開条例」（88・4・1条例第17号）の全部を改正。
27　大阪府は、「大阪府公文書公開条例」（84・3・28条例第2号）を改称、全部を改正のほか、「大阪府議会情報公開条例」（00・10・27条例第137号）を制定。
28　兵庫県は、「公文書の公開等に関する条例」（86・3・27条例第3号）を改称、全部を改正。また、「兵庫県議会情報公開条例」（00・4・3条例第45号）を制定。
29　奈良県は、奈良県情報公開条例（96・3・27条例28号）の全部改正。
30　和歌山県は、「和歌山県公文書の開示に関する条例」（93・3・30）の全部を改正。
31　鳥取県は、「鳥取県公文書公開条例」（88・3・28条例第2号）を廃止、「鳥取県情報公開条例」（00・3・28条例第2号）を制定。
　　また、「鳥取県議会情報公開条例」（00・3・28条例59号）を制定。
32　島根県は、「島根県情報公開条例」（94・3・25条例第1号）の全部を改正。
33　岡山県は、「岡山県公文書の開示等に関する条例」（96・3・26）条例制定前に「岡山県の公文書公開の試行に関する要綱」と「岡山県の行政情報の公表に関する要綱」（制定84・3・27、施行84・6・1）。また、岡山県は、「行政情報公開条例」と改称、大幅改正。さらに、「岡山県議会情報公開条例」（01・12・21条例84号）を制定。
34　広島県は、「広島県公文書公開条例」（90・3・26条例第1号）の全部を改正。また、「広島県議会情報公開条例」（02・4・2条例第25号）を制定。
35　山口県は、条例制定前に「山口県情報公開要綱」（制定91・11・1、施行92・4・1）
36　香川県は、「香川県公文書公開条例」（86・12・24条例第30号）を改称、全部を改正し、「香川県情報公開条例」（00・3・27条例第54号）を制定。また、「香川県議会情報公開条例」（00・3・27条例第79号）を制定。
37　徳島県は、「徳島県情報公開条例」（89・3・28条例第5号）の全部を改正。
38　愛媛県は、条例制定前に「愛媛県情報公開要綱」（制定93・10・1、施行94・1・1）

39　福岡県は、「福岡県情報公開条例」(86・3・30条例第1号)の全部を改正。
40　長崎県は、「長崎県情報公開条例」(92・3・30条例第1号)の全部を改正。
41　熊本県は、「熊本県情報公開条例」(86・10・18条例第37号)を、全面改正。
42　大分県は、「大分県情報公開条例」(88・8・1条例第31号)の全部を改正。
43　宮崎県は、「宮崎県情報公開条例」(89・3・26条例第3号)の全部を改正。また、「宮崎県議会情報公開条例」(02・3・27条例第27号)を制定。
44　鹿児島県は、「鹿児島県情報公開条例」(88・3・28条例第4号)の全部を改正。
45　沖縄県は、「沖縄県情報公開条例」(91・10・23条例第31号)の全部を改正。

北海道情報公開条例

【制定】平成十年三月三十一日条例第二十八号
【改正】平成十三年三月三十日条例第十二号・
　　　　　　　第四十二号

　北海道公文書の開示等に関する条例（昭和六十一年北海道条例第一号）の全部を改正する。

北海道情報公開条例

目次
　前文
　第一章　総則（第一条～第八条）
　第二章　公文書の開示の制度
　　第一節　公文書の開示を請求する権利等（第九条～第十二条）
　　第二節　公文書の開示の請求の手続等（第十三条～第二十条）
　　第三節　不服申立てに関する手続（第二十一条～第二十一条の三）
　　第四節　他の制度との調整（第二十二条・第二十三条）
　第三章　情報提供の総合的推進
　　第一節　情報提供の総合的推進（第二十四条・第二十五条）
　　第二節　会議の公開（第二十六条）
　　第三節　出資法人等の情報公開（第二十七条）
　第四章　北海道情報公開審査会（第二十八条～第四十条）
　第五章　雑則（第四十一条～第四十三条）
　附則

　　　　◇一部改正（平成一三年条例一二号）

　道が保有する情報は、道民の共有の財産であり、これを広く公開することは、民主主義の原理及び地方自治の本旨に由来する開かれた道政を推進していくために不可欠である。

　道は、これまで、公文書の開示制度を導入し、情報の公開に努めてきた。しかし、近年、地方分権の推進など道政を取り巻く環境が大きく変化し、道民による行政参加と監視の観点から、情報の公開の重要性がますます高まっており、公文書の開示制度に加えて情報提供の積極的な推進など情報公開制度全般にわたる一層の整備、充実が求められている。

　新しい情報公開制度は、だれもが知りたいときに自由に知り得るよう知る権利を明らかにするとともに、道政の諸活動について説明する責任を全うすることにより、その公開性を高め、及び道民参加を促進するものでなければならない。

　このような考え方に立って、道政に対する理解と信頼を深め公正で民主的な道政を確立するため、この条例を制定する。

第一章　総　則

（目的）
第一条　この条例は、公文書の開示を請求する権利を明らかにするとともに、公文書の開示及び情報提供の推進に関し必要な事項を定めることにより、開かれた道政を一層推進し、もって地方自治の本旨に即した道政の発展に寄与することを目的とする。

（定義）
第二条　この条例において、「実施機関」とは、知事、教育委員会、公安委員会、選挙管理委員会、監査委員、人事委員会、地方労働委員会、収用委員会、連合海区漁業調整委員会、海区漁場調整委員会、内水面漁場管理委員会、公営企業管理者及び警察本部長をいう。

2　この条例において「公文書」とは、実施機関が作成し、又は取得した文書、図画及び写真（これらを撮影したマイクロフィルムを含む。）並びに電子計算機による処理に使用される磁気テープ、磁気ディスクその他一定の事項を記憶しておくことのできるこれらに類する物であって、実施機関が管理しているものをいう。

3　この条例において「公文書の開示」とは、次章に定めるところにより、公文書を閲覧に供し、又は公文書の写しを交付することをいう。

◇一部改正（平成一三年条例一二号）

（この条例の解釈及び運用）
第三条　実施機関は、この条例の解釈及び運用に当たっては、公文書の開示を請求する権利を十分尊重するものとする。この場合において、実施機関は、個人に関する情報がみだりに公にされることのないよう最大限の配慮をしなければならない。

2　実施機関は、公文書の開示その他の事務を迅速に処理する等この条例に定める情報公開制度の利用者の利便に配慮をしなければならない。

（公文書の管理等）
第四条　実施機関は、この条例に定める情報公開制度の的確な運用を図るよう、公文書の分類、保存、廃棄等公文書の管理を適切に行うとともに、公文書の検索に必要な資料を作成するものとする。

（情報の適正使用）
第五条　この条例の定めるところにより公文書の開示又は情報の提供を受けたものは、これによって得た情報をこの条例の目的に即し適正に使用しなければならない。

（制度の周知）
第六条　実施機関は、この条例に定める情報公開制度が適正かつ有効に活用されるよう、この条例の目的、内容等について広く周知を図るよう努めるものとする。

（制度の改善）

第七条　知事は、広く道民の意見を聴いて、この条例に定める情報公開制度を円滑に運用するよう努めるとともに、必要に応じその改善に取り組むよう努めるものとする。

（制度の実施状況の公表）
第八条　知事は、毎年、各実施機関のこの条例に定める情報公開制度の実施状況を取りまとめ、これを公表するものとする。

第二章　公文書の開示の制度

第一節　公文書の開示を請求する権利等

（公文書の開示を請求する権利）
第九条　何人も、実施機関に対して、公文書の開示を請求することができる。
（実施機関の開示義務）
第十条　実施機関（公安委員会及び警察本部長を除く。）は、公文書の開示の請求（以下「開示請求」という。）があったときは、開示請求に係る公文書に、次の各号に掲げる情報のいずれかが記録されている場合を除き、当該公文書に係る公文書の開示をしなければならない。
一　個人の思想、宗教、身体的特徴、健康状態、家族構成、学歴、職歴、住所、所属団体、財産、所得等に関する情報（事業を営む個人の当該事業に関する情報を除く。）であって、特定の個人が識別され得るもののうち、通常他人に知られたくないと認められるもの
二　法人その他の団体（国及び地方公共団体を除く。以下「法人等」という。）に関する情報及び事業を営む個人の当該事業に関する情報であって、開示することにより、当該法人等及び当該事業を営む個人の競争上若しくは事業運営上の地位又は社会的な地位が不当に損なわれると認められるもの
三　開示することにより、人の生命、身体、財産又は社会的な地位の保護、犯罪の予防、犯罪の捜査その他の公共の安全と秩序の維持に支障が生ずるおそれのある情報
四　道又は国若しくは地方公共団体その他の公共団体（以下「国等」という。）の事務又は事業に係る意思形成過程において、道の機関内部若しくは道の機関相互間又は道の機関と国等の機関との間における審議、協議、調査研究等に関し、実施機関が作成し、又は取得した情報であって、開示することにより、当該事務又は事業に係る意思形成に著しい支障が生ずると明らかに認められるもの
五　道と国等との間における協議により、又は国等からの依頼により、実施機関が作成し、又は取得した情報であって、開示することが当該協議又は依頼の条件又は趣旨に反し、国等との協力関係が著しく損なわれることにより、当該協議又は依頼に係る事務又は事業の適正な執行に支障が生ずると認められるもの
六　試験の問題及び採点基準、検査、取締り等の計画及び実施要領、争訟の方

針、入札予定価格、用地買収計画その他の道又は国等の事務又は事業に関する情報であって、開示することにより、当該事務若しくは事業の目的を失わせ、又は当該事務若しくは事業若しくは将来の同種の事務若しくは事業の公正若しくは円滑な実施を著しく困難にすると認められるもの
　七　法令又は他の条例（以下「法令等」という。）の規定により明らかに開示することができないとされている情報
2　実施機関（公安委員会及び警察本部長に限る。）は、開示請求があったときは、開示請求に係る公文書に、次の各号に掲げる情報のいずれかが記録されている場合を除き、当該公文書に係る公文書の開示をしなければならない。
　一　前項各号（第三号を除く。）のいずれかに該当する情報
　二　次に掲げる情報等であって、開示することにより、犯罪の予防、鎮圧又は捜査、公訴の維持、刑の執行その他の公共の安全と秩序の維持に支障が生ずるおそれがあると公安委員会又は警察本部長が認めることにつき相当の理由がある情報
　　イ　現在捜査中の事件に関する情報
　　ロ　捜査の具体的な手法、技術又は体制に関する情報
　　ハ　犯罪の予防又は鎮圧の手法、技術又は体制に関する情報
　　ニ　被疑者又は被告人の留置又は勾留に関する施設の保安に関する情報
　　ホ　犯罪の被害者若しくは参考人又は犯罪に関する情報を提供した者が特定される情報
　三　前号に掲げるもののほか、開示することにより、人の生命、身体、財産又は社会的な地位の保護に支障が生ずるおそれのある情報
3　実施機関は、開示請求に係る公文書に、第一項各号又は前項各号に掲げる情報（以下「非開示情報」という。）とそれ以外の情報が記録されている場合において、非開示情報とそれ以外の情報とを容易に、かつ、開示請求の趣旨が損なわれない程度に分離することができるときは、前二項の規定にかかわらず、当該非開示情報が記録されている部分を除いて、当該公文書に係る公文書の開示をしなければならない。
　　　　　◇一部改正（平成一三年条例一二号）
　（公益上の必要による開示）
第十一条　実施機関は、開示請求に係る公文書に非開示情報が記録されている場合であっても、当該情報を開示することが人の生命、身体、健康又は生活の保護のため公益上必要があると認めるときは、当該公文書に係る公文書の開示をするものとする。
　（公文書の存否に関する情報の取扱い）
第十二条　実施機関は、開示請求に係る公文書が存在しているかどうかを答えるだけで、特定の個人の生命、身体若しくは名誉が侵害されると認められる場合又は犯罪の予防、捜査等に支障が生ずると認められる場合に限り、当該公文書の存否を明らかにしないことができる。
　　　　　◇一部改正（平成一三年条例一二号）

第二節　公文書の開示の請求の手続等

（公文書の開示の請求の手続）
第十三条　開示請求をしようとするものは、実施機関に対して、次の事項を記載した請求書を提出しなければならない。ただし、実施機関が別に定めるところにより当該請求書の提出を要しないと認めたときは、この限りでない。
一　氏名及び住所（法人その他の団体にあっては、名称、事務所又は事業所の所在地及び代表者の氏名）
二　開示請求をしようとする公文書の名称その他の当該公文書を特定するために必要な事項
三　公文書が第十一条の規定に該当するものとして開示請求をしようとする場合にあっては、同条に該当する旨及びその理由
四　前三号に定めるもののほか、実施機関が定める事項

（公文書の開示の決定）
第十四条　実施機関は、開示請求があったときは、その翌日から起算して十四日以内に、公文書の開示をするかどうかの決定（以下「開示等の決定」という。）をしなければならない。ただし、やむを得ない理由により、その翌日から起算して十四日以内に開示等の決定をすることができないときは、その期間を十四日を限度として延長することができる。
2　前項ただし書の規定にかかわらず、実施機関は、開示請求に係る公文書が大量であるときは、同項本文に規定する開示等の決定をする期間を、開示請求があった日の翌日から起算して二月を限度として延長することができる。ただし、開示請求に係る公文書が著しく大量であって、その翌日から起算して二月以内に開示等の決定をすることができないことに相当の理由があるときは、北海道情報公開審査会の意見を聴いて、その期間を延長することができる。
3　実施機関は、前二項の規定により期間を延長するときは、速やかに期間を延長する理由及び開示等の決定をすることができる時期を前条の請求書を提出したもの（同条ただし書の規定により同条の請求書の提出を要しないと認められたものを含む。以下「開示請求者」という。）に書面により通知しなければならない。

（公文書の開示等の決定の通知）
第十五条　実施機関は、開示等の決定をしたときは、速やかに開示請求者に書面により通知しなければならない。この場合において、実施機関は、公文書の開示をしないことと決定したときはその理由を、第十条第三項の規定により非開示情報が記録されている部分を除いて公文書の開示をすることと決定したときはその旨及び理由を記載して開示請求者に通知しなければならない。
2　実施機関は、開示請求に係る公文書について公文書の開示をしないことと決定した場合において、当該公文書の全部又は一部について公文書の開示をすることができる期日が明らかであるときは、その期日を前項の書面を付記するものとする。

　　　　　◇一部改正（平成一三年条例一二号）

（公文書の存否を明らかにしない決定）
第十六条　実施機関は、第十二条の規定により公文書の存否を明らかにしないときは、開示請求があった日の翌日から起算して十四日以内に、その旨の決定をしなければならない。
2　前条第一項の規定は、前項の決定について準用する。
　（公文書の不存在の通知）
第十七条　実施機関は、開示請求に係る公文書が存在しないときは、開示請求があった日の翌日から起算して十四日以内に、当該公文書が不存在である旨の通知をするものとする。
　（事案の移送）
第十七条の二　実施機関は、開示請求に係る公文書が他の実施機関により作成されたものであるときその他他の実施機関において開示決定等（開示等の決定若しくは第十六条第一項の決定又は前条の通知をいう。以下同じ。）をすることにつき正当な理由があるときは、当該他の実施機関と協議の上、当該他の実施機関に対し、事案を移送することができる。この場合において、移送しようとする実施機関は、あらかじめ、開示請求者の意見を聴くなど、開示請求者の利益を損なわないよう努めなければならない。
2　前項の規定により事案を移送した実施機関は、開示請求者に対し、事案を移送した旨を書面により通知しなければならない。
3　第一項の規定により事案が移送されたときは、移送を受けた実施機関において、当該開示請求についての開示決定等をしなければならない。この場合において、移送をした実施機関が移送前にした行為は、移送を受けた実施機関がしたものとみなす。
4　前項の場合において、移送を受けた実施機関が開示請求に係る公文書の全部又は一部について開示をする旨の決定（以下「開示決定」という。）をしたときは、当該実施機関は、開示の実施をしなければならない。この場合において、移送をした実施機関は、当該開示の実施に必要な協力をしなければならない。
5　第一項及び第二項の規定は、開示請求に係る公文書が北海道議会により作成されたものであるときその他北海道議会議長において開示決定等に相当する決定をすることにつき正当な理由があるときについて準用する。
6　第三項及び第四項前段の規定は、北海道議会情報公開条例（平成十一年北海道条例第十八号）第十六条の二第一項の規定により事案が移送されたときについて準用する。この場合においては、同条例第十二条の規定により請求書が提出された日に、実施機関に対し開示請求があったものとみなす。
7　実施機関は第五項において準用する第一項の規定により事案を移送した場合において、北海道議会議長が開示の実施をするときは、当該開示の実施に必要な協力をしなければならない。
　　　　　　　◇追　　加（平成一三年条例一二号）
　　　　　　　◇一部改正（平成一三年条例四二号）
　（第三者に対する意見書提出の機会の付与等）
第十八条　開示請求に係る公文書に道及び開示請求者以外のもの（以下この条、

第二十一条の二及び第二十一条の三において「第三者」という。）に関する情報が記録されているときは、実施機関は、開示決定等をするに当たって、当該情報に係る第三者に対し、開示請求に係る公文書の表示その他実施機関が定める事項を通知して、意見書を提出する機会を与えることができる。
2　実施機関は、第三者に関する情報が記録されている公文書を第十一条の規定により開示しようとするときは、開示決定に先立ち、当該第三者に対し、開示請求に係る公文書の表示その他実施機関が定める事項を書面により通知して、意見書を提出する機会を与えなければならない。ただし、当該第三者の所在が判明しない場合は、この限りでない。
3　実施機関は、前二項の規定により意見書の提出の機会を与えられた第三者が当該公文書の開示に反対の意思を表示した意見書を提出した場合において、開示決定をするときは、開示決定の日と開示を実施する日との間に少なくとも二週間を置かなければならない。この場合において、実施機関は、開示決定後直ちに、当該意見書（第二十一条の二において「反対意見書」という。）を提出した第三者に対し、開示決定をした旨及びその理由並びに開示を実施する日を書面により通知しなければならない。
　　　　◇全部改正（平成一三年条例一二号）
（公文書の開示の実施）
第十九条　公文書の開示は、開示決定の対象公文書（以下「開示公文書」という。）を保管している事務所の所在地（以下「開示公文書の所在地」という。）において、実施機関が第十五条第一項の規定による通知の際に指定する日時及び場所で行うものとする。
2　実施機関は、開示請求者の住所が開示公文書の所在地から遠隔の地にあること等により開示請求者が開示公文書の所在地において開示公文書を閲覧することが著しく困難であると認められる場合であって、当該開示公文書の写しを開示公文書の所在地以外の地に送付することにより公文書の開示をすることができるときは、前項の規定にかかわらず、開示公文書の所在地以外の地の実施機関が指定する場所で、当該開示公文書の写しにより公文書の開示をすることができる。
3　実施機関は、開示公文書に係る公文書の開示をすることにより当該開示公文書を汚損し、又は破損するおそれがある等当該開示公文書の保存に支障があると認められるときその他合理的な理由があるときは、当該開示公文書の写しにより公文書の開示をすることができる。
　　　　◇一部改正（平成一三年条例一二号）
（費用の負担）
第二十条　この節の規定により開示公文書の写しの交付を受けるものは、当該開示公文書の写しの交付に要する費用を負担しなければならない。
　　　　　　第三節　不服申立てに関する手続

（審査会への諮問等）
第二十一条　実施機関は、開示決定等について、行政不服審査法（昭和三十七年

法律第百六十号）の規定に基づく不服申立てがあったときは、当該不服申立てが不適法なものであるときを除き、北海道情報公開審査会に諮問して、当該不服申立てに対する決定又は裁決を行うものとする。この場合において、実施機関は、北海道情報公開審査会の答申を尊重するものとする。
2　実施機関は、前項の不服申立てがあったときは、その翌日から起算して三月以内に当該不服申立てに対する決定又は裁決を行うよう努めなければならない。
　　　　　◇一部改正（平成一三年条例一二号）
　（諮問をした旨の通知）
第二十一条の二　前条第一項の規定により諮問をした実施機関（以下「諮問実施機関」という。）は、次に掲げるものに対し、諮問をした旨の通知をしなければならない。
　一　不服申立人及び参加人
　二　開示請求者（開示請求者が不服申立人又は参加人である場合を除く。）
　三　当該不服申立てに係る開示決定等について反対意見書を提出した第三者（当該第三者が不服申立人又は参加人である場合を除く。）
　　　　　◇追　　加（平成一三年条例一二号）
　（第三者からの不服申立てを棄却する場合等における手続）
第二十一条の三　第十八条第三項の規定は、次の各号のいずれかに該当する決定又は裁決をする場合について準用する。
　一　開示決定に対する第三者からの不服申立てを却下し、又は棄却する決定又は裁決
　二　不服申立てに係る開示決定等を変更し、当該開示決定等に係る公文書を開示する旨の決定又は裁決（第三者である参加人が当該公文書の開示に反対の意思を表示している場合に限る。）
　　　　　◇追　　加（平成一三年条例一二号）

　　　　　　　第四節　他の制度との調整

　（法令等の規定による公文書）
第二十二条　法令等の規定により、実施機関に対して公文書の閲覧若しくは縦覧又は公文書の謄本、抄本その他写しの交付を求めることができる場合における当該公文書の閲覧又はその写しの交付については、当該法令等の定めるところによる。
　（北海道立文書館等が保有する公文書）
第二十三条　この章の規定は、北海道立文書館、北海道立開拓記念館その他の道の施設が一般の利用に供することを目的として保有している公文書の閲覧又はその写しの交付については、適用しない。

　　　　　　　第三章　情報提供の総合的推進

　　　　　　　第一節　情報提供の総合的推進

（情報提供の総合的推進）
第二十四条　実施機関は、その保有する情報を積極的に道民の利用に供するため、情報提供の総合的推進に努めるものとする。
　　（情報提供施策の充実）
第二十五条　実施機関は、道民が道政に関する情報（政策形成過程にあるものを含む。）を迅速かつ容易に得られるよう、広報及び広聴の活動の充実、刊行物その他の資料の積極的な提供、高度な情報通信技術を活用した多様な媒体による情報提供の推進等により情報提供施策の充実に努めるものとする。

　　　　　　第二節　会議の公開

第二十六条　実施機関に置く附属機関及びこれに類するものは、その会議を公開するものとする。ただし、当該会議の審議の内容が許可、認可等の審査、行政不服審査、紛争処理、試験に関する事務等に係るものであって、会議を公開することが適当でないと認められるときは、この限りでない。

　　　　　　第三節　出資法人等の情報公開

第二十七条　道が出資その他の財政上の援助等を行う法人等であって、実施機関が定めるもの（以下「出資法人等」という。）は、経営状況を説明する文書等その保有する文書の公開に努めるものとする。
２　実施機関は、出資法人等が保有する文書であって、実施機関が管理していないものについて、その閲覧又はその写しの交付の申出があったときは、出資法人等に対して当該文書を実施機関に提出するよう求めるものとする。
３　前項の規定により実施機関が出資法人等に提出を求める文書の範囲、文書の閲覧又はその写しの交付の手続、費用の負担その他必要な事項は、実施機関が定める。

　　　　　第四章　北海道情報公開審査会

　　（設置）
第二十八条　北海道における情報公開の推進を図るため、知事の附属機関として、北海道情報公開審査会(以下「審査会」という。)を置く。
　　（所掌事項）
第二十九条　審査会は、この条例の規定によりその権限に属させられた事項を処理するほか、情報公開の推進に関し、知事に意見を具申することができる。
　　（組織）
第三十条　審査会は、委員十人以内で組織する。
２　委員は、学識経験を有する者のうちから、知事が任命する。
３　委員の任期は、二年とする。ただし、委員が欠けた場合における補欠の委員の任期は、前任者の残任期間とする。
４　委員は、再任されることができる。
　　　　◇一部改正（平成一三年条例一二号）

（会長及び副会長）
第三十一条　審査会に会長及び副会長を置く。
2　会長及び副会長は、委員が互選する。
3　会長は、審査会を代表し、会務を総理する。
4　副会長は、会長を補佐し、会長に事故があるときは、その職務を代理する。
　　（会議）
第三十二条　審査会の会議は、会長が招集する。
2　審査会は、委員の過半数が出席しなければ、会議を開くことができない。
3　会議の議事は、出席した委員の過半数で決し、可否同数のときは、会長の決するところによる。
4　審査会は、第二十一条第一項の規定による諮問に係る事案等を審議する会議であって、これを公開することが適当でないと認められるものを除き、その会議を公開するものとする。
　　（審査会の調査権限）
第三十三条　審査会は、第二十一条第一項の規定による諮問に係る事案（以下「諮問事案」という。）の審議を行うため必要があると認めるときは、諮問実施機関に対し、開示決定等に係る公文書の提示を求めることができる。この場合においては、何人も、審査会に対し、その提示された公文書の開示を求めることができない。
2　諮問実施機関は、審査会から前項の規定による求めがあったときは、これを拒んではならない。
3　審査会は、必要があると認めるときは、諮問実施機関に対し、開示決定等に係る公文書に記録されている情報の内容を審査会の指定する方法により分類又は整理した資料を作成し、審査会に提出するよう求めることができる。
4　第一項及び前項に定めるもののほか、審査会は、諮問事案に関し、不服申立人、参加人又は諮問実施機関（以下「不服申立人等」という。）に意見書又は資料の提出を求めること、適当と認める者にその知っている事実を陳述させ又は鑑定を求めることその他必要な調査をすることができる。
　　　　◇全部改正（平成一三年条例一二号）
　　（意見の陳述）
第三十四条　審査会は、不服申立人等から申立てがあったときは、当該不服申立人等に口頭で意見を述べる機会を与えなければならない。ただし、審査会が、その必要がないと認めるときは、この限りでない。
2　前項本文の場合においては、不服申立人又は参加人は、審査会の許可を得て、補佐人とともに出頭することができる。
　　　　◇追　　加（平成一三年条例一二号）
　　（意見書等の提出等）
第三十五条　不服申立人等は、審査会に対し、意見書又は資料を提出することができる。ただし、審査会が意見書又は資料を提出すべき相当の期間を定めたときは、その期間内にこれを提出しなければならない。
2　審査会は、不服申立人等から意見書又は資料が提出されたときは、不服申立

人等（当該意見書又は資料を提出したものを除く。）にその旨通知することとする。
　　　　◇追　　加（平成一三年条例一二号）
　（提出資料の閲覧等）
第三十六条　不服申立人等は、審査会に対し、審査会に提出された意見書又は資料の閲覧又は複写を求めることができる。この場合において、審査会は、第三者の利益を害するおそれがあると認めるときその他正当な理由があるときでなければ、その閲覧又は複写を拒むことができない。
2　審査会は、前項の規定による閲覧又は複写について、その日時及び場所を指定することができる。
　　　　◇追　　加（平成一三年条例一二号）
　（答申書の送付等）
第三十七条　審査会は、諮問に対する答申をしたときは、答申書の写しを不服申立人及び参加人に送付するとともに、答申の内容を公表するものとする。
　　　　◇追　　加（平成一三年条例一二号）
　（部会）
第三十八条　審査会に、必要に応じ、部会を置くことができる。
　　　　◇旧第三十四条繰下（平成一三年条例一二号）
　（秘密の保持）
第三十九条　委員は、職務上知り得た秘密を漏らしてはならない。その職を退いた後も同様とする。
　　　　◇旧第三十五条繰下（平成一三年条例一二号）
　（会長への委任）
第四十条　第二十八条から前条までに定めるもののほか、審査会の運営に関し必要な事項は、会長が審査会に諮って定める。
　　　　◇旧三十六条繰下（平成一三年条例一二号）

　　　　　　　　第五章　雑則

　（適用除外）
第四十一条　この条例の規定は、次に掲げる公文書については、適用しない。
　一　刑事訴訟法（昭和二十三年法律第百三十一号）第五十三条の二に規定する訴訟に関する書類及び押収物
　二　漁業法（昭和二十四年法律第二百六十七号）第五十条第一項に規定する免許漁業原簿
　　　　◇追　　加（平成一三年条例一二号）
　（実施機関への委任）
第四十二条　この条例（前章を除く。）の施行に関し必要な事項は、実施機関が定める。
　　　　◇旧第三十七条繰下（平成一三年条例一二号）
　（罰則）

第四十三条 第三十九条の規定に違反して秘密を漏らした者は、一年以下の懲役又は三十万円以下の罰金に処する。

◇追　　加（平成一三年条例一二号）

附　則

（施行期日）

1　この条例は、平成十年四月一日から施行する。

（経過措置）

2　この条例の施行の際現に実施機関に対してされているこの条例による改正前の北海道公文書の開示等に関する条例（以下「改正前の条例」という。）第六条の規定による公文書の開示の請求は、この条例による改正後の北海道情報公開条例（以下「改正後の条例」という。）第十三条の規定による公文書の開示の請求とみなす。

3　この条例の施行の際現に実施機関に対してされている改正前の条例第十四条の規定による不服申立ては、改正後の条例第二十一条第一項の規定による不服申立てとみなす。

4　この条例の施行の際現に改正前の条例第二十条の規定により置かれている北海道公文書開示審査会は、改正後の条例第二十八条の規定により置かれた審査会とみなす。

5　この条例の施行の際現に改正前の条例第二十一条第二項の規定により北海道公文書開示審査会の委員に任命されている者は、改正後の条例第三十条第二項の規定により審査会の委員に任命された者とみなし、その任期は、同条第三項本文の規定にかかわらず、平成十年九月三十日までとする。

6　この条例の施行後改正後の条例第三十条第二項の規定により新たに任命される委員の任期は、同条第三項本文の規定にかかわらず、平成十年九月三十日までとする。

（北海道個人情報保護条例の一部改正）

7　北海道個人情報保護条例（平成六年北海道条例第二号）の一部を次のように改正する。

第二条第四号を次のように改める。

四　文書等　実施機関が作成し、又は取得した文書、図画及び写真（これらを撮影したマイクロフィルムを含む。）であって、実施機関が管理しているものをいう。

第二条第五号中「実施機関の職員が職務上」を「実施機関が」に改める。

第十七条中「及び主務大臣等から法律の規定により開示をしてはならない旨の指示があるとき」を削る。

第十八条第二号中「地位が」の下に「不当に」を加え、同条第四号中「及び」を「又は」に、「反することにより」を「反し」に、「損なわれる」を「損なわれることにより、当該協議又は依頼に係る事務又は事業の適正な執行に支障が生ずる」に改め、同条第五号中「生ずると」の下に「明らかに」を加える。

第二十一条第一項第一号、第三項及び第四項中「公文書」を「文書等」に改める。

第三十四条第三項中「北海道公文書の開示等に関する条例」を「北海道情報公開条例（平成十年北海道条例第二十八号）」に改める。
附　則（平成十三年三月三十日条例第十二号）
　（施行期日）
1　この条例は、平成十三年四月一日から施行する。ただし、第二条第一項の改正規定、第十条第一項の改正規定、同条第二項の改正規定、同項を同条第三項とし、同条第一項の次に一項を加える改正規定、第十二条の改正規定及び第十五条第一項の改正規定並びに附則第六項の規定は、平成十三年十月一日までの間において規則で定める日から施行する。
　（経過措置）
2　この条例の施行の日（以下「施行日」という。）前にこの条例による改正前の北海道情報公開条例（以下「改正前の条例」という。）第十八条第一項の規定によりされた意見の聴取は、この条例による改正後の北海道情報公開条例（以下「改正後の条例」という。）第十八条第一項の規定によりされた意見書の提出の機会の付与とみなす。
3　施行日前に改正前の条例第十八条第一項の規定により意見を聴かれた道以外のものが当該公文書の開示に反対の意思を表示した場合において施行日以後開示決定をするときは、改正後の条例第十八条第三項中「前二項の規定により意見書の提出の機会を与えられた第三者」とあるのは「北海道情報公開条例の一部を改正する条例（平成十三年北海道条例第十二号）による改正前の北海道情報公開条例第十八条第一項の規定により意見を聴かれた道以外のもの」と、「表示した意見書を提出した場合」とあるのは「表示した場合」と、「当該意見書（第二十一条の二において「反対意見書」という。）を提出した第三者」とあるのは「反対の意思を表示した道以外のもの」と、改正後の条例第二十一条の二第三号中「反対意見書を提出した第三者」とあるのは「反対の意思を表示した道以外のもの」と、改正後の条例第二十一条の三各号中「第三者」とあるのは「道以外のもの」と読み替えて適用する。
4　改正後の条例第二十一条の二の規定は、施行日以後に審査会に諮問した事案について適用する。
5　この条例の施行後改正後の条例第三十条第二項の規定により新たに任命される委員の任期は、同条第三項本文の規定にかかわらず、平成十四年九月三十日までとする。
　（北海道職員の公務員倫理に関する条例の一部改正）
6　北海道職員の公務員倫理に関する条例（平成九年北海道条例第九号）の一部を次のように改正する。
　　　　　（次のよう）略
附　則（平成十三年三月三十日条例第四十二号）抄
　（施行期日）
1　この条例は、平成十三年四月一日から施行する。

北海道議会情報公開条例

【制定】平成十一年三月十五日条例第十八号
【改正】平成十三年三月三十日条例第四十二号

北海道議会情報公開条例

目次
　前文
　第一章　総則（第一条～第七条）
　第二章　公文書の開示の制度
　　第一節　公文書の開示を請求する権利等（第八条～第十一条）
　　第二節　公文書の開示の請求の手続等（第十二条～第二十条）
　　第三節　不服申立てに関する手続（第二十一条～第二十一条の三）
　　第四節　他の制度との調整（第二十二条）
　第三章　北海道議会情報公開審査会（第二十三条～第三十二条）
　第四章　雑則（第三十三条・第三十四条）
　附則
　　　　　◇一部改正（平成一三年条例一二号）

　議会は、住民の代表機関として、住民福祉の向上にかかわる条例や予算などを審議するほか、行政執行を監視することなどを通じて、住民の意思を行政の施策に反映していく役割を果たしてきた。
　地方分権の推進など時代の変化に適切に対応しながら、住民の信託にこたえていくためには、政策立案機能の強化など議会の活性化を図るとともに、議会が保有する情報をだれもが自由に知り得るよう知る権利を保障し、議会の情報公開を積極的に推進することで、議会の諸活動について、住民の理解が得られるよう努めなければならない。
　このような考え方に立って、地方自治の本旨に即した住民本位の議会を実現するため、この条例を制定する。

第一章　総　則

（目的）
第一条　この条例は、公文書の開示を請求する権利を明らかにするとともに、公文書の開示等に関し必要な事項を定めることにより、北海道議会（以下「議会」という。）の情報公開を積極的に推進し、もって道民の議会への理解を一層深め、開かれた議会を実現することを目的とする。
（定義）
第二条　この条例において「公文書」とは、議会が作成し、又は取得した文書、図画及び写真（これらを撮影したマイクロフィルムを含む。）並びに電子計算機

による処理に使用される磁気テープ、磁気ディスクその他一定の事項を記録しておくことのできるこれらに類する物であって、北海道議会議長（以下「議長」という。）が別に定めるところにより北海道議会事務局（以下「事務局」という。）において管理しているものをいう。

2　この条例において「公文書の開示」とは、次章に定めるところにより、公文書（平成十一年六月一日以後に作成し、又は取得したものに限る。以下この項において同じ。）を閲覧に供し、又は公文書の写しを交付することをいう。

（この条例の解釈及び運用）

第三条　議会は、この条例の解釈及び運用に当たっては、公文書の開示を請求する権利を十分尊重するものとする。この場合において、議会は、個人に関する情報がみだりに公にされることのないよう最大限の配慮をしなければならない。

2　議会は、公文書の開示その他の事務を迅速に処理する等この条例に定める情報公開制度の利用者の利便に配慮をしなければならない。

（公文書の管理等）

第四条　議会は、この条例に定める情報公開制度の的確な運用を図るよう、公文書の分類、保存、廃棄等公文書の管理を適切に行うとともに、公文書の検索に必要な資料を作成するものとする。

（情報の適正使用）

第五条　この条例の定めるところにより公文書の開示を受けたものは、これによって得た情報をこの条例の目的に即し適正に使用しなければならない。

（情報提供の積極的推進）

第六条　議会は、道民が議会に関する情報を迅速かつ容易に得られるよう、刊行物その他の資料の積極的な提供、高度な情報通信技術を活用した多様な媒体による情報提供の推進等情報提供施策を充実させ、積極的な情報提供に努めるものとする。

（制度の実施状況の公表）

第七条　議長は、毎年、この条例に定める情報公開制度の実施状況を公表するものとする。

第二章　公文書の開示の制度

第一節　公文書の開示を請求する権利等

（公文書の開示を請求する権利）

第八条　何人も、議長に対して、公文書の開示を請求することができる。

（開示義務）

第九条　議長は、公文書の開示の請求（以下「開示請求」という。）があったときは、開示請求に係る公文書に、次の各号に掲げる情報（以下「非開示情報」という。）のいずれかが記録されている場合を除き、当該公文書に係る公文書の開示をしなければならない。

一　個人の思想、宗教、身体的特徴、健康状態、家族構成、学歴、職歴、住所、

所属団体、財産、所得等に関する情報（事業を営む個人の当該事業に関する情報を除く。）であって、特定の個人が識別され得るもののうち、通常他人に知られたくないと認められるもの
二　法人その他の団体（国及び地方公共団体を除く。以下「法人等」という。）に関する情報及び事業を営む個人の当該事業に関する情報であって、開示することにより、当該法人等及び当該事業を営む個人の競争上若しくは事業運営上の地位又は社会的な地位が不当に損なわれると認められるもの
三　開示することにより、人の生命、身体、財産又は社会的な地位の保護、犯罪の予防、犯罪の捜査その他の公共の安全と秩序の維持に支障が生ずるおそれのある情報
四　議会の事務又は事業に係る意思形成過程において、議会内部又は議会と国、議会以外の道の機関若しくは地方公共団体その他の公共団体（以下「国等」という。）の機関との間における協議、調査研究等に関し、議会が作成し、又は取得した情報であって、開示することにより、当該事務又は事業に係る意思形成に著しい支障が生ずると明らかに認められるもの
五　議会と国等との間における協議により、又は国等からの依頼により、議会が作成し、又は取得した情報であって、開示することが当該協議又は依頼の条件又は趣旨に反し、国等との協力関係が著しく損なわれることにより、当該協議又は依頼に係る事務又は事業の適正な執行に支障が生ずると認められるもの
六　入札、争訟その他の議会の事務又は事業に関する情報であって、開示することにより、当該事務若しくは事業の目的を失わせ、又は当該事務若しくは事業若しくは将来の同種の事務若しくは事業の公正若しくは円滑な実施を著しく困難にすると認められるもの
七　法令又は他の条例（以下「法令等」という。）の規定により明らかに開示することができないとされている情報
八　議会における会派の活動に関する情報又は議員活動に関する情報であって、開示することにより、議会の活動に著しい支障が生ずると認められるもの
2　議長は、開示請求に係る公文書に、非開示情報とそれ以外の情報が記録されている場合において、非開示情報とそれ以外の情報とを容易に、かつ、開示請求の趣旨が損なわれない程度に分離することができるときは、前項の規定にかかわらず、当該非開示情報が記録されている部分を除いて、当該公文書に係る公文書の開示をしなければならない。
　（公益上の必要による開示）
第十条　議長は、開示請求に係る公文書に非開示情報が記録されている場合であっても、当該情報を開示することが人の生命、身体、健康又は生活の保護のため公益上必要があると認めるときは、当該公文書に係る公文書の開示をするものとする。
　（公文書の存否に関する情報の取扱い）
第十一条　議長は、開示請求に係る公文書が存在しているかどうかを答えるだけで、特定の個人の生命、身体若しくは名誉が侵害されると認められる場合又は

犯罪の予防、捜査等に支障が生ずると認められる場合に限り、当該公文書の存否を明らかにしないことができる。
　　◇一部改正（平成一三年条例四二号）

第二節　公文書の開示の請求の手続等

（公文書の開示の請求の手続）
第十二条　開示請求をしようとするものは、議長に対して、次の事項を記載した請求書を提出しなければならない。ただし、議長が別に定めるところにより当該請求書の提出を要しないと認めたときは、この限りでない。
　一　氏名及び住所（法人その他の団体にあっては、名称、事務所又は事業所の所在地及び代表者の氏名）
　二　開示請求をしようとする公文書の名称その他の当該公文書を特定するために必要な事項
　三　公文書が第十条の規定に該当するものとして開示請求をしようとする場合にあっては、同条に該当する旨及びその理由
　四　前三号に定めるもののほか、議長が定める事項

（公文書の開示の決定）
第十三条　議長は、開示請求があったときは、その翌日から起算して十四日以内に、公文書の開示をするかどうかの決定（以下「開示等の決定」という。）をしなければならない。ただし、やむを得ない理由により、その翌日から起算して十四日以内に開示等の決定をすることができないときは、その期間を十四日を限度として延長することができる。
2　前項ただし書の規定にかかわらず、議長は、開示請求に係る公文書が大量であるときは、同項本文に規定する開示等の決定をする期間を、開示請求があった日の翌日から起算して二月を限度として延長することができる。ただし、開示請求に係る公文書が著しく大量であって、その翌日から起算して二月以内に開示等の決定をすることができないことに相当の理由があるときは、その期間を延長することができる。
3　議長は、前二項の規定により期間を延長するときは、速やかに期間を延長する理由及び開示等の決定をすることができる時期を前条の請求書を提出したもの（同条ただし書の規定により同条の請求書の提出を要しないと認められたものを含む。以下「開示請求者」という。）に書面により通知しなければならない。

（公文書の開示等の決定の通知）
第十四条　議長は、開示等の決定をしたときは、速やかに開示請求者に書面により通知しなければならない。この場合において、議長は、公文書の開示をしないことと決定したときはその理由を、第九条第二項の規定により非開示情報が記録されている部分を除いて公文書の開示をすることと決定したときはその旨及び理由を記載して開示請求者に通知しなければならない。
2　議長は、開示請求に係る公文書について公文書の開示をしないことと決定した場合において、当該公文書の全部又は一部について公文書の開示をすることができる期日が明らかであるときは、その期日を前項の書面に付記するものと

する。
　（公文書の存否を明らかにしない決定）
第十五条　議長は、第十一条の規定により公文書の存否を明らかにしないときは、開示請求があった日の翌日から起算して十四日以内に、その旨の決定をしなければならない。
2　前条第一項の規定は、前項の決定について準用する。
　（公文書の不存在の通知）
第十六条　議長は、開示請求に係る公文書が存在しないときは、開示請求があった日の翌日から起算して十四日以内に、当該公文書が不存在である旨の通知をするものとする。
　（事案の移送）
第十六条の二　議長は、開示請求に係る公文書が北海道情報公開条例（平成十年北海道条例第二十八号。以下「道公開条例」という。）第二条第一項に規定する実施機関（以下「実施機関」という。）により作成されたものであるときその他実施機関において道公開条例第十七条の二第一項に規定する開示決定等をすることにつき正当な理由があるときは、当該実施機関と協議の上、当該実施機関に対し、事案を移送することができる。この場合において、議長は、あらかじめ、開示請求者の意見を聴くなど、開示請求者の利益を損なわないよう努めなければならない。
2　前項の場合において、議長は、開示請求者に対し、事案を移送した旨を書面により通知しなければならない。
3　道公開条例第十七条の二第五項において準用する同条第一項の規定により事案が移送されたときは、議長において、当該開示請求についての開示決定等（開示等の決定若しくは第十五条第一項の決定又は前条の通知をいう。以下同じ。）をしなければならない。この場合において、実施機関が移送前にした行為は、議長がしたものとみなす。
4　前項の場合においては、道公開条例第十三条の規定により請求書が提出された日に、議長に対し開示請求があったものとみなす。
5　第三項の場合において、議長が開示請求に係る公文書の全部又は一部について開示をする旨の決定（以下「開示決定」という。）をしたときは、議長は、開示の実施をしなければならない。
6　議長は、第一項の規定により事案を移送した場合において、実施機関が開示の実施をするときは、当該開示の実施に必要な協力をしなければならない。
　　　　　　◇追　　加（平成一三年条例四二号）
　（決定期間等の特例）
第十七条　開示決定等をなすべき期間については、任期満了、議会の解散その他の事由により議長が欠けている期間は算入しない。
　　　　　　◇一部改正（平成一三年条例四二号）
　（第三者に対する意見書提出の機会の付与等）
第十八条　開示請求に係る公文書に道及び開示請求者以外のもの（以下この条、第二十一条の二及び第二十一条の三において「第三者」という。）に関する情報

が記録されているときは、議長は、開示決定等をするに当たって、当該情報に係る第三者に対し、開示請求に係る公文書の表示その他議長が定める事項を通知して、意見書を提出する機会を与えることができる。
2　議長は、第三者に関する情報が記録されている公文書を第十条の規定により開示しようとするときは、開示決定に先立ち、当該第三者に対し、開示請求に係る公文書の表示その他議長が定める事項を書面により通知して、意見書を提出する機会を与えなければならない。ただし、当該第三者の所在が判明しない場合は、この限りでない。
3　議長は、前二項の規定により意見書の提出の機会を与えられた第三者が当該公文書の開示に反対の意思を表示した意見書を提出した場合において、開示決定をするときは、開示決定の日と開示を実施する日との間に少なくとも二週間を置かなければならない。この場合において、議長は、開示決定後直ちに、当該意見書（第二十一条の二において「反対意見書」という。）を提出した第三者に対し、開示決定をした旨及びその理由並びに開示を実施する日を書面により通知しなければならない。
　　　　◇全部改正（平成一三年条例四二号）
　（公文書の開示の実施）
第十九条　公文書の開示は、議長が第十四条第一項の規定による通知の際に指定する日時及び場所で行うものとする。
2　議長は、開示決定の対象公文書（以下「開示公文書」という。）に係る公文書の開示をすることにより当該開示公文書を汚損し、又は破損するおそれがある等当該開示公文書の保存に支障があると認められるときその他合理的な理由があるときは、当該開示公文書の写しにより公文書の開示をすることができる。
　　　　◇一部改正（平成一三年条例四二号）
　（費用の負担）
第二十条　この節の規定により開示公文書の写しの交付を受けるものは、当該開示公文書の写しの交付に要する費用を負担しなければならない。

　　　　　第三節　不服申立てに関する手続

　（審査会への意見照会等）
第二十一条　議長は、開示決定等について、行政不服審査法（昭和三十七年法律第百六十号）の規定に基づく不服申立てがあったときは、当該不服申立てが不適法なものであるときを除き、北海道議会情報公開審査会の意見を求め、当該不服申立てに対する決定を行うものとする。この場合において、議長は、北海道議会情報公開審査会の意見を尊重するものとする。
2　議長は、前項の不服申立てがあったときは、その翌日から起算して三月以内に当該不服申立てに対する決定を行うよう努めなければならない。
　　　　◇一部改正（平成一三年条例四二号）
　（意見を求めた旨の通知）
第二十一条の二　議長は、前条第一項の規定により北海道議会情報公開審査会に意見を求めた場合、次に掲げるものに対し、意見を求めた旨の通知をしなけれ

ばならない。
一　不服申立人及び参加人
二　開示請求者（開示請求者が不服申立人又は参加人である場合を除く。）
三　当該不服申立てに係る開示決定等について反対意見書を提出した第三者（当該第三者が不服申立人又は参加人である場合を除く。）
　　　　◇追　　加（平成一三年条例四二号）
（第三者からの不服申立てを棄却する場合等における手続）
第二十一条の三　第十八条第三項の規定は、次の各号のいずれかに該当する決定をする場合について準用する。
一　開示決定に対する第三者からの不服申立てを却下し、又は棄却する決定
二　不服申立てに係る開示決定等を変更し、当該開示決定等に係る公文書を開示する旨の決定（第三者である参加人が当該公文書の開示に反対の意思を表示している場合に限る。）
　　　　◇追　　加（平成一三年条例四二号）

第四節　他の制度との調整

（法令等の規定による公文書）
第二十二条　法令等の規定により、議長に対して公文書の閲覧若しくは縦覧又は公文書の謄本、抄本その他写しの交付を求めることができる場合における当該公文書の閲覧又はその写しの交付については、当該法令等の定めるところによる。

第三章　北海道議会情報公開審査会

（設置）
第二十三条　この条例の規定によりその権限に属させられた事項を行わせるため、議会に北海道議会情報公開審査会（以下「審査会」という。）を置く。
（組織）
第二十四条　審査会は、委員九人以内で組織する。
2　委員は、議会の議員のうちから、議長が指名する。
3　委員の任期は、二年とする。ただし、委員が欠けた場合における補欠の委員の任期は、前任者の残任期間とする。
4　委員は、再任されることができる。
（会長及び副会長）
第二十五条　審査会に会長及び副会長を置く。
2　会長及び副会長は、委員が互選する。
3　会長は、審査会を代表し、会務を総理する。
4　副会長は、会長を補佐し、会長に事故があるときは、その職務を代理する。
（会議）
第二十六条　審査会の会議は、会長が招集する。
2　審査会は、委員の過半数が出席しなければ、会議を開くことができない。

3 会議の議事は、出席した委員の過半数で決し、可否同数のときは、会長の決するところによる。
（審査会の調査権限）
第二十七条 審査会は、第二十一条第一項の規定による意見の求めに応じて審議を行うため必要があると認めるときは、議長に対し、開示決定等に係る公文書の提示を求めることができる。この場合においては、何人も、審査会に対し、その提示された公文書の開示を求めることができない。
2 議長は、審査会から前項の規定による求めがあったときは、これを拒んではならない。
3 審査会は、必要があると認めるときは、議長に対し、開示決定等に係る公文書に記録されている情報の内容を審査会の指定する方法により分類又は整理した資料を作成し、審査会に提出するよう求めることができる。
4 第一項及び前項に定めるもののほか、審査会は、不服申立てに係る事案に関し、不服申立人、参加人又は議長（以下「不服申立人等」という。）に意見書又は資料の提出を求めること、適当と認める者にその知っている事実を陳述させ又は鑑定を求めることその他必要な調査をすることができる。
◇全部改正（平成一三年条例四二号）
（意見の陳述）
第二十八条 審査会は、不服申立人等から申立てがあったときは、当該不服申立人等に口頭で意見を述べる機会を与えなければならない。ただし、審査会が、その必要がないと認めるときは、この限りでない。
2 前項本文の場合においては、不服申立人又は参加人は、審査会の許可を得て、補佐人とともに出頭することができる。
◇追　　加（平成一三年条例四二号）
（意見書等の提出等）
第二十九条 不服申立人等は、審査会に対し、意見書又は資料を提出することができる。ただし、審査会が意見書又は資料を提出すべき相当の期間を定めたときは、その期間内にこれを提出しなければならない。
2 審査会は、不服申立人等から意見書又は資料が提出されたときは、不服申立人等（当該意見書又は資料を提出したものを除く。）にその旨通知することとする。
◇追　　加（平成一三年条例四二号）
（提出資料の閲覧等）
第三十条 不服申立人等は、審査会に対し、審査会に提出された意見書又は資料の閲覧又は複写を求めることができる。この場合において、審査会は、第三者の利益を害するおそれがあると認めるときその他正当な理由があるときでなければ、その閲覧又は複写を拒むことができない。
2 審査会は、前項の規定による閲覧又は複写について、その日時及び場所を指定することができる。
◇追　　加（平成一三年条例四二号）
（回答書の送付等）

第三十一条　審査会は、第二十一条第一項の規定による意見の求めに対する回答をしたときは、回答書の写しを不服申立人及び参加人に送付するとともに、当該回答の内容を公表するものとする。
　　　　　◇追　　加（平成一三年条例四二号）
　（秘密の保持）
第三十二条　委員は、職務上知り得た秘密を漏らしてはならない。その職を退いた後も同様とする。
　　　　　◇旧第二十八条繰下（平成一三年条例四二号）

第四章　雑則

　（適用除外）
第三十三条　この条例の規定は、刑事訴訟法（昭和二十三年法律第百三十一号）第五十三条の二に規定する訴訟に関する書類及び押収物については、適用しない。
　　　　　◇追　　加（平成一三年条例四二号）
　（議長への委任）
第三十四条　この条例の施行に関し必要な事項は、議長が定める。
　　　　　◇旧第二十九条繰下（平成一三年条例四二号）
　附　則
この条例は、平成十一年六月一日から施行する。
　附　則（平成十三年三月三十日条例第四十二号）
　（施行期日）
1　この条例は、平成十三年四月一日から施行する。ただし、第十一条の改正規定は、北海道情報公開条例の一部を改正する条例（平成十三年北海道条例第十二号）第十二条の改正規定の施行の日から施行する。
　（経過措置）
2　この条例の施行の日（以下「施行日」という。）前にこの条例による改正前の北海道議会情報公開条例（以下「改正前の条例」という。）第十八条第一項の規定によりされた意見の聴取は、この条例による改正後の北海道議会情報公開条例（以下「改正後の条例」という。）第十八条第一項の規定によりされた意見書の提出の機会の付与とみなす。
3　施行日前に改正前の条例第十八条第一項の規定により意見を聴かれた道以外のものが当該公文書の開示に反対の意思を表示した場合において施行日以後開示決定をするときは、改正後の条例第十八条第三項中「前二項の規定により意見書の提出の機会を与えられた第三者」とあるのは、「北海道議会情報公開条例の一部を改正する条例（平成十三年北海道条例第四十二号）附則第一項の規定による改正前の北海道議会情報公開条例第十八条第一項の規定により意見を聴かれた道以外のもの」と、「表示した意見書を提出した場合」とあるのは「表示した場合」と、「当該意見書（第二十一条の二において「反対意見書」という。）を提出した第三者」とあるのは「反対の意思を表示した道以外のも

の」と、改正後の条例第二十一条の二第三号中「反対意見書を提出した第三者」とあるのは「反対の意思を表示した道以外のもの」と、改正後の条例第二十一条の三各号中「第三者」とあるのは「道以外のもの」と読み替えて適用する。

4 改正後の条例第二十一条の二の規定は、施行日以後に審査会に意見を求めたものについて適用する。

（北海道情報公開条例の一部改正）

5 北海道情報公開条例（平成十年北海道条例第二十八号）の一部を次のように改正する。

　第十七条の二に次の三項を加える。

5 第一項及び第二項の規定は、開示請求に係る公文書が北海道議会により作成されたものであるときその他北海道議会議長において開示決定等に相当する決定をすることにつき正当な理由があるときについて準用する。

6 第三項及び第四項前段の規定は、北海道議会情報公開条例（平成十一年北海道条例第十八号）第十六条の二第一項の規定により事案が移送されたときについて準用する。この場合においては、同条例第十二条の規定により請求書が提出された日に、実施機関に対し開示請求があったものとみなす。

7 実施機関は第五項において準用する第一項の規定により事案を移送した場合において、北海道議会議長が開示の実施をするときは、当該開示の実施に必要な協力をしなければならない。

青森県情報公開条例

【制定】平成十一年十二月二十四日条例第五十五号
【改正】平成十三年三月二十六日条例第十四号
　　　　平成十四年七月五日条例第六十一号

青森県情報公開条例

目次
　第一章　総則（第一条～第四条）
　第二章　行政文書の開示等
　　第一節　行政文書の開示（第五条～第十七条）
　　第二節　青森県情報公開審査会（第十八条～第二十七条）
　　第三節　雑則（第二十八条～第三十一条）
　第三章　雑則（第三十二条～第三十五条）
　附則
　　　　◇一部改正（平成一三年条例一四号）

　　　　　　　　第一章　総則

（目的）
第一条　この条例は、地方自治の本旨にのっとり、県民の県政についての知る権利を尊重し、行政文書の開示を請求する権利につき定めること等により、県の保有する情報の一層の公開を図り、もって県の有するその諸活動を県民に説明する責務が全うされるようにするとともに、県民の的確な理解と批判の下にある公正で民主的な県政の推進に寄与することを目的とする。
（定義）
第二条　この条例において、次の各号に掲げる用語の意義は、当該各号に定めるところによる。
　一　実施機関　知事、議会、教育委員会、選挙管理委員会、人事委員会、監査委員、公安委員会、地方労働委員会、収用委員会、海区漁業調整委員会、内水面漁場管理委員会及び警察本部長をいう。
　二　行政文書　実施機関の職員が職務上作成し、又は取得した文書、図画、写真、フィルム及び電磁的記録（電子的方式、磁気的方式その他人の知覚によっては認識することができない方式で作られた記録をいう。以下同じ。）であって、当該実施機関の職員が組織的に用いるものとして、当該実施機関が保有しているものをいう。ただし、次に掲げるものを除く。
　　イ　官報、公報、白書、新聞、雑誌、書籍その他不特定多数の者に販売することを目的として発行されるもの
　　ロ　県立図書館その他の県の機関において、歴史的若しくは文化的な資料又

は学術研究用の資料として特別の管理がされているもの
　　　◇一部改正（平成一三年条例一四号）
　（解釈及び運用）
第三条　実施機関は、行政文書の開示を請求する権利が十分に尊重されるように、この条例を解釈し、及び運用しなければならない。この場合において、個人の秘密その他の通常他人に知られたくない個人に関する情報がみだりに開示されることのないよう最大限の配慮をしなければならない。
　（適正な請求及び使用）
第四条　この条例の定めるところにより行政文書の開示を請求する者は、この条例の目的に即し、適正な請求に努めるとともに、当該行政文書の開示によって得た情報を適正に使用しなければならない。

　　　　　　第二章　行政文書の開示等

　　　　　第一節　行政文書の開示

　（開示請求権）
第五条　何人も、この条例の定めるところにより、実施機関に対し、当該実施機関の保有する行政文書の開示を請求することができる。
　（開示請求の手続）
第六条　前条の規定による行政文書の開示の請求（以下「開示請求」という。）は、次に掲げる事項を記載した書面（以下「開示請求書」という。）を実施機関に提出して行わなければならない。
　一　開示請求をする者の氏名又は名称及び住所並びに法人その他の団体にあっては代表者の氏名
　二　行政文書の名称その他の開示請求に係る行政文書を特定するに足りる事項
　三　前二号に掲げるもののほか、実施機関が定める事項
２　実施機関は、開示請求書に形式上の不備があると認めるときは、開示請求をした者（以下「開示請求者」という。）に対し、相当の期間を定めて、その補正を求めることができる。この場合において、実施機関は、開示請求者に対し、補正の参考となる情報を提供するよう努めなければならない。
　（開示義務）
第七条　実施機関は、開示請求があったときは、開示請求に係る行政文書に次の各号に掲げる情報（以下「不開示情報」という。）のいずれかが記録されている場合を除き、開示請求者に対し、当該行政文書を開示しなければならない。
　一　法令又は他の条例の規定により公にすることができない情報
　二　実施機関が法律上従う義務を有する国の機関の指示により公にすることができない情報
　三　個人に関する情報（事業を営む個人の当該事業に関する情報を除く。）であって、当該情報に含まれる氏名、生年月日その他の記述等により特定の個人を識別することができるもの（他の情報と照合することにより、特定の個人

を識別することができることとなるものを含む。）又は特定の個人を識別することはできないが、公にすることにより、なお個人の権利利益を害するおそれがあるもの。ただし、次に掲げる情報を除く。
　イ　法令若しくは他の条例の規定により又は慣行として公にされ、又は公にすることが予定されている情報
　ロ　人の生命、健康、生活又は財産を保護するため、公にすることが必要であると認められる情報
　ハ　当該個人が公務員等（国家公務員法（昭和二十二年法律第百二十号）第二条第一項に規定する国家公務員（独立行政法人通則法（平成十一年法律第百三号）第二条第二項に規定する特定独立行政法人の役員及び職員を除く。）、独立行政法人等（独立行政法人等の保有する情報の公開に関する法律（平成十三年法律第百四十号）第二条第一項に規定する独立行政法人等をいう。以下同じ。）の役員及び職員並びに地方公務員法（昭和二十五年法律第二百六十一号）第二条に規定する地方公務員をいう。）である場合において、当該情報がその職務の遂行に係る情報であるときは、当該情報のうち、当該公務員等の職、氏名（警察職員（警察法（昭和二十九年法律第百六十二号）第三十四条第一項又は第五十五条第一項に規定する職員をいう。）の氏名を除く。）及び当該職務遂行の内容に係る部分
四　法人その他の団体（県、国、独立行政法人等及び県以外の地方公共団体を除く。以下「法人等」という。）に関する情報又は事業を営む個人の当該事業に関する情報であって、公にすることにより、当該法人等又は当該個人の権利、競争上の地位その他正当な利益を害するおそれがあるもの。ただし、事業活動によって生じ、又は生ずるおそれのある危害から、人の生命、健康、生活又は財産を保護するため、公にすることが必要であると認められる情報を除く。
五　公にすることにより、犯罪の予防、鎮圧又は捜査、公訴の維持、刑の執行その他の公共の安全と秩序の維持に支障を及ぼすおそれがあると実施機関が認めることにつき相当の理由がある情報
六　県の機関、国の機関、独立行政法人等及び県以外の地方公共団体の機関の内部又は相互間における審議、検討又は協議に関する情報であって、公にすることにより、率直な意見の交換若しくは意思決定の中立性が不当に損なわれるおそれ、不当に県民等の間に混乱を生じさせるおそれ又は特定の者に不当に利益を与え若しくは不利益を及ぼすおそれがあるもの
七　県の機関、国の機関、独立行政法人等又は県以外の地方公共団体の機関が行う事務又は事業に関する情報であって、公にすることにより、次に掲げるおそれその他当該事務又は事業の性質上、当該事務又は事業の適正な遂行に支障を及ぼすおそれがあるもの
　イ　監査、検査、取締り又は試験に係る事務に関し、正確な事実の把握を困難にするおそれ又は違法若しくは不当な行為を容易にし、若しくはその発見を困難にするおそれ
　ロ　契約、交渉又は争訟に係る事務に関し、県、国、独立行政法人等又は県

　　　　以外の地方公共団体の財産上の利益又は当事者としての地位を不当に害す
　　　　るおそれ
　　　ハ　調査研究に係る事務に関し、その公正かつ能率的な遂行を不当に阻害す
　　　　るおそれ
　　　ニ　人事管理に係る事務に関し、公正かつ円滑な人事の確保に支障を及ぼす
　　　　おそれ
　　　ホ　県、国若しくは県以外の地方公共団体が経営する企業又は独立行政法人
　　　　等に係る事業に関し、その企業経営上の正当な利益を害するおそれ
　　八　個人又は法人等が、実施機関の要請を受けて、公にしないとの条件で任意
　　に提供した情報であつて、当該個人又は法人等における通例として公にしな
　　いこととされているものその他の当該条件を付することが当該情報の性質、
　　当時の状況等に照らして合理的であると認められるもの。ただし、人の生命、
　　健康、生活又は財産を保護するため、公にすることが必要であると認められ
　　る情報を除く。
　　　　◇一部改正（平成一三年条例一四号・一四年六一号））
　（部分開示）
第八条　実施機関は、開示請求に係る行政文書の一部に不開示情報が記録されて
　いる場合において、不開示情報が記録されている部分を容易に区分して除くこ
　とができるときは、開示請求者に対し、当該部分を除いた部分につき開示しな
　ければならない。ただし、不開示情報が記録されている部分を除いた部分に有
　意の情報が記録されていないと認められるときは、この限りでない。
２　開示請求に係る行政文書に前条第三号の情報（特定の個人を識別することが
　できるものに限る。）が記録されている場合において、当該情報のうち、氏名、
　生年月日その他の特定の個人を識別することができることとなる記述等の部分
　を除くことにより、公にしても、個人の権利利益が害されるおそれがないと認
　められるときは、当該部分を除いた部分は、同号の情報に含まれないものとみ
　なして、前項の規定を適用する。
　（公益上の理由による裁量的開示）
第九条　実施機関は、開示請求に係る行政文書に不開示情報（第七条第一号又は
　第二号に該当する情報を除く。）が記録されている場合であっても、公益上特に
　必要があると認めるときは、開示請求者に対し、当該行政文書を開示すること
　ができる。
　（行政文書の存否に関する情報）
第十条　開示請求に対し、当該開示請求に係る行政文書が存在しているか否かを
　答えるだけで、不開示情報を開示することとなるときは、実施機関は、当該行
　政文書の存否を明らかにしないで、当該開示請求を拒否することができる。
　（開示請求に対する決定、通知等）
第十一条　実施機関は、開示請求があった場合において、開示請求に係る行政文
　書の全部又は一部を開示するときは、その旨の決定をし、開示請求者に対し、
　その旨を書面により通知しなければならない。ただし、開示請求があった際、
　直ちに、開示請求に係る行政文書の全部を開示する旨の決定をし、かつ、当該

決定に基づき開示する場合にあっては、口頭で告知すれば足りる。
2 　実施機関は、開示請求があった場合において、開示請求に係る行政文書の全部を開示しないとき（前条の規定により開示請求を拒否するとき及び開示請求に係る行政文書を保有していないときを含む。）は、開示をしない旨の決定をし、開示請求者に対し、その旨を書面により通知しなければならない。
3 　実施機関は、第一項の規定により開示請求に係る行政文書の一部を開示する旨の決定をした場合又は前項の規定により開示請求に係る行政文書の全部を開示しない旨の決定をした場合において、当該行政文書の全部又は一部を開示することができる期日が明らかであるときは、当該期日及び開示することができる範囲をこれらの規定による通知（以下「決定通知」という。）に係る書面に記載しなければならない。
4 　決定通知は、開示請求があった日から十五日以内にしなければならない。
5 　前項の規定にかかわらず、実施機関は、事務処理上の困難その他正当な理由があるときは、同項に規定する期間を開示請求があった日から四十五日以内に限り延長することができる。この場合において、実施機関は、開示請求者に対し、遅滞なく、決定通知の期限及び延長の理由を書面により通知しなければならない。
6 　開示請求に係る行政文書が著しく大量であるため、開示請求があった日から四十五日以内にそのすべてについて決定通知をすることにより事務の遂行に著しい支障が生ずるおそれがある場合には、前二項の規定にかかわらず、実施機関は、開示請求に係る行政文書のうちの相当の部分につき当該期間内に決定通知をし、残りの行政文書については相当の期間内に決定通知をすれば足りる。この場合において、実施機関は、第四項に規定する期間内に、開示請求者に対し、次に掲げる事項を書面により通知しなければならない。
一　この項の規定を適用する旨及びその理由
二　残りの行政文書に係る決定通知をする期限
7 　開示請求者は、次の各号に掲げる場合には、当該各号に定める行政文書を開示しない旨の決定があったものとみなすことができる。
一　第四項に規定する期間内に決定通知がない場合（当該期間内に第五項後段又は前項後段の規定による通知があった場合を除く。）　開示請求に係る行政文書
二　第四項に規定する期間内に第五項後段の規定による通知があった場合において、同項の規定により延長された決定通知の期限までに決定通知がないとき　開示請求に係る行政文書
三　第四項に規定する期間内に前項後段の規定による通知があった場合
　　イ　前項前段に規定する開示請求に係る行政文書のうちの相当の部分につき決定通知をすべき期間内に当該決定通知がないときにあっては、開示請求に係る行政文書
　　ロ　前項第二号に規定する期限までに同号に規定する残りの行政文書に係る決定通知がないときにあっては、当該残りの行政文書
（事案の移送）

第十二条　実施機関は、開示請求に係る行政文書が他の実施機関により作成されたものであるときその他他の実施機関において前条第一項又は第二項の決定（以下「開示決定等」という。）をすることにつき正当な理由があるときは、当該他の実施機関と協議の上、当該他の実施機関に対し、事案を移送することができる。この場合においては、移送をした実施機関は、開示請求者に対し、事案を移送した旨を書面により通知しなければならない。
2　前項の規定により事案が移送されたときは、移送を受けた実施機関において、当該開示請求についての開示決定等をしなければならない。この場合において、移送をした実施機関が移送前にした行為は、移送を受けた実施機関がしたものとみなす。
3　前項の場合において、移送を受けた実施機関が前条第一項の決定（以下「開示決定」という。）をしたときは、当該実施機関は、開示の実施をしなければならない。この場合において、移送をした実施機関は、当該開示の実施に必要な協力をしなければならない。
　（第三者に対する意見書提出の機会の付与等）
第十三条　開示請求に係る行政文書に県、国、独立行政法人等、県以外の地方公共団体及び開示請求者以外の者（以下この条及び第十七条において「第三者」という。）に関する情報が記録されているときは、実施機関は、開示決定等をするに当たって、当該情報に係る第三者に対し、開示請求に係る行政文書の表示その他実施機関が定める事項を通知して、意見書を提出する機会を与えることができる。
2　実施機関は、次の各号のいずれかに該当するときは、開示決定に先立ち、当該第三者に対し、開示請求に係る行政文書の表示その他実施機関が定める事項を書面により通知して、意見書を提出する機会を与えなければならない。ただし、当該第三者の所在が判明しない場合は、この限りでない。
　　一　第三者に関する情報が記録されている行政文書を開示しようとする場合であって、当該情報が第七条第三号ロ、同条第四号ただし書又は同条第八号ただし書に規定する情報に該当すると認められるとき。
　　二　第三者に関する情報が記録されている行政文書を第九条の規定により開示しようとするとき。
3　実施機関は、前二項の規定により意見書の提出の機会を与えられた第三者が当該行政文書の開示に反対の意思を表示した意見書を提出した場合において、開示決定をするときは、開示決定の日と開示を実施する日との間に少なくとも二週間を置かなければならない。この場合において、実施機関は、開示決定後直ちに、当該意見書（第十七条において「反対意見書」という。）を提出した第三者に対し、開示決定をした旨及びその理由並びに開示を実施する日を書面により通知しなければならない。
　（開示の実施）
第十四条　行政文書の開示は、文書、図画又は写真については閲覧又は写しの交付により、フィルムについては視聴又は写しの交付により、電磁的記録についてはその種別、情報化の進展状況等を勘案して実施機関が定める方法により行

う。ただし、開示請求に係る行政文書を直接閲覧又は視聴に供することにより当該行政文書が汚損され、又は破損されるおそれがあるとき、開示請求に係る行政文書の一部を開示するときその他相当の理由があるときは、当該行政文書に代えて、当該行政文書を複写した物を閲覧若しくは視聴に供し、又はその写しを交付することにより、行うことができる。
2　行政文書の開示は、文書、図画、写真又はフィルムについては、これらの写し又はこれらを複写した物の写しを送付する場合を除き、実施機関が決定通知の際に指定する日時及び場所において行う。
3　開示決定に基づき行政文書の開示を受けた者は、最初に開示を受けた日から三十日以内に限り、実施機関に対し、更に開示を受ける旨を申し出ることができる。
　（費用負担）
第十五条　開示請求をして文書、図画、写真若しくはフィルム又はこれらを複写した物の写しの交付を受ける者は、当該写しの作成及び送付に要する費用の額として実施機関が定める額を負担しなければならない。
2　開示請求をして電磁的記録の開示を受ける者は、開示の方法ごとに当該開示の実施に要する費用の額として実施機関が定める額を負担しなければならない。
　（法令又は他の条例による開示の実施との調整）
第十六条　実施機関は、法令又は他の条例の規定により、何人にも開示請求に係る行政文書が第十四条第一項本文に規定する方法と同一の方法で開示することとされている場合（開示の期間が定められている場合にあっては、当該期間内に限る。）には、同項本文の規定にかかわらず、当該行政文書については、当該同一の方法による開示を行わない。ただし、当該法令又は他の条例の規定に一定の場合には開示をしない旨の定めがあるときは、この限りでない。
2　法令又は他の条例の規定に定める開示の方法が縦覧であるときは、当該縦覧を第十四条第一項本文の閲覧とみなして、前項の規定を適用する。
　（不服申立てがあった場合の手続）
第十七条　実施機関は、開示決定等について行政不服審査法（昭和三十七年法律第百六十号）の規定に基づく不服申立てがあったときは、次の各号のいずれかに該当する場合を除き、青森県情報公開審査会に諮問しなければならない。
　一　不服申立てが不適法であり、却下するとき。
　二　裁決又は決定で、不服申立てに係る開示決定等（開示請求に係る行政文書の全部を開示する旨の決定を除く。以下この号及び第四項第二号において同じ。）を取り消し又は変更し、当該不服申立てに係る行政文書の全部を開示することとするとき。ただし、当該開示決定等について反対意見書が提出されているときを除く。
2　前項の規定により諮問をした実施機関（以下「諮問実施機関」という。）は、次に掲げる者に対し、諮問をした旨を通知しなければならない。
　一　不服申立人及び参加人
　二　開示請求者（開示請求者が不服申立人又は参加人である場合を除く。）
　三　当該不服申立てに係る開示決定等について反対意見書を提出した第三者

（当該第三者が不服申立人又は参加人である場合除く。）
3　諮問実施機関は、諮問に対する答申を尊重して当該不服申立てについての裁決又は決定を行わなければならない。
4　第十三条第三項の規定は、次の各号のいずれかに該当する裁決又は決定をする場合について準用する。
　一　開示決定に対する第三者からの不服申立てを却下し、又は棄却する裁決又は決定
　二　不服申立てに係る開示決定等を変更し、当該開示決定等に係る行政文書を開示する旨の裁決又は決定（第三者である参加人が当該行政文書の開示に反対の意思を表示している場合に限る。）

第二節　青森県情報公開審査会

（設置及び組織）
第十八条　前条第一項の規定による諮問に応じて不服申立てについて調査審議を行わせるほか、知事の諮問に応じて情報公開制度の運営に関する重要事項を調査審議させるため、青森県情報公開審査会（以下「審査会」という。）を置く。
2　審査会は、委員五人以内をもって組織し、その委員は、学識経験を有する者のうちから知事が委嘱する。
3　委員の任期は、二年とする。ただし、補欠の委員の任期は、前任者の残任期間とする。
4　審査会に会長を置き、委員の互選によりこれを定める。
5　会長は、会務を総理し、審査会を代表する。
6　会長に事故があるとき、又は会長が欠けたときは、会長があらかじめ指定する委員がその職務を代理する。

（会議）
第十九条　審査会の会議は、会長が招集し、会長がその議長となる。
2　審査会の会議は、委員の半数以上の出席がなければ開くことができない。
3　審査会の議事は、出席した委員の過半数をもって決し、可否同数のときは、議長の決するところによる。

（調査権限）
第二十条　審査会は、必要があると認めるときは、諮問実施機関に対し、開示決定等に係る行政文書の提示を求めることができる。この場合においては、何人も、審査会に対し、その提示された行政文書の開示を求めることができない。
2　諮問実施機関は、審査会から前項の規定による求めがあったときは、これを拒んではならない。
3　審査会は、必要があると認めるときは、諮問実施機関に対し、開示決定等に係る行政文書に記録されている情報の内容を審査会の指定する方法により分類し又は整理した資料を作成し、審査会に提出するよう求めることができる。
4　第一項及び前項に定めるもののほか、審査会は、不服申立てに係る事件に関し、不服申立人、参加人又は諮問実施機関（以下「不服申立人等」という。）に意見若しくは説明又は資料の提出を求めること、適当と認める者にその知っ

ている事実を陳述させ又は鑑定を求めることその他必要な調査をすることができる。
る。

（意見の陳述等）
第二十一条　審査会は、不服申立人等から申出があったときは、当該不服申立人等に口頭で意見を述べる機会を与えるよう努めるものとする。
2　前項の規定により口頭で意見を述べる機会を与えられた不服申立人又は参加人は、あらかじめ審査会が定めた人数の範囲内において、補佐人とともに出頭することができる。
3　不服申立人等は、審査会に対し、意見書又は資料を提出することができる。ただし、審査会が意見書又は資料を提出すべき相当の期間を定めたときは、その期間内にこれを提出しなければならない。

（委員による調査手続）
第二十二条　審査会は、必要があると認めるときは、その指名する委員に、第二十条第一項の規定により提示された行政文書を閲覧させ、同条第四項の規定による調査をさせ、又は前条第一項の規定による不服申立人等の意見の陳述を聴かせることができる。

（提出資料等の写しの送付）
第二十三条　審査会は、第二十条第三項若しくは第四項又は第二十一条第三項の規定により不服申立人等から資料又は意見書の提出があったときは、第三者の利益を害するおそれがあると認める場合その他正当な理由がある場合を除き、不服申立人等（当該資料又は意見書を提出した者を除く。）に対し、当該資料又は意見書の写しを送付しなければならない。

（調査審議手続の非公開）
第二十四条　審査会の行う調査審議の手続は、公開しない。ただし、審査会が認めるときは、公開することができる。

（答申書の送付等）
第二十五条　審査会は、諮問に対する答申をしたときは、答申書の写しを不服申立人及び参加人に送付するとともに、答申の内容を公表するものとする。

（守秘義務）
第二十六条　委員は、職務上知り得た秘密を漏らしてはならない。その職を退いた後も、同様とする。

（会長への委任）
第二十七条　この節に定めるもののほか、審査会の運営に関し必要な事項は、会長が審査会に諮って定める。

第三節　雑　則

（開示請求をしようとする者に対する情報の提供等）
第二十八条　実施機関は、開示請求をしようとする者が容易かつ的確に開示請求をすることができるよう、行政文書の目録を一般の閲覧に供すること等により、当該実施機関が保有する行政文書の特定に資する情報の提供その他開示請求を

しようとする者の利便を考慮した適切な措置を講ずるものとする。
　（行政文書の管理）
第二十九条　実施機関は、この条例の適正かつ円滑な運用に資するため、行政文書を適正に管理するものとする。
2　実施機関は、行政文書の管理に関する定めを設け、行政文書の分類、作成、保存及び廃棄に関する基準その他の行政文書の管理に関する必要な事項について定め、一般の閲覧に供しなければならない。
　（開示状況の公表）
第三十条　知事は、毎年度、この条例による行政文書の開示の状況を公表しなければならない。
　（適用除外）
第三十一条　次に掲げる行政文書については、この章の規定は、適用しない。
　一　県立図書館等図書、資料、刊行物等を閲覧に供し、又は貸し出すことを目的とする施設において管理されている行政文書であって、一般に閲覧させ、又は貸し出すことができるとされているもの
　二　刑事訴訟法（昭和二十三年法律第百三十一号）第五十三条の二に規定する訴訟に関する書類及び押収物
　三　漁業法（昭和二十四年法律第二百六十七号）第五十条第一項に規定する免許漁業原簿
　　　　　◇一部改正（平成一三年条例一四号）

第三章　雑　則

　（情報公開の総合的推進）
第三十二条　県は、この条例の目的にかんがみ、県民が県政に関する情報を迅速かつ容易に得られるよう、広報活動、県が出資する法人等の事業、委託事業及び補助金等の交付に係る事業の実施状況に関する資料の収集及び整備その他の行政資料の提供等の情報提供施策の充実を図ることにより、情報公開の総合的な推進に努めるものとする。
　（県が出資する法人の情報公開）
第三十三条　県が出資する法人のうち実施機関が定める法人は、この条例の趣旨にのっとり、その保有する情報の開示及び提供を行うため必要な措置を講ずるよう努めなければならない。
　（施行事項）
第三十四条　この条例の施行に関し必要な事項は、実施機関が定める。
　（罰則）
第三十五条　第二十六条の規定に違反して秘密を漏らした者は、一年以下の懲役又は三十万円以下の罰金に処する。
　　　　　◇追　　　加（平成一三年条例一四号）
　附　則
　（施行期日）

1　この条例は、平成十二年四月一日から施行する。
　（議会の行政文書に係る適用区分）
2　行政文書のうち、議会の職員が作成し、又は取得したもの（以下「議会の行政文書」という。）に係る第二章の規定は、次に掲げる議会の行政文書について適用する。
　一　平成十一年四月三十日以後に議会の職員が作成し、又は取得した議会の行政文書
　二　平成十一年四月三十日前に議会の職員が作成し、又は取得した議会の行政文書のうち、永久に保存することと定められているものであって、目録等当該議会の行政文書の検索に必要な資料が整備されているもの
　（青森県情報公開条例の廃止）
3　青森県情報公開条例（平成七年十月青森県条例第四十四号）は、廃止する。
　（経過措置）
4　この条例の施行の際現になされている前項の規定による廃止前の青森県情報公開条例（以下「旧条例」という。）第五条の規定による公文書の開示の請求及び旧条例第十三条第一項に規定する不服申立ては、それぞれ第五条の規定によってなされた行政文書の開示の請求及び第十七条第一項に規定する不服申立てとみなす。
5　前項に規定するもののほか、この条例の施行の日前にした旧条例の規定による処分、手続その他の行為は、この条例の相当規定によってした処分、手続その他の行為とみなす。
6　この条例の施行の際現になされている旧条例第十四条第一項の規定による公文書の開示の申出及び同条第三項（旧条例附則第四項において準用する場合を含む。）の規定による苦情の申出並びに旧条例附則第三項の規定による公文書の開示の申出の処理については、なお従前の例による。
7　旧条例第十六条第一項に規定する青森県公文書開示審査会及びその委員は、第十八条第一項に規定する青森県情報公開審査会及びその委員となり、同一性をもって存続するものとする。
　（特別職の職員の給与に関する条例及び特別職の職員の旅費及び費用弁償に関する条例の一部改正）
8　次に掲げる条例の規定中「公文書開示審査会委員」を「情報公開審査会委員」に改める。
　一　特別職の職員の給与に関する条例（昭和二十七年九月青森県条例第三十九号）第一条第十七号の二及び別表第二
　二　特別職の職員の旅費及び費用弁償に関する条例（昭和二十七年九月青森県条例第四十三号）第一条第十七号の二及び別表第三
　附　則（平成十三年三月二十六日条例第十四号）
1　この条例は、平成十四年四月一日までの間において規則で定める日から施行する。（平成十四年一月二十八日規則第二号により平成十四年二月十五日から施行）
2　改正後の青森県情報公開条例（以下「改正後の条例」という。）第二条第二号

に規定する行政文書（以下「行政文書」という。）のうち、公安委員会又は警察本部長の職員が作成し、又は取得したものに係る改正後の条例第二章の規定は、平成十三年四月一日以後に公安委員会又は警察本部長の職員が作成し、又は取得した行政文書について適用し、同日前に公安委員会又は警察本部長の職員が作成し、又は取得した行政文書については、なお従前の例による。

附　則（平成十四年七月三日条例第六十一号）抄

（施行期日）

1　この条例は、平成十四年十月一日から施行する。

（経過措置）

2　改正後の青森県情報公開条例第七条及び第十三条第一項の規定は、この条例の施行の日（以下「施行日」という。）以後になされた開示請求（改正後の青森県情報公開条例第六条第一項に規定する開示請求をいう。以下この項において同じ。）について適用し、施行日前になされた開示請求については、なお従前の例による。

（岩手県）情報公開条例

【制定】平成十年十二月十一条例第四十九号
【改正】平成十二年十二月十八日条例第七十二号
　　　　平成十三年三月三十日条例第六号

情報公開条例

公文書公開条例（平成六年岩手県条例第四号）の全部を改正する。

目次
　第一章　総則（第一条～第四条）
　第二章　行政文書の開示（第五条～第二十二条）
　第三章　岩手県情報公開審査会（第二十三条～第三十六条）
　第四章　雑則（第三十七条～四十四条）
　附則
　　　　◇一部改正（平成一三年条例六号）

第一章　総　則

（目的）
第一条　この条例は、地方自治の本旨にのっとり県民の知る権利を尊重し、行政文書の開示を請求する権利につき定めること等により、県の保有する情報の一層の公開を図り、もって県の諸活動を県民に説明する責務が全うされるようにするとともに、県民による県政の監視及び参加の充実に資することを目的とする。

（定義）
第二条　この条例において、次の各号に掲げる用語の意義は、当該各号に定めるところによる。
　一　実施機関　知事、教育委員会、公安委員会、警察本部長、選挙管理委員会、監査委員、人事委員会、地方労働委員会、収用委員会、海区漁業調整委員会、内水面漁場管理委員会及び公営企業の管理者をいう。
　二　行政文書　実施機関の職員が職務上作成し、又は取得した文書、図画及び電磁的記録（電子的方式、電磁的方式その他人の知覚によっては認識することができない方式で作られた記録をいう。以下同じ。）であって、当該実施機関の職員が組織的に用いるものとして、当該実施機関が保有しているものをいう。ただし、次に掲げるものを除く。
　　ア　新聞、雑誌、書籍その他不特定多数の者に販売することを目的として発行されるもの
　　イ　岩手県立図書館その他の機関において、歴史的若しくは文化的な資料又

は学術研究用の資料として特別の管理がされているもの
◇一部改正（平成一三年条例六号）

（解釈及び運用）
第三条　実施機関は、この条例の解釈及び運用に当たっては、この条例の目的にのっとり行政文書の開示を請求する権利を十分尊重するとともに、個人に関する情報がみだりに公にされることのないよう、最大限の配慮をしなければならない。

（適正使用）
第四条　この条例の定めるところにより行政文書の開示を受けた者は、これによって得た情報を、この条例の目的に即して適正に使用しなければならない。

第二章　行政文書の開示

（開示請求権）
第五条　何人も、この条例の定めるところにより、実施機関に対し、当該実施機関の保有する行政文書の開示を請求することができる。

（開示請求の手続）
第六条　前条の規定に基づく開示の請求（以下「開示請求」という。）は、次に掲げる事項を記載した書面（以下「開示請求書」という。）を実施機関に提出しなければならない。
　一　開示請求をする者の氏名又は名称及び住所又は居所並びに法人その他の団体にあっては代表者の氏名
　二　行政文書の名称その他の開示請求に係る行政文書を特定するに足りる事項
2　実施機関は、開示請求書に形式上の不備があると認めるときは、開示請求をした者（以下「開示請求者」という。）に対し、相当の期間を定めて、その補正を求めることができる。この場合において、実施機関は、開示請求者に対し、補正の参考となる情報を提供するよう努めなければならない。

（行政文書の開示義務）
第七条　実施機関（公安委員会及び警察本部長を除く。）は、開示請求があったときは、開示請求に係る行政文書に次の各号に掲げる情報のいずれかが記録されている場合を除き、開示請求者に対し、当該行政文書を開示しなければならない。
　一　法令若しくは他の条例（以下「法令等」という。）の規定又は国からの明示の指示により公にすることができないと認められる情報
　二　個人に関する情報（事業を営む個人の当該事業に関する情報を除く。）であって、当該情報に含まれる氏名、生年月日その他の記述等により特定の個人を識別することができるもの（他の情報と照合することにより、特定の個人を識別することができることとなるものを含む。）又は特定の個人を識別することはできないが、公にすることにより、なお個人の権利利益を害するおそれがあるもの。ただし、次に掲げる情報を除く。
　　ア　法令等の規定により又は慣行として公にされ、又は公にすることが予定

されている情報
　　イ　人の生命、健康、生活又は財産を保護するため、公にすることが必要であると認められる情報
　　ウ　当該個人が公務員（国家公務員法（昭和二十二年法律第百二十号）第二条第一項に規定する国家公務員及び地方公務員法（昭和二十五年法律第二百六十一号）第二条に規定する地方公務員をいう。）である場合において、当該情報がその職務の遂行に係る情報であるときは、当該情報のうち、当該公務員の職及び当該職務遂行の内容に係る部分
　三　法人その他の団体（国及び地方公共団体を除く。以下「法人等」という。）に関する情報又は事業を営む個人の当該事業に関する情報であって、次に掲げるもの。ただし、人の生命、健康、生活又は財産を保護するため、公にすることが必要であると認められる情報を除く。
　　ア　公にことにより、当該法人等又は当該個人の権利、競争上の地位その他正当な利益を害するおそれがあるもの
　　イ　実施機関の要請を受けて、公にしないとの条件で任意に提供されたものであって、法人等又は個人における通例として公にしないこととされているものその他の当該条件を付することが当該情報の性質、当時の状況等に照らして合理的であると認められるもの
　四　公にすることにより、犯罪の予防又は捜査、人の生命、身体、財産等の保護その他の公共の安全と秩序の維持に支障を及ぼすおそれがある情報
　五　県の機関、国の機関及び県以外の地方公共団体の内部又は相互間における審議、検討又は協議に関する情報であって、公にすることにより、率直な意見の交換若しくは意思決定の中立性が不当に損なわれるおそれ、不当に県民等の間に混乱を生じさせるおそれ又は特定の者に不当に利益を与え若しくは不利益を及ぼすおそれがあるもの
　六　県の機関、国の機関又は県以外の地方公共団体が行う事務又は事業に関する情報であって、公にすることにより、次に掲げるおそれその他当該事務又は事業の性質上、当該事務又は事業の適正な遂行に支障を及ぼすおそれがあるもの
　　ア　監査、検査、取締り又は試験に係る事務に関し、正確な事実の把握を困難にするおそれ又は違法若しくは不当な行為を容易にし、若しくはその発見を困難にするおそれ
　　イ　契約、交渉又は争訟に係る事務に関し、県、国又は県以外の地方公共団体の財産上の利益又は当事者としての地位を不当に害するおそれ
　　ウ　調査研究に係る事務に関し、その公正かつ能率的な遂行を不当に阻害するおそれ
　　エ　人事管理に係る事務に関し、公正かつ円滑な人事の確保に支障を及ぼすおそれ
　　オ　県、国又は県以外の地方公共団体が経営する企業に係る事業に関し、その企業経営上の正当な利益を害するおそれ
２　公安委員会又は警察本部長は、開示請求があったときは、開示請求に係る行

政文書に次の各号に掲げる情報のいずれかが記録されている場合を除き、開示請求者に対し、当該行政文書を開示しなければならない。
一 前項各号（第四号を除く。）のいずれかに該当する情報
二 公にすることにより、犯罪の予防、鎮圧又は捜査、公訴の維持、刑の執行その他の公共の安全と秩序の維持に支障を及ぼすおそれがあると公安委員会又は警察本部長が認めることにつき相当の理由がある情報
三 前二号に掲げるもののほか、公にすることにより、人の生命、身体、財産等の保護に支障を及ぼすおそれがある情報
◇一部改正（平成一三年条例六号）

（部分開示）
第八条　実施機関は、開示請求に係る行政文書の一部に前条の規定により公にすることができない情報（以下「非開示情報」という。）が記録されている場合において、非開示情報が記録されている部分を容易に区分して除くことができるときは、開示請求者に対し、当該部分を除いた部分につき開示しなければならない。ただし、当該部分を除いた部分に有意の情報が記録されていないと認められるときは、この限りでない。
2　開示請求に係る行政文書に前条第一項第二号の情報（特定の個人を識別することができるものに限る。）が記録されている場合において、当該情報のうち、氏名、生年月日その他の特定の個人を識別することができることとなる記述等の部分を除くことにより、公にしても、個人の権利利益が害されるおそれがないと認められるときは、当該部分を除いた部分は、同号の情報に含まれないものとみなして、前項の規定を適用する。
◇一部改正（平成一三年条例六号）

（公益上の理由による裁量的開示）
第九条　実施機関は、開示請求に係る行政文書に非開示情報（法令等の規定により公にすることができないと認められる情報を除く。）が記録されている場合であっても、公益上特に必要があると認めるときは、開示請求者に対し、当該行政文書を開示することができる。

（行政文書の存否に関する情報）
第十条　開示請求に対し、当該開示請求に係る行政文書が存在しているか否かを答えるだけで、非開示情報を開示することとなるときは、実施機関は、当該行政文書の存否を明らかにしないで、当該開示請求を拒否することができる。

（開示請求に対する措置）
第十一条　実施機関は、開示請求に係る行政文書の全部又は一部を開示をするときは、その旨の決定をし、開示請求者に対し、その旨及び開示の実施に関し実施機関が定める事項を書面により通知しなければならない。
2　実施機関は、開示請求に係る行政文書の全部を開示しないとき（前条の規定に基づき開示請求を拒否するとき及び開示請求に係る行政文書を保有していないときを含む。）は、開示をしない旨の決定をし、開示請求者に対し、その旨を書面により通知しなければならない。

（開示決定等の期限）

第十二条　前条各項の決定（以下「開示決定等」という。）は、開示請求があった日から起算して十五日以内にしなければならない。ただし、第六条第二項の規定に基づき補正を求めた場合にあっては、当該補正に要した日数は、当該期間に算入しない。
2　前項の規定にかかわらず、実施機関は、事務処理上の困難その他正当な理由があるときは、同項に規定する期間を三十日以内に限り延長することができる。この場合において、実施機関は、開示請求者に対し、遅滞なく、延長後の期間及び延長の理由を書面により通知しなければならない。
（開示決定等の期限の特例）
第十三条　開示請求に係る行政文書が著しく大量であるため、開示請求があった日から起算して四十五日以内にそのすべてについて開示決定等をすることにより事務の遂行に著しい支障が生ずるおそれがある場合には、前条の規定にかかわらず、実施機関は、開示請求に係る行政文書のうちの相当の部分につき当該期間内に開示決定等をし、残りの行政文書については相当の期間内に開示決定等をすれば足りる。この場合において、実施機関は、同条第一項に規定する期間内に、開示請求者に対し、次に掲げる事項を書　面により通知しなければならない。
一　この条を適用する旨及びその理由
二　残りの行政文書について開示決定等をする期限
（事案の移送）
第十四条　実施機関は、開示請求に係る行政文書が他の実施機関により作成されたものであるときその他他の実施機関において開示決定等をすることにつき正当な理由があるときは、当該他の実施機関と協議の上、当該他の実施機関に対し、事案を移送することができる。この場合においては、移送をした実施機関は、開示請求者に対し、事案を移送した旨を書面により通知しなければならない。
2　前項の規定に基づき事案が移送されたときは、移送を受けた実施機関において、当該開示請求についての開示決定等をしなければならない。この場合において、移送をした実施機関が移送前にした行為は、移送を受けた実施機関がしたものとみなす。
3　前項の場合において、移送を受けた実施機関が第十一条第一項の決定（以下「開示決定」という。）をしたときは、当該実施機関は、開示の実施をしなければならない。この場合において、移送をした実施機関は、当該開示の実施に必要な協力をしなければならない。
（第三者に対する意見書提出の機会の付与等）
第十五条　開示請求に係る行政文書に県、国、県以外の地方公共団体及び開示請求者以外の者（以下この条、第十九条及び第二十条において「第三者」という。）に関する情報が記録されているときは、実施機関は、開示決定等をするに当たって、当該情報に係る第三者に対し、開示請求に係る行政文書の表示その他実施機関が定める事項を通知して、意見書を提出する機会を与えることができる。

2 実施機関は、次の各号のいずれかに該当するときは、開示決定に先立ち、当該第三者に対し、開示請求に係る行政文書の表示その他実施機関が定める事項を書面により通知して、意見書を提出する機会を与えなければならない。ただし、当該第三者の所在が判明しない場合は、この限りでない。
　一　第三者に関する情報が記録されている行政文書を開示しようとする場合であって、当該情報が第七条第一項第二号イ又は同項第三号ただし書に規定する情報に該当すると認められるとき。
　二　第三者に関する情報が記録されている行政文書に第九条の規定に基づき開示しようとするとき。
3　実施機関は、前二項の規定に基づき意見書の提出の機会を与えられた第三者が当該行政文書の開示に反対の意思を表示した意見書を提出した場合において、開示決定をするときは、開示決定の日と開示を実施する日との間に少なくとも二週間を置かなければならない。この場合において、実施機関は、開示決定後直ちに、当該意見書（第十八条第一項及び第十九条において「反対意見書」という。）を提出した第三者に対し、開示決定をした旨及びその理由並びに開示を実施する日を書面により通知しなければならない。
　　◇一部改正（平成一三年条例六号）
　（開示の実施）
第十六条　行政文書の開示は、文書又は図画については閲覧又は写しの交付により、電磁的記録についてはその種別、情報化の進展状況等を勘案して実施機関が定める方法により行う。ただし、閲覧の方法による行政文書の開示にあっては、実施機関は、当該行政文書の保存に支障を生ずるおそれがあると認めるときその他正当な理由があるときは、その写しにより、これを行うことができる。
2　開示決定に基づき行政文書の開示を受ける者は、実施機関が定めるところにより、当該開示決定をした実施機関に対し、その求める開示の実施の方法その他の実施機関が定める事項を申し出なければならない。
3　前項の規定による申出は、第十一条第一項に規定する通知があった日から起算して三十日以内にしなければならない。ただし、当該期間内に当該申出をすることができないことにつき正当な理由があるときは、この限りでない。
4　開示決定に基づき行政文書の開示を受けた者は、最初に開示を受けた日から起算して三十日以内に限り、実施機関に対し、更に開示を受ける旨を申し出ることができる。この場合においては、前項ただし書の規定を準用する。
　（法令等による開示の実施との調整）
第十七条　実施機関は、法令等の規定により、何人にも開示請求に係る行政文書が前条第一項本文に規定する方法と同一の方法で開示することとされている場合（開示の期間が定められている場合にあっては、当該期間内に限る。）には、同項本文の規定にかかわらず、当該行政文書については、当該同一の方法による開示を行わない。ただし、当該法令等の規定に一定の場合には開示をしない旨の定めがあるときは、この限りでない。
2　法令等の規定に定める開示の方法が縦覧であるときは、当該縦覧を前条第一項本文の閲覧とみなして、前項の規定を適用する。

（審査会への諮問等）
第十八条　開示決定等について行政不服審査法（昭和三十七年法律第百六十号）の規定に基づく不服申立があったときは、当該不服申立てに対する裁決又は決定をすべき実施機関は、次の各号のいずれかに該当する場合を除き、速やかに、岩手県情報公開審査会に諮問しなければならない。
一　不服申立て不適法であり、却下するとき。
二　裁決又は決定で、不服申立てに係る開示決定等（開示決定に係る行政文書の全部を開示する旨の決定を除く。以下この号及び第二十条において同じ。）を取り消し、又は変更し、当該不服申立てに係る行政文書の全部を開示することとするとき。ただし、当該開示決定等について反対意見書が提出されているときを除く。
2　前項の規定により諮問をした実施機関（以下「諮問実施機関」という。）は、同項の規定による諮問に対する答申を受けたときは、その答申を尊重して、速やかに、当該不服申立てについての裁決又は決定をしなければならない。この場合において、当該裁決又は決定は、不服申立てを受理した日から起算して九十日以内に行うよう努めなければならない。

（諮問をした旨の通知）
第十九条　諮問実施機関は、次に掲げる者に対し、諮問をした旨を通知しなければならない。
一　不服申立人及び参加人
二　開示請求者（開示請求者が不服申立人又は参加人である場合を除く。）
三　当該不服申立てに係る開示決定等について反対意見書を提出した第三者（当該第三者が不服申立人又は参加人である場合を除く。）

（第三者からの不服申立てを棄却する場合等における手続）
第二十条　第十五条第三項の規定は、次の各号のいずれかに該当する裁決又は決定をする場合について準用する。
一　開示決定に対する第三者からの不服申立てを却下し、又は棄却する裁決又は決定
二　不服申立てに係る開示決定等を変更し、当該開示決定等に係る行政文書を開示する旨の裁決又は決定（第三者である参加人が当該行政文書の開示に反対の意思を表示している場合に限る。）

第二十一条　削　除
　　　　　◇削　　除（平成一三年条例六号）

（費用負担）
第二十二条　開示請求を行い、文書又は図画の写しの交付を受ける者は、実施機関が定める額の当該写しの交付に要する費用を負担しなければならない。
2　開示請求を行い、電磁的記録の開示を受ける者は、当該電磁的記録の種別に応じ、実施機関が定める開示の実施の方法ごとに実施機関が定める額の当該開示の実施に要する費用を負担しなければならない。
　　　　　◇一部改正（平成一三年条例六号）

第三章　岩手県情報公開審査会

（設置等）
第二十三条　第十八条第一項の規定による諮問に応じ不服申立てについて調査審議するため、岩手県情報公開審査会（以下「審査会」という。）を置く。
2　審査会は、前項の規定による調査審議のほか、この条例の実施に関し実施機関に意見を述べることができる。
（組織）
第二十四条　審査会は、委員五人以内で組織する。
（委員）
第二十五条　委員は、学識経験のある者のうちから知事が任命する。
2　委員の任期は、二年とする。ただし、欠員が生じた場合における補欠委員の任期は、前任者の残任期間とする。
3　知事は、委員が心身の故障のため職務の執行ができないと認めるとき、又は委員に職務上の義務違反その他委員たるに適しない非行があると認めるときは、その委員を罷免することができる。
4　委員は、職務上知ることができた秘密を漏らしてはならない。その職を退いた後も同様とする。
5　委員は、在任中、政党その他の政治的団体の役員となり、又は積極的に政治運動をしてはならない。
（会長）
第二十六条　審査会に会長を置き、委員の互選によりこれを定める。
2　会長は、会務を総理し、会議の議長となる。
3　会長に事故があるとき、又は会長が欠けたときは、会長があらかじめ指名する委員が、その職務を代理する。
（会議）
第二十七条　審査会は、会長が招集する。
2　審査会は、委員の半数以上が出席しなければ会議を開くことができない。
3　審査会の議事は、出席委員の過半数で決し、可否同数のときは、議長の決するところによる。
4　審査会は、第十八条第一項の規定による諮問のあった日から起算して六十日以内に答申するよう努めなければならない。
（審査会の調査権限）
第二十八条　審査会は、必要があると認めるときは、諮問実施機関に対し、開示決定等に係る行政文書の提示を求めることができる。この場合においては、何人も、審査会に対し、その提示された行政文書の開示を求めることができない。
2　諮問実施機関は、審査会から前項の規定に基づく求めがあったときは、これを拒んではならない。
3　審査会は、必要があると認めるときは、諮問実施機関に対し、開示決定等に係る行政文書に記録されている情報の内容を審査会の指定する方法により分類

し、又は整理した資料を作成し、審査会に提出するよう求めることができる。
4　第一項及び前項に定めるもののほか、審査会は、不服申立てに係る事件に関し、不服申立人、参加人又は諮問実施機関（以下「不服申立人等」という。）に意見書又は資料の提出を求めること、適当と認める者にその知っている事実を陳述させ又は鑑定を求めることその他必要な調査をすることができる。
　　（意見の陳述）
第二十九条　審査会は、不服申立人等から申立てがあったときは、当該不服申立人等に口頭で意見を述べる機会を与えるよう努めなければならない。
2　前項の規定に基づき意見の陳述の機会を与えられた不服申立人又は参加人は、審査会の承認を得て、補佐人とともに出頭することができる。
　　（意見書等の提出）
第三十条　不服申立人等は、審査会に対し、意見書又は資料を提出することができる。ただし、審査会が意見書又は資料を提出すべき相当の期間を定めたときは、その期間内にこれを提出しなければならない。
　　（委員による調査手続）
第三十一条　審査会は、必要があると認めるときは、その指名する委員に、第二十八条第一項の規定に基づき提示された行政文書を閲覧させ、同条第四項の規定に基づく調査をさせ、又は第二十九条第一項の規定に基づく不服申立人等の意見の陳述を聴かせることができる。
　　（提出資料の閲覧）
第三十二条　審査会は、審査会に提出された意見書又は資料について不服申立人等から閲覧の求めがあった場合においては、第三者の利益を害するおそれがあると認めるときその他正当な理由があるときを除き、これに応ずるよう努めなければならない。
2　審査会は、前項の閲覧について、日時及び場所を指定することができる。
　　（調査審議手続の非公開）
第三十三条　審査会の行う不服申立てに係る調査審議の手続は、公開しない。
　　（答申書の送付等）
第三十四条　審査会は、諮問に対する答申をしたときは、答申書の写しを不服申立人及び参加人に送付するとともに、答申の内容を公表するものとする。
　　（庶務）
第三十五条　審査会の庶務は、総合政策室において処理する。
　　　　　◇一部改正（平成一二年条例七二号）
　　（会長への委任）
第三十六条　この章に定めるもののほか、審査会の運営に関し必要な事項は、会長が審査会に諮って定める。

　　　　　　　　　第四章　雑　則

　　（行政文書の管理）
第三十七条　実施機関は、この条例の適正かつ円滑な運用に資するため、行政文

書を適正に管理しなければならない。
2　実施機関は、行政文書の分類、作成、保存及び廃棄その他の行政文書の管理に関する必要な事項についての定めを設けなければならない。

（開示請求をしようとする者に対する情報の提供等）
第三十八条　実施機関は、開示請求をしようとする者が容易かつ的確に開示請求をすることができるよう、当該実施機関が保有する行政文書の特定に資する情報の提供その他開示請求をしようとする者の利便を考慮した適切な措置を講じなければならない。

（実施状況の公表）
第三十九条　知事は、毎年度、実施機関における第二章に定める行政文書の開示についての実施状況を取りまとめ、その概要を公表しなければならない。

（情報の提供に関する施策の推進）
第四十条　実施機関は、第二章に定める行政文書の開示と併せて、実施機関の保有する情報が適時に、かつ、適切な方法で県民に明らかにされるよう、実施機関の保有する情報の提供に関する施策の推進に努めなければならない。

（出資法人の情報公開）
第四十一条　県が資本金、基本金その他これらに準ずるものを出資している法人（以下「出資法人」という。）は、この条例の趣旨にのっとり、当該出資法人の保有する情報の公開に関し必要な措置を講ずるように努めなければならない。
2　実施機関は、出資法人のうち実施機関が定めるものについて、その性格及び業務内容に応じ、当該出資法人の保有する情報の開示及び提供が推進されるよう、必要な措置を講じなければならない。

（適用除外）
第四十二条　漁業法（昭和二十四年法律第二百六十七号）第五十条第一項に規定する免許漁業原簿並びに刑事訴訟法（昭和二十三年法律第百三十一号）第五十三条の二に規定する訴訟に関する書類及び押収物については、この条例の規定は、適用しない。
　　　　　◇一部改正（平成一三年条例六号）

（補則）
第四十三条　この条例に定めるもののほか、この条例の実施に関し必要な事項は、実施機関が別に定める。

（罰則）
第四十四条　第二十五条第四項の規定に違反して秘密を漏らした者は、一年以下の懲役又は三十万円以下の罰金に処する。
　　　　　◇追　　加（平成一三年条例六号）

　附　則
1　この条例は、平成十一年四月一日から施行する。
2　この条例の施行前にこの条例による改正前の公文書公開条例の規定によりされた処分、手続その他の行為は、この条例による改正後の情報公開条例の相当規定によりされた処分、手続その他の行為とみなす。
3　この条例の施行の際現に岩手県公文書公開審査会の委員である者は、この条

例の施行の日に、この条例による改正後の第二十五条第一項の規定により審査会の委員として任命されたものとみなし、その任期は、同条第二項本文の規定にかかわらず、平成十二年九月三十日までとする。

 附　　則（平成十二年十二月十八日条例第七十二号）抄

この条例は、平成十三年四月一日から施行する。

 附　　則（平成十三年三月三十日条例第六号）

1 この条例は、平成十三年十月一日から施行する。

2 この条例による改正後の情報公開条例の規定は、公安委員会及び警察本部長が保有している行政文書については、平成十三年四一日以後に公安委員会及び警察の職員が作成し、又は取得したものについて適用する。

岩手県議会情報公開条例

【制定】平成十一年十二月十七日条例第六十一号
【改正】平成十三年七月九日条例第四十一号
　　　　平成十四年七月五日条例第四十一号

岩手県議会情報公開条例

目次
　第一章　総則（第一条～第四条）
　第二章　公文書の開示（第五条～第二十一条）
　第三章　岩手県議会情報公開審査会（第二十二条～第三十二条）
　第四章　雑則（第三十三条～三十七条）
　附則

第一章　総則

（目的）
第一条　この条例は、地方自治の本旨にのっとり県民の知る権利を尊重し、公文書の開示を請求する権利につき定めること等により、岩手県議会（以下「議会」という。）における情報公開の積極的な推進をはかり、もって議会の諸活動を県民に説明する責務が全うされるようにするとともに、県民の議会への理解と県政参加を促進し、広く開かれた議会を実現することを目的とする。
（定義）
第二条　この条例において、「公文書」とは、議会の事務局（以下「事務局」という。）の職員が職務上作成し、又は取得した文書、図画及び電磁的記録（電子的方式、電磁的方式その他人の知覚によっては認識することができない方式で作られた記録をいう。以下同じ。）であって、事務局の職員が組織的に用いるものとして、議会が保有しているものをいう。ただし、次に掲げるものを除く。
　一　新聞、雑誌、書籍その他不特定多数の者に販売することを目的として発行されるもの
　二　地方自治法（昭和二十二年法律第六十七号）第百条第十七項の規定により議会に附置した議会図書室において、調査研究用の資料として特別の管理がされているもの
　　　　◇一部改正（平成一三年条例四一号・一四年四一号）
（解釈及び運用）
第三条　議会は、この条例の解釈及び運用に当たっては、この条例の目的にのっとり公文書の開示を請求する権利を十分尊重するとともに、個人に関する情報がみだりに公にされることのないよう、最大限の配慮をしなければならない。
（適正使用）

第四条　この条例の定めるところにより行政文書の開示を受けた者は、これによって得た情報を、この条例の目的に即して適正に使用しなければならない。

第二章　公文書の開示

（開示請求権）
第五条　何人も、この条例の定めるところにより、議長に対し、公文書の開示を請求することができる。
（開示請求の手続）
第六条　前条の規定に基づく開示の請求（以下「開示請求」という。）は、次に掲げる事項を記載した書面（以下「開示請求書」という。）を議長に提出してしなければならない。
　一　開示請求をする者の氏名又は名称及び住所又は居所並びに法人その他の団体にあっては代表者の氏名
　二　公文書の名称その他の開示請求に係る公文書を特定するに足りる事項
2　議長は、開示請求書に形式上の不備があると認めるときは、開示請求をした者（以下「開示請求者」という。）に対し、相当の期間を定めて、その補正を求めることができる。この場合において、議長は、開示請求者に対し、補正の参考となる情報を提供するよう努めなければならない。
（公文書の開示義務）
第七条　議長は、開示請求があったときは、開示請求に係る公文書に次の各号に掲げる情報（以下「非開示情報」という。）のいずれかが記録されている場合を除き、開示請求者に対し、当該公文書を開示しなければならない。
　一　法令又は他の条例（以下「法令等」という。）の規定により公にすることができないと認められる情報
　二　個人に関する情報（事業を営む個人の当該事業に関する情報を除く。）であって、当該情報に含まれる氏名、生年月日その他の記述等により特定の個人を識別することができるもの（他の情報と照合することにより、特定の個人を識別することができることとなるものを含む。）又は特定の個人を識別することはできないが、公にすることにより、なお個人の権利利益を害するおそれがあるもの。ただし、次に掲げる情報を除く。
　　ア　法令等の規定により又は慣行として公にされ、又は公にすることが予定されている情報
　　イ　人の生命、健康、生活又は財産を保護するため、公にすることが必要であると認められる情報
　　ウ　当該個人が公務員（国家公務員法（昭和二十二年法律第百二十号）第二条第一項に規定する国家公務員及び地方公務員法（昭和二十五年法律第二百六十一号）第二条に規定する地方公務員をいう。）である場合において、当該情報がその職務の遂行に係る情報であるときは、当該情報のうち、当該公務員の職及び当該職務遂行の内容に係る部分
　三　法人その他の団体（国及び地方公共団体を除く。以下「法人等」という。）

に関する情報又は事業を営む個人の当該事業に関する情報であって、公にすることにより、当該法人等又は当該個人の権利、競争上の地位その他正当な利益を害するおそれがあるもの。ただし、人の生命、健康、生活又は財産を保護するため、公にすることが必要であると認められる情報を除く。

四　公にすることにより、犯罪の予防又は捜査、人の生命、身体、財産等の保護その他の公共の安全と秩序の維持に支障を及ぼすおそれがある情報

五　議会、議会以外の県の機関、国の機関及び県以外の地方公共団体の内部又は相互間における審議、検討又は協議に関する情報であって、公にすることにより、率直な意見の交換若しくは意思決定の中立性が不当に損なわれるおそれ、不当に県民等の間に混乱を生じさせるおそれ又は特定の者に不当に利益を与え若しくは不利益を及ぼすおそれがあるもの

六　議会、議会以外の県の機関、国の機関又は県以外の地方公共団体が行う事務又は事業に関する情報であって、公にすることにより、次に掲げるおそれその他当該事務又は事業の性質上、当該事務又は事業の適正な遂行に支障を及ぼすおそれがあるもの

　ア　監査、検査、取締り又は試験に係る事務に関し、正確な事実の把握を困難にするおそれ又は違法若しくは不当な行為を容易にし、若しくはその発見を困難にするおそれ

　イ　契約、交渉又は争訟に係る事務に関し、県、国又は県以外の地方公共団体の財産上の利益又は当事者としての地位を不当に害するおそれ

　ウ　調査研究に係る事務に関し、その公正かつ能率的な遂行を不当に阻害するおそれ

　エ　人事管理に係る事務に関し、公正かつ円滑な人事の確保に支障を及ぼすおそれ

　オ　県、国又は県以外の地方公共団体が経営する企業に係る事業に関し、その企業経営上の正当な利益を害するおそれ

七　会派の活動に関する情報であって、公にすることにより、会派の活動に著しい支障が生じると認められるもの

（部分開示）

第八条　議長は、開示請求に係る公文書の一部に非開示情報が記録されている場合において、非開示情報が記録されている部分を容易に区分して除くことができるときは、開示請求者に対し、当該部分を除いた部分につき開示しなければならない。ただし、当該部分を除いた部分に有意の情報が記録されていないと認められるときは、この限りでない。

2　開示請求に係る行政文書に前条第二号の情報（特定の個人を識別することができるものに限る。）が記録されている場合において、当該情報のうち、氏名、生年月日その他の特定の個人を識別することができることとなる記述等の部分を除くことにより、公にしても、個人の権利利益が害されるおそれがないと認められるときは、当該部分を除いた部分は、同号の情報に含まれないものとみなして、前項の規定を適用する。

（公益上の理由による裁量的開示）

第九条　議長は、開示請求に係る公文書に非開示情報（法令等の規定により公にすることができないと認められる情報を除く。）が記録されている場合であっても、公益上特に必要があると認めるときは、開示請求者に対し、当該公文書を開示することができる。
　　（公文書の存否に関する情報）
第十条　開示請求に対し、当該開示請求に係る公文書が存在しているか否かを答えるだけで、非開示情報を開示することとなるときは、議長は、当該公文書の存否を明らかにしないで、当該開示請求を拒否することができる。
　　（開示請求に対する措置）
第十一条　議長は、開示請求に係る公文書の全部又は一部を開示をするときは、その旨の決定をし、開示請求者に対し、その旨及び開示の実施に関し議長が定める事項を書面により通知しなければならない。
2　議長は、開示請求に係る公文書の全部を開示しないとき（前条の規定に基づき開示請求を拒否するとき及び開示請求に係る公文書を議会が保有していないときを含む。）は、開示をしない旨の決定をし、開示請求者に対し、その旨を書面により通知しなければならない。
　　（開示決定等の期限）
第十二条　前条各項の決定（以下「開示決定等」という。）は、開示請求があった日から起算して十五日以内にしなければならない。ただし、第六条第二項の規定に基づき補正を求めた場合にあっては、当該補正に要した日数は、当該期間に算入しない。
2　前項の規定にかかわらず、実施機関は、事務処理上の困難その他正当な理由があるときは、同項に規定する期間を三十日以内に限り延長することができる。この場合において、議長は、開示請求者に対し、遅滞なく、延長後の期間及び延長の理由を書面により通知しなければならない。
　　（開示決定等の期限の特例）
第十三条　開示請求に係る行政文書が著しく大量であるため、開示請求があった日から起算して四十五日以内にそのすべてについて開示決定等をすることにより事務の遂行に著しい支障が生ずるおそれがある場合には、前条の規定にかかわらず、議長は、開示請求に係る公文書のうちの相当の部分につき当該期間内に開示決定等をし、残りの公文書については相当の期間内に開示決定等をすれば足りる。この場合において、議長は、同条第一項に規定する期間内に、開示請求者に対し、次に掲げる事項を書面により通知しなければならない。
一　この条を適用する旨及びその理由
二　残りの公文書について開示決定等をする期限
　　（議長等が欠けている場合の特例）
第十四条　第十二条の規定による開示決定等をなすべき期間については、任期満了、議会の解散その他の事由により議長、副議長がともに欠けている期間は、算入しない。
　　（第三者に対する意見書提出の機会の付与等）
第十五条　開示請求に係る公文書に県、国、県以外の地方公共団体及び開示請求

者以外の者(以下この条、第十九条及び第二十条において「第三者」という。)に関する情報が記録されているときは、議長は、開示決定等をするに当たって、当該情報に係る第三者に対し、開示請求に係る公文書の表示その他議長が定める事項を通知して、意見書を提出する機会を与えることができる。

2 議長は、次の各号のいずれかに該当するときは、第十一条第一項の決定(以下「開示決定」という。)に先立ち、当該第三者に対し、開示請求に係る公文書の表示その他議長が定める事項を書面により通知して、意見書を提出する機会を与えなければならない。ただし、当該第三者の所在が判明しない場合は、この限りでない。

一 第三者に関する情報が記録されている公文書を開示しようとする場合であって、当該情報が第七条第二号イ又は同条第三号ただし書に規定する情報に該当すると認められるとき。

二 第三者に関する情報が記録されている公文書を第九条の規定に基づき開示しようとするとき。

3 実施機関は、前二項の規定に基づき意見書の提出の機会を与えられた第三者が当該公文書の開示に反対の意思を表示した意見書を提出した場合において、開示決定をするときは、開示決定の日と開示を実施する日との間に少なくとも二週間を置かなければならない。この場合において、議長は、開示決定後直ちに、当該意見書(第十八条第一項及び第十九条において「反対意見書」という。)を提出した第三者に対し、開示決定をした旨及びその理由並びに開示を実施する日を書面により通知しなければならない。

(開示の実施)

第十六条 公文書の開示は、文書又は図画については閲覧又は写しの交付により、電磁的記録についてはその種別、情報化の進展状況等を勘案して議長が定める方法により行う。ただし、閲覧の方法による公文書の開示にあっては、議長は、当該公文書の保存に支障を生ずるおそれがあると認めるときその他正当な理由があるときは、その写しにより、これを行うことができる。

2 開示決定に基づき公文書の開示を受ける者は、議長が定めるところにより、議長に対し、その求める開示の実施の方法その他の議長が定める事項を申し出なければならない。

3 前項の規定による申出は、第十一条第一項に規定する通知があった日から起算して三十日以内にしなければならない。ただし、当該期間内に当該申出をすることができないことにつき正当な理由があるときは、この限りでない。

4 開示決定に基づき公文書の開示を受けた者は、最初に開示を受けた日から起算して三十日以内に限り、議長に対し、更に開示を受ける旨を申し出ることができる。この場合においては、前項ただし書の規定を準用する。

(法令等による開示の実施との調整)

第十七条 議長は、法令等の規定により、何人にも開示請求に係る公文書が前条第一項本文に規定する方法と同一の方法で開示することとされている場合(開示の期間が定められている場合にあっては、当該期間内に限る。)には、同項本文の規定にかかわらず、当該公文書については、当該同一の方法による開示を

行わない。ただし、当該法令等の規定に一定の場合には開示をしない旨の定めがあるときは、この限りでない。
2 法令等の規定に定める開示の方法が縦覧であるときは、当該縦覧を前条第一項本文の閲覧とみなして、前項の規定を適用する。
　（不服申立てがあった場合の手続）
第十八条　開示決定等について行政不服審査法（昭和三十七年法律第百六十号）の規定に基づく不服申立があったときは、議長は、次の各号のいずれかに該当する場合を除き、速やかに、岩手県議会情報公開審査会の意見を聴いて、当該不服申立てに対する決定を行うものとする。
　一　不服申立て不適法であり、却下するとき。
　二　不服申立てに係る開示決定等（開示決定に係る公文書の全部を開示する旨の決定を除く。以下この号及び第二十条において同じ。）を取り消し、又は変更し、当該不服申立てに係る公文書の全部を開示することとするとき。ただし、当該開示決定等について反対意見書が提出されているときを除く。
2 議長は、前項の決定を行うに当たっては、岩手県議会情報公開審査会の意見を尊重するものとする。
3 議長は、第一項の不服申立てを受理した日から起算して九十日以内に当該不服申立てに対する決定を行うよう努めなければならない。
　（意見を求めた旨の通知）
第十九条　議長は、前条第一項の意見を求めたときは、次に掲げる者に対し、その旨を通知しなければならない。
　一　不服申立人及び参加人
　二　開示請求者（開示請求者が不服申立人又は参加人である場合を除く。）
　三　当該不服申立てに係る開示決定等について反対意見書を提出した第三者（当該第三者が不服申立人又は参加人である場合を除く。）
　（第三者からの不服申立てを棄却する場合等における手続）
第二十条　第十五条第三項の規定は、次の各号のいずれかに該当する決定をする場合について準用する。
　一　開示決定に対する第三者からの不服申立てを却下し、又は棄却する決定
　二　不服申立てに係る開示決定等を変更し、当該開示決定等に係る公文書を開示する旨の決定（第三者である参加人が当該公文書の開示に反対の意思を表示している場合に限る。）
　（費用負担）
第二十一条　開示請求を行い、文書若しくは図画写しの交付又は電磁的記録の開示を受ける者は、議長が定める額の当該交付又は当該開示の実施に要する費用を負担しなければならない。

　　　　　　第三章　岩手県議会情報公開審査会

　（設置等）
第二十二条　第十八条第一項の規定による意見の求めに応じ不服申立てについて

調査を行うため、岩手県議会情報公開審査会（以下「審査会」という。）を置く。
2　審査会は、前項の規定による調査のほか、議長の求めに応じ、この条例の実施に関し意見を述べることができる。
　（組織）
第二十三条　審査会は、委員七人以内で組織する。
2　委員は、議会の議員のうちから議長が指名する。
3　委員の任期は、二年とする。ただし、欠員が生じた場合における補欠委員の任期は、前任者の残任期間とする。
4　審査会は、第十八条第一項の規定による意見の求めに応じ不服申立てについて調査を行うときは、情報公開制度について学識経験のある者のうちから、議長があらかじめ選任した三名以内の者（以下「学識経験者」という。）の意見を聴かなければならない。
5　委員及び学識経験者は、調査を行う上で知ることができた秘密を漏らしてはならない。委員にあってはその職を退いた後、学識経験者にあっては任を解かれた後も同様とする。
　（会長）
第二十四条　審査会に会長を置き、委員の互選によりこれを定める。
2　会長は、会務を総理し、議事を整理する。
3　会長に事故があるとき、又は会長が欠けたときは、会長があらかじめ指名する委員が、その職務を代理する。
　（会議）
第二十五条　審査会は、会長が招集する。
2　会長は、審査会を招集しようとするときは、あらかじめ議長に通知しなければならない。
3　審査会は、委員の半数以上が出席しなければ会議を開くことができない。
3　審査会の議事は、出席委員の過半数で決し、可否同数のときは、議長の決するところによる。
4　審査会は、第十八条第一項の規定による意見の求めがあった日から起算して六十日以内に議長に意見を述べるよう努めなければならない。
　（審査会の調査権限）
第二十六条　審査会は、必要があると認めるときは、議長に対し、開示決定等に係る公文書の提示を求めることができる。この場合においては、何人も、審査会に対し、その提示された公文書の開示を求めることができない。
2　議長は、審査会から前項の規定に基づく求めがあったときは、これを拒んではならない。
3　審査会は、必要があると認めるときは、議長に対し、開示決定等に係る公文書に記録されている情報の内容を審査会の指定する方法により分類し、又は整理した資料を作成し、審査会に提出するよう求めることができる。
4　第一項及び前項に定めるもののほか、審査会は、不服申立てに係る事件に関し、不服申立人、参加人又は議長（以下「不服申立人等」という。）に意見書又は資料の提出を求めること、適当と認める者にその知っている事実を陳述させ

又は鑑定を求めることその他必要な調査をすることができる。
　　（意見の陳述）
第二十七条　審査会は、不服申立人等から申立てがあったときは、当該不服申立人等に口頭で意見を述べる機会を与えるよう努めなければならない。
2　前項の規定に基づき意見の陳述の機会を与えられた不服申立人又は参加人は、審査会の承認を得て、補佐人とともに出頭することができる。
　　（意見書等の提出）
第二十八条　不服申立人等は、審査会に対し、意見書又は資料を提出することができる。ただし、審査会が意見書又は資料を提出すべき相当の期間を定めたときは、その期間内にこれを提出しなければならない。
　　（提出資料の閲覧）
第二十九条　審査会は、審査会に提出された意見書又は資料について不服申立人等から閲覧の求めがあった場合においては、第三者の利益を害するおそれがあると認めるときその他正当な理由があるときを除き、これに応ずるよう努めなければならない。
2　審査会は、前項の閲覧について、日時及び場所を指定することができる。
　　（調査手続の非公開）
第三十条　審査会の行う不服申立てに係る調査の手続は、公開しない。
　　（意見を記載した書面の送付）
第三十一条　審査会は、議長に対し第十八条第一項の意見を述べたときは、当該意見を記載した書面の写しを不服申立人及び参加人に送付するものとする。
　　（その他の運営等に関する事項）
第三十二条　この章に定めるもののほか、審査会の運営その他に関し必要な事項は、議長が定める。

　　　　　　　　　　第四章　雑　則

　　（公文書の管理）
第三十三条　議長は、この条例の適正かつ円滑な運用に資するため、公文書を適正に管理しなければならない。
2　議長は、公文書の分類、作成、保存及び廃棄その他の公文書の管理に関する必要な事項についての定めを設けなければならない。
　　（開示請求をしようとする者に対する情報の提供等）
第三十四条　議長は、開示請求をしようとする者が容易かつ的確に開示請求をすることができるよう、議会が保有する公文書の特定に資する情報の提供その他開示請求をしようとする者の利便を考慮した適切な措置を講じなければならない。
　　（実施状況の公表）
第三十五条　知事は、毎年度、第二章に定める公文書の開示についての実施状況を取りまとめ、その概要を公表しなければならない。
　　（情報の提供に関する施策の推進）

第三十六条　議会は、第二章に定める公文書の開示と併せて、議会の保有する情報が適時に、かつ、適切な方法で県民に明かにされるよう議会の保有する情報の提供に関する施策の推進に努めなければならない。
　（補則）
第三十七条　この条例に定めるもののほか、この条例の実施に関し必要な事項は、議長が定める。
　附　則
1　この条例は、平成十二年四月一日から施行する。ただし、第二章の規定は、平成十二年六月一日から施行する。
2　この条例の規定は、平成十一年四月一日以後に作成され、又は取得された公文書について適用する。
　附　則（平成十三年七月九日条例第四十一号）
　この条例は、公布の日から施行する。
　付　則（平成十四年七月三日条例第六十号）
　この条例は、公布の日から施行する。

（宮城県）情報公開条例

【制定】平成十一年三月十二日条例第十号
【改正】平成十一年十二月二十一日条例第六十三号
　　　　平成十二年十二月二十日条例第百三十一号

情報公開条例

目次
　第一章　総則（第一条～第三条）
　第二章　行政文書の開示（第四条～第十八条）
　第三章　会議の公開（第十九条）
　第四章　情報公開の総合的推進（第二十条・第二十一条）
　第五章　情報公開審査会（第二十二条～第三十四条）
　第六章　雑則（第三十五条～第四十条）
　附則
　　　　◇一部改正（平成一二年条例一三一号）

第一章　総則

（目的）
第一条　この条例は、地方自治の本旨にのっとり、県民の知る権利を尊重し、行政文書の開示を請求する権利及び県の保有する情報の公開の総合的な推進に関して必要な事項を定めることにより、県政運営の透明性の一層の向上を図り、もって県の有するその諸活動を説明する責務が全うされるようにするとともに、県民による県政の監視と参加の充実を推進し、及び県政に対する県民の理解と信頼を確保し、公正で開かれた県政の発展に寄与することを目的とする。

（定義）
第二条　この条例において「実施機関」とは、知事、公営企業管理者、病院事業管理者、教育委員会、選挙管理委員会、人事委員会、監査委員、公安委員会、警察本部長、地方労働委員会、収用委員会、海区漁業調整委員会及び内水面漁場管理委員会をいう。
２　この条例において「行政文書」は、実施機関の職員が職務上作成し、又は取得した文書、図画、写真及びスライドフィルム（これらを撮影したマイクロフィルムを含む。次項において同じ。）並びに電磁的記録（電子的方式、磁気的方式その他人の知覚によっては認識することができない方式で作られた記録をいう。次項において同じ。）であって、当該実施機関の職員が組織的に用いるものとして、当該実施機関が保有しているものをいう。
３　この条例において「行政文書の開示」とは、文書、図画又は写真を閲覧又は写しの交付により、スライドフィルム又は電磁的記録をその種別、情報化の進

展状況等を勘案して実施機関が別に定める方法により公開することをいう。
◇一部改正（平成一一年条例六三号・一二年一三一号）
（責務）
第三条　実施機関は、この条例に定められた義務を遂行するほか、県の保有する情報を積極的に公開するよう努めなければならない。この場合において、実施機関は、個人に関する情報が十分保護されるよう最大限の配慮をしなければならない。
2　行政文書の開示を請求しようとするものは、この条例により保障された権利を正当に行使し、情報の公開の円滑な推進に努めなければならない。

第二章　行政文書の開示

（開示請求権）
第四条　何人も、この条例の定めるところにより、実施機関に対し、行政文書の開示を請求することができる。
（開示請求の手続）
第五条　前条の規定による開示の請求（以下「開示請求」という。）は、次に掲げる事項を記載した書面（以下「開示請求書」という。）を実施機関に提出してしなければならない。
一　開示請求をするものの氏名又は名称及び住所又は事務所若しくは事業所の所在地並びに法人その他の団体にあっては代表者の氏名
二　行政文書の件名その他の開示請求に係る行政文書を特定するに足りる事項
三　その他実施機関が別に定める事項
2　実施機関は、開示請求書に形式上の不備があると認めるときは、開示請求をしたもの（以下「開示請求者」という。）に対し、相当の期間を定めて、その補正を求めることができる。この場合において、実施機関は、開示請求者に対し、補正の参考となる情報を提供するよう努めなければならない。
（開示請求に対する決定等）
第六条　実施機関は、開示請求のあった日から起算して十五日以内に、行政文書の全部若しくは一部を開示する旨の決定、行政文書を開示しない旨の決定、第十一条の規定により開示請求を拒否する旨の決定又は開示請求に係る行政文書を保有していない旨の決定（以下「開示決定等」と総称する。）をしなければならない。ただし、前条第二項の規定により補正を求めた場合にあっては、当該補正に要した日数は、当該期間に算入しない。
2　実施機関は、開示決定等をしたときは、速やかに、開示請求者に対し、その旨を書面により通知しなければならない。
3　実施機関は、行政文書の全部を開示する旨の決定以外の開示決定等をしたときは、その理由（その理由がなくなる期日をあらかじめ明示することができるときは、その理由及び期日）を前項の書面に具体的に記載しなければならない。
4　第一項の規定にかかわらず、実施機関は、事務処理上の困難その他正当な理由があるときは、同項に規定する期間を延長することができる。この場合にお

いて、実施機関は、速やかに、開示請求者に対し、延長後の期間及び延長の理由を書面により通知しなければならない。
（開示の実施）
第七条　実施機関は、前条第一項の行政文書の全部又は一部を開示する旨の決定（以下「開示決定」という。）をしたときは、速やかに、開示請求者に対し、行政文書の開示をしなければならない。
2　閲覧の方法による行政文書の開示にあっては、実施機関は、当該行政文書を汚損し、又は破損するおそれがあると認めるときその他正当な理由があるときは、前項の規定にかかわらず、その写しにより、これを行うことができる。
（行政文書の開示義務）
第八条　実施機関は、開示請求があったときは、開示請求に係る行政文書に次の各号に掲げる情報のいずれかが記録されている場合を除き、開示請求者に対し、当該行政文書を開示しなければならない。
一　法令（条例を含む。以下同じ。）の規定により公開することができないとされている情報
二　個人に関する情報（事業を営む個人の当該事業に関する情報を除く。）であって、特定の個人が識別され、若しくは識別され得るもの又は特定の個人を識別することはできないが、公開することにより、なお個人の権利利益が害されるおそれがあるもの。ただし、次に掲げる情報を除く。
　　イ　法令の規定により又は慣行として公開され、又は公開することが予定されている情報
　　ロ　当該個人が公務員（国家公務員法（昭和二十二年法律第百二十号）第二条第一項に規定する国家公務員及び地方公務員法（昭和二十五年法律第二百六十一号）第二条に規定する地方公務員をいう。）である場合において、当該情報がその職務の遂行に係る情報であるときは、当該情報のうち、当該公務員の職、氏名及び当該職務遂行の内容に係る部分
三　法人その他の団体（国及び地方公共団体を除く。以下「法人等」という。）に関する情報又は事業を営む個人の当該事業に関する情報であって、公開することにより、当該法人等又は当該個人の権利、競争上の地位その他正当な利益が損なわれると認められるもの。ただし、事業活動によって生じ、又は生ずるおそれのある危害から人の生命、身体、健康、生活又は財産を保護するため、公開することが必要であると認められる情報を除く。
四　公開することにより、犯罪の予防、鎮圧、又は捜査、公訴の維持、刑の執行その他の公共の安全と秩序の維持に支障が生ずるおそれがあると実施機関が認めることにつき相当の理由がある情報
五　県の機関又は国等（国又は地方公共団体その他の公共団体をいう。以下同じ。）の機関が行う衛生、営業、建築、交通等に係る規制等に関する情報であって、公開することにより、人の生命、身体、健康、生活又は財産の保護に支障が生ずるおそれのあるもの
六　県又は国等の事務事業に係る意思形成過程において行われる県の機関内部若しくは機関相互又は県の機関と国等の機関との間における審議、検討、調

査、研究等に関する情報であって、公開することにより、当該事務事業又は将来の同種の事務事業に係る意思形成に支障が生ずると明らかに認められるもの
七　県の機関又は国等の機関が行う検査、監査、取締り、争訟、交渉、渉外、入札、試験その他の事務事業に関する情報であって、当該事務事業の性質上、公開することにより、当該事務事業若しくは将来の同種の事務事業の目的が達成できなくなり、又はこれらの事務事業の公正若しくは円滑な執行に支障が生ずると認められるもの

2　前項の場合において、開示請求に係る行政文書が地方自治法（昭和二十二年法律第六十七号）第百八十条の二の規定により、警察の職員が知事の委任を受け、又は知事の補助執行として作成し、又は取得したものであるときは、同項第四号中「支障が生ずるおそれがあると実施機関が認めることにつき相当の理由がある情報」とあるのは、「支障が生ずるおそれのある情報」として同項の規定を適用する。ただし、実施機関が公安委員会又は警察本部長である場合で、開示請求に係る行政文書に次の各号に掲げる情報のいずれかが記録されているときは、この限りでない。
一　その団体又はその団体の構成員が集団的に又は常習的に犯罪を行うおそれのある団体に係る取締りに関する情報
二　刑事訴訟法（昭和二十三年法律第百三十一号）の規定による犯罪の捜査、公訴の維持又は刑の執行に関する情報
三　犯罪の予防、鎮圧若しくは捜査に関し情報を提供したもの、第一号の取締り（以下この号においいて「取締り」という。）の対象となった団体若しくは前号の犯罪の捜査（以下この号において「捜査」という。）の対象となったもの又は取締り若しくは捜査の関係者が識別され、又は識別され得る情報
四　犯罪の予防、鎮圧又は捜査に係る方法、技術、特殊装備、態勢等に関する情報

　　　◇一部改正（平成一二年条例一三一号）

（部分開示）

第九条　実施機関は、開示請求に係る行政文書の一部に前条の規定により開示することができない情報（以下「非開示情報」という。）が記録されている場合において、非開示情報が記録されている部分を容易に区分して除くことができるときは、開示請求者に対し、当該部分を除いた部分につき開示しなければならない。ただし、当該部分を除いた部分に有意の情報が記録されていないと明らかに認められるときは、この限りでない。

　　　◇一部改正（平成一二年条例一三一号）

（公益上の理由による裁量的開示）

第十条　実施機関は、開示請求に係る行政文書に非開示情報が記録されている場合であっても、公益上特に必要があると認めるときは、開示請求者に対し、当該行政文書を開示することができる。

（行政文書の存否に関する情報）

第十一条　開示請求に対し、当該開示請求に係る行政文書が存在しているか否か

(第三者に対する意見書提出の機会の付与等)
第十二条　開示請求に係る行政文書に県、国、県以外の地方公共団体及び開示請求者以外のもの（以下この条、第十五条第三号及び第十七条において「第三者」という。）に関する情報が記録されているときは、実施機関は、開示決定等をするに当たって、当該情報に係る第三者に対し、開示請求に係る行政文書の表示その他実施機関が別に定める事項を通知して、意見書を提出する機会を与えることができる。

2　実施機関は、次の各号のいずれかに該当するときは、開示決定に先立ち、当該第三者に対し、開示請求に係る行政文書の表示その他実施機関が別に定める事項を書面により通知して、意見書を提出する機会を与えなければならない。ただし、当該第三者の所在が判明しない場合は、この限りでない。
　一　第三者に関する情報が記録されている行政文書を開示しようとする場合であって、当該情報が第八条第一項第三号ただし書の情報に該当すると認められるとき。
　二　第三者に関する情報が記録されている行政文書を第十条の規定により開示しようとするとき。

3　実施機関は、前二項の規定により意見書の提出の機会を与えられた第三者が当該行政文書の開示に反対の意思を表示した意見書を提出した場合において、開示決定をするときは、開示決定の日と開示を実施する日との間に二週間を置かなければならない。この場合において、実施機関は、開示決定後直ちに、当該意見書（第十五条第三号において「反対意見書」という。）を提出した第三者に対し、開示決定をした旨及びその理由並びに開示を実施する日を書面により通知しなければならない。

4　前項の規定にかかわらず、実施機関は、正当な理由があるときは、同項に規定する期間を延長することができる。

　　　　◇一部改正（平成一二年条例一三一号）

(事案の移送)
第十二条の二　実施機関は、開示請求に係る行政文書が他の実施機関により作成されたものであるときその他他の実施機関において開示決定等をすることにつき正当な理由があるときは、当該他の実施機関と協議の上、当該他の実施機関に対し事案を移送することができる。この場合においては、移送をした実施機関は、開示請求者に対し、事案を移送した旨を書面により通知しなければならない。

2　前項の規定により事案が移送されたときは、移送を受けた実施機関において、当該開示請求についての開示決定等をしなければはらない。この場合において、移送をした実施機関が移送前にした行為は、移送を受けた実施機関がしたものとみなす。

3　前項の場合において、移送を受けた実施機関が開示決定をしたときは、当該実施機関は、開示の実施をしなければならない。この場合において、移送をし

た実施機関は、当該開示の実施に必要な協力をしなければならない。
4　第一項の規定は、開示請求に係る行政文書が議会の事務局の職員により知事の補助執行として作成されたものであるときその他議会の議長（以下この項において「議長」という。）において開示決定等をすることにつき正当な理由があるときについて準用する。この場合において、議長に対し事案が移送されたときは、開示請求のあった日に、議長に対し、宮城県議会の保有する情報の公開に関する条例（平成十一年宮城県条例第二十七号）の規定による公文書の開示請求があったものとみなす。
　　　　　◇追　　加（平成一二年条例一三一号）
　（手数料等）
第十三条　行政文書の開示に係る手数料は、徴収しない。
2　第四条の行政文書の開示又は第三十条第一項の閲覧等を請求して文書、図画又は写真の写しの交付その他の物品の供与を受けるものは、当該供与に要する費用を負担しなければならない。
　（審査会への諮問等）
第十四条　開示決定等について行政不服審査法（昭和三十七年法律第百六十号）の規定による不服申立てがあった場合は、当該不服申立てに対する決定又は裁決をすべき実施機関は、当該不服申立てが不適法であるときを除き、宮城県情報公開審査会（次項において「審査会」という。）に諮問しなければならない。
2　前項の場合において、同項の実施機関は、審査会に対し、審議に必要な資料を提出するものとする。
　　　　　◇一部改正（平成一一年条例六三号・一二年一三一号）
　（諮問をした旨の通知）
第十五条　前条第一項の規定による諮問をした実施機関（以下「諮問実施機関」という。）は、次に掲げるものに対し、諮問をした旨を通知しなければならない。
　一　不服申立人及び参加人
　二　開示請求者（開示請求者が不服申立人又は参加人である場合を除く。）
　三　前条第一項の不服申立てに係る開示決定等について反対意見書を提出した第三者（当該第三者が不服申立人又は参加人である場合を除く。）
　（答申の尊重）
第十六条　諮問実施機関は、第十四条第一項の規定による諮問に対する答申があったときは、その答申を尊重して、同項の不服申立てについての決定又は裁決を行わなければならない。
　（第三者からの不服申立てを棄却する場合等における手続）
第十七条　第十二条第三項及び第四項の規定は、次の各号のいずれかに該当する決定又は裁決をする場合について準用する。
　一　開示決定に対する第三者からの不服申立てを却下し、又は棄却する決定又は裁決
　二　不服申立てに係る開示決定等を変更し、当該開示決定等に係る行政文書を開示する旨の決定又は裁決（第三者である参加人が当該行政文書の開示に反対の意思を表示している場合に限る。）

(他の法令による開示の実施との調整)
第十八条　この章の規定は、他の法令（個人情報保護条例（平成八年宮城県条例第二十七号）を除く。）の規定により、何人にも開示請求に係る行政文書が第二条第三項に規定する方法と同一の方法で開示することとされている場合（開示の期間が定められている場合にあっては、当該期間内に限る。）には、同項の規定にかかわらず、当該同一の方法による開示に係る当該行政文書については、適用しない。ただし、当該他の法令の規定に一定の場合は開示をしない旨の定めがあるときは、この限りでない。
2　他の法令の規定に定める開示の方法が縦覧であるときは、当該縦覧を第二条第三項の閲覧とみなして、前項の規定を適用する。
3　この章の規定は、図書館その他の県の施設において、県民の利用に供することを目的として管理している行政文書については、適用しない。
4　この章の規定は、法律の規定により行政機関の保有する情報の公開に関する法律（平成十一年法律第四十二号）の規定を受けないこととされている行政文書については、適用しない。
　　　　◇一部改正（平成一二年条例一三一号）

第三章　会議の公開

(会議の公開)
第十九条　実施機関の附属機関の会議その他の実施機関が別に定める会議（法令の規定により公開することができないとされている会議を除く。）は、公開するものとする。ただし、次に掲げる場合であって当該会議の構成員の三分の二以上の多数で決定したときは、非公開の会議を開くことができる。
　一　非開示情報が含まれる事項について調停、審査、審議、調査等を行う会議を開催する場合
　二　会議を公開することにより、当該会議の公正かつ円滑な運営に支障が生ずると認められる場合

第四章　情報公開の総合的推進

(情報公開の総合的推進)
第二十条　県は、第二章に定める行政文書の開示及び前章に定める会議の公開のほか、県民が県政に関する情報を迅速かつ容易に得られるよう、情報提供施策及び情報公表制度の充実を図り、情報の公開の総合的な推進に努めるものとする。
(情報提供施策等の充実)
第二十一条　県は、広報媒体の効果的な活用及び自主的広報手段の充実に努めるとともに、刊行物その他の行政資料を広く閲覧に供すること等により、その保有する情報を県民に積極的に提供するよう努めるものとする。
2　県は、法令の規定により義務付けられた情報公表制度の内容の充実を図ると

ともに、県政に関する情報を公開する制度の整備に努めるものとする。

第五章　情報公開審査会

（設置等）
第二十二条　第十四条第一項の規定による諮問又は情報の公開に関する事項についての諮問に応じ不服申立て等について調査審議するため、宮城県情報公開審査会（以下「審査会」という。）を置く。
2　審査会は、前項の規定による調査審議のほか、情報の公開に関する重要事項について、実施機関に建議することができる。
（組織）
第二十三条　審査会は、委員五人以内で組織する。
2　委員は、学識経験を有する者のうちから、知事が任命する。
（任期）
第二十四条　委員の任期は、二年とする。ただし、補欠の委員の任期は、前任者の残任期間とする。
2　委員は、再任されることができる。
（会長）
第二十五条　審査会に、会長を置き、委員の互選によりこれを定める。
2　会長は、会務を総理し、審査会を代表する。
3　会長に事故があるときは、あらかじめその指名する委員が、その職務を代理する。
（会議）
第二十六条　審査会の会議は、会長が招集し、会長がその議長となる。
2　審査会の会議は、委員の半数以上の出席がなければ開くことができない。
3　審査会の議事は、出席した委員の過半数で決し、可否同数のときは、議長の決するところによる。
（審査会の調査権限）
第二十七条　審査会は、必要があると認めるときは、諮問実施機関に対し、開示決定等に係る行政文書の提示を求めることができる。この場合においては、何人も、審査会に対し、その提示された行政文書の開示を求めることができない。
2　諮問実施機関は、審査会から前項の規定による求めがあったときは、これを拒んではならない。
3　審査会は、第十四条第二項の規定により提出された資料のほか、必要があると認めるときは、実施機関に対し、開示決定等に係る行政文書に記録されている情報の内容及び当該開示決定等を判断した理由を審査会の指定する方法により分類し、又は整理した資料を作成し、審査会に提出するよう求めることができる。
4　第一項及び前項に定めるもののほか、審査会は、不服申立てに係る事件に関し、不服申立人、参加人又は諮問実施機関（以下「不服申立人等」という。）に意見書又は資料の提出を求めること、適当と認めるものにその知っている事実

を陳述させ、又は鑑定を求めることその他必要な調査をすることができる。
　　（意見の陳述）
第二十八条　審査会は、不服申立人等から申立てがあったときは、当該不服申立人等に口頭で意見を述べる機会を与えなければならない。ただし、審査会が、その必要がないと認めるときは、この限りでない。
2　前項本文の場合においては、不服申立人又は参加人は、審査会の承認を得て、補佐人とともに出席することができる。
　　（意見書等の提出）
第二十九条　不服申立人等は、審査会に対し、意見書又は資料を提出することができる。ただし、審査会が意見書又は資料を提出すべき相当の期間を定めたときは、その期間内にこれを提出しなければならない。
　　（提出資料の閲覧等）
第三十条　不服申立人等は、審査会に対し、審査会に提出された意見書若しくは資料の閲覧又はそれらの写しの交付（以下この条において「閲覧等」という。）を求めることができる。この場合において、審査会は、第三者の利益を害するおそれがあると認めるときその他正当な理由があるときでなければ、その閲覧等を拒むことができない。
2　審査会は、閲覧等について、日時及び場所を指定することができる。
　　（不服申立てに関する調査審議の会議の非公開）
第三十一条　第十四条第一項の規定による諮問に応じ、審査会が調査審議する会議は、公開しない。
　　（答申書の送付等）
第三十二条　審査会は、諮問に対する答申をしたときは、答申書の写しを不服申立人及び参加人に送付するとともに、答申の内容を公表するものとする。
　　（秘密の保持）
第三十三条　委員は、職務上知り得た秘密を漏らしてはならない。その職を退いた後も、同様とする。
　　（委任）
第三十四条　この章に定めるもののほか、審査会の運営及び調査審議の手続に関し必要な事項は、会長が審査会に諮って定める。

　　　　　　　　　　第六章　雑　則

　　（行政文書の管理）
第三十五条　実施機関は、この条例の適正かつ円滑な運用に資するため、行政文書を適正に管理するものとする。
2　実施機関は、行政文書の管理に関する定めを設けるとともに、これを一般の閲覧に供しなければならない。
3　前項の行政文書の管理に関する定めにおいては、行政文書の分類、作成、保存及び廃棄に関する基準その他の行政文書の管理に関する必要な事項について定めるものとする。

（開示請求をしようとするものに対する情報の提供等）
第三十六条　実施機関は、開示請求をしようとするものが容易かつ的確に開示請求をすることができるよう、当該実施機関が保有する行政文書の特定に資する情報の提供その他開示請求をしようとするものの利便を考慮した適切な措置を講ずるものとする。
　（施行の状況の公表）
第三十七条　知事は、毎年度、各実施機関におけるこの条例の施行の状況を取りまとめ、これを公表しなければならない。
　（出資団体等の情報公開）
第三十八条　県から出資、出損又は補助金等の交付（以下「出資等」という。）を受けた団体（以下「出資団体等」という。）は、当該出資等の公共性にかんがみ、当該出資団体等の保有する情報の公開に努めなければならない。
2　出資団体等で資本金又は基本財産（基金を含む。）の額に占める県から出資又は出捐を受けた額の割合が二分の一以上の団体は、この条例の趣旨に即して当該団体の保有する情報の公開に関する規程を定め、当該情報の一層の公開に努めなければならない。
3　県は、出資団体等について、その性格及び業務内容に応じ、当該出資団体等の情報の公開が推進されるよう、必要な施策を講ずるものとする。
　（委任）
第三十九条　この条例に定めるもののほか、この条例の実施のため必要な事項は、実施機関が別に定める。
　（罰則）
第四十条　第三十三条の規定に違反して秘密を漏らした者は、一年以下の懲役又は三十万円以下の罰金に処する。
　　　　◇追　　加（平成一二年条例一三一号）
　附　則
　（施行期日）
1　この条例は、平成十一年七月一日から施行する。
　（審査会の同一性）
2　この条例の施行の際現に改正前の情報公開条例（以下「旧条例」という。）第十六条第一項の規定により置かれている宮城県情報公開審査会（以下「旧審査会」という。）は、改正後の情報公開条例（以下「新条例」という。）第二十二条第一項の規定により置かれた審査会として同一性をもって存続するものとする。
　（審査会委員の任命及び任期の特例）
3　この条例の施行の際現に旧条例第十七条第二項に規定する委員である者は、この条例の施行の日（以下この項において「施行日」という。）に、新条例第二十三条第二項の規定により委員に任命されたものとみなす。この場合において、その任命されたものとみなされる者の任期は、新条例第二十四条第一項の規定にかかわらず、施行日における旧条例第十八条第一項の規定による委員としての任期の残任期間と同一の期間とする。
　（開示請求に係る経過措置）

4　この条例の施行の際現に実施機関に対してされている旧条例の規定による公文書の開示の請求は、新条例の規定による行政文書の開示の請求とみなす。
　（開示請求に対する決定の経過措置）
5　この条例の施行の際現に開示請求者に対してされている旧条例第七条第一項の公文書の開示をするかどうかの決定は、新条例第六条第一項の開示決定等とみなす。
　（不服申立てに係る経過措置）
6　この条例の施行の際現に実施機関に対してされている旧条例第十二条第一項の不服申立ては、新条例第十四条第一項の不服申立てとみなす。
　（諮問に係る経過措置）
7　この条例の施行の際現に旧審査会に対してされている旧条例第十二条第一項の規定による諮問は、新条例第十四条第一項の規定による諮問とみなす。
　（答申に係る経過措置）
8　この条例の施行の際現に実施機関に対してされている旧条例第十二条第二項の答申は、新条例第十六条の答申とみなす。
　（手続等に係る経過措置）
9　この条例の施行の際現に旧条例の規定によりされた手続、処分その他の行為（附則第四項から前項までに規定するものを除く。）は、新条例の相当の規定によりされた手続、処分その他の行為（附則第四項から前項までに規定するものを除く。）とみなす。

　附　則（平成十一年十二月二十一日条例第六十三号）
　（施行期日）
1　この条例は、平成十二年四月一日から施行する。
　（情報公開条例の一部改正に伴う経過措置）
12　この条例の施行前に前項の規定による改正前の情報公開条例（次項において「旧情報公開条例」という。）の規定により知事が行った行為（病院事業管理者の事務に係るものに限る。）は、この条例による改正後の情報公開条例（次項において「新情報公開条例」という。）の規定により病院事業管理者が行ったものとみなす。
13　この条例の施行前に旧情報公開条例の規定により知事に対してなされた行為（病院事業管理者の事務に係るものに限る。）は、新情報公開条例の規定により病院事業管理者に対してなされたものとみなす。

　附　則（平成十二年十二月二十日条例第百三十一号）
　（施行期日）
1　この条例は、行政機関の保有する情報の公開に関する法律（平成十一年法律第四十二号）の施行の日（平成十三年四月一日）から施行する。ただし、目次の改正規定、第十二条の次に一条を加える改正規定、第十四条第一項の改正規定及び第六章中第三十九条の次に一条を加える改正規定は、公布の日から施行する。
　（検討）
2　県はこの条例の施行後四年を目途として、改正後の情報公開条例の施行の状

況について検討を加え、必要があると認めるときは、その結果に基づいて所要の措置を講ずるものとする。

宮城県議会の保有する情報の公開に関する条例

【制定】平成十一年三月十二日条例第二十七号

宮城県議会の保有する情報の公開に関する条例

目次
　第一章　総則（第一条～第三条）
　第二章　公文書の開示（第四条～第十六条）
　第三章　情報公開の総合的推進（第十七条・第十八条）
　第四章　雑則（第十九条～第二十二条）
　附則

第一章　総則

（目的）
第一条　この条例は、地方自治の本旨にのっとり、県民の知る権利を尊重し、宮城県議会（以下「議会」という。）の保有する公文書の開示を請求する権利及び情報の公開の総合的な推進に関して必要な事項を定めることにより、議会の有するその諸活動を説明する責務が全うされるようにするとともに、県民の議会への理解と県政参加を促進し、もって広く開かれた議会の実現に寄与することを目的とする。

（定義）
第二条　この条例におい「公文書」とは、議会の事務局の職員が職務上作成し、又は取得した文書、図画、写真及びスライドフィルム（これらを撮影したマイクロフィルムを含む。次項において同じ。）並びに電磁的記録（電子的方式、磁気的方式その他人の知覚によっては認識することができない方式で作られた記録をいう。次項において同じ。）であって、当該事務局の職員が組織的に用いるものとして、議会の議長（以下「議長」という。）が管理しているものをいう。

2　この条例において「公文書の開示」とは、文書、図画又は写真を閲覧又は写しの交付により、スライドフィルム又は電磁的記録をその種別、情報化の進展状況等を勘案して議長が別に定める方法により公開することをいう。

（責務）
第三条　議会は、この条例に定められた義務を遂行するほか、議会の保有する情報を積極的に公開するよう努めなければならない。この場合において、個人に関する情報が十分保護されるよう最大限の配慮をしなければならない。

2　公文書の開示を請求しようとするものは、この条例により保障された権利を正当に行使しなければならない。また、公文書の開示によって得た情報を、この条例の目的に即して適正に使用しなければならない。

第二章　公文書の開示

（開示請求権）

第四条　何人も、この条例の定めるところにより、議長に対し、公文書の開示を請求することができる。

（開示請求の手続）

第五条　前条の規定による開示の請求（以下「開示請求」という。）は、次に掲げる事項を記載した書面(以下「開示請求書」という。)を議長に提出して行わなければならない。
- 一　開示請求をするものの氏名又は名称及び住所又は事務所若しくは事業所の所在地並びに法人その他の団体にあっては代表者の氏名
- 二　公文書の件名その他の開示請求に係る公文書を特定するに足りる事項
- 三　その他議長が別に定める事項

2　議長は、開示請求書に形式上の不備があると認めるときは、開示請求をしたもの（以下「開示請求者」という。）に対し、相当の期間を定めて、その補正を求めることができる。この場合において、議長は、開示請求者に対し、補正の参考となる情報を提供するよう努めなければならない。

（開示請求に対する決定等）

第六条　議長は、開示請求のあった日から起算して十五日以内に、公文書の全部若しくは一部を開示する旨の決定、公文書を開示しない旨の決定、第十一条の規定により開示請求を拒否する旨の決定又は開示請求に係る公文書を保有していない旨の決定（以下「開示決定等」と総称する。）をしなければならない。ただし、前条第二項の規定により補正を求めた場合にあっては、当該補正に要した日数は、当該期間に算入しない。

2　議長は、開示決定等をしたときは、速やかに、開示請求者に対し、その旨を書面により通知しなければならない。

3　議長は、公文書の全部を開示する旨の決定以外の開示決定等をしたときは、その理由（その理由がなくなる期日をあらかじめ明示することができるときは、その理由及び期日）を前項の書面に具体的に記載しなければならない。

4　第一項の規定にかかわらず、議長は、事務処理上の困難その他正当な理由があるときは、同項に規定する期間を延長することができる。この場合において、議長は、速やかに、開示請求者に対し、延長後の期間及び延長の理由を書面により通知しなければならない。

（開示の実施）

第七条　議長は、前条第一項の公文書の全部又は一部を開示する旨の決定（以下「開示決定」という。）をしたときは、速やかに、開示請求者に対し、公文書の開示をしなければならない。

2　閲覧の方法による公文書の開示にあっては、議長は、当該公文書を汚損し、又は破損するおそれがあると認めるときその他正当な理由があるときは、前項の規定にかかわらず、その写しにより、これを行うことができる。

（公文書の開示義務）

第八条　議長は、開示請求があったときは、開示請求に係る公文書に次の各号に掲げる情報（以下「非開示情報」という。）のいずれかが記録されている場合を除き、開示請求者に対し、当該公文書を開示しなければならない。
一　法令（条例を含む。以下同じ。）の規定により公開することができないとされている情報
二　個人に関する情報（事業を営む個人の当該事業に関する情報を除く。）であって、特定の個人が識別され、若しくは識別され得るもの又は特定の個人を識別することはできないが、公開することにより、なお個人の権利利益が害されるおそれがあるもの。ただし、次に掲げる情報を除く。
　　イ　法令の規定により又は慣行として公開され、又は公開することが予定されている情報
　　ロ　当該個人が公務員（国家公務員法（昭和二十二年法律第百二十号）第二条第一項に規定する国家公務員及び地方公務員法（昭和二十五年法律第二百六十一号）第二条に規定する地方公務員をいう。）である場合において、当該情報がその職務の遂行に係る情報であるときは、当該情報のうち、当該公務員の職、氏名及び当該職務遂行の内容に係る部分
三　法人その他の団体（国及び地方公共団体を除く。以下「法人等」という。）に関する情報又は事業を営む個人の当該事業に関する情報であって、公開することにより、当該法人等又は当該個人の権利、競争上の地位その他正当な利益が損なわれると認められるもの。ただし、事業活動によって生じ、又は生ずるおそれのある危害から人の生命、身体、健康、生活又は財産を保護するため、公開することが必要であると認められる情報を除く。
四　公開することにより、犯罪の予防又は捜査、人の生命、身体又は財産の保護その他の公共の安全と秩序の維持に支障が生ずるおそれのある情報
五　県又は国等（国又は地方公共団体その他の公共団体をいう。以下同じ。）の事務事業に係る意思形成過程において行われる県の機関内部若しくは機関相互又は県の機関と国等の機関との間における審議、検討、調査、研究等に関する情報であって、公開することにより、当該事務事業又は将来の同種の事務事業に係る意思形成に支障が生ずると明らかに認められるもの
六　県の機関又は国等の機関が行う検査、争訟、交渉、渉外その他の事務事業に関する情報であって、当該事務事業の性質上、公開することにより、当該事務事業若しくは将来の同種の事務事業の目的が達成できなくなり、又はこれらの事務事業の公正若しくは円滑な執行に支障が生ずると認められるもの
　（部分開示）
第九条　議長は、開示請求に係る公文書の一部に非開示情報が記録されている場合において、非開示情報が記録されている部分を容易に区分して除くことができるときは、開示請求者に対し、当該部分を除いた部分につき開示しなければならない。ただし、当該部分を除いた部分に有意の情報が記録されていないと明らかに認められるときは、この限りでない。
　（公益上の理由による裁量的開示）
第十条　議長は、開示請求に係る公文書に非開示情報が記録されている場合であ

っても、公益上特に必要があると認めるときは、開示請求者に対し、当該公文書を開示することができる。
　（公文書の存否に関する情報）
第十一条　開示請求に対し、当該開示請求に係る公文書が存在しているか否かを答えるだけで、非開示情報を開示することとなるときは、議長は、当該公文書の存否を明らかにしないで、当該開示請求を拒否することができる。
　（第三者に対する意見書提出の機会の付与等）
第十二条　開示請求に係る公文書に県、国、県以外の地方公共団体及び開示請求者以外のもの（以下この条及び第十五条において「第三者」という。）に関する情報が記録されているときは、議長は、開示決定等をするに当たって、当該情報に係る第三者に対し、開示請求に係る公文書の表示その他議長が別に定める事項を通知して、意見書を提出する機会を与えることができる。
2　議長は、次の各号のいずれかに該当するときは、開示決定に先立ち、当該第三者に対し、開示請求に係る公文書の表示その他議長が別に定める事項を書面により通知して、意見書を提出する機会を与えなければならない。ただし、当該第三者の所在が判明しない場合は、この限りでない。
　一　第三者に関する情報が記載されている公文書を開示しようとする場合であって、当該情報が第八条第三号ただし書の情報に該当すると認められるとき。
　二　第三者に関する情報が記録されている公文書を第十条の規定により開示しようとするとき。
3　議長は、前二項の規定により意見書の提出の機会を与えられた第三者が当該公文書の開示に反対の意思を表示した意見書を提出した場合において、開示決定をするときは、開示決定の日と開示を実施する日との間に二週間を置かなければならない。この場合において、議長は、開示決定後直ちに、当該意見書を提出した第三者に対し、開示決定をした旨及びその理由並びに開示を実施する日を書面により通知しなければならない。
4　前項の規定にかかわらず、議長は、正当な理由があるときは、同項に規定する期間を延長することができる。
　（手数料等）
第十三条　公文書の開示に係る手数料は、徴収しない。
2　第四条の公文書の開示を請求して文書、図画又は写真の写しの交付その他の物品の供与を受けるものは、当該供与に要する費用を負担しなければならない。
　（異議申立てがあった場合の手続）
第十四条　開示決定等について行政不服審査法（昭和三十七年法律第百六十号）の規定による異議申立てがあった場合は、議長は、同法に定めるところにより、遅滞なく、当該異議申立てについての決定を行わなければならない。
　（第三者からの異議申立てを棄却する場合等における手続）
第十五条　第十二条第三項及び第四項の規定は、次の各号のいずれかに該当する決定をする場合について準用する。
　一　開示決定に対する第三者からの異議申立てを却下し、又は棄却する決定
　二　異議申立てに係る開示決定等を変更し、当該開示決定等に係る公文書を開

示する旨の決定（第三者である参加人が当該公文書の開示に反対の意思を表示している場合に限る。）

（他の法令による開示の実施との調整）
第十六条　この章の規定は、他の法令の規定により、何人にも開示請求に係る公文書が第二条第二項に規定する方法と同一の方法で開示することとされている場合（開示の期間が定められている場合にあっては、当該期間内に限る。）には、同項の規定にかかわらず、当該同一の方法による開示に係る当該公文書については、適用しない。ただし、当該他の法令の規定に一定の場合には開示をしない旨の定めがあるときは、この限りでない。
2　他の法令の規定に定める開示の方法が縦覧であるときは、当該縦覧を第二条第二項の閲覧とみなして、前項の規定を適用する。
3　この章の規定は、地方自治法（昭和二十二年法律第六十七号。以下「法」という。）第百条第十四項の図書室その他の議会の施設において、県民の利用に供することを目的として管理している公文書については、適用しない。

第三章　情報公開の総合的推進

（情報公開の総合的推進）
第十七条　議会は、前章に定める公文書の開示のほか、県民が議会の保有するその諸活動に関する情報を迅速かつ容易に得られるよう、情報提供施策及び情報公表制度の充実を図り、情報の公開の総合的な推進に努めるものとする。

（情報提供施策等の充実）
第十八条　議会は、広報媒体の効果的な活用及び自主的広報手段の充実に努めるとともに、法第百二十三条第一項の会議録のほか、速記法により調製された委員会の記録その他議会資料を広く閲覧に供すること等により、その保有する情報を県民に積極的に提供するよう努めるものとする。
2　議会は、法令の規定により義務付けられた情報公表制度の内容の充実を図るとともに、議会の活動に関する情報を公開する制度の整備に努めるものとする。

第四章　雑　則

（公文書の管理）
第十九条　議長は、この条例の適正かつ円滑な運用に資するため、公文書を適正に管理するものとする。
2　議長は、公文書の管理に関する定めを設けるとともに、これを一般の閲覧に供しなければならならない。
3　前項の公文書の管理に関する定めにおいては、公文書の分類、作成、保存及び廃棄に関する基準その他の公文書の管理に関する必要な事項について定めるものとする。

（開示請求をしようとするものに対する情報の提供等）
第二十条　議長は、開示請求をしようとするものが容易かつ的確に開示請求をす

ることができるよう、議長が管理している公文書の特定に資する情報の提供その他開示請求をしようとするものの利便を考慮した適切な措置を講ずるものとする。
　（施行の状況の公表）
第二十一条　議長は、毎年度、この条例の施行の状況をとりまとめ、これを公表しなければならない。
　（委任）
第二十二条　この条例に定めるもののほか、この条例の実施のため必要な事項は、議長が別に定める。
　　附　則
　（施行期日）
1　この条例は、平成十一年七月一日から施行する。
　（経過措置）
2　この条例の規定は、平成九年四月一日以後に作成され、又は取得された公文書について適用する。

秋田県情報公開条例

【制定】昭和六十二年三月十三日条例第三号
【改正】平成十年十月九日条例第三十八号
　　　　平成十二年三月二十九日条例第百二十一号
　　　　平成十二年十月十七日条例第百三十八号
　　　　平成十三年三月十六日条例第一号
　　　　平成十三年十月十六日条例第五十七号

秋田県情報公開条例

目次
　前文
　第一章　総則（第一条～第四条）
　第二章　行政文書の公開（第五条～第十七条）
　第三章　秋田県情報公開審査会（第十八条～第二十七条）
　第四章　情報公開の総合的な推進（第二十八条・第二十九条）
　第五章　雑則（第三十条～第三十四条）
　附則
　　　　◇追　　加（平成一三年条例五七号）

　県が保有する情報を県民に広く公開することは、民主主義の原理や地方自治の本旨にのっとった県政の運営をしていくための基礎をなすものである。
　このことはまた、県政を信託した県民の知る権利を尊重し、県政の諸活動を県民に説明する県の責務を十分に果たす上で不可欠である。
　この条例は、このような認識の下に、県民が知りたい情報を適切に知ることができるよう、行政文書の公開を求める権利を明らかにするとともに県が保有する情報の提供に関する施策の充実を図ることにより、開かれた透明性の高い県政を実現しようとするものである。
　　　　◇追　　加（平成一〇年条例三八号）
　　　　◇一部改正（平成一三年条例一号）

第一章　総　則
　　　　◇章名追加（平成一三年条例五七号）

（目的）
第一条　この条例は、行政文書の開示を求める権利を明らかにし、及び県が保有する情報の提供に関する施策の充実を図ることにより、県民の県政への理解を信頼を深めるとともに、公正な行政運営の確保と県民参加による県政の一層の推進を図り、もって地方自治の本旨に即した県政の発展に寄与することを目的とする。

◇一部改正（平成一〇年条例三八号・一三年一号）
（定義）
第二条　この条例において「行政文書」とは、実施機関の職員が職務上作成し、又は取得した文書、図画及び写真（これらを撮影したマイクロフィルムを含む。以下同じ。）並びに電磁的記録（電子的方式、磁気的方式その他人の知覚によっては認識することができない方式で作られた記録をいう。以下同じ。）であって、当該実施機関の職員が組織的に用いるものとして、当該実施機関が保有しているものをいう。ただし、官報、白書、新聞、雑誌、書籍その他不特定多数の者に販売することを目的として発行されるものを除く。

2　この条例において「実施機関」とは、知事、議会、教育委員会、選挙管理委員会、人事委員会、監査委員、公安委員会、警察本部長、地方労働委員会、収用委員会、海区漁業調整委員会、内水面漁場管理委員会及び公営企業管理者をいう。
◇一部改正（平成一〇年条例三八号・一二年一二一号・一三年一号・五七号）

（実施機関の責務）
第三条　実施機関は、行政文書の公開を求める権利が十分に尊重されるように、この条例を解釈し、運用しなければならない。この場合において、実施機関は、個人に関する情報が十分に保護されるように最大限の配慮をしなければならない。

2　実施機関は、行政文書の管理の重要性を深く認識し、いやしくもこの条例の適正かつ円滑な運用に支障が生ずることのないよう、行政文書を適正に管理しなければならない。
◇一部改正（平成一〇年条例三八号・一三年一号）

（適正使用）
第四条　この条例の定めるところにより行政文書の公開を受けたものは、これによって得た情報を適正に使用しなければならない。
◇一部改正（平成一三年条例一号）

第二章　行政文書の公開
◇章名追加（平成一三年条例五七号）

（公開請求）
第五条　何人も、実施機関に対し、当該実施機関の保有する行政文書の公開の請求（以下「公開請求」という。）をすることができる。
◇全部改正（平成一三年条例一号）

（公開義務）
第六条　実施機関は、公開請求があったときは、公開請求に係る行政文書に次の各号に掲げる情報（以下「非公開情報」という。）のいずれかが記録されている場合を除き、公開請求をしたもの（以下「公開請求者」という。）に対し、当該行政文書の公開をしなければならない。
一　個人に関する情報（事業を営む個人の当該事業に関する情報を除く。）であ

って、当該情報に含まれる氏名、生年月日その他の記述等により特定の個人を識別することができるもの（他の情報と照合することにより、特定の個人を識別することができることとなるものを含む。）。ただし、次に掲げるものを除く。
  (一) 法令若しくは条例の規定により又は慣行として公にされ、又は公にすることが予定されているもの
  (二) 公務員（国家公務員法（昭和二十二年法律第百二十号）第二条第一項に規定する国家公務員及び地方公務員法（昭和二十五年法律第二百六十一号）第二条に規定する地方公務員をいう。）の職務の遂行に係る情報のうち、当該公務員の職及び氏名並びに当該職務遂行の内容に係る部分
  (三) 実施機関の行う事務又は事業で予算の執行を伴うものに係る情報のうち、個人の職（これに類するものを含む。）及び氏名並びに当該予算の執行の内容に係る部分であって、公開しても個人の権利利益を不当に害するおそれがないと認められるもの
  (四) 法令又は条例の規定による許可、免許、届出その他これらに相当する行為に際して実施機関が作成し、又は取得した情報であって、公開することが公益上必要と認められるもの
  (五) (一)から(四)までに掲げるもののほか、人の生命、身体、健康、生活又は財産を保護するため、公開することが必要と認められるもの
二 法人その他の団体（国及び地方公共団体を除く。以下「法人等」という。）に関する情報又は事業を営む個人の当該事業に関する情報であって、公開することにより、当該法人等又は当該個人の競争上若しくは事業運営上の地位又は社会的な地位が損なわれると認められるもの。ただし、次に掲げるものを除く。
  (一) 法人等又は個人の事業活動によって生じ、又は生ずるおそれのある危害から人の生命、身体又は健康を保護するため、公開することが必要と認められるもの
  (二) 法人等又は個人の違法又は不当な事業活動によって生じ、又は生ずるおそれのある支障から人の生活を保護するため、公開することが必要と認められるもの
  (三) (一)又は(二)に掲げる情報に準ずる情報であって、公開することが公益上必要と認められるもの
三 県の機関並びに国及び他の地方公共団体の機関の内部又は相互間における審議、検討又は協議に関する情報であって、公開することにより、率直な意見の交換若しくは意思決定の中立性が不当に損なわれるおそれ、不当に県民の間に混乱を生じさせるおそれ又は特定のものに不当に利益を与え若しくは不利益を及ぼすおそれのあるもの
四 県の機関又は国若しくは他の地方公共団体（以下「国等」という。）の機関が行う事務又は事業に関する情報であって、公開することにより、次に掲げるおそれその他当該事務又は事業の性質上、当該事務又は事業の適正な遂行に支障を及ぼすおそれのあるもの

（一）　監査、検査、取締り又は試験に係る事務に関し、正確な事実の把握を困難にするおそれ又は違法若しくは不当な行為を容易にし、若しくはその発見を困難にするおそれ
　（二）　契約、交渉又は争訟に係る事務に関し、県又は国等の財産上の利益又は当事者としての地位を不当に害するおそれ
　（三）　調査研究に係る事務に関し、その公正かつ能率的な遂行を不当に阻害するおそれ
　（四）　人事管理に係る事務に関し、公正かつ円滑な人事の確保に支障を及ぼすおそれ
　（五）　県又は国等が経営する企業に係る事業に関し、その企業経営上の正当な利益を害するおそれ
五　実施機関の要請を受けて、公にしないとの条件で任意に提供された情報（通例として公にしないこととされているものその他の当該条件を付することが当該情報の性質、当時の状況等に照らして合理的であると認められるものに限る。）その他の公開することにより関係当事者間の信頼関係を著しく損なうおそれのある情報
六　次に掲げる情報等であって、公開することにより、犯罪の予防、鎮圧又は捜査、公訴の維持、刑の執行その他の公共の安全と秩序の維持に支障を及ぼすおそれがあると実施機関が認めることにつき相当の理由があるもの
　（一）　現に捜査中の事件に関する情報
　（二）　犯罪の予防、鎮圧若しくは捜査又は被疑者の逮捕（以下「犯罪の予防等」という。）の手法、技術、装備、体制又は方針に関する情報
　（三）　犯罪の被害者、捜査の参考人、犯罪の予防等に関し情報を提供した者、犯罪の予防等に従事する者その他の犯罪の予防等の関係者に関する情報
　（四）　公共の安全と秩序を害する行為を行うおそれがある団体等に係る情報収集活動に関する情報
　（五）　被疑者若しくは被告人の留置若しくは勾留に係る業務又はこれらの執行に係る施設の保安に関する情報
　（六）　検察官の捜査若しくは護送に係る指揮又は勾引状、収監状等の執行に関する情報
七　前号に掲げるもののほか、公開することにより、人の生命、身体、健康、生活又は財産の保護に支障を及ぼすおそれのある情報
八　法令若しくは条例の規定又は地方自治法（昭和二十二年法律第六十七号）第二百四十五条の九第一項に規定する基準その他実施機関が法律上従う義務を有する国の機関の指示により公開することができないとされている情報
2　実施機関は、公開請求に係る行政文書の一部に非公開情報が記録されている場合において、非公開情報に係る部分とそれ以外の部分とを容易に分離することができるときは、当該非公開情報に係る部分を除いて当該行政文書の公開をしなければならない。ただし、当該非公開情報に係る部分を除いた部分に有意の情報が記録されていないと認められるときは、この限りでない。
3　公開請求に係る行政文書に第一項第一号の情報が記録されている場合におけ

る前項の規定の適用については、当該情報のうち、氏名、生年月日その他の特定の個人を識別することができることとなる記述等の部分を除くことにより、公開しても、個人の権利利益が害されるおそれがないと認められるときは、当該部分を除いた部分は、同号の情報には該当しないものとする。
　　　　　◇一部改正（平成一〇年条例三八号・一三年一号・五七号）
　（公益上の理由による裁量的公開）
第七条　実施機関は、公開請求に係る行政文書に非公開情報（前条第一項第八号に掲げる情報を除く。）が記録されている場合であっても、公益上特に必要があると認めるときは、公開請求者に対し、当該行政文書の公開をすることができる。
　　　　　◇追　　加（平成一三年条例五七号）
　（行政文書の存否には関する情報）
第八条　公開請求に対し、当該公開請求に係る公文書が存在しているか否かを答えるだけで、非公開情報を公開することとなるときは、実施機関は、当該行政文書の存否を明らかにしないで、当該公開請求を拒否することができる。
　　　　　◇追　　加（平成一〇年条例三八号）
　　　　　◇一部改正（平成一三年条例一号）
　　　　　◇旧第六条の二繰下・一部改正（平成一三年条例五七号）
　（公開請求の手続）
第九条　公開請求をしようとするものは、次に掲げる事項を記載した書面（以下「公開請求書」という。）を実施機関に提出しなければならない。
　一　氏名又は名称及び住所又は事務所若しくは事業所の所在地並びに法人その他の団体にあっては、その代表者の氏名
　二　行政文書の名称その他の公開請求に係る行政文書を特定するために必要な事項
　三　その他実施機関の定める事項
２　実施機関は、公開請求書に形式上の不備があると認めるときは、公開請求者に対し、相当の期間を定めて、その補正を求めることができる。この場合において、実施機関は、公開請求者に対し、補正の参考となる情報を提供するよう努めなければならない。
　　　　　◇一部改正（平成一〇年条例第三八号・一三年一号）
　　　　　◇旧第七条繰下・一部改正（平成一三年条例五七号）
　（公開請求に対する決定等）
第十条　実施機関は、公開請求があったときは、当該公開請求があった日から起算して十五日以内に、当該公開請求に係る行政文書の公開をするかどうかの決定（第八条の規定により公開請求を拒否する旨の決定及び公開請求に係る行政文書を保有していない場合の公開をしない旨の決定を含む。以下「公開決定等」という。）をしなければならない。ただし、前条第二項の規定により補正を求めた場合にあっては、当該補正に要した日数は、当該期間に算入しない。
２　実施機関は、やむを得ない理由により、前項に規定する期間内に公開決定等をすることができないときは、当該期間を十五日以内に限り延長することがて

きる。この場合において、実施機関は、公開請求者に対し、速やかに延長後の期間及び延長の理由を通知しなければならない。
3　実施機関は、公開請求に係る行政文書が著しく大量であるため、前項の規定により第一項に規定する期間を十五日延長しても、当該延長をした後の期間内にそのすべてについて公開決定等をすることにより実施機関の事務の遂行に著しい支障が生ずるおそれがあるときは、同項の規定にかかわらず、公開請求に係る行政文書のうちの相当の部分につき当該期間内に公開をするかどうかの決定をし、残りの行政文書については相当の期間内に公開をするかどうかの決定をすれば足りる。この場合において、実施機関は、同項に規定する期間内に、次に掲げる事項を公開請求者に書面により通知しなければならない。
　一　この項を適用する旨及びその理由
　二　残りの行政文書について公開をするかどうかの決定をする期限
4　実施機関は、公開決定等をしたときは、公開請求者に対し、速やかにその内容を書面により通知しなければならない。
5　前項の場合において、実施機関は、行政文書の全部又は一部を公開しないときは、同項の書面にその理由（その理由がなくなる期日をあらかじめ明示することができるときは、その理由及び期日）を記載しなければならない。
　　　　◇一部改正（平成一〇年条例第三八号・一三年一号）
　　　　◇旧第八条繰下・一部改正（平成一三年条例五七号）
（事案の移送）
第十一条　実施機関は、公開請求に係る行政文書が他の実施機関により作成されたものであるときその他他の実施機関において公開決定等をすることにつき正当な理由があるときは、当該他の実施機関と協議の上、当該他の実施機関に対し、事案を移送することができる。この場合においては、移送をした実施機関は、公開請求者に対し、事案を移送した旨を書面により通知しなければならない。
2　前項の規定により事案が移送されたときは、移送を受けた実施機関において、当該公開請求についての公開決定等をしなければならない。この場合において、移送をした実施機関が移送前にした行為は、移送を受けた実施機関がしたものとみなす。
3　前項の場合において、移送を受けた実施機関が公開請求に係る行政文書の全部又は一部を公開する旨の決定（以下「公開決定」という。）をしたときは、移送をした実施機関は、第十三条の規定による公開の実施に関して必要な協力をしなければならない。
　　　　◇追　加（平成一三年条例五七号）
（第三者に対する意見書提出の機会の付与等）
第十二条　公開請求に係る行政文書に、県、国、他の地方公共団体及び公開請求者以外のもの（以下「第三者」という。）に関する情報が記録されているときは、実施機関は、公開決定等をするに当たって、当該情報に係る第三者に対し、公開請求に係る行政文書の表示その他実施機関が定める事項を通知して、意見書を提出する機会を与えることができる。

2　実施機関は、次の各号のいずれかに該当するときは、公開決定に先立ち、当該第三者に対し、公開請求に係る行政文書の表示その他実施機関が定める事項を書面により通知して、意見書を提出する機会を与えなければならない。ただし、当該第三者の所在が判明しない場合は、この限りでない。
　一　第三者に関する情報が記録されている行政文書の公開をしようとする場合であって、当該情報が第六条第一項第一号(四)若しくは(五)又は同項第二号(一)から(三)までに掲げる情報に該当すると認められるとき。
　二　第三者に関する情報が記録されている行政文書を第七条の規定により公開しようとするとき。
3　実施機関は、前二項の規定により意見書の提出の機会を与えられた第三者が当該行政文書の公開に反対の意思を表示した意見書(以下「反対意見書」という。)を提出した場合において、公開決定をするときは、公開決定の日と公開を実施する日との間に少なくとも二週間を置かなければならない。この場合において、実施機関は、公開決定後直ちに、反対意見書を提出した第三者に対し、公開決定をした旨及びその理由並びに公開を実施する日を書面により通知しなければならない。
　　　　　◇追　加（平成一三年条例五七号）

（公開の実施）

第十三条　実施機関は、公開決定をしたときは、公開請求者に対し、速やかに当該公開決定に係る行政文書の公開をしなければならない。
2　行政文書の公開は、次の各号に掲げる区分ごとに、当該各号に定める方法により行う。
　一　文書又は図画又写真　当該文書、図画又は写真の閲覧又は写しの交付
　二　電磁的記録　当該電磁的記録の視聴その他の方法であって、その種別、情報化の進展状況等を勘案して実施機関が別に定めるもの
2　前項の規定にかかわらず、実施機関は、閲覧又は視聴の方法により行政文書の公開をする場合において、当該行政文書を汚損し、又は破損するおそれがあるとき、第六条第二項の規定による行政文書の公開をするときその他相当の理由があるときは、当該行政文書を複写したものにより公開することができる。
　　　　　◇全部改正（平成一三年条例一号）
　　　　　◇旧第九条繰下・一部改正（平成一三年条例五七号）

（費用負担）

第十四条　前条第二項又は第三項の規定により行政文書の写し又は行政文書を複写したものの写しの交付に要する費用は、請求者の負担とする。
　　　　　◇一部改正（平成一三年条例一号）
　　　　　◇旧第十条繰下（平成一三年条例五七号）

第三章　秋田県情報公開審査会
　　　　◇章名追加（平成一三年条例五七号）

（情報公開審査会への諮問等）

第十五条　公開決定等について行政不服審査法（昭和三十七年法律第百六十号）の規定による不服申立てがあったときは、当該不服申立てに対する決定又は裁決をすべき実施機関は、次の各号のいずれかに該当する場合を除き、遅滞なく秋田県情報公開審査会に諮問しなければならない。
一　不服申立てが不適法であり、却下するとき。
二　決定又は裁決で、不服申立てに係る公開決定等（公開請求に係る行政文書の全部を公開する旨の決定を除く。以下この号及び第十七条において同じ。）を取り消し、又は変更し、当該不服申立てに係る行政文書の全部を公開することとするとき。ただし、当該公開決定等について反対意見書が提出されているときを除く。
2　実施機関は、前項の規定による諮問に対する答申があったときは、これを尊重して、速やかに当該不服申立てに対する決定又は裁決を行わなければならない。
　　　　　◇一部改正（平成一三年条例一号）
　　　　　◇旧第十一条繰下・一部改正（平成一三年条例五七号）
（諮問をした旨の通知）
第十六条　前条第一項の規定により諮問をした実施機関（以下「諮問庁」という。）は、次に掲げる者に対し、諮問をした旨を通知しなければならない。
一　不服申立人及び参加人
二　公開請求者（公開請求者が不服申立人又は参加人である場合を除く。）
三　当該不服申立てに係る公開決定等について反対意見書を提出した第三者（当該第三者が不服申立人又は参加人である場合を除く。）
　　　　　◇追　加（平成一三年条例五七号）
（第三者からの不服申立てを棄却する場合等における手続）
第十七条　第十二条第三項の規定は、次の各号のいずれかに該当する決定又は裁決をする場合について準用する。
一　公開決定に対する第三者からの不服申立てを却下し、又は棄却する決定又は裁決
二　不服申立てに係る公開決定等を変更し、当該公開決定等に係る行政文書の公開をする旨の決定又は裁決（第三者である参加人が当該行政文書の公開に反対の意思を表示している場合に限る。）
　　　　　◇追　加（平成一三年条例五七号）

第三章　秋田県情報公開審査会
　　　　　◇章名追加（平成一三年条例五七号）

（設置等）
第十八条　第十五条第一項の規定による諮問に応じて調査審議をするため、秋田県情報公開審査会（以下「審査会」という。）を置く。
2　審査会は、前項に規定する調査審議をするほか、実施機関の諮問に応じ情報公開に関する制度の運営の改善等について調査審議するとともに、これらの事

項に関して実施機関に意見を述べることができる。
　　　　　◇一部改正（平成一三年条例一号）
　　　　　◇旧第十二条繰下・一部改正（平成一三年条例五七号）
　（委員）
第十九条　審査会は、委員五人以内で組織する。
2　委員は、学識経験を有する者のうちから、知事が任命する。
3　委員の任期は、二年とする。ただし、補欠の委員の任期は、前任者の残任期間とする。
4　委員は、再任されることができる。
　　　　　◇追　加（平成一三年条例五七号）
　（会長）
第二十条　審査会に、会長を置く。
2　会長は、委員の互選によって定める。
　　　　　◇追　加（平成一三年条例五七号）
　（審査会の調査権限）
第二十一条　審査会は、第十八条第一項に規定する調査審議をするため必要があると認めるときは、諮問庁に対し、公開決定等に係る行政文書の提示を求めることができる。この場合において、当該行政文書の写しが作成されたときは、当該写しについては、第五条及び秋田県個人情報保護条例（平成十二年秋田県条例第百三十八号）第二章第二節の規定は、適用しない。
2　諮問庁は、審査会から前項の規定による求めがあったときは、これを拒んではならない。
3　審査会は、必要があると認めるときは、諮問庁に対し、公開決定等に係る行政文書に記録されている情報の内容を審査会の指定する方法により分類し、又は整理した資料を作成し、審査会に提出するよう求めることができる。
4　第一項及び前項に定めるもののほか、審査会は、不服申立てに係る事件に関し、不服申立人、参加人又は諮問庁（以下「不服申立人等」という。）に意見書又は資料の提出を求めること、適当と認める者にその知っている事実を陳述させることその他必要な調査をすることができる。
　　　　　◇追　加（平成一三年条例五七号）
　（意見の陳述）
第二十二条　審査会は、不服申立人等から申出があったときは、当該不服申立人等に口頭で意見を述べる機会を与えなければならない。ただし、審査会がその必要がないと認めるときは、この限りでない。
　　　　　◇追　加（平成一三年条例五七号）
　（意見書等の提出）
第二十三条　不服申立人等は、審査会に対し、意見書又は資料を提出することができる。ただし、審査会が意見書又は資料を提出すべき相当の期間を定めたときは、その期間内にこれを提出しなければならない。
　　　　　◇追　加（平成一三年条例五七号）
　（提出資料の閲覧）

第二十四条　審査会は、不服申立人等から、審査会に提出された意見書又は資料の閲覧の申出があったときは、これに応ずるよう努めるものとする。
　　　　　◇追　加（平成一三年条例五七号）
　（答申書の送付）
第二十五条　審査会は、第十五条第一項の規定による諮問に対する答申をしたときは、第十六条各号に掲げる者に答申書の写しを送付するものとする。
　　　　　◇追　加（平成一三年条例五七号）
　（秘密の保持）
第二十六条　委員は、職務上知り得た秘密を漏らしてはならない。その職を退いた後も、同様とする。
　　　　　◇追　加（平成一三年条例五七号）
　（規則への委任）
第二十七条　この章に定めるもののほか、調査審議の手続その他審査会の運営に関し必要な事項は、規則で定める。
　　　　　◇追　加（平成一三年条例五七号）

　　　　　第四章　情報公開の総合的な推進
　　　　　◇章名追加（平成一三年条例五七号）

　（情報の提供等）
第二十八条　県は、その保有する情報の公開の総合的な推進を図るため、行政文書の公開と併せて、県民がその必要とする情報を容易に得られ、かつ、それがわかりやすいものであるよう、情報の提供に関する施策の充実に努めるものとする。
2　県は、県が出資している法人で規則で定めるものについて、その保有する情報の提供が推進されるよう、当該法人の経営状況を説明する書類等を県民が閲覧することのできる措置その他の措置を講ずるものとする。
　　　　　◇一部改正（平成一〇年条例三八号・一三年一号）
　　　　　◇旧第二十八条繰下（平成一三年条例五七号）
　（出資法人の情報公開）
第二十九条　前条第二項に規定する法人のうち規則で定めるもの（以下「出資法人」という。）は、この条例の趣旨にのっとり、その保有する情報の公開に関し必要な措置を講ずるよう努めるものとする。
2　県は、出資法人に対し、前項に定める必要な措置を講ずるよう指導に努めるものとする。
　　　　　◇追　加（平成一三年条例五七号）

　　　　　第五章　雑　則
　　　　　◇章名追加（平成一三年条例五七号）

　（他の制度との調整）

第三十条　法令又は他の条例（秋田県個人情報保護条例を除く。以下この項において同じ。）の規定により、実施機関に対して行政文書の閲覧若しくは縦覧又は行政文書の謄本、抄本その他の写しの交付を求めることができる場合における当該公文書の閲覧又はその写しの交付については、当該法令又は他の条例の定めるところによる。
2　この条例の規定は、法律の規定により、行政機関の保有する情報の公開に関する法律（平成十一年法律第四十二号）の規定を適用しないこととされている行政文書については、適用しない。
3　この条例の規定は、図書館、博物館、美術館その他県の施設において、県民の利用に供することを目的として保有している行政文書については、適用しない。
　　　　　◇一部改正（平成一二年条例一三八号・一三年一号）
　　　　　◇旧第十六条繰下・一部改正（平成一三年条例五七号）
　（行政文書の検索資料の作成等）
第三十一条　実施機関は、行政文書の検索に必要な資料を作成し、一般の利用に供しなければならない。
　　　　　◇追　加（平成一三年条例五七号）
　（実施状況の公表）
第三十二条　知事は、毎年、各実施機関における行政文書の公開の実施状況を取りまとめ、これを公表するものとする。
　　　　　◇追　加（平成一三年条例五七号）
　（実施機関への委任）
第三十三条　この条例に定めるもののほか、この条例の施行に関し必要な事項は、実施機関が定める。
　　　　　◇旧第十七条繰下（平成一三年条例五七号）
　（罰則）
第三十四条　第二十六条の規定に違反して秘密を漏らした者は、一年以下の懲役又は三十万円以下の罰金に処する。
　　　　　◇追　加（平成一三年条例五七号）
　　附　則
　（施行期日）
1　この条例は、昭和六十二年十月一日から施行する。
　（経過措置）
2　この条例は、次に掲げる公文書について適用する。
　一　昭和六十二年四月一日以後に作成し、又は取得した公文書
　二　昭和六十二年三月三十一日以前に作成し、又は取得した公文書のうち、保存期間が十年以上に定められていたものであって、その目録が整備されたもの
　（特別職の職員で非常勤のものの報酬および費用弁償に関する条例の一部改正）
3　特別職の職員で非常勤のものの報酬および費用弁償に関する条例（昭和三十

一年秋田県条例第三十五条）の一部を次のように改正する。
　　　　　［次のよう］略
　附　則（平成十年十月九日条例第三十八号）
　（施行期日）
1　この条例は、平成十一年四月一日から施行する。
　（経過措置）
2　この条例の施行の際現に実施機関が保有しているこの条例による改正後の秋田県情報公開条例（以下「新条例」という。）第二条第一項に規定する公文書のうち、当該施行により新たに公文書となるものについては、新条例第五条の規定は、適用しない。
3　新条例第六条第一項の規定は、この条例の施行の日以後に作成し、又は取得した新条例第二条第一項に規定する公文書について適用し、同日前に作成し、又は取得したこの条例による改正前の秋田県公文書公開条例二条第一項に規定する公文書については、なお従前の例による。
　附　則（平成十二年三月二十九日条例第百二十一号）
1　この条例は、平成十二年四月一日から施行する。
2　議会が管理する公文書については、この条例による改正後の秋田県情報公開条例の規定は、この条例の施行の日以後に議会が作成し、又は取得した公文書について適用する。
　附　則（平成十二年十月十七日条例第百三十八号）抄
　（施行期日）
1　この条例は、平成十三年四月一日から施行する。
　附　則（平成十三年三月十六日条例第一号）
　（施行期日）
1　この条例は、平成十三年四月一日から施行する。
　（経過措置）
2　この条例の施行の際現に実施機関が保有しているこの条例による改正後の秋田県情報公開条例（以下「新条例」という。）第二条第一項に規定する行政文書のうち、電磁的記録については、新条例第五条の規定は、適用しない。
　（特別職の職員で非常勤のものの報酬および費用弁償に関する条例の一部改正）
3　特別職の職員で非常勤のものの報酬および費用弁償に関する条例（昭和三十一年秋田県条例第三十五号）の一部を次のように改正する。
　　　　　（次のよう）略
　附　則（平成十三年十月十六日条例第五十七号）
　（施行期日）
1　この条例は、平成十四年四月一日から施行する。
　（経過措置）
2　この条例による改正後の秋田県情報公開条例の規定は、公安委員会又は警察本部長が保有する行政文書については、この条例の施行の日以後に公安委員会又は警察本部長の職員が作成し、又は取得したものについて適用する。

（秋田県個人情報保護条例の一部改正）
3　秋田県個人情報保護条例（平成十二年秋田県条例第百三十八号）の一部を次のように改正する。
　第十六条第五号中「及び国又は地方公共団体（以下「国等」いう。）」を「並びに国及び地方公共団体」に改め、同条第六号中「国等」を「国若しくは他の地方公共団体（以下「国等」という。）に改める。

山形県情報公開条例

【制定】平成九年十二月二十二日条例第五十八号
【改正】平成十二年七月十八日条例第五十号
　　　　平成十二年十月十三日条例第六十二号
　　　　平成十三年七月十日条例第三十五号
　　　　平成十四年三月二十二日条例第九号

山形県情報公開条例

（目的）
第一条　この条例は、地方自治の本旨にのっとり、県民の県政に関する情報の公開を請求する権利につき定めることにより、県政について県民に説明する責務が全うされるようにするとともに、県民の県政に対する適正な評価の確保及び参加の促進を図り、もって県民の県政に対する理解と信頼を深め、及び県勢の発展に寄与することを目的とする。

（定義）
第二条　この条例において、次の各号に掲げる用語の意義は、当該各号に定めるところによる。
一　実施機関　知事、教育委員会、選挙管理委員会、人事委員会、監査委員、公安委員会、警察本部長、地方労働委員会、収用委員会、海区漁業調整委員会、内水面漁場管理委員会及び企業管理者をいう。
二　実施機関の職員　実施機関及びその委員並びに実施機関の附属機関の構成員及び事務部局（教育委員会にあっては、学校その他の教育機関を含む。）の職員（副知事及び出納長を含む。）をいう。
三　公文書　実施機関の職員が職務上作成し、又は取得した文書、図画、写真その他情報が記録された規則で定める記録媒体であって、実施機関の職員が組織的に用いるものとして実施機関が保有しているものをいう。ただし、次に掲げるものを除く。
　イ　一般に入手することができるもの又は一般に利用することができる施設において閲覧等の方法により情報が提供されているもの
　ロ　歴史的若しくは文化的な資料又は学術研究用の資料として特別に保有しているもの
四　開示　閲覧に供し、又は写しを交付することその他規則で定める記録媒体については規則で定める方法により情報を提供することをいう。
　　◇一部改正（平成一二年条例五〇号）

（適正使用）
第三条　この条例の定めるところにより公文書の開示を請求するものは、この条例により認められた権利を正当に行使するとともに、公文書の開示により得た情報を、この条例の目的に即して適正に使用しなければならない。

(開示の請求)
第四条　次の各号のいずれかに該当するものは、この条例の定めるところにより、実施機関に対し、公文書（第五号に掲げるものにあっては、そのものの有する利害関係に係る公文書に限る。）の開示を請求することができる。
　一　県内に住所を有する者
　二　県内に事務所又は事業所を有する個人又は法人その他の団体
　三　県内に存する事務所又は事業所に勤務する者
　四　県内に存する学校に在学する者
　五　前各号に掲げるもののほか、実施機関が行う事務又は事業に関し相当の利害関係を有すると認められるもの
２　前項の規定により公文書の開示を請求しようとするものは、次に掲げる事項を記載した書面を実施機関に提出しなければならない。
　一　氏名又は名称及び住所又は事務所若しくは事業所の所在地並びに法人その他の団体にあってはその代表者の氏名
　二　次に掲げるものの区分に応じ、それぞれ次に掲げる事項
　　イ　前項第二号に掲げるもの　そのものが県内に有する事務所又は事業所の名称及び所在地
　　ロ　前項第三号に掲げる者　その者が勤務する事務所又は事業所の名称及び所在地
　　ハ　前項第四号に掲げる者　その者が在学する学校の名称及び所在地
　　ニ　前項第五号に掲げるもの　実施機関が行う事務又は事業に関しそのものが有する利害関係の内容
　三　開示を請求する公文書を特定するために必要な事項
　四　前三号に掲げるもののほか、規則で定める事項
(実施機関の開示義務等)
第五条　実施機関は、前条第一項の規定による公文書の開示の請求（以下「開示請求」という。）があった場合は、当該開示請求をしたもの（以下「開示請求者」という。）に対し、当該開示請求に係る公文書の開示をしなければならない。
２　前項の規定にかかわらず、開示請求に係る公文書に不開示情報が記録されている場合は、実施機関は、当該公文書の開示をしてはならない。
３　開示請求に係る公文書の一部に不開示情報が記録されている場合において、当該不開示情報が記録されている部分（以下「不開示部分」という。）が当該不開示部分を除いた部分（以下「開示部分」という。）と容易に区分することができるときは、前項の規定にかかわらず、実施機関は、開示請求者に対し、当該開示部分の開示をしなければならない。ただし、当該開示部分に客観的に有意な情報が記録されていないと認められるときは、この限りでない。
４　前項本文の場合において、一の用紙（複数の用紙で構成され、容易に分離できないものを含む。）の一部に不開示部分があるときは、当該不開示部分を除いた当該一の用紙の写しの開示をするものとする。
５　第三項の規定は、開示請求に係る公文書が規則で定める記録媒体である場合は、適用しない。

(不開示情報等)
第六条　前条に規定する不開示情報は、次の各号に掲げる情報とする。
一　法令及び他の条例（以下「法令等」という。）の規定又は実施機関が法律上従わなければならない各大臣その他国の機関の指示により、公にしてはならないこととされている情報
二　個人に関する情報（事業を営む個人の当該事業に関する情報を除く。）であって、特定の個人が識別され、又は他の情報と照合することにより識別され得るもの。ただし、次に掲げる情報を除く。
　イ　法令等の規定により又は慣行として公にされている情報
　ロ　一定の職務上の権限又は責任を有する公務員として規則で定める者（以下「権限ある公務員」という。）の職務の遂行に係る情報に含まれる当該権限ある公務員の職に関する情報（開示をすることにより、当該権限のある公務員の権利が不当に侵害されるおそれがある場合の当該情報を除く。）
　ハ　権限ある公務員以外の公務員の職務の遂行に必要な歳出予算の支出に係る情報に含まれる当該公務員の職に関する情報（開示をすることにより、当該公務員の権利が不当に侵害されるおそれがある場合の当該情報を除く。）
　ニ　権限ある公務員の職務の遂行に係る情報に含まれる当該権限ある公務員の氏名に関する情報（開示をすることにより、当該権限ある公務員の権利を不当に侵害し、又は生活に不当に影響を与えるおそれがある場合の当該情報を除く。）
　ホ　権限ある公務員以外の公務員の職務の遂行に必要な歳出予算の支出に係る情報に含まれる当該公務員の氏名に関する情報（開示をすることにより、当該公務員の権利を不当に侵害し、又は生活に不当に影響を与えるおそれがある場合の当該情報及びそのおそれがあるものとして規則で定める警察職員の氏名に関する情報を除く。）
　ヘ　人の生命、身体、健康、財産又は生活（以下「人の生命等」という。）を保護するため、開示をすることがより必要であると認められる情報
三　法人その他の団体（国及び地方公共団体を除く。以下「法人等」という。）に関する情報又は事業を営む個人の当該事業に関する情報であって、次に掲げるもの。ただし、当該法人等又は当該個人の事業活動によって生ずる人の生命、身体若しくは健康への危害又は財産若しくは生活への侵害から人の生命等を保護するため、開示をすることがより必要であると認められる情報を除く。
　イ　開示をすることにより、当該法人等又は当該個人の競争上の地位、財産権その他正当な利益を害するおそれがある情報
　ロ　実施機関からの要請を受けて、公にしないとの約束（法人等又は個人において一般に公にされていない等当該約束の締結に合理的な理由があると認められるものに限る。）の下に、任意に提供された情報
四　開示をすることにより、人の生命、身体、財産又は社会的地位の保護、犯罪の予防、鎮圧又は捜査、公訴の維持、刑の執行その他公共の安全と秩序の

維持に支障を及ぼすおそれがあると実施機関が認めるに足りる相当の理由がある情報
　五　県の内部の審議、検討又は協議に関する情報であって、開示をすることにより、率直な意見の交換が不当に阻害され、意思決定の中立性が不当に損なわれ、県民その他のものに不当な混乱を生じさせ、又は特定のものに不当に利益を与え、若しくは不利益を及ぼすおそれがあるもの
　六　監査、検査、取締り、争訟、交渉、契約、試験、調査、研究、人事管理、公営企業の経営その他の県の事務又は事業に関する情報であって、開示をすることにより、当該事務又は事業の性質上、当該事務若しくは事業又は将来の同種の事務若しくは事業の適正な実施に支障を及ぼすおそれがあるもの
　七　実施機関が保有する国及び他の地方公共団体（以下「国等」という。）に関する情報又は国等からの協議、依頼等により実施機関が作成し、若しくは取得した情報であって、開示をすることにより、国等との適正な協力関係又は信頼関係を損なうおそれがあるもの
２　開示請求があった場合において、当該開示請求に係る公文書の存否を明らかにすることが、前条第二項の規定により保護しようとする利益を前項の不開示情報を公にする場合と同様に害することとなるときは、実施機関は、当該公文書の存否を明らかにせず、当該公文書の開示をしないことができる。
　　◇一部改正（平成一二年条例五〇号）
　（開示請求に対する決定等）
第七条　実施機関は、開示請求に係る公文書の開示をするときは、開示請求があった日から起算して三十日以内に、開示の決定をし、開示請求者に対し、その旨及び開示の実施に関し必要な事項を通知しなければならない。
２　実施機関は、開示請求に係る公文書の開示をしないときは、開示請求があった日から三十日以内に、開示をしない旨の決定をし、開示請求者に対し、その旨を通知しなければならない。
３　実施機関は、事務処理上の困難その他正当な理由により前二項の期間内に前二項に規定する決定（以下「開示等決定」という。）をすることができないときは、三十日を限度として、これを延長することができる。この場合においては、実施機関は、開示請求者に対し、その旨、前二項の期間内に開示等決定をすることができない理由及び延長する期間を通知しなければならない。
４　開示請求に係る公文書が著しく大量であるため、開示請求があった日から起算して六十日以内にそのすべてについて開示等決定をすることにより事務又は事業の実施に著しい支障が生ずるおそれがある場合には、実施機関は、当該公文書の相当の部分につき、当該期間内に開示等決定をし、残りの部分については、相当の期間内に開示等決定をすれば足りる。この場合においては、第一項及び第二項の期間内に前項後段の規定の例により開示請求者に通知しなければならない。
　（事案の移送）
第八条　実施機関は、開示請求に係る公文書が当該実施機関以外の実施機関により作成されたものであるときその他相当の理由があるときは、関係実施機関と

協議の上、事案を移送することができる。この場合においては、開示請求者に対し、その旨を通知しなければならない。
（第三者保護に関する手続）
第九条　開示請求に係る公文書に国、地方公共団体及び開示請求者以外のもの（以下「第三者」という。）に関する情報が記録されている場合は、実施機関は、開示等決定をするに際し、当該第三者の意見を聴くことができる。
2　前項の場合において、第六条第一項第二号ヘ又は同項第三号ただし書の規定に該当することにより開示の決定をする公文書に第三者に関する情報が記録されているときは、実施機関は、開示等決定をするに際し、当該第三者に対し、規則で定めるところにより、意見を述べる機会を与えなければならない。ただし、当該第三者の所在が判明しない場合等相当の理由があるときは、この限りでない。
3　第一項の規定により第三者の意見を聴き、又は前項の規定により第三者に意見を述べる機会を与えた場合において、当該第三者に関する情報が記録されている公文書の開示の決定をしたときは、実施機関は、当該第三者に対し、規則で定めるところにより、通知するものとする。
（手数料）
第十条　県は、開示請求に係る公文書の開示の決定を受けたもののうち次の各号に掲げるものから、それぞれ当該各号に定める額の手数料を徴収する。
一　文書、図画又は写真について写しの交付により開示を受けるもの　交付する写しの枚数一枚につき十円
二　第二条第三号に規定する情報が記録された規則で定める記録媒体について開示を受けるもの　当該記録媒体の種類に応じ、同条第四号に規定する規則で定める方法ごとに規則で定める額
2　既に納められた前項の手数料は、還付しない。ただし、知事及び企業管理者は、手数料を納付したものが、そのものの責めに帰すことができない理由により、開示の決定に係る公文書の開示を受けることができないときその他特別の理由があると認めるときは、その全部又は一部を還付することができる。
3　知事及び企業管理者は、経済的困難その他特別の理由があると認めるときは、第一項の手数料の全部又は一部を免除することができる。
　　　◇一部改正（平成一二年条例五〇号・一四年九号）
（不服申立てに関する手続）
第十一条　開示等決定に対して行政不服審査法（昭和三十七年法律第百六十号）の規定に基づく審査請求又は異議申立て（以下「不服申立て」という。）があった場合は、当該不服申立てに係る開示等決定をした実施機関（警察本部長が開示等決定をした場合にあっては公安委員会、企業管理者が開示等決定をした場合にあっては知事。以下「諮問庁」という。）は、次の各号に掲げる場合を除き、山形県情報公開審査会（以下「審査会」という。）に諮問して、当該不服申立てに対する裁決又は決定をしなければならない。
一　不服申立て不適法であり、却下する場合
二　不服申立ての趣旨の全部を認容する旨の裁決又は決定をしようとする場合

◇一部改正（平成一二年条例五〇号・一三年三五号）
　　（審査会の設置及び組織）
第十二条　不服申立てについて、諮問庁の諮問に応じ、調査審議させるため、審査会を置く。
２　審査会は、委員五人以内で組織する。
　　（委員）
第十三条　委員は、学識経験のある者のうちから知事が委嘱する。
２　委員の任期は、二年とする。ただし、補欠の委員の任期は、前任者の残任期間とする。
３　委員は、職務上知ることのできた秘密を漏らしてはならない。その職を退いた後も、また、同様とする。
４　前項の規定に違反して秘密を漏らした者は、一年以下の懲役又は三万円以下の罰金に処する。
　　（会長）
第十四条　審査会に会長を置き、委員の互選により定める。
２　会長は、会務を総理し、審査会を代表する。
３　会長に事故があるとき又は会長が欠けたときは、あらかじめ会長が指名する委員が、その職務を代理する。
　　（会議）
第十五条　審査会の会議（以下「会議」という。）は、会長が招集する。
２　会長が、会議の議長となる。
３　会議は、会長及び二人以上の委員の出席がなければ、開くことができない。
４　会議の議事は、出席した委員の過半数で決し、可否同数のときは、議長の決するところによる。
５　会長に事故がある場合又は会長が欠けた場合の第三項の規定の適用については、前条第三項の規定により会長の職務を代理する委員は、会長とみなす。
　　（調査等）
第十六条　審査会は、必要と認めるときは、諮問庁に対し、不服申立てに係る公文書の提示、必要な書類その他の物件の提出又は諮問に関する説明を求めることができる。
２　審査会は、必要と認めるときは、不服申立てをしたものその他関係者に対し、出席を求めて意見若しくは説明を聴き、又は必要な書類その他の物件の提出を求めることができる。
３　前二項に定めるもののほか、審査会は、必要な調査をすることができる。
４　審査会の調査及び審議の手続は、公開しない。
５　審査会は、答申の内容を公表するものとする。
　　（庶務）
第十七条　審査会の庶務は、総務部において処理する。
　　（他の制度との調整）
第十八条　法令等（山形県個人情報保護条例（平成十二年十月県条例第六十二号）を除く。）の規定により公文書を閲覧し、若しくは縦覧し、又は公文書の写

しの交付を受けることができる場合における当該公文書の閲覧若しくは縦覧又は写しの交付については、当該法令等の定めるところによる。

　　　　　◇一部改正（平成一二年条例六二号）

（適用除外）

第十八条の二　刑事訴訟に関する書類及び押収物については、この条例の規定は、適用しない。

　　　　　◇追　　加（平成一二年条例五〇号）

（情報公開の総合的な推進）

第十九条　実施機関は、この条例に定める公文書の開示のほか、情報の提供その他情報公開に関する施策の充実を図り、県民に対する情報公開の総合的な推進に努めるものとする。

2　実施機関は、この条例の円滑な運用を確保するため、資料の提供その他開示請求をしようとするものの利便を考慮した適切な措置を講ずるものとする。

3　知事は、情報公開の推進及びこの条例の規定に基づき開示請求をしようとするものの利便性の向上に資するため、情報公開に係る総合的な案内のための窓口を整備するものとする。

（委任）

第二十条　この条例の施行に関し必要な事項は、規則で定める。

　附　　則

1　この条例は、平成十年七月一日から施行する。
2　この条例の規定は、この条例の施行の日以後に作成し、又は取得した公文書について適用する。

　附　　則（平成十二年七月十八日条例第五十号）

（施行期日）

1　この条例は、公布の日から施行する。ただし、第二条第一号、第六条第一項第二号及び第四号並びに第十一条の改正規定並びに次項の規定は、規則で定める日から施行する。（平成十三年規則第九十二号で、平成十三年十月一日から施行）

（経過措置）

2　改正後の山形県情報公開条例の規定は、公安委員会及び警察本部長が保有する公文書については、前項ただし書に規定する規則で定める日以後に公安委員会の委員及び県警察の職員が作成し、又は取得した公文書に限り適用する。

3　この条例の施行の日前になされた請求に係る公文書の開示及び当該開示の決定を受けたものから徴収する手数料については、改正後の山形県情報公開条例の規定にかかわらず、なお従前の例による。

　附　　則（平成十二年十月十三日条例第六十二号）抄

1　この条例は、平成十三年四月一日から施行する。

　附　　則（平成十三年七月十日条例第三十五号）

この条例は、公布の日から施行する。

　附　　則（平成十四年三月二十七日条例第九号）

1　この条例は、平成十四年四月一日から施行する。

2　この条例の施行の日前になされた請求に係る公文書の開示の決定を受けたものから徴収する手数料については、改正後の第十条第一項第一号の規定にかかわらず、なお従前の例による。

山形県議会情報公開条例

【制定】平成十二年七月十八日条例第四十九号
【改正】平成十二年十二月二十二日条例第八十号

山形県議会情報公開条例

（目的）
第一条　この条例は、地方自治の本旨にのっとり、県民の山形県議会（以下「議会」という。）の活動に関する情報の公開を請求する権利につき定めることにより、議会の活動について県民に説明する責務が全うされるようにするとともに、議会の活動についての県民の理解と信頼を深め、もって県民により身近で、かつ、広く開かれた県民本位の議会の実現に寄与することを目的とする。
（定義）
第二条　この条例において、次の各号に掲げる用語の意義は、当該各号に定めるところによる。
一　公文書　山形県議会議員（以下「議員」という。）又は山形県議会事務局（以下「議会事務局」という。）の職員が職務上作成し、又は取得した文書、図画、写真その他情報が記録された山形県情報公開条例（平成九年十二月県条例第五十八号。以下「県条例」という。）第二条第三号に規定する規則で定める記録媒体であって、議会事務局の職員が組織的に用いるものとして山形県議会議長（以下「議長」という。）が保有しているものをいう。ただし、一般に入手することができるもの及び一般に利用することができる施設において閲覧等の方法により情報が提供されているものを除く。
二　開示　閲覧に供し、又は写しを交付することその他県条例第二条第四号に規定する規則で定める記録媒体については同号に規定する規則で定める方法により情報を提供することをいう。
（適正使用）
第三条　この条例の定めるところにより公文書の開示を請求するものは、この条例により認められた権利を正当に行使するとともに、公文書の開示により得た情報を、この条例の目的に即して適正に使用しなければならない。
（開示の請求）
第四条　次の各号のいずれかに該当するものは、この条例の定めるところにより、議長に対し、公文書（第五号に掲げるものにあっては、そのものの有する利害関係に係る公文書に限る。）の開示を請求することができる。
一　県内に住所を有する者
二　県内に事務所又は事業所を有する個人又は法人その他の団体
三　県内に存する事務所又は事業所に勤務する者
四　県内に存する学校に在学する者
五　前各号に掲げるもののほか、議会の事務に関し相当の利害関係を有すると

認められるもの
2 前項の規定により公文書の開示を請求しようとするものは、次に掲げる事項を記載した書面を議長に提出しなければならない。
　一　氏名又は名称及び住所又は事務所若しくは事業所の所在地並びに法人その他の団体にあってはその代表者の氏名
　二　次に掲げるものの区分に応じ、それぞれ次に掲げる事項
　　イ　前項第二号に掲げるもの　そのものが県内に有する事務所又は事業所の名称及び所在地
　　ロ　前項第三号に掲げる者　その者が勤務する事務所又は事業所の名称及び所在地
　　ハ　前項第四号に掲げる者　その者が在学する学校の名称及び所在地
　　ニ　前項第五号に掲げるもの　議会の事務に関しそのものが有する利害関係の内容
　三　開示を請求する公文書を特定するために必要な事項
　四　前三号に掲げるもののほか、議長が定める事項

（開示義務等）
第五条　議長は、前条第一項の規定による公文書の開示の請求（以下「開示請求」という。）があった場合は、当該開示請求をしたもの（以下「開示請求者」という。）に対し、当該開示請求に係る公文書の開示をしなければならない。
2　前項の規定にかかわらず、開示請求に係る公文書に不開示情報が記録されている場合は、議長は、当該公文書の開示をしてはならない。
3　開示請求に係る公文書の一部に不開示情報が記録されている場合において、当該不開示情報が記録されている部分（以下「不開示部分」という。）が当該不開示部分を除いた部分（以下「開示部分」という。）と容易に区分することができるときは、前項の規定にかかわらず、議長は、開示請求者に対し、当該開示部分の開示をしなければならない。ただし、当該開示部分に客観的に有意な情報が記録されていないと認められるときは、この限りでない。
4　前項本文の場合において、一の用紙（複数の用紙で構成され、容易に分離できないものを含む。）の一部に不開示部分があるときは、当該不開示部分を除いた当該一の用紙の写しの開示をするものとする。
5　第三項の規定は、開示請求に係る公文書が県条例第五条第五項に規定する規則で定める記録媒体である場合は、適用しない。

（不開示情報等）
第六条　前条に規定する不開示情報は、次の各号に掲げる情報とする。
　一　法令、他の条例及び会議規則（以下「法令等」という。）の規定により、公にしてはならないこととされている情報
　二　個人に関する情報（事業を営む個人の当該事業に関する情報を除く。）であって、特定の個人が識別され、又は他の情報と照合することにより識別され得るもの。ただし、次に掲げる情報を除く。
　　イ　法令等の規定により又は慣行として公にされている情報
　　ロ　一定の職務上の権限又は責任を有する公務員として議長が定める者（以

下「権限ある公務員」という。)の職務の遂行に係る情報に含まれる当該権限ある公務員の職に関する情報（開示をすることにより、当該権限ある公務員の権利が不当に侵害されるおそれがある場合の当該情報を除く。）
　ハ　権限ある公務員以外の公務員の職務の遂行に必要な歳出予算の支出に係る情報に含まれる当該公務員の職に関する情報（開示をすることにより、当該公務員の権利が不当に侵害されるおそれがある場合の当該情報を除く。）
　ニ　権限ある公務員の職務の遂行に係る情報に含まれる当該権限ある公務員の氏名に関する情報（開示をすることにより、当該権限ある公務員の権利を不当に侵害し、又は生活に不当に影響を与えるおそれがある場合の当該情報を除く。）
　ホ　権限ある公務員以外の公務員の職務の遂行に必要な歳出予算の支出に係る情報に含まれる当該公務員の氏名に関する情報（開示をすることにより、当該公務員の権利を不当に侵害し、又は生活に不当に影響を与えるおそれがある場合の当該情報を除く。）
　ヘ　人の生命、身体、健康、財産又は生活（以下「人の生命等」という。)を保護するため、開示をすることがより必要であると認められる情報
三　法人その他の団体（国及び地方公共団体を除く。以下「法人等」という。）に関する情報又は事業を営む個人の当該事業に関する情報であって、次に掲げるもの。ただし、当該法人等又は当該個人の事業活動によって生ずる人の生命、身体若しくは健康への危害又は財産若しくは生活への侵害から人の生命等を保護するため、開示をすることかより必要であると認められる情報を除く。
　イ　開示をすることにより、当該法人等又は当該個人の競争上の地位、財産権その他正当な利益を害するおそれがある情報
　ロ　議会からの要請を受けて、公にしないとの約束（法人等又は個人において一般に公にされていない等当該約束の締結に合理的な理由があると認められるものに限る。）の下に、任意に提供された情報
四　議会の内部の審議、検討又は協議に関する情報であって、開示をすることにより、率直な意見の交換が不当に阻害され、意思決定の中立性が不当に損なわれ、県民その他のものに不当に混乱を生じさせ、又は特定のものに不当に利益を与え、若しくは不利益を及ぼすおそれがあるもの
五　争訟、契約、試験、調査、人事管理その他の議会の事務に関する情報であって、開示をすることにより、当該事務の性質上、当該事務又は将来の同種の事務の適正な実施に支障を及ぼすおそれがあるもの
六　議長が保有する国及び他の地方公共団体（以下「国等」という。）に関する情報又は国等からの協議、依頼等により議長若しくは議会事務局の職員が作成し、若しくは取得した情報であって、開示をすることにより、国等との適正な協力関係又は信頼関係を損なうおそれがあるもの
七　議員又は議員により構成される団体の活動に関する情報であって、開示をすることにより、議員又は議員により構成される団体の活動に支障を及ぼす

おそれがあると議長が認めるに足りる相当の理由があるもの
八　前各号に掲げるもののほか、県条例第六条第一項各号のいずれかに該当すると議長が認める情報
2　開示請求があった場合において、当該開示請求に係る公文書の存否を明らかにすることが、前条第二項の規定により保護しようとする利益を前項の不開示情報を公にする場合と同様に害することとなるときは、議長は、当該公文書の存否を明らかにせず、当該公文書の開示をしないことができる。

（開示請求に対する決定等）
第七条　議長は、開示請求に係る公文書の開示をするときは、開示請求があった日から起算して三十日以内に、開示の決定をし、開示請求者に対し、その旨及び開示の実施に関し必要な事項を通知しなければならない。
2　議長は、開示請求に係る公文書の開示をしないときは、開示請求があった日から起算して三十日以内に、開示をしない旨の決定をし、開示請求者に対し、その旨を通知しなければならない。
3　議長は、事務処理上の困難その他正当な理由により前二項の期間内に前二項に規定する決定（以下「開示等決定」という。）をすることができないときは、三十日を限度として、これを延長することができる。この場合においては、議長は、開示請求者に対し、その旨、前二項の期間内に開示等決定をすることができない理由及び延長する期間を通知しなければならない。
4　開示請求に係る公文書が著しく大量であるため、開示請求があった日から起算して六十日以内にそのすべてについて開示等決定をすることにより事務に著しい支障が生ずるおそれがある場合には、議長は、当該公文書の相当の部分につき、当該期間内に開示等決定をし、残りの部分については、相当の期間内に開示等決定をすれば足りる。この場合においては、第一項及び第二項の期間内に前項後段の規定の例により開示請求者に通知しなければならない。

（第三者保護に関する手続）
第八条　開示請求に係る公文書に国、地方公共団体及び開示請求者以外のもの（以下「第三者」という。）に関する情報が記録されている場合は、議長は、開示等決定をするに際し、当該第三者の意見を聴くことができる。
2　前項の場合において、第六条第一項第二号へ又は同項第三号ただし書の規定に該当することにより開示の決定をする公文書に第三者に関する情報が記録されているときは、議長は、開示等決定をするに際し、当該第三者に対し、意見を述べる機会を与えなければならない。ただし、当該第三者の所在が判明しない場合等相当の理由があるときは、この限りでない。
3　議長は、第一項の規定により第三者の意見を聴き、又は前項の規定により第三者に意見を述べる機会を与えた場合において、当該第三者に関する情報が記録されている公文書の開示の決定をしたときは、当該第三者に対し、その旨を通知するものとする。

（手数料）
第九条　県は、開示請求に係る公文書の開示の決定を受けたもののうち次の各号に掲げるものから手数料を徴収する。

一　文書、図画又は写真について写しの交付により開示を受けるもの
二　第二条第一号に規定する情報が記録された県条例第二条第三号に規定する規則で定める記録媒体について開示を受けるもの
2　前項の手数料の額、既に納められた手数料の還付及び手数料の免除については、県条例第十条の規定の例による。
（異議申立てに関する手続）
第十条　開示等決定に対して行政不服審査法（昭和三十七年法律第百六十号）の規定に基づく異議申立て（以下「異議申立て」という。）があった場合は、議長は、次の各号に掲げる場合を除き、山形県議会情報公開審査会（以下「審査会」という。）に意見を求めて、当該異議申立てに対する決定をするものとする。
一　異議申立てが不適法であり、却下する場合
二　異議申立ての趣旨の全部を認容する旨の決定をしようとする場合
（審査会の設置）
第十一条　異議申立てについて、議長の意見の求めに応じ、調査審議させるため、審査会を置く。
2　審査会は、委員五人以内で組織する。
（委員）
第十二条　委員は、議員及び学識経験のある者のうちから議長が委嘱する。
2　委員の任期は、二年とする。ただし、補欠の委員の任期は、前任者の残任期間とする。
3　委員は、職務上知ることのできた秘密を漏らしてはならない。その職を退いた後も、また、同様とする。
（審査会についての委任）
第十三条　前二条に定めるもののほか、審査会の組織及び運営に関し必要な事項は、議長が定める。
（他の制度との調整）
第十四条　法令等（山形県個人情報保護条例（平成十二年十月県条例第六十二号）を除く。）の規定により公文書を閲覧し、若しくは縦覧し、又は公文書の写しの交付を受けることができる場合における当該公文書の閲覧若しくは縦覧又は写しの交付については、当該法令等の定めるところによる。
　　　　　◇一部改正（平成一二年条例八〇号）
（会議録の公開等及び情報公開の総合的な推進）
第十五条　議長は、この条例に定める公文書の開示のほか、会議規則に基づき配布用に調製した会議録及び山形県議会委員会条例（昭和五十年三月県条例第五号）第二十六条に規定する記録の積極的な公開に努めるとともに、議会の活動に関する情報の提供その他情報公開に関する施策の充実を図り、県民に対する議会の情報公開の総合的な推進に努めるものとする。
2　議長は、この条例の円滑な運用を確保するため、資料の提供その他開示請求をしようとするものの利便を考慮した適切な措置を講ずるものとする。
（委任）
第十六条　この条例の施行に関し必要な事項は、議長が定める。

附　則
1　この条例は、平成十二年十月一日から施行する。
2　この条例の規定は、この条例の施行の日以後に作成し、又は取得した公文書について適用する。
　附　則（平成十二年十二月二十二日条例第八十号）抄
（施行期日）
1　この条例は、公布の日から施行する。

福島県

福島県情報公開条例

【制定】平成十二年三月二十四日条例第五号
【改正】平成十三年十二月二十五日条例第八十三号

福島県情報公開条例（平成二年福島県条例第四十一号）の全部を改正する。

福島県情報公開条例

目次
　前文
　第一章　総則（第一条～第四条）
　第二章　公文書の開示（第五条～第十八条）
　第三章　不服申立て
　　第一節　諮問等（第十九条～第二十一条）
　　第二節　福島県情報公開審査会（第二十二条）
　　第三節　審査会の調査審議の手続等（第二十三条～第二十九条）
　第四章　情報公開の総合的推進等（第三十条・第三十一条）
　第五章　雑則（第三十二条～第三十八条）
　附則

　県民の負託による県政の運営は、自らのことは自らが決定するという自治の原理や民主主義の原理を基本とする地方自治の本旨にのっとり、県民に開かれた、県民の参加による、県民との協力によるものでなければならない。
　県の保有する情報を県民に公開する情報公開制度は、県民の県政に対する理解と信頼を深め、公正で開かれた県政を推進するために不可欠なものとして、県政の運営において重要な役割を果たしてきた。
　今、地方分権の新たな時代を迎えて、県民の参加により、県民と協力しながら、地域の実情に応じた地方自治を確立し、地域特性を生かした豊かな地域社会を形成するために、情報公開制度は、一段と重要性を増してきている。
　このため、県の保有する情報は、県民と共有するものであることを改めて認識し、「知る権利」が情報公開の推進に大きな役割を果たしてきたことを十分に理解しながら、地方自治の健全な発展に寄与するよう情報公開を一層推進していかなければならない。
　このような考え方に立って、この条例を制定する。

　　　　　第一章　総　則

（目的）
第一条　この条例は、地方自治の本旨にのっとり、県民の公文書の開示を請求する権利を明らかにするとともに、公文書の開示及び情報提供の推進に関し必要

な事項を定めることにより、県の保有する情報の一層の公開を図り、もって県の諸活動を県民に説明する責務が全うされるようにし、県民の県政への参加の下、公正で透明な県政の推進に資することを目的とする。

（定義）

第二条　この条例において「実施機関」とは、知事、教育委員会、公安委員会、警察本部長、選挙管理委員会、監査委員、人事委員会、地方労働委員会、収用委員会、海区漁業調整委員会及び内水面漁場管理委員会をいう。

2　この条例において「公文書」とは、実施機関の職員が職務上作成し、又は取得した文書、図画及び電磁的記録（電子的方式、磁気的方式その他人の知覚によっては認識することができない方式で作られた記録をいう。以下同じ。）であって、当該実施機関の職員が組織的に用いるものとして、当該実施機関が保有しているものをいう。ただし、次に掲げるものを除く。

一　官報、公報、白書、新聞、雑誌、書籍その他不特定多数のものに販売することを目的として発行されるもの

二　規則で定める県の機関において、歴史的若しくは文化的な資料又は学術研究用の資料として特別の管理がされているもの

（解釈及び運用）

第三条　実施機関は、県民の公文書の開示を請求する権利が十分に尊重されるようこの条例を解釈し、及び運用するものとする。この場合において、実施機関は、個人に関する情報がみだりに公にされることのないよう最大限の配慮をしなければならない。

（適正な請求及び使用）

第四条　この条例の定めるところにより公文書の開示を請求しようとするものは、この条例の目的に即し、適正な請求に努めるとともに、公文書の開示を受けたときは、これによって得た情報を適正に使用しなければならない。

第二章　公文書の開示

（開示請求権者）

第五条　次に掲げるものは、実施機関に対して、当該実施機関の保有する公文書の開示を請求することができる。

一　県の区域内に住所を有する者

二　県の区域内に事務所又は事業所を有する個人及び法人その他の団体

三　県の区域内に存する事務所又は事業所に勤務する者

四　県の区域内に存する学校に在学する者

五　前各号に掲げるもののほか、実施機関が行う事務又は事業に利害関係を有すると認められるもの

（開示請求の手続等）

第六条　前条の規定による開示の請求（以下「開示請求」という。）は、次に掲げる事項を記載した書面（以下「開示請求書」という。）を実施機関に提出してしなければならない。

一　氏名又は名称及び住所又は主たる事務所若しくは事業所の所在地並びに法人その他の団体にあってはその代表者の氏名
　二　次に掲げるものの区分に応じ、それぞれ次に掲げる事項
　　ア　前条第二号に掲げるもの　そのものが県の区域内に有する事務所又は事業所の名称及び所在地
　　イ　前条第三号に掲げる者　その者が勤務する事務所又は事業所の名称及び所在地
　　ウ　前条第四号に掲げる者　その者が在学する学校の名称及び所在地
　　エ　前条第五号に掲げるもの　そのものが有する利害関係の内容
　三　開示請求に係る公文書を特定するために必要な事項
　四　前三号に掲げるもののほか、実施機関が定める事項
2　実施機関は、開示請求書に形式上の不備があると認めるときは、開示請求をしたもの（以下「開示請求者」という。）に対し、相当の期間を定めて、その補正を求めることができる。この場合において、実施機関は、開示請求者に対し、補正の参考となる情報を提供するよう努めなければならない。

（公文書の開示義務）
第七条　実施機関は、開示請求があったときは、開示請求に係る公文書に次の各号のいずれかに該当する情報（以下「不開示情報」という。）が記録されている場合を除き、開示請求者に対し、当該公文書を開示しなければならない。
　一　法令若しくは他の条例（以下「法令等」という。）の規定により、又は実施機関が法律若しくはこれに基づく政令の規定により従う義務のある各大臣その他国の機関の指示により、公にすることができないと認められる情報
　二　個人に関する情報（事業を営む個人の当該事業に関する情報を除く。）であって、当該情報に含まれる氏名、生年月日その他の記述等により特定の個人を識別することができるもの（他の情報と照合することにより、特定の個人を識別することができることとなるものを含む。）又は特定の個人を識別することはできないが、公にすることにより、なお個人の権利利益を害するおそれがあるもの。ただし、次に掲げる情報を除く。
　　ア　法令等の規定により又は慣行として公にされ、又は公にすることが予定されている情報
　　イ　人の生命、健康、生活又は財産を保護するため、公にすることが必要であると認められる情報
　　ウ　当該個人が公務員（国家公務員法（昭和二十二年法律第百二十号）第二条第一項に規定する国家公務員及び地方公務員法（昭和二十五年法律第二百六十一号）第二条に規定する地方公務員をいう。）である場合において、当該情報がその職務の遂行に係る情報であるときは、当該情報のうち、当該公務員の職及び氏名（警察職員に係る氏名を除く。）並びに当該職務遂行の内容に係る部分（当該公務員の氏名に係る部分にあっては、公にすることにより、個人の権利利益を不当に害するおそれがある場合の当該部分を除く。）
　三　法人その他の団体（国及び地方公共団体を除く。以下「法人等」という。）

に関する情報又は事業を営む個人の当該事業に関する情報であって、次に掲げるもの。ただし、人の生命、健康、生活又は財産を保護するため、公にすることが必要であると認められる情報を除く。
　ア　公にすることにより、当該法人等又は当該個人の権利、競争上の地位その他正当な利益を害するおそれがあるもの
　イ　実施機関の要請を受けて、公にしないとの条件で任意に提供されたものであって、法人等又は個人における通例として公にしないこととされているものその他の当該条件を付することが当該情報の性質、当時の状況等に照らして合理的であると認められるもの
四　公にすることにより、犯罪の予防、鎮圧又は捜査、公訴の維持、刑の執行その他の公共の安全と秩序の維持に支障を及ぼすおそれがあると実施機関が認めることにつき相当の理由がある情報
五　県の機関並びに国及び他の地方公共団体の内部又は相互間における審議、検討又は協議に関する情報であって、公にすることにより、率直な意見の交換若しくは意思決定の中立性が不当に損なわれるおそれ、不当に県民等の間に混乱を生じさせるおそれ又は特定のものに不当に利益を与え、若しくは不利益を及ぼすおそれがあるもの
六　県の機関又は国若しくは他の地方公共団体が行う事務又は事業に関する情報であって、公にすることにより、次に掲げるおそれその他当該事務又は事業の性質上、当該事務又は事業の適正な遂行に支障を及ぼすおそれがあるもの
　ア　監査、検査、取締り又は試験に係る事務に関し、正確な事実の把握を困難にするおそれ又は違法若しくは不当な行為を容易にし、若しくはその発見を困難にするおそれ
　イ　契約、交渉又は争訟に係る事務に関し、県又は国若しくは他の地方公共団体の財産上の利益又は当事者としての地位を不当に害するおそれ
　ウ　調査研究に係る事務に関し、その公正かつ能率的な遂行を不当に阻害するおそれ
　エ　人事管理に係る事務に関し、公正かつ円滑な人事の確保に支障を及ぼすおそれ
　オ　県又は国若しくは他の地方公共団体が経営する企業に係る事業に関し、その企業経営上の正当な利益を害するおそれ
（部分開示）
第八条　実施機関は、開示請求に係る公文書の一部に不開示情報が記録されている場合において、不開示情報が記録されている部分を容易に、かつ、当該開示請求の趣旨が損なわれない程度に分離できるときは、当該部分を除いて、当該公文書を開示しなければならない。
2　開示請求に係る公文書に前条第二号の情報（特定の個人を識別することができるものに限る。）が記録されている場合において、当該情報のうち、氏名、生年月日その他の特定の個人を識別することができることとなる記述等の部分を除くことにより、公にしても、個人の権利利益が害されるおそれがないと認め

られるときは、当該部分を除いた部分は、同号の情報に含まれないものとみなして、前項の規定を適用する。
（公益上の理由による裁量的開示）
第九条　実施機関は、開示請求に係る公文書に不開示情報（第七条第一号に該当する情報を除く。）が記録されている場合であっても、公益上特に必要があると認めるときは、開示請求者に対し、当該公文書を開示することができる。
（公文書の存否に関する情報）
第十条　開示請求に対し、当該開示請求に係る公文書が存在しているか否かを答えるだけで、不開示情報を開示することとなるときは、実施機関は、当該公文書の存否を明らかにしないで、当該開示請求を拒否することができる。
（開示請求に対する措置）
第十一条　実施機関は、開示請求に係る公文書の全部又は一部を開示するときは、その旨の決定をし、開示請求者に対し、その旨及び開示の実施に関し実施機関が定める事項を書面により通知しなければならない。ただし、当該決定が開示請求に係る公文書の全部を開示請求があった日に開示する旨の決定であるときは、口頭により通知することができる。
2　実施機関は、開示請求に係る公文書の全部を開示しないとき（前条の規定により開示請求を拒否するとき及び開示請求に係る公文書を保有していないときを含む。）は、開示をしない旨の決定をし、開示請求者に対し、その旨を書面により通知しなければならない。
3　実施機関は、前二項の規定により開示請求に係る公文書の全部を開示しない旨の決定又は一部を開示する旨の決定をするときは、当該各項に規定する書面にその決定の理由を記載しなければならない。この場合において、当該公文書の全部又は一部について開示することができるようになる期日が明らかであるときは、当該期日を付記しなければならない。
（開示決定等の期限）
第十二条　前条第一項及び第二項の決定（以下「開示決定等」という。）は、開示請求があった日から起算して十五日以内にしなければならない。ただし、第六条第二項の規定により補正を求めた場合にあっては、当該補正に要した日数は、その期間に算入しない。
2　前項の規定にかかわらず、実施機関は、事務処理上の困難その他正当な理由があるときは、同項に規定する期間を三十日以内に限り延長することができる。この場合において、実施機関は、開示請求者に対し、速やかに、延長後の期間及び延長の理由を書面により通知しなければならない。
　　　　◇一部改正（平成一三年条例八三号）
（開示決定等の期限の特例）
第十三条　開示請求に係る公文書が著しく大量であるため、開示請求があった日から起算して四十五日以内にそのすべてについて開示決定等をすることにより事務の遂行に著しい支障が生ずるおそれがある場合には、前条の規定にかかわらず、実施機関は、開示請求に係る公文書のうちの相当の部分につきその期間内に開示決定等をし、残りの公文書については相当の期間内に開示決定等をす

れば足りる。この場合において、実施機関は、同条第一項に規定する期間内に、開示請求者に対し、次に掲げる事項を書面により通知しなければならない。
一　この条を適用する旨及びその理由
二　残りの公文書について開示決定等をする期限
　　◇一部改正（平成一三年条例八三号）
（事案の移送）
第十四条　実施機関は、開示請求に係る公文書が他の実施機関により作成されたものであるときその他他の実施機関において開示決定等をすることにつき正当な理由があるときは、当該他の実施機関と協議の上、当該他の実施機関に対し、事案を移送することができる。この場合において、移送をした実施機関は、開示請求者に対し、事案を移送した旨を書面により通知しなければならない。
2　前項の規定により事案が移送されたときは、移送を受けた実施機関において、その開示請求についての開示決定等をしなければならない。この場合において、移送をした実施機関が移送前にした行為は、移送を受けた実施機間がしたものとみなす。
3　前項の場合において、移送を受けた実施機関が第十一条第一項の決定（以下「開示決定」という。）をしたときは、当該実施機関は、開示の実施をしなければならない。この場合において、移送をした実施機関は、当該開示の実施に必要な協力をしなければならない。
（第三者に対する意見書提出の機会の付与等）
第十五条　開示請求に係る公文書に県、国、他の地方公共団体及び開示請求者以外のもの（以下この条、第二十条及び第二十一条において「第三者」という。）に関する情報が記録されているときは、実施機関は、開示決定等をするに当たって、当該情報に係る第三者に対し、開示請求に係る公文書の表示その他実施機関が定める事項を通知して、意見書を提出する機会を与えることができる。
2　実施機関は、次の各号のいずれかに該当するときは、開示決定に先立ち、その第三者に対し、開示請求に係る公文書の表示その他実施機関が定める事項を書面により通知して、意見書を提出する機会を与えなければならない。ただし、当該第三者の所在が判明しない場合は、この限りでない。
一　第三者に関する情報が記録されている公文書を開示しようとする場合であって、当該情報が第七条第二号イ又は同条第三号ただし書に規定する情報に該当すると認められるとき。
二　第三者に関する情報が記録されている公文書を第九条の規定により開示しようとするとき。
3　実施機関は、前二項の規定により意見書の提出の機会を与えられた第三者がその公文書の開示に反対の意思を表示した意見書を提出した場合において、開示決定をするときは、開示決定の日と開示を実施する日との間に少なくとも二週間を置かなければならない。この場合において、実施機関は、開示決定後直ちに、当該意見書（第十九条及び第二十条において「反対意見書」という。）を提出した第三者に対し、開示決定をした旨及びその理由並びに開示を実施する日を書面により通知しなければならない。

（開示の実施）
第十六条　実施機関は、開示決定をしたときは、速やかに、開示請求者に対してその開示請求に係る公文書を開示しなければならない。
2　公文書の開示は、文書又は図画については閲覧又は写しの交付により、電磁的記録についてはその種別、情報化の進展状況等を勘案して実施機関が定める方法により行う。
3　実施機関は、開示請求に係る公文書を開示することにより当該公文書が汚損し、又は破損するおそれがあるとき、第八条の規定により公文書の一部を開示するときその他相当の理由があるときは、当該公文書を複写した物により、当該公文書の開示を行うことができる。

（他の制度による開示の実施との調整）
第十七条　実施機関は、法令又は他の条例の規定により、何人にも開示請求に係る公文書が前条第二項に規定する方法と同一の方法で開示することとされている場合（開示の期間が定められている場合にあっては、当該期間内に限る。）には、同項の規定にかかわらず、当該公文書については、当該同一の方法による開示を行わない。ただし、当該法令又は他の条例の規定に一定の場合には開示をしない旨の定めがあるときは、この限りでない。
2　法令又は他の条例の規定に定める開示の方法が縦覧であるときは、当該縦覧を前条第二項の閲覧とみなして、前項の規定を適用する。

（費用負担）
第十八条　第十六条第二項又は第三項の規定により文書又は図画の写しの交付を受けるものは、実施機関が定める額の当該写しの交付に要する費用を負担しなければならない。
2　第十六条第二項又は第三項の規定により電磁的記録の開示を受けるものは、当該電磁的記録について実施機関が定める開示の方法に応じて、実施機関が定める額の当該開示の実施に要する費用を負担しなければならない。

第三章　不服申し立て

第一節　諮問等

（審査会への諮問）
第十九条　開示決定等について行政不服審査法（昭和三十七年法律第百六十号）の規定による不服申立てがあったときは、当該不服申立てに対する決定又は裁決をすべき実施機関は、次の各号のいずれかに該当する場合を除き、速やかに、福島県情報公開審査会に諮問しなければならない。
一　不服申立てが不適法であり、却下するとき。
二　決定又は裁決で、不服申立てに係る開示決定等（開示請求に係る公文書の全部を開示する旨の決定を除く。以下この号及び第二十一条において同じ。）を取り消し、又は変更し、当該不服申立てに係る公文書の全部を開示することとするとき。ただし、当該開示決定等について反対意見書が提出されてい

るときを除く。
2 　実施機関は、前項の規定による諮問に対する答申を受けたときは、これを尊重して、その不服申立てに対する決定又は裁決をしなければならない。
　　　　◇一部改正（平成一三年条例八三号）
（諮問をした旨の通知）
第二十条　前条第一項の規定により諮問をした実施機関（以下「諮問実施機関」という。）は、次に掲げるものに対し、諮問をした旨を通知しなければならない。
一 　不服申立人及び参加人
二 　開示請求者（開示請求者が不服申立人又は参加人である場合を除く。）
三 　その不服申立てに係る開示決定等について反対意見書を提出した第三者（当該第三者が不服申立人又は参加人である場合を除く。）

（第三者からの不服申立てを棄却する場合等における手続）
第二十一条　第十五条第三項の規定は、次の各号のいずれかに該当する決定又は裁決をする場合について準用する。
一 　開示決定に対する第三者からの不服申立てを却下し、又は棄却する決定又は裁決
二 　不服申立てに係る開示決定等を変更し、当該開示決定等に係る公文書を開示する旨の決定又は裁決（第三者である参加人が当該公文書の開示に反対の意思を表示している場合に限る。）

第二節　福島県情報公開審査会

第二十二条　第十九条第一項の規定による諮問に応じて調査審議を行わせるため、知事の附属機関として福島県情報公開審査会（以下「審査会」という。）を置く。
2 　審査会は、前項の調査審議を行うほか、情報公開制度の運営に関して実施機関に意見を述べることができる。
3 　審査会は、委員五人以内で組織する。
4 　審査会の委員（以下「委員」という。）は、学識経験を有する者の中から知事が任命する。
5 　委員の任期は、二年とする。ただし、補欠の委員の任期は、前任者の残任期間とする。
6 　委員は、再任されることができる。
7 　委員は、職務上知り得た秘密を漏らしてはならない。その職を退いた後も、同様とする。
8 　委員は、在任中、政党その他の政治的団体の役員となり、又は積極的に政治活動をしてはならない。

第三節　審査会の調査審議の手続等

（審査会の調査権限）
第二十三条　審査会は、必要があると認めるときは、諮問実施機関に対し、開示決定等に係る公文書の提示を求めることができる。この場合においては、何人も、審査会に対し、その提示された公文書の開示を求めることができない。

2　諮問実施機関は、審査会から前項の規定による求めがあったときは、これを拒んではならない。
3　審査会は、必要があると認めるときは、諮問実施機関に対し、開示決定等に係る公文書に記録されている情報の内容を審査会の指定する方法により分類し、又は整理した資料を作成し、審査会に提出するよう求めることができる。
4　第一項及び前項に定めるもののほか、審査会は、不服申立てに係る事件に関し、不服申立人、参加人又は諮問実施機関（以下「不服申立人等」という。）に意見書又は資料の提出を求めること、適当と認める者にその知っている事実を陳述させ又は鑑定を求めることその他必要な調査をすることができる。
　（意見の陳述）
第二十四条　審査会は、不服申立人等から申立てがあったときは、当該不服申立人等に口頭で意見を述べる機会を与えなければならない。ただし、審査会が、その必要がないと認めるときは、この限りでない。
2　前項本文の場合においては、不服申立人又は参加人は、審査会の許可を得て、補佐人とともに出頭することができる。
　（意見書等の提出等）
第二十五条　不服申立人等は、審査会に対し、意見書又は資料を提出することができる。ただし、審査会が意見書又は資料を提出すべき相当の期間を定めたときは、当該期間内にこれを提出しなければならない。
2　審査会は、不服申立人等から意見書又は資料が提出された場合、不服申立人等（当該意見書又は資料を提出したものを除く。）にその旨を通知するものとする。
　（提出資料の閲覧）
第二十六条　不服申立人等は、審査会に対し、審査会に提出された意見書又は資料の閲覧を求めることができる。この場合において、審査会は、第三者の利益を害するおそれがあると認めるときその他正当な理由があるときでなければ、その閲覧を拒むことができない。
2　審査会は、前項の規定による閲覧について、日時及び場所を指定することができる。
　（調査審議手続の非公開）
第二十七条　審査会の行う不服申立てに係る調査審議の手続は、公開しない。
　（答申書の送付等）
第二十八条　審査会は、諮問に対する答申をしたときは、答申書の写しを不服申立人及び参加人に送付するとともに、答申の内容を公表するものとする。
　（委任）
第二十九条　前節及びこの節に定めるもののほか、審査会の組織及び運営並びに調査審議の手続に関し必要な事項は、規則で定める。

第四章　情報公開の総合的推進等

　（情報公開の総合的推進）

第三十条　実施機関は、この条例に定める公文書の開示のほか、県民が県政に関する情報を迅速かつ容易に得られるよう、情報公開の総合的な推進に努めるものとする。
　（情報の提供及び公表）
第三十一条　実施機関は、県民が必要とする情報を的確に把握し、情報通信技術の活用等により県政に関する情報を効率的に提供するよう努めるものとする。
2　実施機関は、県民の県政への参加を一層推進するために必要な情報を公表する制度の整備及び充実に努めるものとする。

　　　　　　　　　　第五章　雑　則

　（任意開示）
第三十二条　実施機関は、第五条各号に掲げるもの以外のものから公文書の開示の申出があったときは、当該公文書を開示するよう努めるものとする。
2　第十八条の規定は、前項の規定により公文書を開示する場合について準用する。
　（公文書の管理）
第三十三条　実施機関は、この条例の適正かつ円滑な運用に資するため、公文書を適正に管理するものとする。
2　実施機関は、公文書の分類、作成、保存及び廃棄に関する基準その他の公文書の管理に関する必要な事項について定めるものとする。
　（開示請求をしようとするものに対する情報の提供等）
第三十四条　実施機関は、開示請求をしようとするものが容易かつ的確に開示請求をすることができるよう、当該実施機関が保有する公文書の特定に資する情報の提供その他開示請求をしようとするものの利便を考慮した適切な措置を講ずるものとする。
　（実施状況の公表）
第三十五条　知事は、毎年一回、各実施機関がこの条例の規定に基づき行う公文書の開示の実施状況を取りまとめ、公表しなければならない。
　（出資等法人の情報公開）
第三十六条　実施機関は、県が基本金等を出資している法人その他これに類する法人のうち当該実施機関が定めるもの（以下「出資等法人」という。）について、この条例の趣旨にのっとり、当該出資等法人の情報公開が推進されるよう、必要な措置を講ずるものとする。
　（適用除外）
第三十七条　漁業法（昭和二十四年法律第二百六十七号）第五十条第一項に規定する免許漁業原簿並びに刑事訴訟法（昭和二十三年法律第百三十一号）に規定する訴訟に関する書類及び押収物については、この条例は、適用しない。
　（委任）
第三十八条　この条例の施行に関し必要な事項は、実施機関が定める。
　（罰則）

第三十九条 第二十二条第七項の規定に違反して秘密を漏らした者は、一年以下の懲役又は三十万円以下の罰金に処する。

◇一部改正（平成一三年条例八三号）

附　則
1　この条例は、平成十二年十月一日から施行する。ただし、第二条第一項及び第十九第一項並びに附則第三項の規定中公安委員会及び警察本部長に係る部分並びに次項の規定は、公布の日から起算して二年を超えない範囲内において規則で定める日から施行する。（平成十三年十一月十六日規則第九十七号により、平成十四年一月一日から施行）
2　改正後の福島県情報公開条例（以下「新条例」という。）の規定は、公安委員会及び警察本部長が保有している公文書については、この条例の施行の日（以下「施行日」という。）以後に当該公安委員会及び警察本部長の職員が作成し、又は取得した公文書について適用する。
3　施行日前に実施機関（公安委員会及び警察本部長を除く。次項において同じ。）の職員が作成し、又は取得した公文書については、新条例第七条中「次の各号」とあるのは「福島県情報公開条例（平成二年福島県条例第四十一号。以下「旧条例」という。）第六条各号」と、新条例第八条第二項中「前条第二号の情報（特定の個人を識別することができるものに限る。）」とあるのは「旧条例第六条第二号の情報」と、新条例第十五条第二項第一号中「第七条第二号イ又は同条第三号ただし書」とあるのは「旧条例第六条第二号ウ又は同条第三号ただし書」と読み替えて新条例の規定を適用する。
4　施行日前に実施機関の職員が作成し、又は取得した公文書については、新条例第九条及び第十五条第二項第二号の規定は、適用しない。
5　この条例の施行の際に改正前の福島県情報公開条例（以下「旧条例」という。）第十六条の規定によりされている公文書の開示の申出については、なお従前の例による。
6　この条例の施行の際に旧条例の規定によりされた処分、手続その他の行為（前項の申出を除く。）は、新条例の相当規定によりされたものとみなす。

附　則（平成十三年十二月二十五日条例第八十三号）

　この条例は、公布の日から施行する。ただし、第十九条第一項の改正規定は、平成十四年一月一日から施行する。

福島県議会情報公開条例

【制定】平成十三年三月二十七日条例第三十六号

福島県議会情報公開条例

目次
　前文
　第一章　総則（第一条～第五条）
　第二章　公文書の開示（第六条～第十九条）
　第三章　不服申立て
　　第一節　不服申立てに関する手続（第二十条～第二十二条）
　　第二節　福島県議会情報公開審査会（第二十三条～第三十条）
　第四章　雑則（第三十一条～第三十五条）
　附則

　福島県議会は、県民の議会への理解と参加の促進が不可欠であるとの認識の下、これまで会議及び委員会における審議をはじめとする様々な情報を、県民の共有の財産として自発的に公開し、個性豊かで活力に満ちた地域社会の実現を図るため努力を重ねてきた。
　二十一世紀のスタート台に立つ今日、分権型社会の形成が重要な時代を迎え、県民の共同参画による民主主義の実現を図るためには、これまで以上に、県民の参加と協力による、県民とともに歩む議会を構築していくことが求められている。
　このため、福島県議会は、その活動内容をより積極的に公表するなど、なお一層の議会の活性化を図るとともに、「知る権利」が情報公開の制度化に大きな役割を果たしてきたことを認識し、新しい地方分権の時代にふさわしい広く開かれた福島県議会の実現を目指して、この条例を制定する。

第一章　総則

（目的）
第一条　この条例は、地方自治の本旨にのっとり、県民の公文書の開示を請求する権利を明らかにするとともに、福島県議会（以下「議会」という。）がその諸活動を県民に対し説明する責務を全うすることが重要であるとの認識に立ち、議会における情報公開の積極的な推進を図り、もって県民の議会への理解と県政への参加を促進し、広く開かれた議会を実現することを目的とする。
　（定義）
第二条　この条例において「公文書」とは、議会の事務局（以下「事務局」という。）の職員が職務上作成し、又は取得した文書、図画及び電磁的記録（電子的方式、磁気的方式その他人の知覚によっては認識することができない方式で作られた記録をいう。以下同じ。）であって、事務局の職員が組織的に用いるもの

として、議会が保有しているものをいう。ただし、官報、公報、白書、新聞、雑誌、書籍その他不特定多数のものに販売することを目的として発行されるものを除く。

（解釈及び運用）
第三条　議会は、県民の公文書の開示を請求する権利が十分尊重されるようこの条例を解釈し、及び運用するものとする。この場合において、議会は、個人に関する情報がみだりに公にされることのないよう最大限の配慮をしなければならない。

（適正な請求及び使用）
第四条　この条例の定めるところにより公文書の開示を請求しようとするものは、この条例の目的に即し、適正な請求に努めるとともに、公文書の開示を受けたときは、これによって得た情報を適正に使用しなければならない。

（総合的な情報公開の推進）
第五条　議会は、公文書の公開と併せて、より一層の会議の公開及び情報提供の充実を図ることにより、総合的な情報公開の積極的な推進に努めるものとする。

第二章　公文書の開示

（開示請求権者）
第六条　次に掲げるものは、議長に対し、公文書の開示を請求することができる。
一　県の区域内に住所を有する者
二　県の区域内に事務所又は事業所を有する個人及び法人その他の団体
三　県の区域内に存する事務所又は事業所に勤務する者
四　県の区域内に存する学校に在学する者
五　前各号に掲げるもののほか、議会が行う事務に利害関係を有すると認められるもの

（開示請求の手続等）
第七条　前条の規定による開示の請求（以下「開示請求」という。）は、次に掲げる事項を記載した書面（以下「開示請求書」という。）を議長に提出してしなければならない。
一　氏名又は名称及び住所又は主たる事務所若しくは事業所の所在地並びに法人その他の団体にあってはその代表者の氏名
二　次に掲げるものの区分に応じ、それぞれ次に掲げる事項
　ア　前条第二号に掲げるもの　そのものが県の区域内に有する事務所又は事業所の名称及び所在地
　イ　前条第三号に掲げる者　その者が勤務する事務所又は事業所の名称及び所在地
　ウ　前条第四号に掲げる者　その者が在学する学校の名称及び所在地
　エ　前条第五号に掲げるもの　そのものが有する利害関係の内容
三　開示請求に係る公文書を特定するために必要な事項
四　前三号に掲げるもののほか、議長が定める事項

2 議長は、開示請求書に形式上の不備があると認めるときは、開示請求をしたもの（以下「開示請求者」という。）に対し、相当の期間を定めて、その補正を求めることができる。この場合において、議長は、開示請求者に対し、補正の参考となる情報を提供するよう努めなければならない。

（公文書の開示義務）
第八条　議長は、開示請求があったときは、開示請求に係る公文書に次の各号のいずれかに該当する情報（以下「不開示情報」という。）が記録されている場合を除き、開示請求者に対し、当該公文書を開示しなければならない。
一　法令又は他の条例（以下「法令等」という。）の規定により公にすることができないと認められる情報
二　個人に関する情報（事業を営む個人の当該事業に関する情報を除く。）であって、当該情報に含まれる氏名、生年月日その他の記述等により特定の個人を識別することができるもの（他の情報と照合することにより、特定の個人を識別することができることとなるものを含む。）又は特定の個人を識別することはできないが、公にすることにより、なお個人の権利利益を害するおそれがあるもの。ただし、次に掲げる情報を除く。
　ア　法令等の規定により又は慣行として公にされ、又は公にすることが予定されている情報
　イ　人の生命、健康、生活又は財産を保護するため、公にすることが必要であると認められる情報
　ウ　当該個人が公務員（国家公務員法（昭和二十二年法律第百二十号）第二条第一項に規定する国家公務員及び地方公務員法（昭和二十五年法律第二百六十一号）第二条に規定する地方公務員をいう。）である場合において、当該情報がその職務の遂行に係る情報であるときは、当該情報のうち、当該公務員の職及び氏名並びに当該職務遂行の内容に係る部分（当該公務員の氏名に係る部分にあっては、公にすることにより、個人の権利利益を不当に害するおそれがある場合の当該部分を除く。）
三　法人その他の団体（国及び地方公共団体を除く。以下「法人等」という。）に関する情報又は事業を営む個人の当該事業に関する情報であって、公にすることにより、当該法人等又は当該個人の権利、競争上の地位その他正当な利益を害するおそれがあるもの。ただし、人の生命、健康、生活又は財産を保護するため、公にすることが必要であると認められる情報を除く。
四　公にすることにより、犯罪の予防又は捜査、人の生命、身体、財産等の保護その他の公共の安全と秩序の維持に支障を及ぼすおそれがある情報
五　議会、議会以外の県の機関、国及び他の地方公共団体の内部又は相互間における審議、検討又は協議に関する情報であって、公にすることにより、率直な意見の交換若しくは意思決定の中立性が不当に損なわれるおそれ、不当に県民等の間に混乱を生じさせるおそれ又は特定のものに不当に利益を与え、若しくは不利益を及ぼすおそれがあるもの
六　議会、議会以外の県の機関、国又は他の地方公共団体が行う事務又は事業に関する情報であって、公にすることにより、次に掲げるおそれその他当該

事務又は事業の性質上、当該事務又は事業の適正な遂行に支障を及ぼすおそれがあるもの
　ア　監査、検査、取締り又は試験に係る事務に関し、正確な事実の把握を困難にするおそれ又は違法若しくは不当な行為を容易にし、若しくはその発見を困難にするおそれ
　イ　契約、交渉又は争訟に係る事務に関し、県又は国若しくは他の地方公共団体の財産上の利益又は当事者としての地位を不当に害するおそれ
　ウ　調査研究に係る事務に関し、その公正かつ能率的な遂行を不当に阻害するおそれ
　エ　人事管理に係る事務に関し、公正かつ円滑な人事の確保に支障を及ぼすおそれ
　オ　県又は国若しくは他の地方公共団体が経営する企業に係る事業に関し、その企業経営上の正当な利益を害するおそれ
　七　議会の会派又は議員の活動に関する情報であって、公にすることにより、これらの活動に著しい支障を及ぼすおそれがあるもの
　（部分開示）
第九条　議長は、開示請求に係る公文書の一部に不開示情報が記録されている場合において、不開示情報が記録されている部分を容易に、かつ、当該開示請求の趣旨が損なわれない程度に分離できるときは、当該部分を除いて、当該公文書を開示しなければならない。
2　開示請求に係る公文書に前条第二号の情報（特定の個人を識別することができるものに限る。）が記録されている場合において、当該情報のうち、氏名、生年月日その他の特定の個人を識別することができることとなる記述等の部分を除くことにより、公にしても、個人の権利利益が害されるおそれがないと認められるときは、当該部分を除いた部分は、同号の情報に含まれないものとみなして、前項の規定を適用する。
　（公益上の理由による裁量的開示）
第十条　議長は、開示請求に係る公文書に不開示情報（第八条第一号に該当する情報を除く。）が記録されている場合であっても、公益上特に必要があると認めるときは、開示請求者に対し、当該公文書を開示することができる。
　（公文書の存否に関する情報）
第十一条　開示請求に対し、当該開示請求に係る公文書が存在しているか否かを答えるだけで、不開示情報を開示することとなるときは、議長は、当該公文書の存否を明らかにしないで、当該開示請求を拒否することができる。
　（開示請求に対する措置）
第十二条　議長は、開示請求に係る公文書の全部又は一部を開示するときは、その旨の決定をし、開示請求者に対し、その旨及び開示の実施に関し議長が定める事項を書面により通知しなければならない。ただし、当該決定が開示請求に係る公文書の全部を開示請求があった日に開示する旨の決定であるときは、口頭により通知することができる。
2　議長は、開示請求に係る公文書の全部を開示しないとき（前条の規定により

開示請求を拒否するとき及び開示請求に係る公文書を保有していないときを含む。）は、開示をしない旨の決定をし、開示請求者に対し、その旨を書面により通知しなければならない。
3　議長は、前二項の規定により開示請求に係る公文書の全部を開示しない旨の決定又は一部を開示する旨の決定をするときは、当該各項に規定する書面にその決定の理由を記載しなければならない。この場合において、当該公文書の全部又は一部について開示することができるようになる期日が明らかであるときは、当該期日を付記しなければならない。
　（開示決定等の期限）
第十三条　前条第一項及び第二項の決定（以下「開示決定等」という。）は、開示請求があった日から起算して十五日以内にしなければならない。ただし、第七条第二項の規定により補正を求めた場合にあっては、当該補正に要した日数は、その期間に算入しない。
2　前項の規定にかかわらず、議長は、事務処理上の困難その他正当な理由があるときは、同項に規定する期間を三十日以内に限り延長することができる。この場合において、議長は、開示請求者に対し、速やかに、延長後の期間及び延長の理由を書面により通知しなければならない。
　（開示決定等の期限の特例）
第十四条　開示請求に係る公文書が著しく大量であるため、開示請求があった日から起算して四十五日以内にそのすべてについて開示決定等をすることにより事務の遂行に著しい支障が生ずるおそれがある場合には、前条の規定にかかわらず、議長は、開示請求に係る公文書のうちの相当の部分につきその期間内に開示決定等をし、残りの公文書については相当の期間内に開示決定等をすれば足りる。この場合において、議長は、同条第一項に規定する期間内に、開示請求者に対し、次に掲げる事項を書面により通知しなければならない。
　一　この条を適用する旨及びその理由
　二　残りの公文書について開示決定等をする期限
　（事案の移送）
第十五条　議長は、開示請求に係る公文書が福島県情報公開条例（平成十二年福島県条例第五号。以下「公開条例」という。）第二条第一項に規定する実施機関により作成されたものであるときその他同項に規定する実施機関において開示決定等をすることにつき正当な理由があるときは、当該実施機関と協議の上、当該実施機関に対し、事案を移送することができる。この場合において、議長は、開示請求者に対し、事案を移送した旨を書面により通知しなければならない。
2　前項の規定により事案が移送されたときは、開示請求のあった日に、移送を受けた公開条例第二条第一項に規定する実施機関に対し、公開条例の規定に基づく公文書の開示の請求があったものとみなす。
　（第三者に対する意見書提出の機会の付与等）
第十六条　開示請求に係る公文書に県、国、他の地方公共団体及び開示請求者以外のもの（以下この条、第二十一条及び第二十二条において「第三者」とい

う。）に関する情報が記録されているときは、議長は、開示決定等をするに当たって、当該情報に係る第三者に対し、開示請求に係る公文書の表示その他議長が定める事項を書面により通知して意見書を提出する機会を与えることができる。

2 議長は、次の各号のいずれかに該当するときは、開示決定に先立ち、その第三者に対し、開示請求に係る公文書の表示その他議長が定める事項を書面により通知して、意見書を提出する機会を与えなければならない。ただし、当該第三者の所在が判明しない場合は、この限りでない。
一 第三者に関する情報が記録されている公文書を開示しようとする場合であって、当該情報が第八条第二号イ又は同条第三号ただし書に規定する情報に該当すると認められるとき。
二 第三者に関する情報が記録されている公文書を第十条の規定により開示しようとするとき。

3 議長は、前二項の規定により意見書の提出の機会を与えられた第三者がその公文書の開示に反対の意思を表示した意見書を提出した場合において、開示決定をするときは、開示決定の日と開示を実施する日との間に少なくとも二週間を置かなければならない。この場合において、議長は、開示決定後直ちに、当該意見書（第二十条及び第二十一条において「反対意見書」という。）を提出した第三者に対し、開示決定をした旨及びその理由並びに開示を実施する日を書面により通知しなければならない。

（開示の実施）
第十七条　議長は、開示決定をしたときは、速やかに、開示請求者に対してその開示請求に係る公文書を開示しなければならない。
2　公文書の開示は、文書又は図画については閲覧又は写しの交付により、電磁的記録についてはその種別、情報化の進展状況等を勘案して議長が定める方法により行う。
3　議長は、開示請求に係る公文書を開示することにより当該公文書が汚損し、又は破損するおそれがあるとき、第九条の規定により公文書の一部を開示するときその他相当の理由があるときは、当該公文書を複写した物により、当該公文書の開示を行うことができる。

（他の制度による開示の実施との調整）
第十八条　議長は、法令等の規定により、何人にも開示請求に係る公文書が前条第二項に規定する方法と同一の方法で開示することとされている場合（開示の期間が定められている場合にあっては、当該期間内に限る。）には、同項の規定にかかわらず、当該公文書については、当該同一の方法による開示を行わない。ただし、当該法令等の規定に一定の場合には開示をしない旨の定めがあるときは、この限りでない。
2　法令等の規定に定める開示の方法が縦覧であるときは、当該縦覧を前条第二項の閲覧とみなして、前項の規定を適用する。

（費用負担）
第十九条　第十七条第二項又は第三項の規定により文書又は図画の写しの交付を

受けるものは、議長が定める額の当該写しの交付に要する費用を負担しなければならない。
2　第十七条第二項又は第三項の規定により電磁的記録の開示を受けるものは、当該電磁的記録について議長が定める開示の方法に応じて、議長が定める額の当該開示の実施に要する費用を負担しなければならない。

第三章　不服申立て

第一節　不服申立てに関する手続

（不服申立てがあった場合の手続）
第二十条　開示決定等について行政不服審査法（昭和三十七年法律第百六十号）の規定による不服申立てがあったときは、議長は、次の各号のいずれかに該当する場合を除き、速やかに、福島県議会情報公開審査会の意見を聴いて、当該不服申立てに対する決定を行うものとする。
一　不服申立てが不適法であり、却下するとき。
二　不服申立てに係る開示決定等（開示請求に係る公文書の全部を開示する旨の決定を除く。以下この号及び第二十二条において同じ。）を取り消し、又は変更し、当該不服申立てに係る公文書の全部を開示するとき。ただし、当該開示決定等について反対意見書が提出されているときを除く。
2　議長は、前項の決定を行うに当たっては、福島県議会情報公開審査会の意見を尊重するものとする。

（意見を求めた旨の通知）
第二十一条　議長は、前条第一項の意見を求めたときは、次に掲げるものに対し、その旨を通知しなければならない。
一　不服申立人及び参加人
二　開示請求者（開示請求者が不服申立人又は参加人である場合を除く。）
三　その不服申立てに係る開示決定等について反対意見書を提出した第三者（当該第三者が不服申立人又は参加人である場合を除く。）

（第三者からの不服申立てを棄却する場合等における手続）
第二十二条　第十六条第三項の規定は、次の各号のいずれかに該当する決定をする場合について準用する。
一　開示決定に対する第三者からの不服申立てを却下し、又は棄却する決定
二　不服申立てに係る開示決定等を変更し、当該開示決定等に係る公文書を開示する旨の決定（第三者である参加人が当該公文書の開示に反対の意思を表示している場合に限る。）

第二節　福島県議会情報公開審査会

（設置等）
第二十三条　第二十条第一項の規定による意見の求めに応じ不服申立てについて調査を行うため、福島県議会情報公開審査会（以下「審査会」という。）を置く。

2　審査会は、委員八人以内で組織する。
3　審査会の委員（以下「委員」という。）は、議会の議員のうち、議長が指名する。
4　委員の任期は、二年とする。ただし、補欠の委員の任期は、前任者の在任期間とする。
5　委員は、再任されることができる。
6　審査会は、第二十条第一項の規定による意見の求めに応じ不服申立てについて調査を行うときは、情報公開制度について学識経験を有する者のうちから、議長があらかじめ選任した三人以内の者（以下「学識経験者」という。）の意見を聴かなければならない。
7　委員及び学識経験者は、調査を行う上で知ることができた秘密を漏らしてはならない。委員にあってはその職を退いた後、学識経験者にあっては任を解かれた後も同様とする。

（審査会の調査権限）
第二十四条　審査会は、必要があると認めるときは、議長に対し、開示決定等に係る公文書の提示を求めることができる。この場合においては、何人も、審査会に対し、その提示された公文書の開示を求めることができない。
2　議長は、審査会から前項の規定による求めがあったときは、これを拒んではならない。
3　審査会は、必要があると認めるときは、議長に対し、開示決定等に係る公文書に記録されている情報の内容を審査会の指定する方法により分類し、又は整理した資料を作成し、審査会に提出するよう求めることができる。
4　第一項及び前項に定めるもののほか、審査会は、不服申立てに係る事件に関し、不服申立人、参加人又は議長（以下「不服申立人等」という。）に意見書又は資料の提出を求めること、適当と認める者にその知っている事実を陳述させ、又は鑑定を求めること、その他必要な調査をすることができる。

（意見の陳述）
第二十五条　審査会は、不服申立人等から申立てがあったときは、当該不服申立人等に口頭で意見を述べる機会を与えなければならない。ただし、審査会が、その必要がないと認めるときは、この限りでない。
2　前項本文の場合においては、不服申立人又は参加人は、審査会の許可を得て、補佐人とともに出頭することができる。

（意見書等の提出等）
第二十六条　不服申立人等は、審査会に対し、意見書又は資料を提出することができる。ただし、審査会が意見書又は資料を提出すべき相当の期間を定めたときは、当該期間内にこれを提出しなければならない。
2　審査会は、不服申立人等から意見書又は資料が提出された場合、不服申立人等（当該意見書又は資料を提出したものを除く。）にその旨を通知するものとする。

（提出資料の閲覧）
第二十七条　不服申立人等は、審査会に対し、審査会に提出された意見書又は資

料の閲覧を求めることができる。この場合において、審査会は、第三者の利益を害するおそれがあると認めるときその他正当な理由があるときでなければ、その閲覧を拒むことができない。
2　審査会は、前項の規定による閲覧について、日時及び場所を指定することができる。
　（調査手続の非公開）
第二十八条　審査会の行う不服申立てに係る調査の手続は、公開しない。
　（意見を記載した書面の送付）
第二十九条　審査会は、議長に対し第二十条第一項の意見を述べたときは、当該意見を記載した書面の写しを不服申立人及び参加人に送付するとともに、その内容を公表するものとする。
　（委任）
第三十条　この節に定めるもののほか、審査会の組織、運営その他必要な事項は、議長が定める。

第四章　雑則

　（公文書の任意的な開示）
第三十一条　議長は、第六条各号に掲げるもの以外のものから公文書の開示の申出があったときは、当該公文書を開示するよう努めるものとする。
2　第十九条の規定は、前項の規定により公文書を開示する場合について準用する。
　（公文書の管理）
第三十二条　議長は、この条例の適正かつ円滑な運用に資するため、公文書を適正に管理するものとする。
2　議長は、公文書の分類、作成、保存及び廃棄に関する基準その他の公文書の管理に関する必要な事項について定めるものとする。
　（開示請求をしようとするものに対する情報の提供等）
第三十三条　議長は、開示請求をしようとするものが容易かつ的確に開示請求をすることができるよう、議会が保有する公文書の特定に資する情報の提供その他開示請求をしようとするものの利便を考慮した適切な措置を講ずるものとする。
　（実施状況の公表）
第三十四条　議長は、毎年一回、この条例の規定に基づき行う公文書の開示の実施状況を取りまとめ、公表しなければならない。
　（委任）
第三十五条　この条例の施行に関し必要な事項は、議長が定める。
　附　則
1　この条例は、平成十三年十月一日から施行する。
2　この条例の規定は、この条例の施行の日以後に事務局の職員が作成し、又は取得した公文書について適用する。

茨城県情報公開条例

【制定】平成十二年三月二十八日条例第五号
【改正】平成十二年十二月二十六日条例第七十四号
　　　　平成十三年六月二十一日条例第三十八号
　　　　平成十四年六月二十六日条例第四十号

　茨城県公文書の開示に関するる条例（昭和六十一年茨城県条例第二号）の全部を改正する。

　　　茨城県情報公開条例
目次
　第一章　総則（第一条～第四条）
　第二章　行政文書の開示（第五条～第十八条）
　第三章　不服申立て
　　第一節　諮問等（第十九条～第二十一条）
　　第二節　審査会の調査審議の手続等（第二十二条～第三十条）
　第四章　補則（第三十一条～第三十八条）
付則

　　　　第一章　総則

　（目的）
第一条　この条例は，地方自治の理念にのっとり，行政文書の開示を請求する権利の付与等につき定めることにより，県の保有する情報の一層の公開を図り，もって県民の知る権利についての理解を深めつつ，県の諸活動を県民に説明する責務が全うされるようにするとともに，公正で民主的な行政の推進に資することを目的とする。
　（定義）
第二条　この条例において「実施機関」とは，知事，教育委員会，選挙管理委員会，人事委員会，監査委員，公安委員会，警察本部長，地方労働委員会，収容委員会，海区漁業調整委員会，内水面漁場管理委員会及び公営企業管理者をいう。
2　この条例において「行政文書」とは，実施機関の職員が職務上作成し，又は取得した文書，図画及び電磁的記録（電子的方式，磁気的方式その他人の知覚によっては認識することができない方式で作られた記録をいう。以下同じ。）であって，当該実施機関の職員が組織的に用いるものとして，当該実施機関が保有しているものをいう。ただし，次に掲げるものを除く。
　一　官報，公報，白書，新聞，雑誌，書籍その他不特定多数の者に販売するこ

とを目的として発行されるもの
二　規則で定める図書館その他の機関において、規則で定めるところにより、歴史的若しくは文化的な資料又は学術研究用の資料として特別の管理がされているもの

（解釈及び運用の指針）
第三条　実施機関は、行政文書の開示を請求する権利が十分に尊重されるようにこの条例を解釈し、及び運用するものとする。
2　実施機関は、この条例の解釈及び運用に当たっては、通常他人に知られたくない個人に関する情報がみだりに開示されることがないように配慮するものとする。

（適正使用）
第四条　行政文書の開示を請求した者は、この条例の規定により行政文書の開示を受けたときは、当該行政文書に係る情報を、この条例の目的に即して適正に使用しなければならない。

第二章　行政文書の開示

（開示請求権）
第五条　何人も、この条例の定めるところにより、実施機関に対し、当該実施機関の保有する行政文書の開示を請求することができる。

（開示請求の手続）
第六条　前条の規定による開示の請求（以下「開示請求」という。）は、次に掲げる事項を記載した書面（以下「開示請求書」という。）を実施機関に提出してしなければならない。
一　開示請求をするものの氏名又は名称及び住所又は居所並びに法人その他の団体にあっては代表者の氏名
二　行政文書の名称その他の開示請求に係る行政文書を特定するに足りる事項
2　実施機関は、開示請求書に形式上の不備があると認めるときは、開示請求をした者（以下「開示請求者」という。）に対し、相当の期間を定めて、その補正を求めることができる。この場合において、実施機関は、開示請求者に対し、補正の参考となる情報を提供するよう努めなければならない。

（行政文書の開示義務）
第七条　実施機関は、開示請求があったときは、開示請求に係る行政文書に次の各号に掲げる情報（以下「不開示情報」という。）のいずれかが記録されている場合を除き、開示請求者に対し、当該行政文書を開示しなければならない。
一　法令又は条例の規定により公にすることができないと認められる情報
二　個人に関する情報（事業を営む個人の当該事業に関する情報を除く。）であって、当該情報に含まれる氏名、生年月日その他の記述等により特定の個人を識別することができるもの（他の情報と照合することにより、特定の個人を識別することができることとなるものを含む。）又は特定の個人を識別することはできないが、公にすることにより、なお個人の権利利益を害するおそ

れがあるもの。ただし、次に掲げる情報を除く。
　ア　法令（条例、規則等を含む。第十七条において同じ。）の規定により又は慣行として公にされ、又は公にすることが予定されている情報
　イ　人の生命、健康、生活又は財産を保護するため、公にすることが必要であると認められる情報
　ウ　当該個人が公務員等（国家公務員法（昭和二十二年法律第百二十号）第二条第一項に規定する国家公務員（独立行政法人通則法（平成十一年法律第百三号）第二条第二項に規定する特定独立行政法人の役員及び職員を除く。）、独立行政法人等（独立行政法人等の保有する情報の公開に関する法律（平成十三年法律第百四十号）第二条第一項に規定する独立行政法人等をいう。以下同じ。）の役員及び職員並びに地方公務員法（昭和二十五年法律第二百六十一号）第二条に規定する地方公務員をいう。）である場合において、当該情報がその職務の遂行に係る情報であるときは、当該情報のうち、当該公務員の職及び当該職務遂行の内容に係る部分
三　法人その他の団体（県、国、独立行政法人等及び他の地方公共団体等を除く。以下「法人等」という。）に関する情報又は事業を営む個人の当該事業に関する情報であって、次に掲げるもの。ただし、人の生命、健康、生活又は財産を保護するため、公にすることが必要であると認められる情報を除く。
　ア　公にすることにより、当該法人等又は当該個人の権利、競争上の地位その他正当な利益を害するおそれがあるもの
　イ　実施機関の要請を受けて、公にしないとの条件で任意に提供されたものであって、法人等又は個人における通例として公にしないこととされているものその他の当該条件を付することが当該情報の性質、当時の状況等に照らして合理的であると認められるもの
四　公にすることにより、犯罪の予防、鎮圧又は捜査その他の公共の安全と秩序の維持に支障を及ぼすおそれがあると実施機関が認めることにつき相当の理由がある情報
五　県の機関、国、独立行政法人等及び他の地方公共団体の内部又は相互間における審議、検討又は協議に関する情報であって、公にすることにより、率直な意見の交換若しくは意思決定の中立性が不当に損なわれるおそれ、不当に県民の間に混乱を生じさせるおそれ又は特定の者に不当に利益を与え若しくは不利益を及ぼすおそれがあるもの
六　県の機関、国、独立行政法人等又は他の地方公共団体が行う事務又は事業に関する情報であって、公にすることにより、次に掲げるおそれその他当該事務又は事業の性質上、当該事務又は事業の適正な遂行に支障を及ぼすおそれがあるもの
　ア　監査、検査、取締り又は試験に係る事務に関し、正確な事実の把握を困難にするおそれ又は違法若しくは不当な行為を容易にし、若しくはその発見を困難にするおそれ
　イ　契約、交渉又は争訟に係る事務に関し、県、国、独立行政法人等又は他の地方公共団体の財産上の利益又は当事者としての地位を不当に害するお

　　　　それ
　　ウ　調査研究に係る事務に関し、その公正かつ能率的な遂行を不当に阻害するおそれ
　　エ　人事管理に係る事務に関し、公正かつ円滑な人事の確保に支障を及ぼすおそれ
　　オ　県又は国若しくは他の地方公共団体が経営する企業又は独立行政法人等に係る事業に関し、その企業経営上の正当な利益を害するおそれ
　　　　◇一部改正（平成一四年条例四〇号）
（部分開示）
第八条　実施機関は、開示請求に係る行政文書の一部に不開示情報が記録されている場合において、不開示情報が記録されている部分を容易に区分して除くことができるときは、開示請求者に対し、当該部分を除いた部分につき開示しなければならない。ただし、当該部分を除いた部分に有意の情報が記録されていないと認められるときは、この限りでない。
２　開示請求に係る行政文書に前条第二号の情報（特定の個人を識別することができるものに限る。）が記録されている場合において、当該情報のうち、氏名、生年月日その他の特定の個人を識別することができることとなる記述等の部分を除くことにより、公にしても、個人の権利利益が害されるおそれがないと認められるときは、当該部分を除いた部分は、同号の情報に含まれないものとみなして、前項の規定を適用する。

（公益上の理由による裁量的開示）
第九条　実施機関は、開示請求に係る行政文書に不開示情報が記録されている場合であっても、公益上特に必要があると認めるときは、開示請求者に対し、当該行政文書を開示することができる。

（行政文書の存否に関する情報）
第十条　開示請求に対し、当該開示請求に係る行政文書が存在しているか否かを答えるだけで、不開示情報を開示することとなるときは、実施機関は、当該行政文書の存否を明らかにしないで、当該開示請求を拒否することができる。

（開示請求に対する措置）
第十一条　実施機関は、開示請求に係る行政文書の全部又は一部を開示するときは、その旨の決定をし、開示請求者に対し、その旨及び開示の実施に関し実施機関が定める事項を書面により通知しなければならない。
２　実施機関は、開示請求に係る行政文書の全部を開示しないとき（前条の規定により開示請求を拒否するとき及び開示請求に係る行政文書を保有していないときを含む。）は、開示をしない旨の決定をし、開示請求者に対し、その旨を書面により通知しなければならない。

（開示決定等の期限）
第十二条　前条各項の決定（以下「開示決定等」という。）は、開示請求があった日から十五日以内にしなければならない。ただし、第六条第二項の規定により補正を求めた場合にあっては、当該補正に要した日数は、当該期間に算入しない。

2　前項の規定にかかわらず、実施機関は、事務処理上の困難その他正当な理由があるときは、同項に規定する期間を四十五日以内に限り延長することができる。この場合において、実施機関は、開示請求者に対し、遅滞なく、延長後の期間及び延長の理由を書面により通知しなければならない。
　（開示決定等の期限の特例）
第十三条　開示請求に係る行政文書が著しく大量であるため、開示請求があった日から六十日以内にそのすべてについて開示決定等をすることにより事務の遂行に著しい支障が生ずるおそれがある場合には、前条の規定にかかわらず、実施機関は、開示請求に係る行政文書のうちの相当の部分につき当該期間内に開示決定等をし、残りの行政文書については相当の期間内に開示決定等をすれば足りる。この場合において、実施機関は、同条第一項に規定する期間内に、開示請求者に対し、次に掲げる事項を書面により通知しなければならない。
一　本条を適用する旨及びその理由
二　残りの行政文書について開示決定等をする期限
　（事案の移送）
第十四条　実施機関は、開示請求に係る行政文書が他の実施機関により作成されたものであるときその他他の実施機関において開示決定等をすることにつき正当な理由があるときは、当該他の実施機関と協議の上、当該他の実施機関に対し、事案を移送することができる。この場合においては、移送をした実施機関は、開示請求者に対し、事案を移送した旨を書面により通知しなければならない。
2　前項の規定により事案が移送されたときは、移送を受けた実施機関において、当該開示請求についての開示決定等をしなければならない。この場合において、移送をした実施機関が移送前にした行為は、移送を受けた実施機関がしたものとみなす。
3　前項の場合において、移送を受けた実施機関が第十一条第一項の決定（以下「開示決定」という。）をしたときは、当該実施機関は、開示の実施をしなければならない。この場合において、移送をした実施機関は、当該開示の実施に必要な協力をしなければならない。
　（議会への事案の移送）
第十四条の二　実施機関は、開示請求に係る行政文書が議会の事務局の職員により作成されたものであるときその他議会の議長（以下「議長」という。）において開示決定等をすることにつき正当な理由があるときは、議長と協議の上、議長に対し事案を移送することができる。この場合においては、実棒機関は、開示請求に対し、事案を移送した旨を書面により通知しなければならない。
2　事案の移送を受けて議長が開示の実施をする場合には、移送をした実施機関は、当該開示の実施に必要な協力をしなければならない。
　　　　◇追　　加（平成一二年条例七四号）
　（議会からの事案の移送の処理）
第十四条の三　実施機関は、茨城県議会情報公開条例（平成十二年茨城県条例第八十七号）第十四条第一項の規定に基づき事案の移送を受けたときは、同条例

の規定による開示請求があった日に、この条例の規定による開示請求があったものとみなして、当該事案の処理をしなければならない。

　　　◇追　　加（平成一二年条例七四号）
（第三者に対する意見書提出の機会の付与等）
第十五条　開示請求に係る行政文書に県、国、独立行政法人等、他の地方公共団体及び開示請求者以外の者（以下この条、第二十条及び第二十一条において「第三者」という。）に関する情報が記録されているときは、実施機関は、開示決定等をするに当たって、当該情報に係る第三者に対し、開示請求に係る行政文書の表示その他実施機関が定める事項を通知して、意見書を提出する機会を与えることができる。
2　実施機関は、次の各号のいずれかに該当するときは、開示決定に先立ち、当該第三者に対し、開示請求に係る行政文書の表示その他実施機関が定める事項を書面により通知して、意見書を提出する機会を与えなければならない。ただし、当該第三者の所在が判明しない場合は、この限りでない。
　一　第三者に関する情報が記録されている行政文書を開示しようとする場合であって、当該情報が第七条第二号イ又は同条第三号ただし書に規定する情報に該当すると認められるとき。
　二　第三者に関する情報が記録されている行政文書を第九条の規定により開示しようとするとき。
3　実施機関は、前二項の規定により意見書の提出の機会を与えられた第三者が当該行政文書の開示に反対の意思を表示した意見書を提出した場合において、開示決定をするときは、開示決定の日と開示を実施する日との間に少なくとも二週間を置かなければならない。この場合において、実施機関は、開示決定後直ちに、当該意見書（第十九条及び第二十条において「反対意見書」という。）を提出した第三者に対し、開示決定をした旨及びその理由並びに開示を実施する日を書面により通知しなければならない。

　　　◇一部改正（平成一四年条例四〇号）
（開示の実施）
第十六条　行政文書の開示は、文書又は図画については閲覧又は写しの交付により、電磁的記録についてはその種別、情報化の進展状況等を勘案して規則で定める方法により行う。ただし、閲覧の方法による行政文書の開示にあっては、実施機関は、当該行政文書の保存に支障を生ずるおそれがあると認めるときその他正当な理由があるときは、その写しにより、これを行うことができる。
2　開示決定に基づき行政文書の開示を受ける者は、実施機関が定めるところにより、当該開示決定をした実施機関に対し、その求める開示の実施の方法その他の実施機関が定める事項を申し出なければならない。
3　前項の規定による申出は、第十一条第一項に規定する通知があった日から三十日以内にしなければならない。ただし、当該期間内に当該申出をすることができないことにつき正当な理由があるときは、この限りでない。
4　開示決定に基づき行政文書の開示を受けた者は、最初に開示を受けた日から三十日以内に限り、実施機関に対し、更に開示を受ける旨を申し出ることがで

きる。この場合においては、前項ただし書の規定を準用する。
　（他の法令による開示の実施との調整）
第十七条　実施機関は、他の法令の規定により、何人にも開示請求に係る行政文書が前条第一項本文に規定する方法と同一の方法で開示することとされている場合（開示の期間が定められている場合にあっては、当該期間内に限る。）には、同項本文の規定にかかわらず、当該行政文書については、当該同一の方法による開示を行わない。ただし、当該他の法令の規定に一定の場合には開示をしない旨の定めがあるときは、この限りでない。
2　他の法令の規定に定める開示の方法が縦覧であるときは、当該縦覧を前条第一項本文の閲覧とみなして、前項の規定を適用する。
　（費用負担）
第十八条　行政文書の開示を受ける者は、規則で定めるところにより、当該開示に係る費用として実費の範囲内において規則で定める額を負担しなければならない。

第三章　不服申立て

第一節　諮問等

　（審査会への諮問）
第十九条　開示決定等について行政不服審査法（昭和三十七年法律第百六十号）による不服申立てがあったときは、当該不服申立てに対する決定又は裁決をすべき実施機関は、次の各号のいずれかに該当する場合を除き、茨城県情報公開審査会（以下「審査会」という。）に諮問しなければならない。
　一　不服申立てが不適法であり、却下するとき。
　二　決定又は裁決で、不服申立てるに係る開示決定等（開示請求に係る行政文書の全部を開示する旨の決定を除く。以下この号及び第二十一条において同じ。）を取り消し又は変更し、当該不服申立てに係る行政文書の全部を開示することとするとき。ただし、当該開示決定等について反対意見書が提出されているときを除く。
　　　　◇一部改正（平成一三年条例三八号）
　（諮問をした旨の通知）
第二十条　前条の規定により諮問をした実施機関（以下「諮問庁」という。）は、次に掲げる者に対し、諮問をした旨を通知しなければならない。
　一　不服申立人及び参加人
　二　開示請求者（開示請求者が不服申立人又は参加人である場合を除く。）
　三　当該不服申立てに係る開示決定等について反対意見書を提出した第三者（当該第三者が不服申立人又は参加人である場合を除く。）
　（第三者からの不服申立てを棄却する場合等における手続）
第二十一条　第十五条第三項の規定は、次の各号のいずれかに該当する決定又は裁決をする場合について準用する。

一　開示決定に対する第三者からの不服申立てを却下し、又は棄却する決定又は裁決
二　不服申立てに係る開示決定等を変更し、当該開示決定等に係る行政文書を開示する旨の決定又は裁決（第三者である参加人が当該行政文書の開示に反対の意思を表示している場合に限る。）

第二節　審査会の調査審議の手続等

（審査会の調査権限）
第二十二条　審査会は、必要があると認めるときは、諮問庁に対し、開示決定等に係る行政文書の提示を求めることができる。この場合においては、何人も、審査会に対し、その提示された行政文書の開示を求めることができない。
2　諮問庁は、審査会から前項の規定による求めがあったときは、これを拒んではならない。
3　審査会は、必要があると認めるときは、諮問庁に対し、開示決定等に係る行政文書に記録されている情報の内容を審査会の指定する方法により分類又は整理した資料を作成し、審査会に提出するよう求めることができる。
4　第一項及び前項に定めるもののほか、審査会は、不服申立てに係る事件に関し、不服申立人、参加人又は諮問庁（以下「不服申立人等」という。）に意見書又は資料の提出を求めること、適当と認める者にその知っている事実を陳述させ又は鑑定を求めることその他必要な調査をすることができる。

（意見の陳述）
第二十三条　審査会は、不服申立人等から申立てがあったときは、当該不服申立人等に口頭で意見を述べる機会を与えなければならない。ただし、審査会が、その必要がないと認めるときは、この限りでない。
2　前項本文の場合においては、不服申立人又は参加人は、審査会の許可を得て、補佐人とともに出頭することができる。

（意見書等の提出）
第二十四条　不服申立人等は、審査会に対し、意見書又は資料を提出することができる。ただし、審査会が意見書又は資料を提出すべき相当の期間を定めたときは、その期間内にこれを提出しなければならない。

（委員による調査手続）
第二十五条　審査会は、必要があると認めるときは、その指名する委員に、第二十二条第一項の規定により提示された行政文書を閲覧させ、同条第四項の規定による調査をさせ、又は第二十三条第一項本文の規定による不服申立人等の意見の陳述を聴かせることができる。

（提出資料の閲覧）
第二十六条　不服申立人等は、審査会に対し、審査会に提出された意見書又は資料の閲覧を求めることができる。この場合において、審査会は、第三者の利益を害するおそれがあると認めるときその他正当な理由があるときでなければ、その閲覧を拒むことができない。
2　審査会は、前項の規定による閲覧について、日時及び場所を指定することが

できる。
　（調査審議手続の非公開）
第二十七条　審査会の行う調査審議の手続は、公開しない。
　（守秘義務）
第二十八条　審査会の委員は、職務上知り得た秘密を漏らしてはならない。その職を退いた後も同様とする。
　（答申書の送付等）
第二十九条　審査会は、諮問に対する答申をしたときは、答申書の写しを不服申立人及び参加人に送付するとともに、答申の内容を公表するものとする。
　（決定等）
第三十条　実施機関は、諮問に対する答申があったときは、答申を尊重して決定又は裁決をしなければならない。

第四章　補　則

　（行政文書の管理）
第三十一条　実施機関は、この条例の適正かつ円滑な運用に資するため、行政文書を適正に管理するものとする。
2　実施機関は、規則で定めるところにより行政文書の管理に関する規程を設けるとともに、これを一般の閲覧に供しなければならない。
3　前項の規則においては、行政文書の作成、保存及び廃棄に関する基準その他の行政文書の管理に関する必要な事項について定めるものとする。
　（開示請求をしようとする者に対する情報の提供）
第三十二条　実施機関は、開示請求をしようとする者が容易かつ的確に開示請求をすることができるよう、当該実施機関が保有する行政文書の特定に資する情報の提供その他開示請求をしようとする者の利便を考慮した適切な措置を講ずるものとする。
　（施行の状況の公表）
第三十三条　知事は、実施機関に対し、この条例の施行の状況について報告を求めることができる。
2　知事は、毎年度、前項の報告を取りまとめ、その概要を公表するものとする。
　（実施機関の保有する情報の提供に関する施策の充実）
第三十四条　県は、その保有する情報の公開の総合的な推進を図るため、実施機関の保有する情報が適時に、かつ、適切な方法で県民に明らかにされるよう、実施機関の保有する情報の提供に関する施策の充実に努めるものとする。
　（適用除外）
第三十五条　法律の規定により行政機関の保有する情報の公開に関する法律（平成十一年法律第四十二号）の規定が適用されないこととされている文書、図画及び電磁的記録については、この条例の規定は適用しない。
　（出資法人の情報公開）
第三十六条　県は、県が資本金、基本金その他これらに準ずるものを出資してい

る法人であって、県との関係の緊密度、その性格及び業務内容を勘案して規則で定める要件に該当するもの（以下「出資法人」という。）に対し、その性格及び業務内容に応じ、出資法人の保有する情報の開示及び提供が推進されるよう、情報の公開の実施に関し必要な支援を行うものとする。

（委任）

第三十七条　この条例に定めるもののほか、この条例の実施のため必要な事項は、実施機関が定める。

（罰則）

第三十八条　第二十八条の規定に違反して秘密を漏らした者は、一年以下の懲役又は三十万円以下の罰金に処する。

付　則

（施行期日）

1　この条例は、平成十二年十月一日から施行する。ただし、第二条第一項中公安委員会及び警察本部長に関する部分の規定は、規則で定める日から施行する。
（平成十四年九月十二日規則第七十号により、平成十四年十月一日から施行）

　　　◇一部改正（平成一三年条例三八号）

（経過措置）

2　この条例の施行の際現にされているこの条例による改正前の茨城県公文書の開示に関する条例（以下「改正前の条例」という。）第五条の規定による公文書の開示の請求は、この条例による改正後の茨城県情報公開条例（以下「改正後の条例」という。）第五条の規定による開示の請求とみなす。

3　前項に定めるもののほか、改正前の条例の規定によりされた処分、手続その他の行為は、改正後の条例の相当規定によりされた処分、手続その他の行為とみなす。

（茨城県行政組織条例の一部改正）

4　茨城県行政組織条例（昭和三十八年茨城県条例第四十五号）の一部を次のように改正する。

　　　　　（次のよう）略

5　前項の規定による改正前の茨城県行政組織条例第二十二条の規定による茨城県公文書開示審査会は、同項の規定による改正後の茨城県行政組織条例第二十二条の規定による審査会となるものとする。

付　則（平成十二年十二月二十六日条例第七十四号）

この条例は、平成十三年四月一日から施行する。

付　則（平成十三年六月二十一日条例第三十八号）

この条例は、公布の日から施行する。

付　則（平成十四年六月二十六日条例第四十号）

（施行期日）

1　この条例は、規則で定める日から施行する。

（経過措置）

2　この条例による改正後の茨城県情報公開条例第七条及び第十五条第一項の規定は、この条例の施行の日以後になされた開示請求（茨城県情報公開条例第六

条第一項に規定する開示請求をいう。以下同じ。)について適用し、同日前にな
された開示請求については、なお従前の例による。

茨城県議会情報公開条例

【制定】平成十二年十二月二十六日条例第八十七号
【改正】平成十四年六月二十六日条例第四十八号

茨城県議会情報公開条例

目次
　前文
　第一章　総則（第一条～第四条）
　第二章　公文書の開示（第五条～第二十一条）
　第三章　茨城県議会情報委員会（第二十二条～第三十条）
　第四章　補則（第三十一条～第三十六条）
　附則

　地方分権の新しい時代を迎え、地方議会は、その役割と責務がますます大きなものとなり、県民の代表機関として、県民の意思を反映した活動をこれまで以上に積極的かつ広範に行っていくことが求められている。
　地方自治の理念にのっとり、議会が、県民の負託にこたえ、その諸活動を県民に説明する責務を全うすることにより、県民の理解と県政参加が促進されるものであることから、茨城県議会はこれまでも、会議はもとより委員会やこれらの会議記録等について公開するとともに、議会の活動に関する情報を積極的に提供するよう努めてきたが、新しい時代の中で、議会の公開性をより一層高めていくことが重要である。
　このような認識に基づき、地方分権の進展に対応した広く開かれた茨城県議会を実現するため、この条例を制定する。

第一章　総則

（目的）
第一条　この条例は、地方自治の理念にのっとり、茨城県議会（以下「議会」という。）の公文書の開示を請求する権利等につき定めることにより、議会の保有する情報の一層の公開を図り、もって議会の諸活動を県民に説明する責務が全うされるようにするとともに、県民の理解と県政参加を促進し、広く開かれた議会の実現に寄与することを目的とする。

（定義）
第二条　この条例において「公文書」とは、議会の事務局の職員（以下「職員」という。）が職務上作成し、又は取得した文書、図画及び電磁的記録（電子的方式、磁気的方式その他人の知覚によっては認識することができない方式で作られた記録をいう。以下同じ。）であって、職員が組織的に用いるものとして、議会が保有しているものをいう。ただし、官報、公報、白書、新聞、雑誌、書籍

その他不特定多数の者に販売することを目的として発行されるものを除く。
　（解釈及び運用の指針）
第三条　議会は、公文書の開示を請求する権利が十分に尊重されるようにこの条例を解釈し、及び運用するものとする。
2　議会は、この条例の解釈及び運用に当たっては、通常他人に知られたくない個人に関する情報がみだりに開示されることがないように配慮するものとする。
　（適正使用）
第四条　公文書の開示を請求した者は、この条例の規定により公文書の開示を受けたときは、当該公文書に係る情報を、この条例の目的に即して適正に使用しなければならない。

第二章　公文書の開示

　（開示請求権）
第五条　何人も、この条例の定めるところにより、議会の議長（以下「議長」という。）に対し、議会の保有する公文書の開示を請求することができる。
　（開示請求の手続）
第六条　前条の規定による開示の請求（以下「開示請求」という。）は、次に掲げる事項を記載した書面（以下「開示請求書」という。）を議長に提出してしなければならない。
　一　開示請求をする者の氏名又は名称及び住所又は居所並びに法人その他の団体にあっては代表者の氏名
　二　公文書の名称その他の開示請求に係る公文書を特定するに足りる事項
2　議長は、開示請求書に形式上の不備があると認めるときは、開示請求をした者（以下「開示請求者」という。）に対し、相当の期間を定めて、その補正を求めることができる。この場合において、議長は、開示請求者に対し、補正の参考となる情報を提供するよう努めなければならない。
　（公文書の開示義務）
第七条　議長は、開示請求があったときは、開示請求に係る公文書に次の各号に掲げる情報（以下「不開示情報」という。）のいずれかが記録されている場合を除き、開示請求者に対し、当該公文書を開示しなければならない。
　一　法令又は条例の規定により公にすることができないと認められる情報
　二　個人に関する情報（事業を営む個人の当該事業に関する情報を除く。）であって、当該情報に含まれる氏名、生年月日その他の記述等により特定の個人を識別することができるもの（他の情報と照合することにより、特定の個人を識別することができることとなるものを含む。）又は特定の個人を識別することはできないが、公にすることにより、なお個人の権利利益を害するおそれがあるもの。ただし、次に掲げる情報を除く。
　　ア　法令（条例、規則等を含む。第十七条において同じ。）の規定により又は慣行として公にされ、又は公にすることが予定されている情報
　　イ　人の生命、健康、生活又は財産を保護するため、公にすることが必要で

あると認められる情報
　　ウ　当該個人が公務員等（国家公務員法（昭和二十二年法律第百二十号）第二条第一項に規定する国家公務員（独立行政法人通則法（平成十一年法律第百三号）第二条第二項に規定する特定独立行政法人の役員及び職員を除く。）、独立行政法人等（独立行政法人等の保有する情報の公開に関する法律（平成十三年法律第百四十号）第二条第一項に規定する独立行政法人等をいう。以下同じ。）の役員及び職員並びに地方公務員法（昭和二十五年法律第二百六十一号）第二条に規定する地方公務員をいう。）である場合において、当該情報がその職務の遂行に係る情報であるときは、当該情報のうち、当該公務員等の職及び当該職務遂行の内容に係る部分
三　法人その他の団体（県、国、独立行政法人等及び他の地方公共団体等を除く。以下「法人等」という。）に関する情報又は事業を営む個人の当該事業に関する情報であって、次に掲げるもの。ただし、人の生命、健康、生活又は財産を保護するため、公にすることが必要であると認められる情報を除く。
　　ア　公にすることにより、当該法人等又は当該個人の権利、競争上の地位その他正当な利益を害するおそれがあるもの
　　イ　議会の要請を受けて、公にしないとの条件で任意に提供されたものであって、法人等又は個人における通例として公にしないこととされているものその他の当該条件を付することが当該情報の性質、当時の状況等に照らして合理的であると認められるもの
四　公にすることにより、犯罪の予防、鎮圧又は捜査その他の公共の安全と秩序の維持に支障を及ぼすおそれがあると議長が認めることにつき相当の理由がある情報
五　議会、議会以外の県の機関、国、独立行政法人等及び他の地方公共団体の内部又は相互間における審議、検討又は協議に関する情報であって、公にすることにより、率直な意見の交換若しくは意思決定の中立性が不当に損なわれるおそれ、不当に県民の間に混乱を生じさせるおそれ又は特定の者に不当に利益を与え若しくは不利益を及ぼすおそれがあるもの
六　議会、議会以外の県の機関、国、独立行政法人等又は他の地方公共団体が行う事務又は事業に関する情報であって、公にすることにより、次に掲げるおそれその他当該事務又は事業の性質上、当該事務又は事業の適正な遂行に支障を及ぼすおそれがあるもの
　　ア　監査、検査、取締り又は試験に係る事務に関し、正確な事実の把握を困難にするおそれ又は違法若しくは不当な行為を容易にし、若しくはその発見を困難にするおそれ
　　イ　契約、交渉又は争訟に係る事務に関し、県、国、独立行政法人等又は他の地方公共団体の財産上の利益又は当事者としての地位を不当に害するおそれ
　　ウ　調査研究に係る事務に関し、その公正かつ能率的な遂行を不当に阻害するおそれ
　　エ　人事管理に係る事務に関し、公正かつ円滑な人事の確保に支障を及ぼす

　　　　おそれ
　　オ　県、国若しくは他の地方公共団体が経営する企業又は独立行政法人等に
　　　係る事業に関し、その企業経営上の正当な利益を害するおそれ
　七　会派の活動に関する情報又は議員の活動に関する情報であって、公にする
　　ことにより、当該会派の活動又は議員の活動に著しい支障を及ぼすおそれが
　　あるもの
　　　　◇一部改正（平成一四年条例四八号）
　（部分開示）
第八条　議長は、開示請求に係る公文書の一部に不開示情報が記録されている場合において、不開示情報が記録されている部分を容易に区分して除くことができるときは、開示請求者に対し、当該部分を除いた部分につき開示しなければならない。ただし、当該部分を除いた部分に有意の情報が記録されていないと認められるときは、この限りでない。
2　開示請求に係る公文書に前条第二号の情報（特定の個人を識別することができるものに限る。）が記録されている場合において、当該情報のうち、氏名、生年月日その他の特定の個人を識別することができることとなる記述等の部分を除くことにより、公にしても、個人の権利利益が害されるおそれがないと認められるときは、当該部分を除いた部分は、同号の情報に含まれないものとみなして、前項の規定を適用する。
　（公益上の理由による裁量的開示）
第九条　議長は、開示請求に係る公文書に不開示情報が記録されている場合であっても、公益上特に必要があると認めるときは、開示請求者に対し、当該公文書を開示することができる。
　（公文書の存否に関する情報）
第十条　開示請求に対し、当該開示請求に係る公文書が存在しているか否かを答えるだけで、不開示情報を開示することとなるときは、議長は、当該公文書の存否を明らかにしないで、当該開示請求を拒否することができる。
　（開示請求に対する措置）
第十一条　議長は、開示請求に係る公文書の全部又は一部を開示するときは、その旨の決定をし、開示請求者に対し、その旨及び開示の実施に関し議長が定める事項を書面により通知しなければならない。
2　議長は、開示請求に係る公文書の全部を開示しないとき（前条の規定により開示請求を拒否するとき及び開示請求に係る公文書を保有していないときを含む。）は、開示をしない旨の決定をし、開示請求者に対し、その旨を書面により通知しなければならない。
3　議長は、前二項の決定（以下「開示決定等」という。）をするに当たって必要と認めるときは、第二十二条第一項の規定により設置された茨城県議会情報委員会の意見を聴くことができる。
　（開示決定等の期限）
第十二条　開示決定等は、開示請求があった日から十五日以内にしなければならない。ただし、第六条第二項の規定により補正を求めた場合にあっては、当該

補正に要した日数は、当該期間に算入しない。
2　前項の規定にかかわらず、議長は、事務処理上の困難その他正当な理由があるときは、同項に規定する期間を四十五日以内に限り延長することができる。この場合において、議長は、開示請求者に対し、遅滞なく、延長後の期間及び延長の理由を書面により通知しなければならない。
　（開示決定等の期限の特例）
第十三条　開示請求に係る公文書が著しく大量であるため、開示請求があった日から六十日以内にそのすべてについて開示決定等をすることにより事務の遂行に著しい支障が生ずるおそれがある場合には、前条の規定にかかわらず、議長は、開示請求に係る公文書のうちの相当の部分につき当該期間内に開示決定等をし、残りの公文書については相当の期間内に開示決定等をすれば足りる。この場合において、議長は、同条第一項に規定する期間内に、開示請求者に対し、次に掲げる事項を書面により通知しなければならない。
一　本条を適用する旨及びその理由
二　残りの公文書について開示決定等をする期限
　（事案の移送）
第十四条　議長は、開示請求に係る公文書が茨城県情報公開条例（平成十二年茨城県条例第五号）第二条第一項に規定する実施機関（以下「実施機関」という。）により作成されたものであるときその他実施機関において開示決定等をすることにつき正当な理由があるときは、当該実施機関と協議の上、当該実施機関に対し、事案の移送をすることができる。この場合においては、議長は、開示請求者に対し、事案の移送をした旨を書面により通知しなければならない。
2　前項の規定により事案の移送を受けた実施機関が開示の実施をする場合には、議長は、当該開示の実施に必要な協力をしなければならない。
3　議長は、茨城県情報公開条例第十四条の二第一項の規定に基づき事案の移送を受けたときは、同条例の規定による開示請求があった日に、この条例の規定による開示請求があったものとみなして、当該事案の処理をしなければならない。
　（第三者に対する意見書提出の機会の付与等）
第十五条　開示請求に係る公文書に県、国、独立行政法人等、他の地方公共団体及び開示請求者以外の者（以下この条、第二十条及び第二十一条において「第三者」という。）に関する情報が記録されているときは、議長は、開示決定等をするに当たって、当該情報に係る第三者に対し、開示請求に係る公文書の表示その他議長が定める事項を通知して、意見書を提出する機会を与えることができる。
2　議長は、次の各号のいずれかに該当するときは、第十一条項第一項の決定（以下「開示決定」という。）に先立ち、当該第三者に対し、開示請求に係る公文書の表示その他議長が定める事項を書面により通知して、意見書を提出する機会を与えなければならない。ただし、当該第三者の所在が判明しない場合は、この限りでない。
一　第三者に関する情報が記録されている公文書を開示しようとする場合であ

って、当該情報が第七条第二号イ又は同条第三号ただし書に規定する情報に該当すると認められるとき。
　二　第三者に関する情報が記録されている公文書を第九条の規定により開示しようとするとき。
3　議長は、前二項の規定により意見書の提出の機会を与えられた第三者が当該公文書の開示に反対の意思を表示した意見書を提出した場合において、開示決定をするときは、開示決定の日と開示を実施する日との間に少なくとも二週間を置かなければならない。この場合において、議長は、開示決定後直ちに、当該意見書（第十九条及び第二十条において「反対意見書」という。）を提出した第三者に対し、開示決定をした旨及びその理由並びに開示を実施する日を書面により通知しなければならない。
　　　◇一部改正（平成一四年条例四八号）
（開示の実施）
第十六条　公文書の開示は、文書又は図画については閲覧又は写しの交付により、電磁的記録についてはその種別、情報化の進展状況等を勘案して議長が定める方法により行う。ただし、閲覧の方法による公文書の開示にあっては、議長は、当該公文書の保存に支障を生ずるおそれがあると認めるときその他正当な理由があるときは、その写しにより、これを行うことができる。
2　開示決定に基づき公文書の開示を受ける者は、議長が定めるところにより、議長に対し、その求める開示の実施の方法その他の議長が定める事項を申し出なければならない。
3　前項の規定による申出は、第十一条第一項に規定する通知があった日から三十日以内にしなければならない。ただし、当該期間内に当該申出をすることができないことにつき正当な理由があるときは、この限りでない。
4　開示決定に基づき公文書の開示を受けた者は、最初に開示を受けた日から三十日以内に限り、議長に対し、更に開示を受ける旨を申し出ることができる。この場合においては、前項ただし書の規定を準用する。
（他の法令による開示の実施との調整）
第十七条　議長は、他の法令の規定により、何人にも開示請求に係る公文書が前条第一項本文に規定する方法と同一の方法で開示することとされている場合（開示の期間が定められている場合にあっては、当該期間内に限る。）には、同項本文の規定にかかわらず、当該公文書については、当該同一の方法による開示を行わない。ただし、当該他の法令の規定に一定の場合には開示をしない旨の定めがあるときは、この限りでない。
2　他の法令の規定に定める開示の方法が縦覧であるときは、当該縦覧を前条第一項本文の閲覧とみなして、前項の規定を適用する。
（費用負担）
第十八条　公文書の開示を受ける者は、議長が定めるところにより、当該開示に係る費用として実費の範囲内において議長が定める額を負担しなければならない。
（不服申立てがあった場合の手続）

第十九条　開示決定等について行政不服審査法（昭和三十七年法律第百六十号）による不服申立てがあったときは、議長は、次の各号のいずれかに該当する場合を除き、第二十二条第一項の規定により設置された茨城県議会情報委員会の意見を聴かなければならない。
一　不服申立てが不適法であり、却下するとき。
二　決定で、不服申立てに係る開示決定等（開示請求に係る公文書の全部を開示する旨の決定を除く。以下この号及び第二十一条において同じ。）を取り消し又は変更し、当該不服申立てに係る公文書の全部を開示することとするとき。ただし、当該開示決定等について反対意見書が提出されているときを除く。

（意見を求めた旨の通知）
第二十条　議長は、前条の規定により意見を求めたときは、次に掲げる者に対し、その旨を通知しなければならない。
一　不服申立人及び参加人
二　開示請求者（開示請求者が不服申立人又は参加人である場合を除く。）
三　当該不服申立てに係る開示決定等について反対意見書を提出した第三者（当該第三者が不服申立人又は参加人である場合を除く。）

（第三者からの不服申立てを棄却する場合等における手続）
第二十一条　第十五条第三項の規定は、次の各号のいずれかに該当する決定をする場合について準用する。
一　開示決定に対する第三者からの不服申立てを却下し、又は棄却する決定
二　不服申立てに係る開示決定等を変更し、当該開示決定等に係る公文書を開示する旨の決定（第三者である参加人が当該公文書の開示に反対の意思を表示している場合に限る。）

第三章　茨城県議会情報委員会

（設置等）
第二十二条　第十一条第三項及び第十九条の規定による意見の求めに応じて調査を行うため、茨城県議会情報委員会（以下「委員会」という。）を置く。
2　委員会は、前項の規定による調査のほか、議長の求めに応じ、この条例の実施に関し意見を述べることができる。
3　委員会は委員十人以内で組織し、委員は議会の議員のうちから議長が会議に諮って指名する。
4　委員の任期は選任の日から翌年の最初に招集される定例会の閉会の日の前日までとし、補欠委員の任期は前任者の残任期間とする。ただし、再任を妨げない。
5　委員会に委員長及び副委員長各一人を置き、議長が委員のうちから会議に諮って指名する。
6　委員会は、第十九条の規定による意見の求めに応じて調査を行うときは、情報公開制度について学識を有する者のうちから議長があらかじめ一年を単位と

して選任した三人以内の者(以下「学識経験者」という。)の意見を聴かなければならない。
7　委員会の会議は、公開とする。ただし、第十一条第三項若しくは第十九条の規定による意見の求めに応じて調査を行うとき、又は委員長が必要であると認めるときは、非公開とする。
8　委員及び学職経験者は、調査を行う上で知り得た秘密を漏らしてはならない。委員にあってはその職を退いた後、学職経験者にあっては第六項の規定による選任が解かれた後も、同様とする。
9　前各項に定めるもののほか、委員長の職務、委員会の招集及び議事、学識経験者の意見聴取等に関する事項については、茨城県議会委員会条例(昭和三十五年茨城県条例第四十六号)第七条から第九条まで、第十一条から第十五条まで、第十八条、第十九条、第二十五条の二及び第二十六条の規定を準用する。この場合において、同条例の規定中「参考人」とあるのは、「学識経験者」と読み替えるものとする。
(委員会の調査権限)
第二十三条　委員会は、必要があると認めるときは、議長に対し、開示決定等に係る公文書の提示を求めることができる。この場合においては、何人も、委員会に対し、その提示された公文書の開示を求めることができない。
2　議長は、委員会から前項の規定による求めがあったときは、これを拒んではならない。
3　委員会は、必要があると認めるときは、議長に対し、開示決定等に係る公文書に記録されている情報の内容を委員会の指定する方法により分類又は整理した資料を作成し、委員会に提出するよう求めることができる。
4　第一項及び前項に定めるもののほか、委員会は、不服申立てに係る事件に関し、不服申立人、参加人又は議長(以下「不服申立人等」という。)に意見書又は資料の提出を求めること、適当と認める者にその知っている事実を陳述させ又は鑑定を求めることその他必要な調査をすることができる。
(意見の陳述)
第二十四条　委員会は、不服申立人等から申立てがあったときは、当該不服申立人等に口頭で意見を述べる機会を与えなければならない。ただし、委員会が、その必要がないと認めるときは、この限りでない。
2　前項本文の場合においては、不服申立人又は参加人は、委員会の許可を得て、補佐人とともに出頭することができる。
(意見書等の提出)
第二十五条　不服申立人等は、委員会に対し、意見書又は資料を提出することができる。ただし、委員会が意見書又は資料を提出すべき相当の期間を定めたときは、その期間内にこれを提出しなければならない。
(委員による調査手続)
第二十六条　委員会は、必要があると認めるときは、その指名する委員に、第二十三条第一項の規定により提示された公文書を閲覧させ、同条第四項の規定による調査をさせ、又は第二十四条第一項本文の規定による不服申立人等の意見

の陳述を聴かせることができる。
　（提出資料の閲覧）
第二十七条　不服申立人等は、委員会に対し、委員会に提出された意見書又は資料の閲覧を求めることができる。この場合において、委員会は、第三者の利益を害するおそれがあると認めるときその他正当な理由があるときでなければ、その閲覧を拒むことができない。
2　委員会は、前項の規定による閲覧について、日時及び場所を指定することができる。
　（意見を記載した書面の送付等）
第二十八条　委員会は、第十九条の規定による議長への意見は、意見を記載した書面の送付により行うものとする。
2　委員会は、議長に意見を記載した書面を送付したときは、その写しを不服申立人及び参加人に送付するとともに、意見の内容を公表するものとする。
　（決定）
第二十九条　議長は、第十九条の規定による委員会の意見があったときは、その意見を尊重して決定をしなければならない。
　（委任）
第三十条　この章に定めるもののほか、委員会の組織及び運営に関し必要な事項は、議長が定める。

第四章　補　則

　（公文書の管理）
第三十一条　議長は、この条例の適正かつ円滑な運用に資するため、公文書を適正に管理するものとする。
2　議長は、公文書の作成、保存及び廃棄に関する基準その他の公文書の管理に関する必要な事項について、別に定める。
3　議長は、前項の規定に基づき別に定めるところにより公文書の管理に関する規程を設けるとともに、これを一般の閲覧に供しなければならない。
　（開示請求をしようとする者に対する情報の提供）
第三十二条　議長は、開示請求をしようとする者が容易かつ的確に開示請求をすることができるよう、議会が保有する公文書の特定に資する情報の提供その他開示請求をしようとする者の利便を考慮した適切な措置を講ずるものとする。
　（施行の状況の公表）
第三十三条　議長は、毎年度、この条例の施行の状況の概要を公表するものとする。
　（情報の提供に関する施策の充実）
第三十四条　議会は、その保有する情報の公開の総合的な推進を図るため、議会の保有する情報が適時に、かつ、適切な方法で県民に明らかにされるよう、情報の提供に関する施策の充実に努めるものとする。
　（委任）

第三十五条　この条例に定めるもののほか、この条例の実施のため必要な事項は、議長が定める。
　（罰則）
第三十六条　第二十二条第八項の規定に違反して秘密を漏らした者は、一年以下の懲役又は三十万円以下の罰金に処する。
付　則
1　この条例は、平成十三年四月一日から施行する。
2　この条例の規定は、この条例の施行の日以後に作成し、又は取得した公文書について適用する。
付　則（平成十四年六月二十六日条例第四十八号）
　（施行期日）
1　この条例は、平成十四年十月一日から施行する。
　（経過措置）
2　この条例による改正後の茨城県議会情報公開条例第七条及び第十五条第一項の規定は、この条例の施行の日以後になされた開示請求（茨城県議会情報公開条例第六条第一項に規定する開示請求をいう。以下同じ。）について適用し、同日前になされた開示請求については、なお従前の例による。

栃木県情報公開条例

【制定】平成十一年十二月二十七日条例第三十二号
【改正】平成十三年三月二十七日条例第十一号
　　　　平成十四年六月二十五日条例第三十九号

　栃本県公文書の開示に関する条例（昭和六十一年栃木県条例第一号）の全部を改正する。

栃木県情報公開条例

目次
　第一章　総則（第一条～第四条）
　第二章　公文書の開示及び公文書の任意的な開示
　　第一節　公文書の開示（第五条～第十七条）
　　第二節　公文書の任意的な開示（第十八条）
　第三章　不服申立て（第十九条～第二十七条）
　第四章　情報公開の総合的な推進（第二十八条～第三十条）
　第五章　補則（第三十一条～第三十六条）
　附則

　　　　　　第一章　総則

（目的）
第一条　この条例は、地方自治の本旨にのっとり、公文書の開示を請求する権利及び県の情報公開の総合的な推進に関する事項について定めることにより、県が県政に関し県民に説明する責務を全うするようにするとともに、県民の県政への参加を推進し、もって一層公正で開かれた県政の実現に寄与することを目的とする。
（定義）
第二条　この条例において「実施機関」とは、知事、地方公営企業の管理者、教育委員会、選挙管理委員会、人事委員会、監査委員、公安委員会、警察本部長、地方労働委員会、収用委員会及び内水面漁場管理委員会をいう。
2　この条例において「公文書」とは、実施機関の職員が職務上作成し、又は取得した文書及び図画（これらを撮影したマイクロフィルムを含む。）並びに電磁的記録（電子的方式、磁気的方式その他人の知覚によっては認識することができない方式で作られた記録をいう。以下同じ。）であって、当該実施機関の職員が組織的に用いるものとして、当該実施機関が保有しているものをいう。ただし、官報、公報、新聞、書籍その他不特定多数の者に販売することを目的として発行されるものを除く。

◇一部改正（平成一三年条例一一号）
（条例の解釈及び運用）
第三条　実施機関は、公文書の開示を請求する権利が十分に保障されるようこの条例を解釈し、運用するものとする。この場合において、実施機関は、個人に関する情報がみだりに公開されることのないよう最大限の配慮をしなければならない。
（適正な請求及び使用）
第四条　この条例の定めるところにより公文書の開示を請求しようとするものは、この条例の目的に則し、適正な請求をするとともに、公文書の開示を受けたときは、これによって得た情報を適正に使用しなければならない。

第二章　公文書の開示及び公文書の任意的な開示

第一節　公文書の開示

（公文書の開示を請求できるもの）
第五条　次に掲げるものは、実施機関に対し、当該実施機関の保有する公文書の開示を請求することができる。
一　県内に住所を有する個人
二　県内に事務所又は事業所を有する個人及び法人
三　県内に事務所又は事業所を有する法人でない社団又は財団で代表者又は管理人の定めがあるもの
四　前三号に掲げるもののほか、県が行う事務又は事業に利害関係を有するもの
（開示請求の手続）
第六条　前条の規定による開示の請求（以下「開示請求」という。）をしようとするものは、次に掲げる事項を記載した請求書（以下「開示請求書」という。）を実施機関に提出しなければならない。
一　氏名又は名称及び住所又は事務所若しくは事業所の所在地並びに法人又は法人でない社団若しくは財団にあってはその代表者又は管理人の氏名
二　公文書の名称その他の開示請求に係る公文書を特定するために必要な事項
三　前条第四号に掲げるものにあっては、県が行う事務又は事業との利害関係の内容
四　前三号に掲げるもののほか、実施機関が定める事項
2　実施機関は、開示請求書に形式上の不備があると認めるときは、開示請求をしたもの（以下「開示請求者」という。）に対し、相当の期間を定めて、その補正を求めることができる。この場合において、実施機関は、開示請求者に対し、補正の参考となる情報を提供するよう努めなければならない。
（公文書の開示義務）
第七条　実施機関は、開示請求があったときには、開示請求に係る公文書に次の各号のいずれかに該当する情報（以下「非開示情報」という。）が記録されてい

る場合を除き、開示請求者に対し、当該公文書を開示しなければならない。
一　法令又は他の条例（以下「法令等」という。）の規定により公開することができないとされている情報
二　個人に関する情報（事業を営む個人の当該事業に関する情報を除く。）であって、特定の個人が識別され、若しくは識別され得るもの又は特定の個人を識別することはできないが、公開することにより、なお当該個人の権利利益を害するおそれがあるもの。ただし、次に掲げる情報を除く。
　　イ　法令等の規定により又は慣行として公開され、又は公開することが予定されている情報
　　ロ　人の生命、健康、生活又は財産を保護するため、公開することが必要であると認められる情報
　　ハ　当該個人が公務員等（国家公務員法（昭和二十二年法律第百二十号）第二条第一項に規定する国家公務員（独立行政法人通則法（平成十一年法律第百三号）第二条第二項に規定する特定独立行政法人の役員及び職員を除く。）、独立行政法人等（独立行政法人等の保有する情報の公開に関する法律（平成十三年法律第百四十号）第二条第一項に規定する独立行政法人等をいう。以下同じ。）の役員及び職員並びに地方公務員法（昭和二十五年法律第二百六十一号）第二条に規定する地方公務員をいう。）である場合において、当該情報がその職務の遂行に係る情報であるときは、当該情報のうち、当該公務員等の職及び当該職務遂行の内容に係る部分
三　法人その他の団体（国、独立行政法人等及び地方公共団体を除く。以下「法人等」という。）に関する情報又は事業を営む個人の当該事業に関する情報であって、次に掲げるもの。ただし、人の生命、健康、生活又は財産を保護するため、公開することが必要であると認められる情報を除く。
　　イ　公開することにより、当該法人等又は当該個人の権利、競争上の地位その他正当な利益を害するおそれがあるもの
　　ロ　実施機関の要請を受けて、公開しないとの条件で任意に提供されたものであって、法人等又は個人における通例として公開しないこととされているものその他の当該条件を付することが当該情報の性質、当時の状況等に照らして合理的であると認められるもの
四　県の機関並びに国、独立行政法人等及び他の地方公共団体の内部又は相互間における審議、検討又は協議に関する情報であって、公開することにより、率直な意見の交換若しくは意思決定の中立性が不当に損なわれるおそれ、不当に県民の間に混乱を生じさせるおそれ又は特定の者に不当に利益を与え若しくは不利益を及ぼすおそれがあるもの
五　県の機関又は国、独立行政法人等又は地方公共団体が行う事務又は事業に関する情報であって、公開することにより、次に掲げるおそれその他当該事務又は事業の性質上、当該事務又は事業の適正な遂行に支障を及ぼすおそれがあるもの
　　イ　監査、検査、取締り又は試験に係る事務に関し、正確な事実の把握を困難にするおそれ又は違法若しくは不当な行為を容易にし、若しくはその発

　　　　見を困難にするおそれ
　　　ロ　契約、交渉又は争訟に係る事務に関し、国、独立行政法人等又は地方公共団体の財産上の利益又は当事者としての地位を不当に害するおそれ
　　　ハ　調査研究に係る事務に関し、その公正かつ能率的な遂行を不当に阻害するおそれ
　　　ニ　人事管理に係る事務に関し、公正かつ円滑な人事の確保に支障を及ぼすおそれ
　　　ホ　国若しくは地方公共団体が経営する企業又は独立行政法人等に係る事業に関し、その企業経営上の正当な利益を害するおそれ
　　六　公開することにより、犯罪の予防、鎮圧又は捜査、公訴の維持、刑の執行その他の公共の安全と秩序の維持に支障を及ぼすおそれがあると実施機関が認めることにつき相当の理由がある情報
　　　　◇一部改正（平成一三年条例一一号・一四年三九号）
　（公文書の部分開示）
第八条　実施機関は、開示請求に係る公文書の一部に非開示情報が記録されている場合において、当該情報が記録されている部分を容易に区分することができるときは、開示請求者に対し、当該部分を除いた部分につき開示しなければならない。ただし、当該部分を除いた部分に有意の情報が記録されていないと認められるときは、この限りでない。
2　開示請求に係る公文書に前条第二号の情報（特定の個人を識別することができるものに限る。）が記録されている場合において、当該情報のうち、特定の個人を識別することができることとなる記述等の部分を除くことにより、公開しても、個人の権利利益が害されないと認められるときは、当該部分を除いた部分は、同号の情報に含まれないものとみなして、前項の規定を適用する。
　（公益上の理由による裁量的開示）
第九条　実施機関は、開示請求に係る公文書に非開示情報（第七条第一号に該当する情報を除く。）が記録されている場合であっても、公益上特に必要があると認めるときは、開示請求者に対し、当該公文書を開示することができる。
　（公文書の存否に関する情報）
第十条　開示請求に対し、当該開示請求に係る公文書が存在しているか否かを答えるだけで、非開示情報を開示することとなるときは、実施機関は、当該公文書の存否を明らかにしないで、当該開示請求を拒否することができる。
　（開示請求に対する措置）
第十一条　実施機関は、開示請求に係る公文書の全部又は一部を開示するときは、その旨の決定をし、開示請求者に対し、その旨及び開示の実施に関し実施機関が定める事項を書面により通知しなければならない。
2　実施機関は、開示請求に係る公文書の全部を開示しないとき（前条の規定により開示請求を拒否するとき及び開示請求に係る公文書を保有していないときを含む。）は、開示をしない旨の決定をし、開示請求者に対し、その旨を書面により通知しなければならない。
3　実施機関は、開示請求があった場合において、直ちに、当該開示請求に係る

公文書の全部を開示する旨の決定をして開示をすることができるときは、第一項の規定にかかわらず、開示請求者に対し、同項に規定する通知を口頭によりすることができる。

（開示決定等の期限）

第十二条　前条第一項及び第二項の決定（以下「開示決定等」という。）は、開示請求があった日から十四日以内にしなければならない。ただし、第六条第二項の規定により補正を求めた場合にあっては、当該補正に要した日数は、当該期間に算入しない。

2　前項の規定にかかわらず、実施機関は、事務処理上の困難その他正当な理由があるときは、同項に規定する期間を四十六日以内に限り延長することができる。この場合において、実施機関は、開示請求者に対し、遅滞なく、延長後の期間及び延長の理由を書面により通知しなければならない。

（開示決定等の期限の特例）

第十三条　開示請求に係る公文書が著しく大量であるため、開示請求があった日から六十日以内にそのすべてについて開示決定等をすることにより事務の遂行に著しい支障が生ずるおそれがある場合には、前条の規定にかかわらず、実施機関は、開示請求に係る公文書のうちの相当の部分につき当該期間内に開示決定等をし、残りの公文書については相当の期間内に開示決定等をすれば足りる。この場合において、実施機関は、同条第一項に規定する期間内に、開示請求者に対し、次に掲げる事項を書面により通知しなければならない。

一　本条を適用する旨及びその理由

二　残りの公文書について開示決定等をする期限

（事案の移送）

第十四条　実施機関は、開示請求に係る公文書が他の実施機関により作成されたものであるときその他他の実施機関において開示決定等をすることにつき正当な理由があるときは、当該他の実施機関と協議の上、当該他の実施機関に対し、事案を移送することができる。この場合においては、移送をした実施機関は、開示請求者に対し、事案を移送した旨を書面により通知しなければならない。

2　前項の規定により事案が移送されたときは、移送を受けた実施機関において、当該開示請求についての開示決定等をしなければならない。この場合において、移送をした実施機関が移送前にした行為は、移送を受けた実施機関がしたものとみなす。

3　前項の場合において、移送を受けた実施機関が第十一条第一項の決定（以下「開示決定」という。）をしたときは、当該実施機関は、開示の実施をしなければならない。

（第三者保護に関する手続）

第十五条　開示請求に係る公文書に県、国、独立行政法人等、他の地方公共団体及び開示請求者以外のもの（以下「第三者」という。）に関する情報が記録されているときは、実施機関は、開示決定等をするに当たって、当該情報に係る第三者に対し、開示請求に係る公文書の名称その他実施機関が定める事項を通知して、意見書を提出する機会を与えることができる。

2　実施機関は、次の各号のいずれかに該当するときは、開示決定に先立ち、当該第三者に対し、開示請求に係る公文書の名称その他実施機関が定める事項を書面により通知して、意見書を提出する機会を与えなければならない。ただし、当該第三者の所在が判明しない場合は、この限りでない。
　一　第三者に関する情報が記録されている公文書を開示しようとする場合であって、当該情報が第七条第二号ロ又は同条第三号ただし書に規定する情報に該当すると認められるとき。
　二　第三者に関する情報が記録されている公文書を第九条の規定により開示しようとするとき。
3　実施機関は、前二項の規定により意見書の提出の機会を与えられた第三者が当該公文書の開示に反対の意思を表示した意見書を提出した場合において、開示決定をするときは、開示決定の日と開示を実施する日との間に少なくとも二週間を置かなければならない。この場合において、実施機関は、開示決定後直ちに、当該意見書（以下「反対意見書」という。）を提出した第三者に対し、開示決定をした旨及びその理由並びに開示を実施する日を書面により通知しなければならない。
　　　◇一部改正（平成一四年条例三九号）
（公文書の開示の実施）
第十六条　公文書の開示は、文書又は図画については閲覧又は写しの交付により、電磁的記録についてはその種別、情報化の進展状況等を勘案して実施機関が定める方法により行う。ただし、閲覧の方法による公文書の開示にあっては、実施機関は、当該公文書の保存に支障を生ずるおそれがあると認めるときその他正当な理由があるときは、その写しにより、これを行うことができる。
2　開示決定に基づき公文書の開示を受けるものは、実施機関が定めるところにより、当該開示決定をした実施機関に対し、その求める開示の実施の方法その他の実施機関が定める事項を申し出なければならない。
3　前項の規定による申出は、第十一条第一項に規定する通知があった日から三十日以内にしなければならない。ただし、当該期間内に当該申出をすることができないことにつき正当な理由があるときは、この限りでない。
4　開示決定に基づき公文書の開示を受けたものは、最初に開示を受けた日から三十日以内に限り、実施機関に対し、更に開示を受ける旨を申し出ることができる。この場合においては、前項ただし書の規定を準用する。
（費用負担）
第十七条　開示請求をして文書又は図画の写しその他の物品の供与を受けるものは、当該供与に要する費用を負担しなければならない。

　　　　　第二節　公文書の任意的な開示

第十八条　実施機関は、第五条各号に掲げるもの以外のものから公文書の開示の申出があった場合においては、これに応ずるよう努めるものとする。
2　前条の規定は、前項の規定による公文書の開示について準用する。

第三章　不服申立て

(不服申立てがあった場合の手続)
第十九条　開示決定等について行政不服審査法(昭和三十七年法律第百六十号)の規定に基づく不服申立てがあったときは、当該不服申立てに対する決定又は裁決をすべき実施機関は、次の各号のいずれかに該当する場合を除き、遅滞なく、栃木県情報公開審査会に諮問しなければならない。
一　不服申立てが不適法であり、却下するとき。
二　決定又は裁決で、不服申立てに係る開示決定等(開示請求に係る公文書の全部を開示する旨の決定を除く。以下この号及び第二十一条において同じ。)を取り消し又は変更し、当該不服申立てに係る公文書の全部を開示することとするとき。ただし、当該開示決定等について反対意見書が提出されているときを除く。
2　前項の規定により諮問をした実施機関(以下「諮問庁」という。)は、栃木県情報公開審査会から当該諮問に対して答申があったときは、これを尊重して、遅滞なく、当該不服申立てに対する決定又は裁決を行わなければならない。
　　　　　◇一部改正(平成一三年条例一一号)

(諮問をした旨の通知)
第二十条　諮問庁は、次に掲げる者に対し、諮問をした旨を通知しなければならない。
一　不服申立人及び参加人
二　開示請求者(開示請求者が不服申立人又は参加人である場合を除く。)
三　当該不服申立てに係る開示決定等について反対意見書を提出した第三者(当該第三者が不服申立人又は参加人である場合を除く。)
　　　　　◇一部改正(平成一三年条例一一号)

(第三者からの不服申立てを棄却する場合等における手続)
第二十一条　第十五条第三項の規定は、次の各号のいずれかに該当する決定又は裁決をする場合について準用する。
一　開示決定に対する第三者からの不服申立てを却下し、又は棄却する決定又は裁決
二　不服申立てに係る開示決定等を変更し、当該開示決定等に係る公文書を開示する旨の決定又は裁決(第三者である参加人が当該公文書の開示に反対の意思を表示している場合に限る。)
　　　　　◇一部改正(平成一三年条例一一号)

(栃木県情報公開審査会)
第二十二条　第十九条第一項に規定する諮問に応じて調査審議するため、栃本県情報公開審査会(以下「審査会」という。)を置く。
2　審査会は、前項に規定する調査審議を通じて必要があると認めるときは、情報公開に関する事項について、実施機関に意見を述べることができる。
3　審査会は、委員五人以内で組織する。

4　委員は、学識経験を有する者のうちから、知事が任命する。
5　委員の任期は、二年とする。ただし、補欠の委員の任期は、前任者の残任期間とする。
6　委員は、再任されることができる。
7　委員は、職務上知ることができた秘密を漏らしてはならない。その職を退いた後も同様とする。
　（審査会の調査権限）
第二十三条　審査会は、必要があると認めるときは、諮問庁に対し、開示決定等に係る公文書の提示を求めることができる。この場合においては、何人も、審査会に対して提示された公文書の開示を求めることができない。
2　諮問庁は、審査会から前項の規定による求めがあったときは、これを拒んではならない。
3　審査会は、必要があると認めるときは、諮問庁に対し、開示決定等に係る公文書に記録された情報の内容を審査会の指定する方法により分類又は整理した資料を作成し、審査会に提出するよう求めることができる。
4　第一項及び前項に定めるもののほか、審査会は、諮問された事件に関し、不服申立人、参加人又は諮問庁（以下「不服申立人等」という。）に意見書又は資料の提出を求めること、適当と認める者にその知っている事実を陳述させ又は鑑定を求めることその他必要な調査をすることができる。
　（意見の陳述等）
第二十四条　審査会は、不服申立人等から申出があったときは、当該不服申立人等に口頭で意見を述べる機会を与えることができる。
2　不服申立人等は、審査会に対し、意見書又は資料を提出することができる。ただし、審査会が意見書又は資料を提出すべき相当の期間を定めたときは、その期間内に提出しなければならない。
　（委員による調査手続）
第二十五条　審査会は、必要があると認めるときは、その指名する委員に、第二十三条第一項の規定により提示された公文書を閲覧させ、同条第四項の規定による調査をさせ、又は前条第一項の規定による不服申立人等の意見の陳述を聴かせることができる。
　（調査審議手続の非公開）
第二十六条　審査会の行う調査審議の手続は、公開しない。
　（規則への委任）
第二十七条　この章に定めるもののほか、審査会の組織及び運営に関し必要な事項は、知事が規則で定める。

第四章　情報公開の総合的な推進

　（県の責務）
第二十八条　県は、情報公開の総合的な推進を図るため、第二章に定める公文書の開示のほか、県民が県政に関する情報を迅速かつ容易に得られるよう、情報

の提供に関する施策の充実に努めるものとする。
　（情報の提供に関する施策の充実）
第二十九条　実施機関は、県政に関する情報を分かりやすく記載した資料の作成及びその提供に努めるとともに、その保有する情報を県民に積極的に提供するよう努めなければならない。
2　実施機関は、その行う主要な事業の計画及びその進捗状況に関する情報の公表に努めなければならない。
　（出資法人等の情報公開の推進）
第三十条　県が出資又は継続的な財政的援助を行う法人で実施機関が定めるもの（以下「出資法人等」という。）は、この条例の趣旨にのっとり、その性格及び業務内容に応じ、その保有する情報の開示及び提供を推進するため必要な措置を講ずるよう努めるものとする。
2　実施機関は、出資法人等の情報公開を推進するため必要な措置を講ずるものとする。

　　　　　　　　第五章　補　則

　（公文書の適正な管理）
第三十一条　実施機関は、この条例の適正かつ円滑な運用に資するため、公文書を適正に管理するものとする。
2　実施機関は、公文書の分類、作成、保存及び廃棄に関する基準その他の公文書の管理に関する定めを設けるものとする。
　（公文書目録等の作成）
第三十二条　実施機関は、公文書を検索するための公文書目録等を作成し、一般の閲覧に供しなければならない。
　（運用状況の公表）
第三十三条　知事は、毎年、各実施機関におけるこの条例の運用状況について、公表しなければならない。
　（他の制度等との調整）
第三十四条　法令等の規定により、実施機関に対して公文書の閲覧若しくは縦覧又は公文書の謄本、抄本その他写しの交付を求めることができる場合における当該公文書の閲覧又は写しの交付については、当該法令等の定めるところによる。
2　この条例の規定は、栃木県立図書館、栃木県立美術館、栃木県立文書館その他の施設において県民の利用に供することを目的として管理されている公文書の閲覧及び写しの交付については、適用しない。
　（適用除外）
第三十四条の二　この条例の規定は、刑事訴訟法（昭和二十三年法律第百三十一号）第五十三条の二に規定する訴訟に関する書類及び押収物については、適用しない。
　　　　◇追　　加（平成一三年条例一一号）

（委任）
第三十五条　この条例の施行に関し必要な事項は、実施機関が定める。
　（罰則）
第三十六条　第二十二条第七項の規定に違反して秘密を漏らした者は、一年以下の懲役又は三十万円以下の罰金に処する。
附　則
　（施行期日）
1　この条例は、平成十二年四月一日から施行する。
　（経過措置）
2　この条例の施行の際、改正前の栃木県公文書の開示に関する条例（以下「旧条例」という。）第五条第一項の規定により、現にされている公文書の開示の請求は、改正後の栃本県情報公開条例（以下「新条例」という。）第五条の規定による開示請求とみなす。
3　この条例の施行の際現にされている旧条例第十二条第一項に規定する行政不服審査法の規定に基づく不服申立ては、新条例第十九条第一項に規定する同法の規定に基づく不服申立てとみなす。
4　前二項に定めるもののほか、この条例の施行前に旧条例の規定によりした処分、手続その他の行為は、新条例中これに相当する規定がある場合には、新条例の相当規定によってしたものとみなす。
5　旧条例第十三条第一項の規定により置かれた栃本県公文書開示審査会は、新条例第二十二条第一項の規定により置く審査会となり、同一性をもって存続するものとする。
6　この条例の施行の際現に旧条例第十三条第三項の規定により栃木県公文書開示審査会の委員に任命されている者は、新条例第二十二条第四項の規定により任命された者とみなし、その任期は、同条第五項の規定にかかわらず、平成十二年九月三十日までとする。
附　則（平成十三年三月二十七日条例第十一号）
1　この条例は、平成十三年十月一日から施行する。
2　改正後の栃木県情報公開条例の規定は、公安委員会及び警察本部長が保有している同条例第二条第二項に規定する公文書については、平成十三年一月一日以後に作成され、又は取得されたものについて適用する。
附　則（平成十四年六月二十五日条例第三十九号）
1　この条例は、規則で定める日から施行する。
　（経過措置）
2　改正後の第七条及び第十五条第一項の規定は、この条例の施行後になされた開示請求について適用し、この条例の施行日前になされた開示請求については、なお従前の例による。

栃木県議会情報公開条例

【制定】平成十二年三月六日条例第一号
【改正】平成十四年六月十八日条例第三十三号

栃木県議会情報公開条例

目次
　第一章　総則（第一条～第四条）
　第二章　公文書の開示及び公文書の任意的な開示
　　第一節　公文書の開示（第五条～第十七条）
　　第二節　公文書の任意的な開示（第十八条）
　第三章　不服申立て（第十九条～第二十七条）
　第四章　補則（第二十八条～第三十三条）
　附則

　　　　　第一章　総則

（目的）
第一条　この条例は、地方自治の本旨にのっとり、公文書の開示を請求する権利につき定めること等により、栃木県議会（以下「議会」という。）における情報公開の積極的な推進を図り、もって議会の諸活動を県民に説明する責務が全うされるようにするとともに、県民の議会への理解及び県政参加を促進し、広く開かれた議会を実現することを目的とする。
　（定義）
第二条　この条例において「公文書」とは、議会の事務局の職員が職務上作成し、又は取得した文書及び図画（これらを撮影したマイクロフィルムを含む。）並びに電磁的記録（電子的方式、磁気的方式その他人の知覚によっては認識することができない方式で作られた記録をいう。以下同じ。）であって、当該事務局の職員が組織的に用いるものとして、議会が保有しているものをいう。ただし、官報、公報、新聞、書籍その他不特定多数の者に販売することを目的として発行されるものを除く。
　（条例の解釈及び運用）
第三条　議会は、公文書の開示を請求する権利が十分に保障されるようこの条例を解釈し、運用するものとする。この場合において、議会は、個人に関する情報がみだりに公開されることのないよう最大限の配慮をしなければならない。
　（適正な請求及び使用）
第四条　この条例の定めるところにより公文書の開示を請求しようとする者は、この条例の目的に即し、適正な請求をするとともに、公文書の開示を受けたときは、これによって得た情報を適正に使用しなければならない。

第二章　公文書の開示及び公文書の任意的な開示

第一節　公文書の開示

（公文書の開示を請求できるもの）
第五条　次に掲げるものは、議長に対し、公文書の開示を請求することができる。
一　県内に住所を有する個人
二　県内に事務所又は事業所を有する個人及び法人
三　県内に事務所又は事業所を有する法人でない社団又は財団で代表者又は管理人の定めがあるもの
四　前三号に掲げるもののほか、県が行う事務又は事業に利害関係を有するもの

（開示請求の手続）
第六条　前条の規定による開示の請求（以下「開示請求」という。）をしようとするものは、次に掲げる事項を記載した請求書（以下「開示請求書」という。）を議長に提出しなければならない。
一　氏名又は名称及び住所又は事務所若しくは事業所の所在地並びに法人又は法人でない社団若しくは財団にあってはその代表者又は管理者の氏名
二　公文書の名称その他の開示請求に係る公文書を特定するために必要な事項
三　前条第四号に掲げるものにあっては、県が行う事務又は事業との利害関係の内容
四　前三号に掲げるもののほか、議長が定める事項
2　議長は、開示請求書に形式上の不備があると認めるときは、開示請求をしたもの（以下「開示請求者」という。）に対し、相当の期間を定めて、その補正を求めることができる。この場合において、議長は、開示請求者に対し、補正の参考となる情報を提供するよう努めなければならない。

（公文書の開示義務）
第七条　議長は、開示請求があったときには、開示請求に係る公文書に次の各号のいずれかに該当する情報（以下「非開示情報」という。）が記録されている場合を除き、開示請求者に対し、当該公文書を開示しなければならない。
一　法令又は他の条例（以下「法令等」という。）の規定により公開することができないとされている情報
二　個人に関する情報（事業を営む個人の当該事業に関する情報報を除く。）であって、特定の個人が識別され、若しくは識別され得るもの又は特定の個人を識別することはできないが、公開することにより、なお当該個人の権利利益を害するおそれがあるもの。ただし、次に掲げる情報を除く。
　　イ　法令等の規定により又は慣行として公開され、又は公開することが予定されている情報
　　ロ　人の生命、健康、生活又は財産を保護するため、公開することが必要であると認められる情報

ハ 当該個人が公務員等（国家公務員法（昭和二十二年法律第百二十号）第二条第一項に規定する国家公務員（独立行政法人通則法（平成十一年法律第百三号）第二条第二項に規定する特定独立行政法人の役員及び職員を除く。）、独立行政法人等（独立行政法人等の保有する情報の公開に関する法律（平成十三年法律第百四十号）第二条第一項に規定する独立行政法人等をいう。以下同じ。）の役員及び職員並びに地方公務員法（昭和二十五年法律第二百六十一号）第二条に規定する地方公務員をいう。）である場合において、当該情報がその職務の遂行に係る情報であるときは、当該情報のうち、当該公務員等の職及び当該職務遂行の内容に係る部分

三 法人その他の団体（国、独立行政法人等及び地方公共団体を除く。以下「法人等」という。）に関する情報又は事業を営む個人の当該事業に関する情報であって、次に掲げるもの。ただし、人の生命、健康、生活又は財産を保護するため、公開することが必要であると認められる情報を除く。

イ 公開することにより、当該法人等又は当該個人の権利、競争上の地位その他正当な利益を害するおそれがあるもの

ロ 議会の要請を受けて、公開しないとの条件で任意に提供されたものであって、法人等又は個人における通例として公開しないこととされているものその他の当該条件を付することが当該情報の性質、当時の状況等に照らして合理的であると認められるもの

四 会派の活動に関する情報又は議員の活動に関する情報であって、公開することにより、会派の活動又は議員の活動に著しい支障が生ずると認められるもの

五 議会及び議会以外の県の機関並びに国、独立行政法人等及び他の地方公共団体の内部又は相互間における審議、検討又は協議に関する情報であって、公開することにより、率直な意見の交換若しくは意思決定の中立性が不当に損なわれるおそれ、不当に県民の間に混乱を生じさせるおそれ又は特定の者に不当に利益を与え若しくは不利益を及ぼすおそれがるもの

六 議会若しくは議会以外の県の機関又は国、独立行政法人等若しくは他の地方公共団体の機関が行う事務又は事業に関する情報であって、公開することにより、次に掲げるおそれその他当該事務又は事業の性質上、当該事務又は事業の適正な遂行に支障を及ぼすおそれがあるもの

イ 監査、検査、取締り又は試験に係る事務に関し、正確な事実の把握を困難にするおそれ又は違法若しくは不当な行為を容易にし、若しくはその発見を困難にするおそれ

ロ 契約、交渉又は争訟に係る事務に関し、県又は国、独立行政法人等又は他の地方公共団体の財産上の利益又は当事者としての地位を不当に害するおそれ

ハ 調査研究に係る事務に関し、その公正かつ能率的な遂行を不当に阻害するおそれ

ニ 人事管理に係る事務に関し、公正かつ円滑な人事の確保に支障を及ぼすおそれ

ホ　国若しくは地方公共団体等が経営する企業又は独立行政法人等に係る事業に関し、その企業経営上の正当な利益を害するおそれ
　七　公開することにより、犯罪の予防、犯罪の捜査その他の公共の安全と秩序の維持に支障が生ずるおそれがある情報
　　　　◇一部改正（平成一四年条例三三号）
（公文書の部分開示）
第八条　議長は、開示請求に係る公文書の一部に非開示情報が記録されている場合において、当該情報が記録されている部分を容易に区分することができるときは、開示請求者に対し、当該部分を除いた部分につき開示しなければならない。ただし、当該部分を除いた部分に有意の情報が記録されていないと認められるときは、この限りでない。
2　開示請求に係る公文書に前条第二号の情報（特定の個人を識別することができるものに限る。）が記録されている場合において、当該情報のうち、特定の個人を識別することができることとなる記述等の部分を除くことにより、公開しても、個人の権利利益が害されないと認められるときは、当該部分を除いた部分は、同号の情報に含まれないものとみなして、前項の規定を適用する。
（公益上の理由による裁量的開示）
第九条　議長は、開示請求に係る公文書に非開示情報（第七条第一号に該当する情報を除く。）が記録されている場合であっても、公益上特に必要があると認めるときは、開示請求者に対し、当該公文書を開示することができる。
（公文書の存否に関する情報）
第十条　開示請求に対し、当該開示請求に係る公文書が存在しているか否かを答えるだけで、非開示情報を開示することとなるときは、議長は、当該公文書の存否を明らかにしないで、当該開示請求を拒否することができる。
（開示請求に対する措置）
第十一条　議長は、開示請求に係る公文書の全部又は一部を開示するときは、その旨の決定をし、開示請求者に対し、その旨及び開示の実施に関し議長が定める事項を書面により通知しなければならない。
2　議長は、開示請求に係る公文書の全部を開示しないとき（前条の規定により開示請求を拒否するとき及び開示請求に係る公文書を保有していないときを含む。）は、開示をしない旨の決定をし、開示請求者に対し、その旨を書面により通知しなければならない。
3　議長は、開示請求があった場合において、直ちに、当該開示請求に係る公文書の全部を開示する旨の決定をして開示をすることができるときは、第一項の規定にかかわらず、開示請求者に対し、同項に規定する通知を口頭によりすることができる。
（開示決定等の期限）
第十二条　前条第一項及び第二項の決定（以下「開示決定等」という。）は、開示請求があった日から十四日以内にしなければならない。ただし、第六条第二項の規定により補正を求めた場合にあっては、当該補正に要した日数は、当該期間に算入しない。

2　前項の規定にかかわらず、議長は、事務処理上の困難その他正当な理由があるときは、同項に規定する期間を四十六日以内に限り延長することができる。この場合において、議長は、開示請求者に対し、遅滞なく、延長後の期間及び延長の理由を書面により通知しなければならない。
　（開示決定等の期限の特例）
第十三条　開示請求に係る公文書が著しく大量であるため、開示請求があった日から六十日以内にそのすべてについて開示決定等をすることにより事務の遂行に著しい支障が生ずるおそれがある場合には、前条の規定にかかわらず、議長は、開示請求に係る公文書のうちの相当の部分につき当該期間内に開示決定等をし、残りの公文書については相当の期間内に開示決定等をすれば足りる。この場合において、議長は、同条第一項に規定する期間内に、開示請求者に対し、次に掲げる事項を書面により通知しなければならない。
一　本条を適用する旨及びその理由
二　残りの公文書について開示決定等をする期限
　（議長等が欠けている場合の特例）
第十四条　第十二条の規定による開示決定等をなすべき期間については、任期満了、議会の解散その他の事由により議長及び副議長がともに欠けている期間は、算入しない。
　（第三者保護に関する手続）
第十五条　開示請求に係る公文書に県、国独立行政法人等、他の地方公共団体及び開示請求者以外のもの（以下「第三者」という。）に関する情報が記録されているときは、議長は、開示決定等をするに当たって、当該情報に係る第三者に対し、開示請求に係る公文書の名称その他議長が定める事項を通知して、意見書を提出する機会を与えることができる。
2　議長は、次の各号のいずれかに該当するときは、開示決定に先立ち、当該第三者に対し、開示請求に係る公文書の名称その他議長が定める事項を書面により通知して、意見書を提出する機会を与えなければならない。ただし、当該第三者の所在が判明しない場合は、この限りでない。
一　第三者に関する情報が記録されている公文書を開示しようとする場合であって、当該情報が第七条第二号ロ又は同条第三号ただし書に規定する情報に該当すると認められるとき。
二　第三者に関する情報が記録されている公文書を第九条の規定により開示しようとするとき。
3　議長は、前二項の規定により意見書の提出の機会を与えられた第三者が当該公文書の開示に反対の意思を表示した意見書を提出した場合において、開示決定をするときは、開示決定の日と開示を実施する日との間に少なくとも二週間を置かなければならない。この場合において、議長は、開示決定後直ちに、当該意見書（以下「反対意見書」という。）を提出した第三者に対し、開示決定をした旨及びその理由並びに開示を実施する日を書面により通知しなければならない。
　　　　◇一部改正（平成一四年条例三三号）

（公文書の開示の実施）
第十六条　公文書の開示は、文書又は図面については閲覧又は写しの交付により、電磁的記録についてはその種別、情報化の進展状況等を勘案して議長が定める方法により行う。ただし、閲覧の方法による公文書の開示にあっては、議長は、当該公文書の保存に支障を生ずるおそれがあると認めるときその他正当な理由があるときは、その写しにより、これを行うことができる。
2　開示決定に基づき公文書の開示を受けるものは、議長が定めるところにより、議長に対し、その求める開示の実施の方法その他の議長が定める事項を申し出なければならない。
3　前項の規定による申出は、第十一条第一項に規定する通知があった日から三十日以内にしなければならない。ただし、当該期間内に当該申出をすることができないことにつき正当な理由があるときは、この限りでない。
4　開示決定に基づき公文書の開示を受けたものは、最初に開示を受けた日から三十日以内に限り、議長に対し、更に開示を受ける旨を申し出ることができる。この場合においては、前項ただし書の規定を準用する。

（費用負担）
第十七条　開示請求をして文書又は図画の写しその他の物品の供与を受けるものは、当該供与に要する費用を負担しなければならない。

第二節　公文書の任意的な開示

第十八条　議長は、第五条各号に掲げるもの以外のものから公文書の開示の申出があった場合においては、これに応ずるよう努めるものとする。
2　前条の規定は、前項の規定による公文書の開示について準用する。

第三章　不服申立て

（不服申立てがあった場合の手続）
第十九条　議長は、開示決定等について行政不服審査法（昭和三十七年法律第百六十号）の規定に基づく不服申立てがあったときは、次の各号のいずれかに該当する場合を除き、遅滞なく、栃木県議会情報公開審査会の意見を聴いて、当該不服申立てについての決定を行うものとする。この場合において、議長は、栃木県議会情報公開審査会の意見を尊重するものとする。
一　不服申立てが不適法であり、却下するとき。
二　不服申立てに係る開示決定等（開示請求に係る公文書の全部を開示する旨の決定を除く。以下この号及び第二十一条において同じ。）を取り消し又は変更し、当該不服申立てに係る公文書の全部を開示することとするとき。ただし、当該開示決定等について反対意見書が提出されているときを除く。

（意見を求めた旨の通知）
第二十条　議長は、前条の意見を求めたときは、次に掲げる者に対し、その旨を通知しなければならない。
一　不服申立人及び参加人

二　開示請求者（開示請求者が不服申立人又は参加人である場合を除く。）
三　当該不服申立てに係る開示決定等について反対意見書を提出した第三者（当該第三者が不服申立人又は参加人である場合を除く。）

（第三者からの不服申立てを棄却する場合等における手続）
第二十一条　第十五条第三項の規定は、次の各号のいずれかに該当する決定をする場合について準用する。
一　開示決定に対する第三者からの不服申立てを却下し、又は棄却する決定
二　不服申立てに係る開示決定等を変更し、当該開示決定等に係る公文書を開示する旨の決定（第三者である参加人が当該公文書の開示に反対の意思を表示している場合に限る。）

（栃木県議会情報公開審査会）
第二十二条　第十九条の規定による意見の求めに応じて調査審議するため、栃木県議会情報公開審査会（以下「審査会」という。）を置く。
2　審査会は、前項の規定による調査審議のほか、議長に対し、この条例の施行に関し意見を述べることができる。
3　審査会は、委員九人以内で組織する。
4　委員は、議会の議員のうちから、議長が指名する。
5　委員の任期は、二年とする。ただし、補欠の委員の任期は、前任者の残任期間とする。
6　委員は、再任されることができる。
7　委員は、職務上知ることができた秘密を漏らしてはならない。その職を退いた後も同様とする。

（審査会の調査権限）
第二十三条　審査会は、必要があると認めるときは、議長に対し、開示決定等に係る公文書に記録された情報の内容を審査会の指定する方法により分類又は整理した資料を作成し、審査会に提出するよう求めることができる。
2　前項に定めるもののほか、審査会は、不服申立てに係る事件に関し、不服申立人、参加人又は議長（以下「不服申立人等」という。）に意見書又は資料の提出を求めること、適当と認める者にその知っている事実を陳述させ又は鑑定を求めることその他必要な調査をすることができる。

（意見の陳述等）
第二十四条　審査会は、不服申立人等から申出があったときは、当該不服申立人等に口頭で意見を述べる機会を与えることができる。
2　不服申立人等は、審査会に対し、意見書又は資料を提出することができる。ただし、審査会が意見書又は資料を提出すべき相当の期間を定めたときは、その期間内に提出しなければならない。

（委員による調査手続）
第二十五条　審査会は、必要があると認めるときは、その指名する委員に、第二十三条第二項の規定による調査をさせ、又は前条第一項の規定による不服申立人等の意見の陳述を聴かせることができる。

（調査審議手続の非公開）

第二十六条　審査会の行う調査審議の手続は、公開しない。
　（委任）
第二十七条　この章に定めるもののほか、審査会の組織及び運営に関し必要な事項は、議長が定める。

第四章　補　則

　（公文書の適正な管理）
第二十八条　議長は、この条例の適正かつ円滑な運用に資するため、公文書を適正に管理するものとする。
２　議長は、公文書の分類、作成、保存及び廃棄に関する基準その他の公文書の管理に関する定めを設けるものとする。
　（公文書目録等の作成）
第二十九条　議長は公文書を検索するための公文書目録等を作成し、一般の閲覧に供しなければならない。
　（運用状況の公表）
第三十条　議長は、毎年、この条例の運用状況について、公表しなければならない。
　（他の制度等との調整）
第三十一条　法令等の規定により、議長に対して公文書の閲覧若しくは縦覧又は公文書の謄本、抄本その他写しの交付を求めることができる場合における当該公文書の閲覧又は写しの交付については、当該法令等の定めるところによる。
２　この条例の規定は、一般の利用に供することができるものとして管理されている公文書の閲覧及び写しの交付については、適用しない。
　（議会の保有する情報の提供に関する施策の充実）
第三十二条　議会は、その保有する情報の公開の総合的な推進を図るため、議会の保有する情報が適時に、かつ、適切な方法で県民に明らかにされるよう、議会の保有する情報の提供に関する施策の充実に努めるものとする。
　（委任）
第三十三条　この条例の施行に関し必要な事項は、議長が定める。
附　則
１　この条例は、平成十二年七月一日から施行する。
２　この条例の規定は、平成十二年四月一日以後に作成され、又は取得された公文書について適用する。
附　則（平成十四年六月十八日条例第三十三号）
１　この条例は、独立行政法人等の保有する情報の公開に関する法律（平成十三年法律第百四十号）の施行の日から施行する。
２　改正後の第七条及び第十五条第一項の規定は、この条例の施行後になされた開示請求について適用し、この条例の施行日前になされた開示請求については、なお、従前の例による。

群馬県情報公開条例

【制定】平成十二年年六月十四日条例第八十三号
【改正】平成十四年三月二十七日条例第十四号

群馬県情報公開条例

目次
　前文
　第一章　総則（第一条・第二条）
　第二章　情報公開の総合的な推進（第三条～第九条）
　第三章　群馬県情報公開審議会（第十条）
　第四章　公文書の開示（第十一条～第三十七条）
　第五章　補則（第三十八条～第四十三条）
　附則
　　　◇一部改正（平成一四年条例一四号）
　県政の主役は、県民である。
　県民の意志に基づいた自治の確立が、民主主義の基礎となる。
　県民が、県政について理解し、判断し、自ら主体となって県政に参加することが、県民による県政である。
　県は、県民の知る権利を尊重し、県の保育する情報を公開するとともに説明する責務を果たす。
　そして、県は、県民が求めている情報の収集と分かりやすい情報の創造に努めるものとする。
　ただし、情報の公開により、県民のプライバシーや公共の利益の侵害など、本来の目的が阻害されてはならない。
　このような考え方に立って、県は、県民との相互の信頼関係を築き、県民のための県政を推進する。

第一章　総　則

（目的）
第一条　この条例は、情報公開の総合的な推進に関し必要な事項を定めるとともに、公文書の開示を請求する権利を明らかにし、もって県が県政に関し県民に説明する責務を全うすることにより、県民の理解と信頼の下に公正で透明な行政を推進し、県民による県政への参加を進めていくことを目的とする。
　（定義）
第二条　この条例において「実施機関」とは、知事、議会、教育委員会、選挙管理委員会、人事委員会、監査委員、公安委員会、警察本部長、地方労働委員会、収用委員会、内水面漁場管理委員会及び企業管理者をいう。

2　この条例において「情報の公表」とは、県政に開する情報を法令又は条例（以下「法令等」という。）の規定により義務として公開することをいう。
3　この条例において「情報の提供」とは、県政に関する情報を任意に公開することをいう。
4　この条例において「公文書」とは、実施機関の職員が職務上作成し、又は取得した文書、図画及び電磁的記録（電子的方式、磁気的方式その他人の知覚によっては認識することができない方式で作られた記録をいう。以下同じ。）であって、当該実施機関の職員が組織的に用いるものとして、当該実施機関が保有しているものをいう。ただし、次に掲げるものを除く。
　一　官報、県報、白書、新聞、雑誌、書籍その他不特定多数の者に販売することを目的として発行されるもの
　二　群馬県立文書館その他規則で定める県の機関において、歴史的若しくは文化的な資料又は学術研究用の資料として特別の管理がされているもの

第二章　情報公開の総合的な推進

（情報公開の総合的な推進に関する県の責務）
第三条　県は、情報の公表及び情報の提供の拡充を図るとともに、公文書の開示制度の円滑な運用を図り、県民が県政に関する情報を迅速かつ容易に得られるよう、情報公開の総合的な推進に努めるものとする。
2　県は、情報を公開する場合には、情報を分かりやすく伝えるための創意工夫に努めるものとする。
3　県は、情報公開の効果的な推進を図るため、真に県民が必要とする情報をボランティア活動を行う県民又は団体との協力を得ながら、分かりやすく公開するよう努めるものとする。

（情報の公表）
第四条　実施機関は、次に掲げる事項に関する情報で当該実施機関が保有するものを公表しなければならない。ただし、当該情報を公表することについて法令等で別段の定めがあるときは、この限りでない。
　一　県の長期計画その他の重要な基本計画の内容
　二　県の主な事業の内容
　三　その他実施機関が定める事項
2　実施機関は、同一の公文書につき第十一条の規定による開示の請求（以下「開示請求」という。）を複数回受けてその都度開示をした場合等で、県民の利便の向上及び行攻運営の効率化に役立つと認められるときは、当該公文書を公表するよう努めるものとする。

（政策形成への民意の反映）
第五条　実施機関は、重要な政策の立案に当たっては、その目的、内容その他必要な事項を公表して広く県民の意見を求めるとともに、政策の決定に当たり当該意見を反映させるよう努めるものとする。
2　実施機関は、県民の意見を効果的に政策に反映させるための仕組みの整備を

（情報の公表に対する申出）
第六条　県民は、県の行う情報の公表について、群馬県情報公開審議会へ意見を述べることができる。
（情報の提供）
第七条　実施機関は、県民への積極的な情報の提供及び自主的な広報手段の充実に努めるとともに、県政に関する情報を提供する資料室等を一層県民の利用しやすいものにする等情報の提供の拡充に努めるものとする。
2　実施機関は、効果的な情報の提供を実施するため、広聴機能等情報の収集機能を強化し、県民が必要とする情報を的確に把握するよう努めるものとする。
（会議の公開）
第八条　実施機関は、附属機関及びこれに類するものの会議の公開に努めるものとする。
（報道機関への協力）
第九条　県は、県民が求める情報を分かりやすく、かつ、迅速に県民に伝えるため、報道機関に対し積極的に県政に関する情報を公開し、かつ、説明し、報道機関を通じ、県民にその情報が伝わるよう努めなければならない。

第三章　群馬県情報公開審議会

第十条　次に掲げる事項について調査審議し、又は実施機関に意見を述べるため、群馬県情報公開審議会（以下「情報公開審議会」という。）を置く。
一　情報公開に関する重要な事項
二　第六条に規定する情報の公表に対する申出に関する事項
三　その他情報公開に関し、実施機関から諮問を受けた事項（行政不服審査法（昭和三十七年法律第百六十号）に基づく不服申立てに関することを除く。）
2　情報公開審議会は、前項に掲げる事務を行うに当たり、群馬県公文書開示審査会との連携を図るものとする。
3　情報公開審議会は、委員五人以内で組織し、委員は、知事が任命する。
4　委員の任期は、二年とし、再任を妨げない。ただし、補欠の委員の任期は、前任者の残任期間とする。
5　この章に定めるもののほか、情報公開審議会の組織及び運営に関し必要な事項は、規則で定める。

第四章　公文書の開示

（開示請求権）
第十一条　何人も、この条例の定めるところにより、実施機関に対し、当該実施機関の保有する公文書の開示を請求することができる。
（開示請求の手続）
第十二条　開示請求は、次に掲げる事項を記載した書面（以下「開示請求書」と

いう。）を実施機関に提出してしなければならない。
一　開示請求をするものの氏名又は名称及び住所又は事務所若しくは事業所の所在地並びに法人その他の団体にあっては代表者の氏名
二　開示請求に係る公文書を特定するために必要な事項
三　実施機関が保有している公文書の開示を必要とする理由
四　その他実施機関が定める事項
2　実施機関は、開示請求書に形式上の不備があると認めるときは、開示請求をしたもの（以下「開示請求者」という。）に対し、相当の期間を定めて、その補正を求めることができる。この場合において、実施機関は、開示請求者に対し、補正の参考となる情報を提供するよう努めなければならない。

（公文書の開示の原則）
第十三条　実施機関は、開示請求があったときは、次条に規定する場合を除き、開示請求者に対し、当該公文書を開示しなければならない。

（非開示情報）
第十四条　実施機関は、開示請求に係る公文書に次の各号に掲げる情報（以下「非開示情報」という。）のいずれかが記録されている場合は、当該公文書を開示してはならない。
一　法令等の定めるところ又は実施機関が法律若しくはこれに基づく政令により従う義務を有する各大臣その他国の機関の指示により、公にすることができないとされている情報
二　個人に関する情報（事業を営む個人の当該事業に関する情報を除く。）であって、当該情報に含まれる氏名、生年月日その他の記述等により特定の個人を識別することができるもの（他の情報と照合することにより、特定の個人を識別することができることとなるものを含む。）又は特定の個人を識別することはできないが、公にすることにより、なお個人の権利利益を害するおそれがあるもの。ただし、次に掲げる情報を除く。
　イ　法令等の規定により又は慣行として公にされ、又は公にすることが予定されている情報
　ロ　人の生命、健康、生活又は財産を保護するため、公にすることが必要であると認められる情報
　ハ　当該個人が公務員（国家公務員法（昭和二十二年法律第百二十号）第二条第一項に規定する国家公務員及び地方公務員法（昭和二十五年法律第二百六十一号）第二条に規定する地方公務員をいう。）である場合において、当該情報がその職務の遂行に係る情報であるときは、当該情報のうち、当該公務員の職及び氏名（当該公務員の氏名を公にすることにより、当該公務員の個人の権利利益を不当に侵害するおそれがある場合又はそのおそれがあると認めて実施機関が定める職にある公務員の氏名を除く。）並びに当該職務遂行の内容に係る部分
三　法人その他の団体（国及び地方公共団体を除く。以下「法人等」という。）に関する情報又は事業を営む個人の当該事業に関する情報であって、次に掲げるもの。ただし、人の生命、健康、生活又は財産を保護するため、公にす

ることが必要であると認められる情報を除く。
  イ　公にすることにより、当該法人等又は当該個人の権利、競争上の地位その他正当な利益を害するおそれがあるもの
  ロ　実施機関の要請を受けて、公にしないとの条件で任意に提供されたものであって、法人等又は個人における通例として公にしないこととされているものその他の当該条件を付することが当該情報の性質、当時の状況に照らして合理的であると認められるもの
 四　公にすることにより、犯罪の予防、鎮圧又は捜査、公訴の維持、刑の執行その他の公共の安全と秩序の維持に支障を及ぼすおそれがあると実施機関が認めることにつき相当の理由がある情報
 五　県の機関並びに国及び他の地方公共団体の機関の内部又は相互間おける審議、検討又は協議に関する情報であって、公にすることにより、率直な意見の交換若しくは意思決定の中立性が不当に損なわれるおそれ、不当に県民の間に混乱を生じさせるおそれ又は特定の者に不当に利益を与え若しくは不利益を及ぼすおそれがあるもの
 六　県の機関又は国若しくは他の公共団体の機関が行う事務又は事業に関する情報であって、公にすることにより、次に掲げるおそれその他当該事務又は事業の性質上、当該事務又は事業の適正な遂行に支障を及ぼすおそれがあるもの
  イ　監査、検査、取締り又は試験に係る事務に関し、正確な事実の把握を困難にするおそれ又は違法若しくは不当な行為を容易にし、若しくはその発見を困難にするおそれ
  ロ　契約、交渉又は争訟に係る事務に関し、県又は国若しくは他の地方公共団体の財産上の利益又は当事者としての地位を不当に害するおそれ
  ハ　調査研究に係る事務に関し、その公正かつ能率的な遂行を不当に阻害するおそれ
  ニ　人事管理に係る事務に関し、公正かつ円滑な人事の確保に支障を及ぼすおそれ
  ホ　県又は国若しくは他の地方公共団体が経営する企業に係る事業に関し、その企業経営上の正当な利益を害するおそれ

（部分開示）
第十五条　実施機関は、開示請求に係る公文書の一部に非開示情報が記録されている場合において、非開示情報が記録されている部分を容易に区分して除くことができるときは、前条の規定にかかわらず、開示請求者に対し、当該部分を除いた部分につき開示しなければならない。ただし、当該部分を除いた部分に有意の情報が記録されていないと認められるときは、この限りでない。
2　開示請求に係る公文書に前条第二号の情報（特定の個人を識別することができるものに限る。）が記録されている場合において、当該情報のうち、氏名、生年月日その他の特定の個人を識別することができることとなる記述等の部分を除くことにより、公にしても、個人の権利利益が害されるおそれがないと認められるときは、当該部分を除いた部分は、同号の情報に含まれないものとみな

して、前項の規定を適用する。
　（公益上の理由による裁量的開示）
第十六条　実施機関は、第十四条の規定にかかわらず、開示請求に係る公文書に非開示情報（同条第一号に該当する情報を除く。）が記録されている場合であっても、公益上特に必要があると認めるときは、開示請求者に対し、当該公文書を開示することができる。
　（公文書の存否に関する情報）
第十七条　開示請求に対し、当該開示請求に係る公文書が存在しているか否かを答えるだけで、非開示情報を開示することとなるときは、実施機関は、当該公文書の存否を明らかにしないで、当該開示請求を拒否することができる。
　（開示請求に対する措置）
第十八条　実施機関は、開示請求に係る公文書の全部又は一部を開示するときは、その旨の決定をし、開示請求者に対し、その旨並びに開示を実施する日時及び場所を書面により通知しなければならない。
２　実施機関は、開示請求に係る公文書の全部を開示しないとき（前条の規定により開示請求を拒否するとき及び開示請求に係る公文書を保有していないときを含む。）は、開示をしない旨の決定をし、開示請求者に対し、その旨を書面により通知しなければならない。
　（開示決定等の期限）
第十九条　前条各項の決定（以下「開示決定等」という。）は、開示請求があった日から十五日以内にしなければならない。ただし、第十二条第二項の規定により補正を求めた場合にあっては、当該補正に要した日数は、当該期間に算入しない。
２　前項の規定にかかわらず、実施機関は、事務処理上の困難その他正当な理由があるときは、同項に規定する期間を四十五日以内に限り延長することができる。この場合において、実施機関は、開示請求者に対し、遅滞なく、延長後の期間及び延長の理由を書面により通知しなければならない。
３　開示請求に係る公文書が著しく大量であるため、開示請求があった日から六十日以内にそのすべてについて開示決定等をすることにより事務の遂行に著しい支障が生ずるおそれがある場合には、前二項の規定にかかわらず、実施機関は、開示請求に係る公文書のうちの相当の部分につき当該期間内に開示決定等をし、残りの公文書については相当の期間内に開示決定等をすれば足りる。この場合において、実施機関は、第一項に規定する期間内に、開示請求者に対し、次に掲げる事項を書面により通知しなければならない。
一　この項を適用する旨及びその理由
二　残りの公文書について開示決定等をする期限
　（事案の移送）
第二十条　実施機関は、開示請求に係る公文書が他の実施機関により作成されたものであるときその他他の実施機関において開示決定等をすることにつき正当な理由があるときは、当該他の実施機関と協議の上、当該他の実施機関に対し、事案を移送することができる。この場合においては、移送をした実施機関は、

開示請求者に対し、事案を移送した旨を書面により通知しなければならない。
2　前項の規定により事案が移送されたときは、移送を受けた実施機関において、当該開示請求についての開示決定等をしなければならない。この場合において、移送をした実施機関が移送前にした行為は、移送を受けた実施機関がしたものとみなす。
3　前項の場合において、移送を受けた実施機関が第十八条第一項の決定(以下「開示決定」という。)をしたときは、当該実施機関は、開示の実施をしなければならない。この場合において、移送をした実施機関は、当該開示の実施に必要な協力をしなければならない。
　（第三者に対する意見書提出の機会の付与等）
第二十一条　開示請求に係る公文書に県、国、他の地方公共団体及び開示請求者以外のもの(以下この条、第二十七条及び第二十八条において「第三者」という。)に関する情報が記録されているときは、実施機関は、開示決定等をするに当たって、当該情報に係る第三者に対し、開示請求に係る公文書の表示その他実施機関が定める事項を通知して、意見書を提出する機会を与えることができる。
2　実施機関は、次の各号のいずれかに該当するときは、開示決定に先立ち、当該第三者に対し、開示請求に係る公文書の表示その他実施機関が定める事項を書面により通知して、意見書を提出する機会を与えなければならない。ただし、当該第三者の所在が判明しない場合は、この限りでない。
　一　第三者に関する情報が記録されている公文書を開示しようとする場合であって、当該情報が第十四条第二号ロ又は同条第三号ただし書に規定する情報に該当すると認められるとき。
　二　第三者に関する情報が記録されている公文書を第十六条の規定により開示しようとするとき。
3　実施機関は、前二項の規定により意見書の提出の機会を与えられた第三者が当該公文書の開示に反対の意思を表示した意見書を提出した場合において、開示決定をするときは、開示決定の日と開示を実施する日との間に少なくとも二週間を置かなければならない。この場合において、実施機関は、開示決定後直ちに、当該意見書(第二十六条及び第二十七条において「反対意見書」という。)を提出した第三者に対し、開示決定をした旨及びその理由並びに開示を実施する日を書面により通知しなければならない。
　（開示の実施）
第二十二条　公文書の開示は、文書又は図画については閲覧又は写しの交付により、電磁的記録についてはその種別、情報化の進展状況等を勘案して規則で定める方法により行う。ただし、閲覧の方法による公文書の開示にあっては、実施機関は、当該公文書の保存に支障を生ずるおそれがあると認めるときその他正当な理由があるときは、その写しにより、これを行うことができる。
　（費用の負担）
第二十三条　公文書の開示を受けるものは、実費の範囲内において規則で定める費用を負担しなければならない。

（適正な請求及び使用）
第二十四条　開示請求をしようとするものは、この条例の目的に則し、適正な請求を行うとともに、開示により得た情報を適正に使用しなければならない。
　（他法令等との調整等）
第二十五条　実施機関は、法令、他の条例、規則、規程等（以下この条において「法令等」という。）の規定により、何人にも開示請求に係る公文書が第二十二条本文に規定する方法と同一の方法で開示することとされている場合（開示の期間が定められている場合にあっては、当該期間内に限る。）には、同条本文の規定にかかわらず、当該公文書については、当該同一の方法による開示を行わない。ただし、当該法令等の規定に一定の場合には開示をしない旨の定めがあるときは、この限りでない。
2　法令等の規定に定める開示の方法が縦覧であるときは、当該縦覧を第二十二条本文の閲覧とみなして、前項の規定を適用する。
　（審査会への諮問）
第二十六条　開示決定等について行政不服審査法に基づく不服申立てがあったときは、当該不服申立てに対する裁決又は決定をすべき実施機関は、次の各号のいずれかに該当する場合を除き、遅滞なく、群馬県公文書開示審査会に諮問しなければならない。
　一　不服申立てが不適法であり、却下するとき。
　二　裁決又は決定で、不服申立てに係る開示決定等（開示請求に係る公文書の全部を開示する旨の決定を除く。以下この号及び第二十八条において同じ。）を取り消し又は変更し、当該不服申立てに係る公文書の全部を開示することとするとき。ただし、当該開示決定等について反対意見書が提出されているときを除く。
　　　　◇一部改正（平成一四年条例一四号）
　（諮問をした旨の通知）
第二十七条　前条の規定により諮問をした実施機関（以下「諮問庁」という。）は、次に掲げるものに対し、諮問をした旨を通知しなければならない。
　一　不服申立人及び参加人
　二　開示請求者（開示請求者が不服申立人又は参加人である場合を除く。）
　三　当該不服申立てに係る開示決定等について反対意見書を提出した第三者（当該第三者が不服申立人又は参加人である場合を除く。）
　（第三者からの不服申立てを棄却する場合等における手続）
第二十八条　第二十一条第三項の規定は、次の各号のいずれかに該当する裁決又は決定をする場合について準用する。
　一　開示決定に対する第三者からの不服申立てを却下し、又は棄却する裁決又は決定
　二　不服申立てに係る開示決定等を変更し、当該開示決定等に係る公文書を開示する旨の裁決又は決定（第三者である参加人が当該公文書の開示に反対の意思を表示している場合に限る。）
　（群馬県公文書開示審査会）

第二十九条　第二十六条の規定による諮問に応じ不服申立てについて調査審議するため、群馬県公文書開示審査会（以下「審査会」という。）を置く。
2　審査会は、委員五人以内で組織し、委員は、知事が任命する。
3　委員の任期は、二年とし、再任を妨げない。ただし、補欠の委員の任期は、前任者の残任期間とする。
4　この条に定めるもののほか、審査会の組織及び運営に関し必要な事項は、規則で定める。
　（審査会の調査権限）
第三十条　審査会は、必要があると認めるときは、諮問庁に対し、開示決定等に係る公文書の提示を求めることができる。この場合においては、何人も、審査会に対し、その提示された公文書の開示を求めることができない。
2　諮問庁は、審査会から前項の規定による求めがあったときは、これを拒んではならない。
3　審査会は、必要があると認めるときは、諮問庁に対し、開示決定等に係る公文書に記録されている情報の内容を審査会の指定する方法により分類又は整理した資料を作成し、審査会に提出するよう求めることができる。
4　第一項及び前項に定めるもののほか、審査会は、不服申立てに係る事件に関し、不服申立人、参加人又は諮問庁（以下「不服申立人等」という。）に意見書又は資料の提出を求めること、適当と認める者にその知っている事実を陳述させ又は鑑定を求めることその他必要な調査をすることができる。
　（意見の陳述）
第三十一条　審査会は、不服申立人等から申立てがあったときは、当該不服申立人等に、口頭で意見を述べる機会を与えなければならない。ただし、審査会がその必要がないと認めるときは、この限りでない。
2　前項本文の場合においては、不服申立人又は参加人は、審査会の許可を得て、補佐人とともに出頭することができる。
　（意見書等の提出）
第三十二条　不服申立人等は、審査会に対し、意見書又は資料を提出することができる。ただし、審査会が意見書又は資料を提出すべき相当の期間を定めたときは、その期間内にこれを提出しなければならない。
　（提出資料の閲覧）
第三十三条　不服申立人等は、審査会に対し、審査会に提出された意見書又は資料の閲覧を求めることができる。この場合において、審査会は、第三者の利益を害するおそれがあると認めるときその他正当な理由があるときでなければ、その閲覧を拒むことができない。
　（調査審議手続の非公開）
第三十四条　審査会の行う調査審議の手続は、公開しない。
　（答申書の送付等）
第三十五条　審査会は、諮問に対する答申をしたときは、答申書の写しを不服申立人及び参加人に送付するとともに、答申の内容を公表するものとする。
　（公文書の管理）

第三十六条　実施機関は、この条例の適正かつ円滑な運用に資するため、公文書を適正に管理するものとする。
　（公文書の目録等）
第三十七条　実施機関は、公文書の目録等公文書を検索するための資料を作成し、一般の利用に供するものとする。

第五章　補　則

　（守秘義務等）
第三十八条　審査会の委員は、職務上知り得た秘密を漏らしてはならない。その職を退いた後も同様とする。
２　審査会の委員は、在任中、政党その他の政治的団体の役員となり、又は積極的に政治活動をしてはならない。
　　　　　　◇一部改正（平成一四年条例一四号）
　（実施状況の公表）
第三十九条　知事は、毎年一回各実施機関の公文書の開示等についての実施状況を取りまとめ、公表するものとする。
　（適用除外）
第四十条　刑事訴訟に関する書類及び押収物については、この条例は適用しない。
　（出資等法人の情報公開）
第四十一条　県が出資その他財政支出等を行う法人であって、実施機関が定めるもの（以下「出資等法人」という。）は、この条例の趣旨にのっとり情報公開を行うため必要な措置を講ずるよう努めるものとする。
２　実施機関は、出資等法人に対し、前項に定める必要な措置を講ずるよう指導に努めるものとする。
　（委任）
第四十二条　この条例に定めるもののほか、この条例の施行に関し必要な事項は、実施機関が定める。
　（罰則）
第四十三条　第三十八条第一項の規定に違反して秘密を漏らした者は、一年以下の懲役又は三十万円以下の罰金に処する。
　　　　　　◇追　　加（平成一四年条例一四号）
附　則
　（施行期日）
１　この条例は、平成十三年一月一日から施行する。ただし、第二条第一項及び第二十六条中公安委員会及び警察本部長に係る部分の規定は、規則で定める日から施行する。
　（群馬県公文書の開示等に関する条例の廃止）
２　群馬県公文書の開示等に関する条例（昭和六十一年群馬県条例第十六号）は、廃止する。
　（経過措置）

3　この条例の規定は、この条例の施行の日（以下「施行日」という。）以後に実施機関の職員が作成し、又は取得した公文書について適用する。
4　施行日前に実施機関の職員が作成し、又は取得した附則第二項の規定による廃止前の群馬県公文書の開示等に関する条例第三条第一項に規定する公文書については、なお従前の例による。
　（執行機関の附属機関に関する条例の一部改正）
5　執行機関の附属機関に関する条例（昭和二十八年群馬県条例第五十三号）の一部を次のように改正する。
　　　（次のよう）　　　　略
　（審査会の同一性）
6　この条例の施行の際現に前項の規定による改正前の執行機関の附属機関に関する条例第一条の規定により置かれた群馬県公文書開示審査会（以下「旧審査会」という。）は、第二十九条第一項の規定により置く審査会となり、同一性をもって存続するものとする。
　（審査会委員の任命及び任期の特例）
7　この条例の施行の際現に旧審査会の委員である者は、施行日に、審査会の委員に任命されたものとみなして、その任期は、平成十四年十月十四日までとする。
附　則（平成十四年三月二十七日条例第十四号）
　この条例は、平成十四年四月一日から施行する。

埼玉県情報公開条例

【制定】平成十二年十二月二十六日条例第七十七号
【改正】平成十三年十二月二十八日条例第八十七号
　　　　平成十四年三月二十二日条例第九号

埼玉県行政情報公開条例(昭和五十七年埼玉県条例第六十七号)の全部を改正する。

埼玉県情報公開条例

目次
　第一章　総則(第一条・第二条)
　第二章　情報公開の総合的な推進
　　第一節　情報公開の総合的な推進に関する県の責務(第三条)
　　第二節　情報の提供等(第四条～第六条)
　　第三節　公文書の開示等(第七条～第二十九条)
　第三章　雑則(第三十条～第三十六条)
　附則

第一章　総則

(目的)
第一条　この条例は、県民の知る権利を保障するため公文書の開示に関し必要な事項を定める等情報公開を総合的に推進することにより、県の諸活動を県民に説明する責務が全うされるようにするとともに、県民の県政参加を一層進め、もって地方自治の本旨に即した公正で透明な開かれた県政の推進に寄与することを目的とする。
(定義)
第二条　この条例において「実施機関」とは、知事、教育委員会、選挙管理委員会、人事委員会、監査委員、公安委員会、警察本部長、地方労働委員会、収用委員会、内水面漁場管理委員会、公営企業管理者及び病院事業管理者をいう。
2　この条例において「公文書」とは、実施機関の職員が職務上作成し、又は取得した文書、図画及び電磁的記録(電子的方式、磁気的方式その他人の知覚によっては認識することができない方式で作られた記録をいう。第十八条において同じ。)であって、当該実施機関の職員が組織的に用いるものとして、当該実施機関が保有しているものをいう。ただし、次に掲げるものを除く。
　一　新聞、雑誌、書籍その他不特定多数の者に販売することを目的として発行されるもの
　二　埼玉県立文書館その他規則で定める機関において管理され、かつ、歴史的

若しくは文化的な資料又は学術研究用の資料として公にされ、又は公にすることが予定されているもの
　　　◇一部改正（平成一三年条例八七号）

第二章　情報公開の総合的な推進

第一節　情報公開の総合的な推進に関する県の責務

第三条　県は、情報の提供に関する施策の拡充及び公文書の開示制度の円滑な運用を図り、県民が県政に関する正確で分かりやすい情報を迅速かつ容易に得られるよう、情報公開の総合的な推進に努めるものとする。

第二節　情報の提供等

（情報の公表）
第四条　実施機関は、次に掲げる事項に関する情報で当該実施機関が保有するものを公表しなければならない。ただし、当該情報の公表について法令又は条例に別段の定めがあるときは、この限りでない。
　一　県の長期計画その他実施機関が定める県の重要な基本計画の内容
　二　実施機関が定める県の主要事業の内容及び進行状況
　三　地方自治法（昭和二十二年法律第六十七号）第百三十八条の四第三項に規定する執行機関の附属機関又はこれに類するもので実施機関が定めるもの（以下この号において「附属機関等」という。）の報告書及び議事録並びに当該附属機関等に提出された会議資料
　四　その他実施機関が定める事項

（政策形成への民意の反映等）
第五条　実施機関は、重要な政策の立案に当たり、その目的、内容その他必要な事項を公表し、広く県民の意見を求め、これを考慮してその決定を行うよう努めるものとする。
2　実施機関は、行政活動に関する評価についての情報を公表し、広く県民の意見を求め、これを政策に反映させるよう努めるものとする。

（情報提供施策の拡充）
第六条　実施機関は、前二条に規定するもののほか、県民に対し積極的に情報を提供するとともに、高度な情報技術を活用する等情報提供施策の拡充に努めるものとする。
2　実施機関は、情報の提供を効果的に実施するため、広聴機能等情報の収集機能を強化し、県民が必要とする情報を的確に把握するよう努めるものとする。

第三節　公文書の開示等

（公文書の開示を請求できるもの）
第七条　次の各号のいずれかに該当するものは、実施機関に対し、当該実施機関の保有する公文書の開示を請求することができる。

一　県内に住所を有する者
　二　県内に事務所又は事業所を有する個人及び法人その他の団体
　三　県内に所在する事務所又は事業所に勤務する者
　四　県内に所在する学校に在学する者
　五　前各号に掲げるもののほか、実施機関が保有している公文書の開示を必要とする相当の理由を有する個人及び法人その他の団体

（開示請求の手続）
第八条　前条の規定による開示の請求（以下「開示請求」という。）は、次に掲げる事項を記載した書面（次項において「開示請求書」という。）を実施機関に提出する方法又は実施機関が定める方法によりしなければならない。
　一　氏名及び住所（法人その他の団体にあっては、その名称、代表者の氏名及び主たる事務所の所在地）
　二　次に掲げるものの区分に応じ、それぞれに掲げる事項
　　イ　前条第二号に掲げるもの　そのものが県内に有する事務所又は事業所の名称及び所在地
　　ロ　前条第三号に掲げる者　その者が勤務する事務所又は事業所の名称及び所在地
　　ハ　前条第四号に掲げる者　その者が在学する学校の名称及び所在地
　　ニ　前条第五号に掲げるもの　実施機関が保有している公文書の開示を必要とする理由
　三　公文書の名称その他の開示請求に係る公文書を特定するために必要な事項
　四　前三号に掲げるもののほか、実施機関が定める事項
2　実施機関は、開示請求書に形式上の不備があると認めるときは、開示請求をしたもの（以下「開示請求者」という。）に対し、相当の期間を定めて、その補正を求めることができる。この場合において、実施機関は、開示請求者に対し、補正の参考となる情報を提供するよう努めなければならない。
　　　　◇一部改正（平成一四年条例九号）

（適正な請求及び使用）
第九条　開示請求をしようとするものは、この条例の目的に即し、公文書の開示を求める権利を適正に行使するとともに、公文書の開示を受けたときは、これによって得た情報を適正に用いなければならない。

（公文書の開示義務）
第十条　実施機関は、開示請求があったときは、開示請求に係る公文書に次の各号に掲げる情報（次条から第十三条までにおいて「不開示情報」という。）のいずれかが記録されている場合を除き、開示請求者に対し、当該公文書を開示しなければならない。
　一　個人に関する情報（事業を営む個人の当該事業に関する情報を除く。）であって、当該情報に含まれる氏名、生年月日その他の記述等により特定の個人を識別することができるもの（他の情報と照合することにより、特定の個人を識別することができることとなるものを含む。）又は特定の個人を識別することはできないが、公にすることにより、なお個人の権利利益を害するおそ

れがあるもの。ただし、次に掲げる情報を除く。
  イ　法令若しくは他の条例により又は慣行として公にされ、又は公にすることが予定されている情報
  ロ　人の生命、健康、生活又は財産を保護するため、公にすることが必要であると認められる情報
  ハ　当該個人が公務員（国家公務員法（昭和二十二年法律第百二十号）第二条第一項に規定する国家公務員及び地方公務員法（昭和二十五年法律第二百六十一号）第二条に規定する地方公務員をいう。）である場合において、当該情報がその職務の遂行に係る情報であるときは、当該情報のうち、当該公務員の職及び当該職務遂行の内容に係る部分
二　法人その他の団体（国及び地方公共団体を除く。以下この号及び第六号において「法人等」という。）に関する情報又は事業を営む個人の当該事業に関する情報であって、公にすることにより、当該法人等又は当該個人の権利、競争上の地位その他正当な利益を害するおそれがあるもの。ただし、人の生命、健康、生活又は財産を保護するため、公にすることが必要であると認められる情報を除く。
三　公にすることにより、犯罪の予防、鎮圧又は捜査、公訴の維持、刑の執行その他公共の安全と秩序の維持に支障を及ぼすおそれがあると実施機関が認めることにつき相当の理由がある情報
四　県、国及び他の地方公共団体の機関の内部又は相互間における審議、検討又は協議に関する情報であって、公にすることにより、率直な意見の交換若しくは意思決定の中立性が不当に損なわれるおそれ、不当に県民の間に混乱を生じさせるおそれ又は特定の者に不当に利益を与え、若しくは不利益を及ぼすおそれがあるもの
五　県、国又は他の地方公共団体（以下この号において「県等」という。）の機関が行う事務又は事業に関する情報であって、公にすることにより、次に掲げるおそれその他当該事務又は事業の性質上、当該事務又は事業の適正な遂行に支障を及ぼすおそれがあるもの
  イ　監査、検査、取締り又は試験に係る事務に関し、正確な事実の把握を困難にするおそれ又は違法若しくは不当な行為を容易にし、若しくはその発見を困難にするおそれ
  ロ　契約、交渉又は争訟に係る事務に関し、県等の財産上の利益又は当事者としての地位を不当に害するおそれ
  ハ　調査研究に係る事務に関し、その公正かつ能率的な遂行を不当に阻害するおそれ
  ニ　人事管理に係る事務に関し、公正かつ円滑な人事の確保に支障を及ぼすおそれ
  ホ　県等が経営する企業に係る事業に関し、その企業経営上の正当な利益を害するおそれ
六　実施機関の要請を受けて、個人又は法人等から、公にしないとの条件で任意に提供された情報であって、個人又は法人等における通例として公にしな

いこととされているものその他の当該条件を付することが当該情報の性質、当時の状況等に照らして合理的であると認められるもの。ただし、人の生命、健康、生活又は財産を保護するため、公にすることが必要であると認められる情報を除く。

七　法令若しくは他の条例の規定により、又は各大臣その他国の機関からの指示（地方自治法第二百四十五条第一号への指示その他これに類する行為をいう。）により、公にすることができないとされている情報

（部分開示）

第十一条　実施機関は、開示請求に係る公文書の一部に不開示情報が記録されている場合において、当該公文書から不開示情報が記録されている部分を容易に、かつ、開示請求の趣旨が損なわれない程度に区分して除くことができるときは、開示請求者に対し、当該部分以外の部分を開示しなければならない。

2　開示請求に係る公文書に前条第一号の情報（特定の個人を識別することができるものに限る。）が記録されている場合において、当該情報のうち、氏名、生年月日その他の特定の個人を識別することができることとなる記述等の部分を除くことにより、公にしても、個人の権利利益が害されるおそれがないと認められるときは、当該部分を除いた部分は、同号の情報に含まれないものとみなして、前項の規定を適用する。

（公益上の理由による裁量的開示）

第十二条　実施機関は、開示請求に係る公文書に不開示情報（第十条第七号に該当する情報を除く。）が記録されている場合であっても、公益上特に必要があると認めるときは、開示請求者に対し、当該公文書を開示することができる。

（公文書の存否に関する情報）

第十三条　開示請求に対し、当該開示請求に係る公文書が存在しているか否かを答えるだけで、不開示情報を開示することとなるときは、実施機関は、当該公文書の存否を明らかにしないで、当該開示請求を拒否することができる。

（開示請求に対する決定等）

第十四条　実施機関は、開示請求に係る公文書の全部又は一部を開示するときは、その旨の決定をし、開示請求者に対し、その旨及び開示の実施に関し実施機関が定める事項を書面により通知しなければならない。

2　実施機関は、開示請求に係る公文書の全部を開示しないとき（前条の規定により開示請求を拒否するとき及び開示請求に係る公文書を保有していないときを含む。）は、開示をしない旨の決定をし、開示請求者に対し、その旨を書面により通知しなければならない。

3　実施機関は、前二項の規定により開示請求に係る公文書の全部又は一部を開示しない旨の通知をする場合において、一年以内にその全部又は一部を開示することができるようになることが明らかであるときは、その旨を当該通知に付記するものとする。

（開示決定等の期限）

第十五条　前条第一項又は第二項の決定（以下「開示決定等」という。）は、開示請求があった日から起算して十五日以内にしなければならない。ただし、第八

条第二項の規定により補正を求めた場合あっては、当該補正に要した日数は、当該期間に算入しない。
2　前項の規定にかかわらず、実施機関は、事務処理上の困難その他正当な理由があるときは、同項に規定する期間を四十五日以内に限り延長することができる。この場合において、実施機関は、開示請求者に対し、速やかに、延長後の期間及び延長の理由を書面により通知しなければならない。
3　開示請求に係る公文書が著しく大量であるため、開示請求があった日から起算して六十日以内にそのすべてについて開示決定等をすることにより事務の遂行に著しい支障が生ずるおそれがある場合には、前二項の規定にかかわらず、実施機関は、開示請求に係る公文書のうちの相当の部分につき当該期間内に開示決定等をし、残りの公文書については相当の期間内に開示決定等をすれば足りる。この場合において、実施機関は、第一項に規定する期間内に、開示請求者に対し、次に掲げる事項を書面により通知しなければならない。
一　この項を適用する旨及びその理由
二　残りの公文書について開示決定等をする期限
（事案の移送）
第十六条　実施機関は、開示請求に係る公文書が他の実施機関により作成されたものであるときその他他の実施機関において開示決定等をすることにつき正当な理由があるときは、当該他の実施機関と協議の上、当該他の実施機関に対し、事案を移送することができる。この場合において、移送をした実施機関は、開示請求者に対し、事案を移送した旨を書面により通知しなければならない。
2　前項の規定により事案が移送されたときは、移送を受けた実施機関において、当該開示請求についての開示決定等をしなければならない。この場合において、移送をした実施機関が移送前にした行為は、移送を受けた実施機関がしたものとみなす。
3　前項の場合において、移送を受けた実施機関が第十四条第一項の決定（次条、第十八条及び第二十四条において「開示決定」という。）をしたときは、当該実施機関は、開示の実施をしなければならない。この場合において、移送をした実施機関は、当該開示の実施に必要な協力をしなければならない。
（第三者に対する意見書提出の機会の付与等）
第十七条　開示請求に係る公文書に県、国、他の地方公共団体及び開示請求者以外のもの（以下この条、第二十三条及び第二十四条において「第三者」という。）に関する情報が記録されているときは、実施機関は、開示決定等をするに当たって、当該情報に係る第三者に対し、開示請求に係る公文書の表示その他実施機関が定める事項を通知して、意見書を提出する機会を与えることができる。
2　実施機関は、次の各号のいずれかに該当するときは、開示決定に先立ち、当該第三者に対し、開示請求に係る公文書の表示その他実施機関が定める事項を書面により通知して、意見書を提出する機会を与えなければならない。ただし、当該第三者の所在が判明しない場合は、この限りでない。
一　第三者に関する情報が記録されている公文書を開示しようとする場合であ

って、当該情報が第十条第一号ロ、同条第二号ただし書又は同条第六号ただし書に規定する情報に該当すると認められるとき。
　二　第三者に関する情報が記録されている公文書を第十二条の規定により開示しようとするとき。
3　実施機関は、前二項の規定により意見書の提出の機会を与えられた第三者が当該公文書の開示に反対の意思を表示した意見書を提出した場合において、開示決定をするときは、開示決定の日と開示を実施する日との間に少なくとも二週間を置かなければならない。この場合において、実施機関は、開示決定後直ちに、当該意見書（第二十二条及び第二十三条において「反対意見書」という。）を提出した第三者に対し、開示決定をした旨及びその理由並びに開示を実施する日を書面により通知しなければならない。
　（開示の実施）
第十八条　公文書の開示は、文書又は図画については閲覧又は写しの交付により、電磁的記録については視聴、閲覧、写しの交付等その種別、情報化の進展状況等を勘案して実施機関の定める方法により行う。
2　視聴又は閲覧の方法による公文書の開示にあっては、実施機関は、当該公文書の保存に支障を生ずるおそれがあると認めるときその他正当な理由があるときは、当該公文書の写しにより、これを行うことができる。
3　開示決定に基づき公文書の開示を受けるものは、実施機関が定めるところにより、当該開示決定をした実施機関に対し、その求める開示の実施の方法その他の実施機関が定める事項を申し出なければならない。
4　前項の規定による申出は、第十四条第一項の規定による通知があった日から三十日以内にしなければならない。ただし、当該期間内に当該申出をすることができないことにつき正当な理由があるときは、この限りでない。
5　開示決定に基づき公文書の開示を受けたものは、最初に開示を受けた日から三十日以内に限り、実施機関に対し、更に開示を受ける旨を申し出ることができる。この場合においては、前項ただし書の規定を準用する。
　（他の制度等との調整）
第十九条　実施機関は、法令、他の条例（埼玉県個人情報保護条例（平成六年埼玉県条例第五号）を除く。）、規則又は実施機関（知事を除く。）の規則その他の規程（次項において「法令等」という。）の規定により、開示請求に係る公文書が前条第一項に規定する方法と同一の方法で開示することとされている場合（開示の期間が定められている場合にあっては、当該期間内に限る。）には、同項の規定にかかわらず、当該公文書については、当該同一の方法による開示をしないものとする。
2　法令等の規定に定める開示の方法が縦覧であるときは、当該縦覧を前条第一項の閲覧とみなして、前項の規定を適用する。
3　実施機関は、県の図書館等において管理されている公文書であって、一般に閲覧させ、又は貸し出すことができるとされているものについては、公文書の開示をしないものとする。
　（費用負担）

第二十条　開示請求により公文書の写しの交付を受けるものは、知事、公営企業管理者又は病院事業管理者が定めるところにより、当該写しの交付に要する費用を負担しなければならない。
　　　　◇一部改正（平成一三年条例八七号）
　（公文書の任意的な開示）
第二十一条　実施機関は、第七条の規定により公文書の開示を請求することができるもの以外のものから公文書の開示の申出があった場合においても、その開示に努めるものとする。
２　前条の規定は、前項の規定による公文書の開示について準用する。
　（審査会への諮問）
第二十二条　開示決定等について行政不服審査法（昭和三十七年法律第百六十号）による不服申立てがあったときは、当該不服申立てに対する裁決又は決定をべき実施機関は、次の各号のいずれかに該当する場合を除き、埼玉県情報公開審査会（以下「審査会」という。）に諮問しなければならない。
一　不服申立てが不適法であり、却下するとき。
二　裁決又は決定で、不服申立てに係る開示決定等（開示請求に係る公文書の全部を開示する旨の決定を除く。以下この号及び第二十四条において同じ。）を取り消し、又は変更し、当該不服申立てに係る公文書の全部を開示することとするとき。ただし、当該開示決定等について反対意見書が提出されているときを除く。
　（諮問をした旨の通知）
第二十三条　前条の規定により諮問をした実施機関（第二十五条において「諮問庁」という。）は、次に掲げる者に対し、諮問をした旨を通知しなければならない。
一　不服申立人及び参加人
二　開示請求者（開示請求者が不服申立人又は参加人である場合を除く。）
三　当該不服申立て係る開示決定等について反対意見書を提出し第三者（当該第三者が不服申立人又は参加人である場合を除く。）
　（第三者からの不服申立てを棄却する場合等における手続）
第二十四条　第十七条第三項の規定は、次の各号のいずれかに該当する裁決又は決定をする場合について準用する。
一　開示決定に対する第三者からの不服申立てを却下し、又は棄却する裁決又は決定
二　不服申立てに係る開示決定等を変更し、当該開示決定等に係る公文書を開示する旨の裁決又は決定（第三者である参加人が当該公文書の開示に反対の意思を表示している場合に限る。）
　（審査会の調査権限）
第二十五条　審査会は、必要があると認めるときは、諮問庁に対し、開示決定等係る公文書の提示を求めることができる。この場合においては、何人も、審査会に対し、その提示された公文書の開示を求めることができない。
２　諮問庁は、審査会から前項の規定による求めがあったときは、これを拒んで

はならない。
3　審査会は、必要があると認めるときは、諮問庁に対し、開示決定等に係る公文書に記録されている情報の内容を審査会の指定する方法により分類し、又は整理した資料を作成し、審査会に提出するよう求めることができる。
4　第一項及び前項に定めるもののほか、審査会は、不服申立てに係る事件に関し、不服申立人、参加人又は諮問庁（次条において「不服申立人等」という。）に意見書又は資料の提出を求めること、適当と認める者にその知っている事実を陳述させ、又は鑑定を求めることその他必要な調査をすることができる。
　　（意見の陳述等）
第二十六条　審査会は、不服申立人等から申立てがあったときは、当該不服申立人等に、口頭で意見を述べる機会を与え、又は意見書若しくは資料の提出を認めることができる。
2　審査会は、不服申立人等から、審査会に提出された意見書又は資料の閲覧を求められたときは、これに応ずるよう努めるものとする。
　　（調査審議手続の非公開）
第二十七条　審査会の行う調査審議の手続は、公開しない。
　　（答申書の送付等）
第二十八条　審査会は、諮問に対する答申をしたときは、答申書の写しを不服申人及び参加人に送付するとともに、答申の内容を公表するものとする。
　　（守秘義務）
第二十九条　審査会の委員は、職務上知ることができた秘密を漏らしてはならない。その職を退いた後も、同様とする。

　　　　　　　　　　第三章　雑　則

　　（公文書の管理）
第三十条　実施機関は、この条例の適正かつ円滑な運用に資するため、公文書を適正に管理するものとする。
2　実施機関は、公文書の分類、作成、保存及び廃棄に関する基準その他の公文書の管理に関し必要な事項を定めるものとする。
　　（公文書の検索資料の作成等）
第三十一条　実施機関は、その定めるところにより、公文書を検索するための資料を作成し、一般の利用に供するものとする。
　　（実施状況の公表）
第三十二条　知事は、毎年度、各実施機関における公文書の開示の実施状況を取りまとめ、その概要を公表するものとする。
　　（出資法人の情報公開）
第三十三条　県が出資その他の財政支出等を行う法人であって、実施機関が定めるもの（以下「出資法人」という。）は、この条例の趣旨にのっとり、当該出資法人の保有する文書の開示その他の情報の公開に関し必要な措置を講ずるよう努めるものとする。

2　実施機関は、出資法人に対し、前項に定める必要な措置を講ずるよう指導に努めるものとする。
3　実施機関は、出資法人の行う文書の開示に関し当該出資法人から助言を求められたときは、審査会の意見を聴くものとする。
　（適用除外）
第三十四条　この条例の規定は、刑事訴訟法（昭和二十三年法律第百三十一号）第五十三条の二に規定する訴訟に関する書類及び押収物については、適用しない。
　（委任）
第三十五条　この条例の施行に関し必要な事項は、実施機関が定める。
　（罰則）
第三十六条　第二十九条の規定に違反して秘密を漏らした者は、一年以下の懲役又は三十万円以下の罰金に処する。
附　則
　（施行期日）
1　この条例は、平成十三年四月一日から施行する。ただし、第二条第一項中公安委員会及び警察本部長に係る部分並びに次項の規定は、公布の日から起算して一年を超えない範囲内において規則で定める日から施行する。（平成十三年九月規則第八十五号で、同十三年十月一日から施行）
　（経過措置）
2　この条例は、公安委員会及び警察本部長が保有している公文書については、次に掲げるものに適用する。
　　一　平成十三年一月一日以後に作成し、又は取得した公文書
　　二　平成十三年一月一日前に作成し、又は取得した公文書で、これを検索するための資料が作成されたもの
3　この条例の施行の際現にされている改正前の埼玉県行政情報公開条例（以下「旧条例」という。）第五条第二項の公開の申出及び第十三条第二項の請求者の申出等については、なお従前の例による。
4　この条例の施行の際現にされている旧条例第十条第一項の規定による決定に対する行政不服審査法による不服申立ては、改正後の埼玉県情報公開条例（以下「新条例」という。）第二十二条に規定する同法による不服申立てとみなす。
5　前二項に規定するもののほか、この条例の施行前に旧条例の規定によりされた処分、手続その他の行為は、新条例の相当規定によりされた処分、手続その他の行為とみなす。
　（執行機関の附属機関に関する条例の一部改正）
6　執行機関の附属機関に関する条例（昭和二十八年埼玉県条例第十七号）の一部を次のように改正する。
　　　　　（次のよう）略
　（埼玉県個人情報保護条例の一部改正）
7　埼玉県個人情報保護条例の一部を次のように改正する。
　　第十三条第二項第一号中「法令等」の下に「（埼玉県情報公開条例（平成十

二年埼玉県条例第七十七号)を除く。)」を加える。
　(埼玉県行政手続条例の一部改正)
8　埼玉県行政手続条例(平成七年埼玉県条例第六十五号)の一部を次のように改正する。
　　　　(次のよう)　略
附　則(平成十三年十二月二十八日条例第八十七号)(抄)
　(施行期日)
1　この条例は、平成十四年四月一日から施行する。
附　則(平成十四年三月二十二日条例第九号)
　この条例は、平成十四年四月一日から施行する。

埼玉県議会情報公開条例

【制定】平成十一年三月十二日条例第二号
【改正】平成十二年十二月二十六日条例第八十四号

埼玉県議会情報公開条例

（目的）
第一条　この条例は、県民の知る権利を保障するため、公文書の公開に関し必要な事項を定め、併せて総合的な情報公開を積極的に推進することにより、埼玉県議会（以下「県議会」という。）に対する県民の理解と信頼を深め、もって開かれた県議会の実現を図り、県政の発展に寄与することを目的とする。

（定義）
第二条　この条例において「公文書」とは、県議会事務局の職員が職務上作成し、又は入手した文書（磁気テープ、磁気ディスク、フィルム等を含む。）で、決裁又は受理等の手続が終了し、議長が保管しているものをいう。

（総合的な情報公開の推進）
第三条　県議会は、公文書の公開と併せて、より一層の会議の公開及び情報提供の充実を図ることにより、総合的な情報公開の積極的な推進に努めるものとする。

（県議会の責務）
第四条　県議会は、この条例に定める公文書の公開を求める権利が十分に尊重されるように、この条例を解釈し、運用するとともに、公文書の保管と検索体制の確立に努めるものとする。
2　県議会は、この条例の解釈及び運用に当たっては、個人に関する情報が十分に保護されるように配慮するものとする。

（利用者の責務）
第五条　この条例の定めるところにより公文書の公開を請求しようとするものは、この条例の目的に即して、適正な請求をするとともに、その請求によって得た情報を適正に用いなければならない。

（公開の請求）
第六条　次の各号のいずれかに該当するものは、議長に対し、公文書の公開を請求することができる。
　一　県内に住所を有する者
　二　県内に所在する事務所又は事業所に勤務する者
　三　県内に所在する学校に在学する者
　四　県内に事務所又は事業所を有するもの
　五　前各号に掲げるもののほか、県議会の事務に利害関係を有するもの

（公開しないことができる公文書）
第七条　議長は、前条の規定による公開の請求（以下「公開請求」という。）に係

る公文書に次の各号のいずれかに該当する情報が記録されているときは、当該公文書を公開しないことができる。
 一 個人に関する情報であって、特定の個人が識別され、又は識別され得るもの。ただし、次に掲げるものを除く。
　イ 法令又は条例（以下「法令等」という。）の規定により、何人でも閲覧することができる情報
　ロ 公表することを目的として作成し、又は入手した情報
　ハ 法令等の規定に基づく許可、届出等の際に作成し、又は入手した情報で、公開することが公益上必要であると認められるもの
 二 法人その他の団体に関する情報又は事業を営む個人に関する情報で明らかに当該事業に専属すると認められる情報であって、公開することにより当該法人等に著しい不利益を与えることが明らかであるもの（人の生命、身体又は財産の安全を守るため公開することが必要であると認められる情報を除く。）
 三 県議会の事務の執行過程において作成し、又は入手した情報であって、公開することにより、当該事務の執行に係る公正な意思決定に著しい支障を生じ、又は当該事務の執行を著しく困難にすることが明らかであるもの
 四 犯罪の捜査、争訟又は行政上の義務違反の取締りその他公共の安全と秩序の維持に関する情報及び公開することにより人の生命、身体又は財産の保護に支障を及ぼすおそれがあることが明らかである情報
 五 会派活動に関する情報（法令等の規定により、何人でも閲覧することができる情報及び公表することを目的として作成し、又は入手した情報を除く。）
 六 その他公開することにより議会の公正かつ円滑な運営に著しい支障を生ずることが明らかである情報
2 議長は、法令等の規定により明らかに公開することができないとされている情報が記録されている公文書は、公開しないものとする。
3 議長は、第一項に規定する公文書であっても、当該公文書に記録されている情報が期間の経過により同項各号のいずれにも該当しなくなったときは、公開しなければならない。
4 議長は、公文書が第一項各号又は第二項に規定する情報（以下「非公開情報」という。）を記録した部分とその他の部分とからなる場合において、これらの部分を容易に分離できるときは、当該非公開情報を記録した部分を除いて、当該公文書を公開しなければならない。
　（自己情報の公開請求）
第八条 議長は、前条第一項の規定にかかわらず、同項第一号に該当する情報が記録されている公文書について、本人から公開請求があった場合は、当該公文書を公開しなければならない。ただし、当該公文書に記録されている情報が同項第二号から第六号までのいずれかに該当するときは、この限りでない。
　（検索資料の作成及び閲覧）
第九条 議長は、公文書を検索するための資料を作成し、一般の閲覧に供しなければならない。

（公開請求の方法並びに公開等の決定及び通知）
第十条　請求は、議長が定める様式による書面を提出してしなければならない。ただし、議長が当該書面の提出を要しないと認めたときは、この限りでない。
2　議長は、公開請求があったときは、その公開請求を受けた日から起算して十五日以内に、当該公開請求に係る公文書を公開するかどうかの決定（以下「公開決定等」という。）をしなければならない。
3　議長は、前項に規定する期間内に公開決定等をすることができないときは、公開請求があった日から起算して六十日を限度としてその期間を延長することができる。この場合において、議長は、当該延長の理由及び公開決定等をすることができる時期を公開請求をした者（以下「請求者」という。）に速やかに通知しなければならない。
4　公開請求に係る公文書が著しく大量であるため、公開請求があった日から起算して六十日以内にそのすべてについて公開決定等をすることにより事務の執行に著しい支障が生ずるおそれがある場合には、前二項の規定にかかわらず、議長は、公開請求に係る公文書のうちの相当の部分につき当該期間内に公開決定等をし、残りの公文書については相当の期間内に公開決定等をすれば足りる。この場合において、議長は、第二項に規定する期間内に、請求者に対し、次に掲げる事項を通知しなければならない。
　一　本項を適用する旨及びその理由
　二　残りの公文書について公開決定等をする期限
5　議長は、公開決定等をしたときは、速やかに当該公開決定等の内容を請求者に通知しなければならない。
6　議長は、公開請求に係る公文書を公開しないことと決定したときは、その理由を記載した書面により、前項の規定による通知をしなければならない。この場合において、公開しないことと決定した公文書が一定の期間の経過により第七条第一項に規定する公文書に該当しなくなることが明らかであるときは、併せてその該当しなくなる時期を記載しなければならない。

（公開の実施及び方法）
第十一条　議長は、公開請求に係る公文書を公開することと決定したときは、請求者に対し、速やかに当該公文書を公開しなければならない。
2　公文書の公開の方法は、公文書の閲覧、写しの交付又は視聴とし、請求者の求める方法によるものとする。
3　議長は、請求者が公文書の写しの交付又は視聴を求めた場合において、写しを交付し、又は視聴をさせることが困難であるときは、他の公開の方法により公開することができる。
4　議長は、公文書の保管のため必要があるとき、その他相当の理由があるときは、その写しにより閲覧又は視聴をさせることができる。
5　公文書の閲覧又は視聴は、議長の定めるところに従い、行わなければならない。

（写しの交付の費用負担）
第十二条　公開請求により公文書の写しの交付を受ける者は、当該写しの作成及

び送付に要する費用を負担しなければならない。
　（審査会への諮問）
第十三条　公開決定等について行政不服審査法（昭和三十七年法律第百六十号）による不服申立てがあったときは、議長は、次の各号のいずれかに該当する場合を除き、埼玉県情報公開審査会に諮問しなければならない。
　一　不服申立てが不適法であり、却下するとき。
　二　決定で、不服申立てに係る公開しないこととする決定を取り消し、又は変更し、当該不服申立てに係る公文書の全部を公開することとするとき。
２　議長は、前項の規定により諮問をしたときは、次に掲げる者に対し、諮問をした旨を通知しなければならない。
　一　不服申立人及び参加人
　二　請求者（請求者が不服申立人又は参加人である場合を除く。）
　　　　◇全部改正（平成一二年条例八四号）
　（公開の実施状況の公表）
第十四条　議長は、毎年度この条例による公文書の公開の実施状況を公表するものとする。
　（他の法令等による閲覧等の取扱い）
第十五条　他の法令等の規定により、議長に対し、公文書の閲覧又は写しの交付を求めることができる場合における当該閲覧又は写しの交付については、当該他の法令等の定めるところによる。
　（適用除外）
第十六条　この条例は、議長が一般の利用に供することを目的として保管している公文書については、適用しない。
　（委任）
第十七条　この条例の施行に関し必要な事項は、議長が定める。
附　則
１　この条例は、平成十一年十月一日から施行する。
２　この条例は、平成十一年四月一日以後に県議会事務局の職員が職務上作成し、又は入手した公文書について適用する。
附　則（平成十二年十二月二十六日条例第八十四号）
　（施行期日）
１　この条例は、平成十三年四月一日から施行する。
　（経過措置）
２　この条例の施行の際現にされている改正前の埼玉県議会情報公開条例（以下「旧条例」という。）第十三条第一項に規定する救済の申出については、なお従前の例による。
３　この条例の施行の際現にされている旧条例第十条第二項に規定する公文書を公開するかどうかの決定に対する行政不服審査法による不服申立ては、改正後の埼玉県議会情報公開条例第十三条第一項に規定する同法による不服申立てとみなす。

千葉県情報公開条例

【制定】平成十二年十二月八日条例第六十五号
【改正】平成十三年十二月二十一日条例第四十九号
　　　　平成十三年十二月二十一日条例第六十号

千葉県情報公開条例をここに公布する。

千葉県情報公開条例

目次
前文
第一章　総則（第一条～第四条）
第二章　行政文書の開示等
　第一節　行政文書の開示（第五条～第十九条）
　第二節　不服申立て（第二十条～第二十四条）
　第三節　行政文書の任意的な開示（第二十五条）
第三章　情報公開の総合的な推進（第二十六条～第二十八条）
第四章　補則（第二十九条～第三十三条）
附則

　地方分権の進展により、県民の福祉の増進を図ることを基本とする県の役割が重要性を増し、さらに、県民の県政に対する期待が多様化している中で、県は、地方自治の本旨にのっとった県政を運営していくために、県民の県政に対する理解と参加を促進し、開かれた県政を更に推進していくことが求められている。
　これにこたえるためには、県民一人ひとりが県政に関する情報を適正に評価し、的確な意見を形成することが可能となるよう、県の保有する情報を広く県民に公開していくことが重要であり、県は、県民がひとしく享有する「知る権利」を尊重し、その保有する情報を県民のだれもが適切に知ることができるよう、ここに千葉県情報公開条例を制定し、情報公開制度の一層の充実を図っていくものとする。

第一章　総則

（目的）
第一条　この条例は、県民の行政文書の開示を請求する権利及び県の情報公開の総合的な推進に関し必要な事項を定めること等により、県の保有する情報の一層の公開を促進し、もって県の有するその諸活動を県民に説明する責務が全うされるようにするとともに、県民の県政に対する理解と信頼を深め、県政の公正な運営の確保と県民参加による行政の一層の推進を図ることを目的とする。
（定義）

第二条　この条例において「実施機関」とは、知事、教育委員会、公安委員会、選挙管理委員会、監査委員、人事委員会、地方労働委員会、収用委員会、海区漁業調整委員会、内水面漁場管理委員会、公営企業管理者及び警察本部長をいう。
2　この条例において「行政文書」とは、実施機関の職員が職務上作成し、又は取得した文書、図画及び電磁的記録（電子的方式、磁気的方式その他人の知覚によっては認識することができない方式で作られた記録をいう。以下同じ。）であって、当該実施機関の職員が組織的に用いるものとして、当該実施機関が保有しているものをいう。ただし、次の各号に掲げるものを除く。
　一　官報、公報、白書、新聞、雑誌、書籍その他不特定多数の者に販売することを目的として発行されるもの
　二　県の文書館、博物館その他規則で定める施設において、歴史的若しくは文化的な資料又は学術研究用の資料として特別の管理がされているもの
　三　文書又は図画の作成の補助に用いるため一時的に作成した電磁的記録であって、規則で定めるもの

（解釈及び運用）
第三条　実施機関は、この条例の解釈及び運用に当たっては、県民の行政文書の開示を請求する権利を十分尊重するとともに、個人に関する情報がみだりに公にされることのないよう最大限の配慮をしなければならない。

（適正な請求及び使用）
第四条　この条例の定めるところにより行政文書の開示を請求しようとするものはこの条例の目的に即し適正に請求し、行政文書の開示を受けたものはこれによって得た情報を適正に使用しなければならない。

第二章　行政文書の開示等

第一節　行政文書の開示

（開示請求権）
第五条　次の各号に掲げるものは、この条例の定めるところにより、実施機関に対して行政文書の開示を請求することができる。
　一　県内に住所を有する個人及び県内に主たる事務所を有する法人その他の団体
　二　前号に掲げるもののほか、次に掲げるもの
　　イ　県内に事務所又は事業所を有する個人及び法人その他の団体
　　ロ　県内に存する事務所又は事業所に勤務する者
　　ハ　県内に存する学校に在学する者
　三　前各号に掲げるもののほか、行政文書の開示を必要とする理由を明示して請求する個人及び法人その他の団体

（開示請求権の濫用禁止）
第六条　この条例に基づく行政文書の開示を請求する権利は、これを濫用しては

ならない。
（開示請求の手続）
第七条　第五条の規定による開示の請求（以下「開示請求」という。）は、次の各号に掲げる事項を記載した書面（以下「開示請求書」という。）を実施機関に提出してしなければならない。
　一　氏名及び住所（法人その他の団体にあっては、その名称、代表者の氏名及び主たる事務所の所在地）
　二　第五条第二号に掲げるものにあっては、次に掲げるものの区分に応じ、それぞれ次に掲げる事項（同号イからハまでのいずれか二以上に該当する者にあっては、当該該当する者の区分のうちいずれかの区分に応じ、それぞれ次に掲げる事項
　　イ　第五条第二号イに掲げるもの　そのものの県内に有する事務所又は事業所の名称及び所在地
　　ロ　第五条第二号ロに掲げる者　その者の勤務する県内に存する事務所又は事業所の名称及び所在地
　　ハ　第五条第二号ハに掲げる者　その者の在学する県内に存する学校の名称及び所在地
　三　第五条第三号に掲げるものにあっては、行政文書の開示を必要とする理由
　四　行政文書の件名その他の開示請求に係る行政文書を特定するに足りる事項
　五　前各号に掲げるもののほか、実施機関が定める事項
2　実施機関は、開示請求書に形式上の不備があると認めるときは、開示請求をしたもの（以下「開示請求者」という。）に対し、相当の期間を定めて、その補正を求めることができる。この場合において、実施機関は、開示請求者に対し、補正の参考となる情報を提供するよう努めなければならない。
（行政文書の開示義務）
第八条　実施機関は、開示請求があったときは、開示請求に係る行政文書に次の各号に掲げる情報（以下「不開示情報」という。）のいずれかが記録されている場合を除き、開示請求者に対し、当該行政文書を開示しなければならない。
　一　法令及び条例（以下「法令等」という。）の定めるところ又は実施機関が法律若しくはこれに基づく政令の規定により従う義務を有する国の機関の指示その他これに類する行為により、公にすることができない情報
　二　個人に関する情報（事業を営む個人の当該事業に関する情報を除く。）であって、当該情報に含まれる氏名、生年月日その他の記述等により特定の個人を識別することができるもの（他の情報と照合することにより、特定の個人を識別することができることとなるものを含む。）又は特定の個人を識別することはできないが、公にすることにより、なお個人の権利利益を害するおそれがあるもの。ただし、次に掲げる情報を除く。
　　イ　法令等の規定により又は慣行として公にされ、又は公にすることが予定されている情報
　　ロ　人の生命、健康、生活又は財産を保護するため、公にすることが必要であると認められる情報

ハ 当該個人が公務員（国家公務員法（昭和二十二年法律第百二十号）第二条第一項に規定する国家公務員及び地方公務員法（昭和二十五年法律第二百六十一号）第二条に規定する地方公務員をいう。）である場合において、当該情報がその職務の遂行に係る情報であるときは、当該情報のうち、当該公務員の職及び当該職務遂行の内容に係る部分
三 法人その他の団体（国及び地方公共団体を除く。以下「法人等」という。）に関する情報又は事業を営む個人の当該事業に関する情報であって、次に掲げるもの。ただし、人の生命、健康、生活又は財産を保護するため、公にすることが必要であると認められる情報を除く。
  イ 公にすることにより、当該法人等又は当該個人の権利、競争上の地位その他正当な利益を害するおそれがあるもの
  ロ 実施機関の要請を受けて、公にしないとの条件で任意に提供されたものであって、法人等又は個人における通例として公にしないこととされているものその他の当該条件を付することが当該情報の性質、当時の状況等に照らして合理的であると認められるもの
四 公にすることにより、犯罪の予防、鎮圧又は捜査、公訴の維持、刑の執行その他の公共の安全と秩序の維持に支障を及ぼすおそれがあると実施機関が認めることにつき相当の理由がある情報
五 県の機関並びに国及び他の地方公共団体の内部又は相互間における審議、検討又は協議に関する情報であって、公にすることにより、率直な意見の交換若しくは意思決定の中立性が不当に損なわれるおそれ、不当に県民の間に混乱を生じさせるおそれ又は特定の者に不当に利益を与え若しくは不利益を及ぼすおそれがあるもの
六 県の機関又は国若しくは他の地方公共団体が行う事務又は事業に関する情報であって、公にすることにより、次に掲げるおそれその他当該事務又は事業の性質上、当該事務又は事業の適正な遂行に支障を及ぼすおそれがあるもの
  イ 監査、検査、取締り又は試験に係る事務に関し、正確な事実の把握を困難にするおそれ又は違法若しくは不当な行為を容易にし、若しくはその発見を困難にするおそれ
  ロ 契約、交渉又は争訟に係る事務に関し、県、国又は他の地方公共団体の財産上の利益又は当事者としての地位を不当に害するおそれ
  ハ 調査研究に係る事務に関し、その公正かつ能率的な遂行を不当に阻害するおそれ
  ニ 人事管理に係る事務に関し、公正かつ円滑な人事の確保に支障を及ぼすおそれ
  ホ 県、国又は他の地方公共団体が経営する企業に係る事業に関し、その企業経営上の正当な利益を害するおそれ
（部分開示）
第九条 実施機関は、開示請求に係る行政文書の一部に不開示情報が記録されている場合において、不開示情報が記録されている部分を容易に区分して除くこ

とができるときは、開示請求者に対し、当該部分を除いた部分につき開示しなければならない。ただし、当該部分を除いた部分に有意の情報が記録されていないと認められるときは、この限りでない。

2　開示請求に係る行政文書に前条第二号の情報（特定の個人を識別することができるものに限る。）が記録されている場合において、当該情報のうち、氏名、生年月日その他の特定の個人を識別することができることとなる記述等の部分を除くことにより、公にしても、個人の権利利益が害されるおそれがないと認められるときは、当該部分を除いた部分は、同号の情報に含まれないものとみなして、前項の規定を適用する。

（公益上の理由による裁量的開示）

第十条　実施機関は、開示請求に係る行政文書に不開示情報（第八条第一号に該当する情報を除く。）が記録されている場合であっても、公益上特に必要があると認めるときは、開示請求者に対し、当該行政文書を開示することができる。

（行政文書の存否に関する情報）

第十一条　開示請求に対し、当該開示請求に係る行政文書が存在しているか否かを答えるだけで、不開示情報を開示することとなるときは、実施機関は、当該行政文書の存否を明らかにしないで、当該開示請求を拒否することができる。

（開示請求に対する措置）

第十二条　実施機関は、開示請求に係る行政文書の全部又は一部を開示するときは、その旨の決定をし、開示請求者に対し、速やかに、その旨及び開示の実施に関し実施機関が定める事項を書面により通知しなければならない。

2　実施機関は、開示請求に係る行政文書の全部を開示しないとき（前条の規定により開示請求を拒否するとき及び開示請求に係る行政文書を保有していないときを含む。）は、開示をしない旨の決定をし、開示請求者に対し、速やかに、その旨を書面により通知しなければならない。

3　実施機関は、開示請求に係る行政文書の全部又は一部を開示しないときは、その理由を前各項に規定する書面に記載しなければならない。この場合において、当該理由が消滅する期日をあらかじめ明らかにすることができるときは、その期日を当該書面に記載しなければならない。

（開示決定等の期限）

第十三条　前条第一項及び第二項の決定（以下「開示決定等」という。）は、開示請求があった日から三十日以内にしなければならない。ただし、第七条第二項の規定により補正を求めた場合にあっては、当該補正に要した日数は、当該期間に算入しない。

2　前項の規定にかかわらず、実施機関は、事務処理上の困難その他正当な理由があるときは、同項に規定する期間を三十日以内に限り延長することができる。この場合において、実施機関は、開示請求者に対し、速やかに、延長後の期間及び延長の理由を書面により通知しなければならない。

（開示決定等の期限の特例）

第十四条　開示請求に係る行政文書が著しく大量であるため、開示請求があった日から六十日以内にそのすべてについて開示決定等をすることにより事務の遂

行に著しい支障が生ずるおそれがある場合には、前条の規定にかかわらず、実施機関は、開示請求に係る行政文書のうちの相当の部分につき当該期間内に開示決定等をし、残りの行政文書については相当の期間内に開示決定等をすれば足りる。この場合において、実施機関は、同条第一項に規定する期間内に、開示請求者に対し、次の各号に掲げる事項を書面により通知しなければならない。
一　この条を適用する旨及びその理由
二　残りの行政文書について開示決定等をする期限
　（事案の移送）
第十五条　実施機関は、開示請求に係る行政文書が他の実施機関により作成されたものであるときその他他の実施機関において開示決定等をすることにつき正当な理由があるときは、当該他の実施機関と協議の上、当該他の実施機関に対し、事案を移送することができる。この場合においては、移送をした実施機関は、開示請求者に対し、事案を移送した旨を書面により通知しなければならない。
2　前項の規定により事案が移送されたときは、移送を受けた実施機関において、当該開示請求についての開示決定等をしなければならない。この場合において、移送をした実施機関が移送前にした行為は、移送を受けた実施機関がしたものとみなす。
3　前項の場合において、移送を受けた実施機関が第十二条第一項の決定（以下「開示決定」という。）をしたときは、当該実施機関は、開示の実施をしなければならない。この場合において、移送をした実施機関は、当該開示の実施に必要な協力をしなければならない。
　（議長への事案の移送）
第十五条の二　実施機関は、開示請求に係る行政文書が千葉県議会事務局の職員により作成されたものであるときその他千葉県議会議長（以下「議長」という。）において開示決定等をすることにつき正当な理由があるときは、議長と協議の上、議長に対し、事案を移送することができる。この場合においては、移送をした実施機関は、開示請求者に対し、事案を移送した旨を書面により通知しなければならない。
2　前項の規定により事案が移送されたときは、当該事案に係る行政文書の開示請求は、移送を受けた議長に対する千葉県議会情報公開条例（平成十三年千葉県条例第四十九号）第七条第一項の開示請求とみなして、同条例の規定を適用する。この場合において、同条例第十三条第一項ただし書中「第七条第二項」とあるのは、「千葉県情報公開条例（平成十二年千葉県条例第六十五号）第七条第二項」とする。
3　第一項の規定により事案が移送された場合において、議長が開示の実施をするときは、移送をした実施機関は、当該開示の実施に必要な協力をしなければならない。
　　　　◇追　　加（平成一三年条例四九号）
　（第三者に対する意見書提出の機会の付与等）
第十六条　開示請求に係る行政文書に県以外のものに関する情報が記録されてい

るときは、実施機関は、開示決定等をするに当たって、当該情報に係る県以外のものに対し、開示請求に係る行政文書の表示その他実施機関が定める事項を通知して、意見書を提出する機会を与えることができる。
2 　実施機関は、開示請求に係る行政文書に県、国、他の地方公共団体及び開示請求者以外のもの（以下この項、第二十一条及び第二十二条において「第三者」という。）に関する情報が記録されている場合であって、次の各号のいずれかに該当するときは、開示決定に先立ち、当該第三者に対し、開示請求に係る行政文書の表示その他実施機関が定める事項を書面により通知して、意見書を提出する機会を与えなければならない。ただし、当該第三者の所在が判明しない場合は、この限りでない。
　一　当該第三者に関する情報が記録されている行政文書を開示しようとする場合であって、当該情報が第八条第二号ロ又は同条第三号ただし書に規定する情報に該当すると認められるとき。
　二　当該第三者に関する情報が記録されている行政文書を第十条の規定により開示しようとするとき。
3 　実施機関は、前各項の規定により意見書の提出の機会を与えられたものが当該行政文書の開示に反対の意思を表示した意見書（以下「反対意見書」という。）を提出した場合において、開示決定をするときは、開示決定の日と開示を実施する日との間に少なくとも二週間を置かなければならない。この場合において、実施機関は、開示決定後直ちに、反対意見書を提出したものに対し、開示決定をした旨及びその理由並びに開示を実施する日を書面により通知しなければならない。

　（開示の実施）
第十七条　行政文書の開示は、文書又は図画については閲覧又は写しの交付により、電磁的記録についてはその種別、情報化の進展状況等を勘案して実施機関が定める方法により行う。ただし、閲覧の方法による行政文書の開示にあっては、実施機関は、当該行政文書の保存に支障を生ずるおそれがあると認めるときその他正当な理由があるときは、その写しにより、これを行うことができる。

　（他の制度との調整）
第十八条　他の法令等の規定により、何人にも閲覧、縦覧等又は謄本、抄本等の交付による開示が認められている行政文書にあっては、当該他の法令等が定める方法（開示の期間が定められている場合にあっては、当該期間内に限る。）と同一の方法による開示については、この節の規定は、適用しない。
2 　県の文書館、図書館その他の施設において、県民の利用に供することを目的として管理している行政文書であって、一般に閲覧させ、又は貸し出すことができるものについては、この節の規定は、適用しない。

　（費用負担）
第十九条　開示請求をして文書又は図画の写しその他の物品の供与を受けるものは、当該供与に要する費用を負担しなければならない。

　　　　　　第二節　不服申立て

（審査会への諮問等）
第二十条　開示決定等について行政不服審査法（昭和三十七年法律第百六十号）による不服申立てがあったときは、当該不服申立てに対する決定又は裁決をすべき実施機関は、次の各号のいずれかに該当する場合を除き、速やかに、千葉県情報公開審査会（以下「審査会」という。）に諮問しなければならない。
一　不服申立てが不適法であり、却下するとき。
二　決定又は裁決で、不服申立てに係る開示決定等（開示請求に係る行政文書の全部を開示する旨の決定を除く。以下この号及び第二十二条において同じ。）を取り消し又は変更し、当該不服申立てに係る行政文書の全部を開示することとするとき。ただし、当該開示決定等について反対意見書が提出されているときを除く。
2　前項の規定により諮問をした実施機関（以下「諮問実施機関」という。）は、前項の規定による諮問に対する答申を受けたときは、これを尊重して、速やかに、当該不服申立てに対する決定又は裁決を行わなければならない。
　　　　◇一部改正（平成一三年条例六〇号）
（諮問をした旨の通知）
第二十一条　諮問実施機関は、次の各号に掲げるものに対し、諮問をした旨を通知しなければならない。
一　不服申立人及び参加人
二　開示請求者（開示請求者が不服申立人又は参加人である場合を除く。）
三　当該不服申立て係る開示決定等について反対意見書を提出した第三者（当該第三者が不服申立人又は参加人である場合を除く。）
（第三者からの不服申立てを棄却する場合等における手続）
第二十二条　第十六条第三項の規定は、次の各号のいずれかに該当する決定又は裁決をする場合について準用する。
一　開示決定に対する第三者からの不服申立てを却下し、又は棄却する決定又は裁決
二　不服申立てに係る開示決定等を変更し、当該開示決定等に係る行政文書を開示する旨の決定又は裁決（第三者である参加人が当該行政文書の開示に反対の意思を表示している場合に限る。）
（審査会の調査権限）
第二十三条　審査会は、必要があると認めるときは、諮問実施機関に対し、開示決定等に係る行政文書の提示を求めることができる。この場合においては、何人も、審査会に対し、その提示された行政文書の開示を求めることができない。
2　諮問実施機関は、審査会から前項の規定による求めがあったときは、これを拒んではならない。
3　審査会は、必要があると認めるときは、諮問実施機関に対し、開示決定等に係る行政文書に記録されている情報の内容を審査会の指定する方法により分類又は整理した資料を作成し、審査会に提出するよう求めることができる。
4　第一項及び前項に定めるもののほか、審査会は、不服申立てに係る事件に関し、不服申立人、参加人又は諮問実施機関（以下「不服申立人等」という。）に

意見の陳述若しくは資料の提出を求めること、適当と認める者にその知っている事実を陳述させることその他必要な調査をすること又は不服申立人等に口頭で意見を述べる機会若しくは意見書若しくは資料を提出する機会を与えることができる。
5　審査会は、前二項の規定により不服申立人等から意見書又は資料の提出があったときは、第三者の利益を害するおそれがあると認めるときその他正当な理由があるときを除き、不服申立人等（当該意見書又は資料を提出したものを除く。）に対し、当該意見書又は資料の写しを送付しなければならない。

（秘密の保持）

第二十四条　審査会の委員は、職務上知り得た秘密を漏らしてはならない。その職を退いた後も同様とする。

第三節　行政文書の任意的な開示

（行政文書の任意的な開示）

第二十五条　実施機関は、第五条各号に掲げるもの以外のものから行政文書の開示の申出があった場合は、これに応ずるよう努めなければならない。
2　第十九条の規定は、前項の規定による行政文書の開示について準用する。

第三章　情報公開の総合的な推進

（情報公開の総合的な推進）

第二十六条　県は、前章に定める行政文書の開示のほか、情報の提供に関する施策の充実を図り、県民が県政に関する正確で分かりやすい情報を迅速かつ容易に得られるよう、情報公開の総合的な推進に努めるものとする。

（情報提供施策の拡充）

第二十七条　実施機関は、県政に関する情報を積極的に公表する制度の整備に努めるとともに、刊行物その他の資料の積極的な提供、情報通信技術を活用した多様な媒体による情報提供の推進等により情報提供施策の拡充に努めなければならない。

（出資法人の情報公開）

第二十八条　県が資本金、基本金その他これらに準ずるものを出資している法人であって、実施機関が定めるもの（以下「出資法人」という。）は、この条例の趣旨にのっとり、当該出資法人の保有する情報の公開に関し、必要な措置を講ずるよう努めるものとする。
2　実施機関は、出資法人に対し、前項の必要な措置を講ずるよう指導に努めるものとする。

第四章　補　則

（行政文書の管理）

第二十九条　実施機関は、この条例の適正かつ円滑な運用に資するため、行政文

書を適正に管理するものとする。
2　実施機関は、行政文書の分類、作成、保存及び廃棄に関する基準その他の行政文書の管理に関し必要な事項についての定めを設けるとともに、これを一般の閲覧に供しなければならない。
　（開示請求をしようとするものに対する情報の提供等）
第三十条　実施機関は、開示請求をしようとするものが容易かつ的確に開示請求をすることができるよう、当該実施機関が保有する行政文書の特定に資する情報の提供その他開示請求をしようとするものの利便を考慮した適切な措置を講ずるものとする。
　（実施状況の公表）
第三十一条　知事は、毎年一回、実施機関における行政文書の開示等の実施状況を取りまとめ、これを公表するものとする。
　（適用除外）
第三十二条　法律の規定により、行政機関の保有する情報の公開に関する法律（平成十一年法律第四十二号）の規定を適用しないこととされている書類等については、この条例の規定は、適用しない。
　（委任）
第三十三条　この条例の施行に関し必要な事項は、実施機関が定める。
　（罰則）
第三十四条　第二十四条の規定に違反して秘密を漏らした者は、一年以下の懲役又は三十万円以下の罰金に処する。
　　　　◇追　　加（平成一三年条例六〇号）
附　則
　（施行期日）
1　この条例は、平成十三年四月一日から施行する。ただし、第二条第一項中公安委員会及び警察本部長に係る部分並びに附則第五項及び第十一項第二号の規定は、公布の日から起算して一年四月を超えない範囲内において規則で定める日から施行する。（平成十三年十一月十六日規則第百九号により、平成十四年四月一日から施行する）
　（千葉県公文書公開条例の廃止）
2　千葉県公文書公開条例（昭和六十三年千葉県条例第三号）は、廃止する。
　（経過措置）
3　この条例の施行の際現に実施機関（公安委員会及び警察本部長を除く。附則第十一項及び第十五項を除き、以下同じ。）が保有している行政文書のうち、次の各号に掲げる行政文書については、第二章の規定は、適用しない。
　　一　昭和六十三年四月一日前に実施機関の職員が作成し、又は取得した行政文書（前項の規定による廃止前の千葉県公文書公開条例（以下「旧条例」という。）第二条第二項に規定する公文書（以下「公文書」という。）に限る。）
　　二　この条例の施行の日（以下「施行日」という。）前に実施機関の職員が作成し、又は取得した行政文書（公文書を除く。）
4　第八条から第十条までの規定は、実施機関が、施行日以後に作成し、又は取

得した行政文書について適用し、施行日前に作成し、又は取得した公文書については、なお従前の例による。
5　この条例は、公安委員会及び警察本部長が保存している行政文書については、施行日以後に作成し、又は取得した行政文書について適用する。
6　この条例の施行の際現にされている旧条例第五条の規定による公開の請求及び旧条例第十四条の規定による公開の申出については、この条例の規定にかかわらず、なお従前の例による。
7　前項の規定によりした旧条例第八条第一項の規定による決定及びこの条例の施行前にした旧条例第八条第一項の規定による決定は、この条例の相当規定によってした決定とみなす。
8　この条例の施行の際現にされている旧条例第十三条第一項に規定する不服申立ては、第二十条第一項に規定する不服申立てとみなす。
9　附則第六項の規定によりした処分（旧条例第八条第一項の規定による決定を除く。）及びこの条例の施行前に旧条例の規定によりした処分（旧条例第八条第一項の規定による決定を除く。）に対する行政不服審査法による不服申立てについては、この条例の規定にかかわらず、なお従前の例による。
10　この条例の施行の際現に旧条例第十三条第一項の規定により千葉県公文書公開審査会に対してされている諮問は、第二十条第一項の規定により審査会に対してされている諮問とみなす。この場合において、当該諮問については、第二十一条の規定は、適用しない。
11　実施機関は、次の各号に掲げる行政文書の開示の申出があった場合は、これに応ずるよう努めなければならない。
　一　附則第三項各号に掲げる行政文書
　二　公安委員会及び警察本部長が保有している行政文書で施行日前に作成し、又は取得したもの
　（千葉県行政組織条例の一部改正）
12　千葉県行政組織条例（昭和三十二年千葉県条例第三十一号）の一部を次のように改正する。
　　　　　（次のよう）略
　（千葉県個人情報保護条例の一部改正）
13　千葉県個人情報保護条例（平成五年千葉県条例第一号）の一部を次のように改正する。
　　第二十九条第一項中「千葉県公文書公開条例（昭和六十三年千葉県条例第三号）」を「千葉県情報公開条例（平成十二年千葉県条例第六十五号）」に改める。
　（千葉県公文書公開条例第十一条第二号又は第三号に該当する情報について公開の特例を定める条例の一部改正）
14　千葉県公文書公開条例第十一条第二号又は第三号に該当する情報について公開の特例を定める条例（平成九年千葉県条例第三十一号）の一部を次のように改正する。
　　題名を次のように改める。
　　　　千葉県情報公開条例第八条第二号又は第三号に該当する情報について開示

の特例を定める条例

　　第一条中「千葉県公文書公開条例（昭和六十三年千葉県条例第三号）」を「千葉県情報公開条例（平成十二年千葉県条例第六十五号）」に、「第十一条第二号」を「第八条第二号」に、「事務事業」を「事務又は事業」に、「公開する」を「開示する」に改める。

　　第二条の見出し中「第十一条第二号」を「第八条第二号」に、「公開の」を「開示の」に改め、同条各号列記以外の部分中「第十一条第二号」を「第八条第二号」に、「公開すること」を「公にすること」に、「公開するもの」を「開示するもの」に改め、同条第一号中「所属名及び職の名称その他職務上の地位を表す名称（以下「職名等」という。）並びに」を削り、同条第二号中「職名等」を「職の名称その他職務上の地位を表す名称」に改める。

　　第三条の見出し中「第十一条第三号」を「第八条第三号」に、「公開の」を「開示の」に改め、同条各号列記以外の部分中「第十一条第三号」を「第八条第三号」に、「公開すること」を「公にすること」に、「公開するもの」を「開示するもの」に改める。第四条の見出し中「第十一条各号」を「第八条各号」に、「非公開情報」を「不開示情報」に改め、同条中「第十一条第二号」を「第八条第二号」に、「公開する」を「開示する」に、「及び」を「又は」に、「を公開しないことができる」を「は、開示しない」に改める。

　　附則に次の一項を加える。
3　第二条第一号の規定の適用については、同号中「実施機関」とあるのは、「実施機関（公安委員会及び警察本部長を除く。）」とする。

　　（千葉県公文書公開条例第十一条第二号又は第三号に該当する情報について公開の特例を定める条例の一部改正に伴う経過措置）
15　前項の規定による改正後の千葉県情報公開条例第八条第二号又は第三号に該当する情報について開示の特例を定める条例の規定は、施行日以後に実施機関の職員が作成し、又は取得した行政文書について適用し、施行日前に実施機関の職員が作成し、又は取得した行政文書については、なお従前の例による。

附　則（平成十三年十二月二十一日条例第四十九号）抄
　（施行期日）
1　この条例は、平成十四年四月一日から施行する。
附　則（平成十三年十二月二十一日条例第六十号）抄
　（施行期日）
1　この条例は、平成十四年四月一日から施行する。

千葉県情報公開条例第十一条第二号又は第三号に該当する情報について開示の特例を定める条例

【制定】平成九年十二月十九日条例第三十一号
【改正】平成十二年十二月八日条例第六十五号
　　　　平成十三年十二月二十一日条例第六十号

千葉県情報公開条例第十一条第二号又は第三号に
該当する情報について開示の特例を定める条例

（目的）
第一条　この条例は、千葉県情報公開条例（平成十二年千葉県条例第六十五号。以下「公開条例」という。）第八条第二号又は第三号に該当する情報のうち実施機関の事務又は事業をより明らかにするために必要な情報を開示することとする特例を定めることにより、県民の県政に対する理解と信頼を一層深めることを目的とする。
　　　　◇一部改正（平成一二年条例六五号）
（公開条例第八条第二号に該当する情報についての開示の特例）
第二条　公開条例第八条第二号の規定にかかわらず、次の各号のいずれかに該当する情報（公にすることにより、当該個人の権利利益が不当に侵害されるおそれがあると認められるものを除く。）は、開示するものとする。
　一　実施機関の職員の職務を遂行に係る情報に含まれる県の機関に属する職員の氏名
　二　実施機関の経費のうち食料費の支出を伴う懇談会、説明会等に係る情報に含まれる出席者の所属団体名、所属名及び職の名称その他職務上の地位を表す名称並びに氏名
　　　　◇一部改正（平成一二年条例六五号・一三年六〇号）
（公開条例第八条第三号に該当する情報についての開示の特例）
第三条　公開条例第八条第三号の規定にかかわらず、次の各号のいずれかに該当する情報（公にすることにより、当該法人その他の団体又は当該事業を営む個人の権利利益が不当に侵害されるおそれがあると認められるものを除く。）は、開示するものとする。
　一　実施機関の経費のうち食料費の支出に係る債権者の名称又は氏名及び主たる事務所の所在地
　二　実施機関の経費のうち一般乗用旅客自動車運送事業の運賃及び料金に対する使用料及び賃貸料の支出に係る債権者の名称又は氏名及び主たる事務所の所在地
　　　　◇一部改正（平成一二年条例六五号）
（公開条例第八条各号に規定する他の不開示情報に係る規定との関係）
第四条　前二条の規定により公開条例第八条第二号又は第三号の規定にかかわら

ず特に開示するものとする情報が同条各号（第二号又は第三号を除く。）のいずれかに該当する情報である場合には、当該情報は、開示しないことができる。
　　　◇一部改正（平成一二年条例六五号）
附　則
　（施行期日）
1　この条例は、平成十年四月一日から施行する。
　（適用）
2　この条例は、この条例の施行の日以後に決裁、供覧等の手続が終了した公文書（支出負担行為その他債務を負担する行為に関連する行為に係る公文書にあっては、当該支出負担行為その他債務を負担する行為について同日以後に決裁を終了したものに係る公文書）について適用する。
3　この条例は、公安委員会及び警察本部長の保有する行政文書にあっては、平成十三年四月一日以後に公安委員会及び警察本部長の職員が作成し、又は取得した行政文書（支出負担行為その他債務を負担する行為に関連する行為に係る行政文書にあっては、平成十三年度以降の支出負担行為その他債務を負担する行為について作成し、又は取得したものに係る行政文書）について適用する。
　　　追　　加（平成一三年条例六〇号）
4　第二条第一号の規定の適用については、同号中「県の機関の属する職員」とあるのは、「県の機関に属する職員（警察職員であって規則で定めるものを除く。）」とする。
　　　◇追　　加（平成一二年条例六五号）
　　　◇附則3を同4に繰下・一部改正（平成一三年条例六〇号）
附　則（平成十二年十二月八日条例第六十五号）抄
　（施行期日）
1　この条例は、平成十三年四月一日から施行する。
附　則（平成十三年十二月二十一日条例第六十号）抄
　（施行期日）
1　この条例は、平成十四年四月一日から施行する。
　（千葉県情報公開条例第八条第二号又は第三号に該当する情報について開示の特例を定める条例の一部改正に伴う経過措置）
3　第三条の規定による改正後の千葉県情報公開条例第八条第二号又は第三号に該当する情報について開示の特例を定める条例（以下「改正後の特例条例」という。）第二条第一号の規定は、平成十四年四月一日以後に実施機関の職員が作成し、又は取得した行政文書（支出負担行為その他債務を負担する行為（以下「支出負担行為等」という。）に関連する行為に係る行政文書にあっては、平成十四年度以降の支出負担行為について作成し、又は取得したものに係る行政文書）について適用し、同日前に実施機関の職員が作成し、又は取得した行政文書（支出負担行為等に関連する行為に係る行政文書にあっては、平成十三年度以前の支出負担行為等について作成し、又は取得したものに係る行政文書）については、なお従前の例による。
4　改正後の特例条例附則第四項の規定は、平成十三年四月一日以後に実施機関

の職員が作成し、又は取得した行政文書（支出負担行為等に関連する行為に係る行政文書にあっては、平成十三年度以降の支出負担行為等について作成し、又は取得したものに係る行政文書）について適用し、同日前に実施機関の職員が作成し、又は取得した行政文書（支出負担行為等に関連する行為に係る行政文書にあっては、平成十二年度以前の支出負担行為等について作成し、又は取得した行政文書）については、なお従前の例による。

千葉県議会情報公開条例

【制定】平成十三年十二月二十一日条例第四十九号

千葉県議会情報公開条例

目次
　前文
　第一章　総則（第一条～第四条）
　第二章　公文書の開示等
　　第一節　公文書の開示（第五条～第二十条）
　　第二節　不服申立て（第二十一条～第二十五条）
　　第三節　公文書の任意的な開示（第二十六条）
　第三章　情報公開の総合的な推進（第二十七条・二十八条）
　第四章　補則（第二十九条～第三十四条）
　附則

　地方分権の進展により、議会の果たす役割と責任がますます大きなものとなり、議会は、県民の代表機関として、より一層県民の意思を反映した活動を積極的に推進することが求められている。

　議会が県民の負託にこたえて活動するためには、県民の議会への理解と県政参加の促進が不可欠であり、議会に関する情報を、広く県民に公開していくことが、何よりも重要である。

　このような認識に基づき、新しい地方分権の時代にふさわしい開かれた千葉県議会を実現するため、県民がひとしく共有する「知る権利」を尊重し、その保有する情報を県民のだれもが適切に知ることができるよう、ここに千葉県議会情報公開条例を制定する。

第一章　総則

（目的）
第一条　この条例は、県民の公文書の開示を請求する権利及び千葉県議会（以下「議会」という。）の情報公開の総合的な推進に関し必要な事項を定めること等により、議会の保有する情報の一層の公開を促進し、もって議会の有するその諸活動を県民に説明する責務が全うされるようにするとともに、県民の議会への理解と県政参加を促進し、開かれた議会の実現に寄与することを目的とする。

（定義）
第二条　この条例において「公文書」とは、千葉県議会事務局（以下「事務局」という。）の職員が職務上作成し、又は取得した文書、図画及び電磁的記録（電子的方式、磁気的方式その他人の知覚によっては認識することができない方式で作られた記録をいう。以下同じ。）であって、事務局の職員が組織的に用いる

ものとして、千葉県議会議長（以下「議長」という。）が保有しているものをいう。ただし、次の各号に掲げるものを除く。
一　官報、公報、白書、新聞、雑誌、書籍その他不特定多数の者に販売することを目的として発行されるもの
二　議会の図書室において、歴史的若しくは文化的な資料又は学術研究用の資料として特別の管理がされているもの
三　文書又は図画の作成の補助に用いるため一時的に作成した電磁的記録であって、議長が定めるもの
　（解釈及び運用）
第三条　議会は、この条例の解釈及び運用に当たっては、県民の公文書の開示を請求する権利を十分尊重するとともに、個人に関する情報がみだりに公にされることのないよう最大限の配慮をしなければならない。
　（適正な請求及び使用）
第四条　この条例の定めるところにより公文書の開示を請求しようとするものはこの条例の目的に即し適正に請求し、公文書の開示を受けたものはこれによって得た情報を適正に使用しなければならない。

第二章　公文書の開示等

第一節　公文書の開示

　（開示請求権）
第五条　次の各号に掲げるものは、この条例の定めるところにより、議長に対して公文書の開示を請求することができる。
一　県内に住所を有する個人及び県内に主たる事務所を有する法人その他の団体
二　前号に掲げるもののほか、次に掲げるもの
　イ　県内に事務所又は事業所を有する個人及び法人その他の団体
　ロ　県内に存する事務所又は事業所に勤務する者
　ハ　県内に存する学校に在学する者
三　前各号に掲げるもののほか、公文書の開示を必要とする理由を明示して請求する個人及び法人その他の団体
　（開示請求権の濫用禁止）
第六条　この条例に基づく公文書の開示を請求する権利は、これを濫用してはならない。
　（開示請求の手続）
第七条　第五条の規定による開示の請求（以下「開示請求」という。）は、次の各号に掲げる事項を記載した書面（以下「開示請求書」という。）を議長に提出してしなければならない。
一　氏名及び住所（法人その他の団体にあっては、その名称、代表者の氏名及び主たる事務所の所在地）

二　第五条第二号に掲げるものにあっては、次に掲げるものの区分に応じ、それぞれ次に掲げる事項（同号イからハまでのいずれか二以上に該当する者にあっては、当該該当する者の区分のうちいずれかの区分に応じ、それぞれ次に掲げる事項）
　　イ　第五条第二号イに掲げるもの　そのものの県内に有する事務所又は事業所の名称及び所在地
　　ロ　第五条第二号ロに掲げる者　その者の勤務する県内に存する事務所又は事業所の名称及び所在地
　　ハ　第第五条第二号ハに掲げる者　その者の在学する県内に存する学校の名称及び所在地
三　第五条第三号に掲げるものにあっては、公文書の開示を必要とする理由
四　公文書の件名その他の開示請求に係る公文書を特定するに足りる事項
五　前各号に掲げるもののほか、議長が定める事項
2　議長は、開示請求書に形式上の不備があると認めるときは、開示請求をしたもの（以下「開示請求者」という。）に対し、相当の期間を定めて、その補正を求めることができる。この場合において、議長は、開示請求者に対し、補正の参考となる情報を提供するよう努めなければならない。

　（公文書の開示義務）
第八条　議長は、開示請求があったときは、開示請求に係る公文書に次の各号に掲げる情報（以下「不開示情報」という。）のいずれかが記録されている場合を除き、開示請求者に対し、当該公文書を開示しなければならない。
一　法令及び条例（以下「法令等」という。）の規定により、公にすることができない情報
二　個人に関する情報（事業を営む個人の当該事業に関する情報を除く。）であって、当該情報に含まれる氏名、生年月日その他の記述等により特定の個人を識別することができるもの（他の情報と照合することにより、特定の個人を識別することができることとなるものを含む。）又は特定の個人を識別することはできないが、公にすることにより、なお個人の権利利益を害するおそれがあるもの。ただし、次に掲げる情報を除く。
　　イ　法令等の規定により又は慣行として公にされ、又は公にすることが予定されている情報
　　ロ　人の生命、健康、生活又は財産を保護するため、公にすることが必要であると認められる情報
　　ハ　当該個人が公務員（国家公務員法（昭和二十二年法律第百二十号）第二条第一項に規定する国家公務員及び地方公務員法（昭和二十五年法律第二百六十一号）第二条に規定する地方公務員をいう。）である場合において、当該情報がその職務の遂行に係る情報であるときは、当該情報のうち、当該公務員の職及び当該職務遂行の内容に係る部分
　　ニ　議員及び事務局の職員の職務の遂行に係る情報に含まれる県の機関に属する職員で議長が定めるものの氏名（公にすることにより、当該個人の権利利益が不当に侵害されるおそれがあると認められるものを除く。）

ホ　議会の経費のうち食糧費の支出を伴う懇談会、説明会等に係る情報に含まれる出席者の所属団体名、所属名及び職の名称その他職務上の地位を表す名称並びに氏名（公にすることにより、当該個人の権利利益が不当に侵害されるおそれがあると認められるものを除く。）

三　法人その他の団体（国及び地方公共団体を除く。以下「法人等」という。）に関する情報又は事業を営む個人の当該事業に関する情報であって、次に掲げるもの。ただし、人の生命、健康、生活又は財産を保護するため、公にすることが必要であると認められる情報並びに議会に係る経費のうち食糧費並びに一般乗用旅客自動車運送事業の運賃及び料金に対する使用料及び賃借料の支出に係る債権者の名称又は氏名及び主たる事務所の所在地の情報（公にすることにより、当該法人等又は当該個人の権利利益が不当に侵害されるおそれがあると認められるものを除く。）を除く。

　　イ　公にすることにより、当該法人等又は当該個人の権利、競争上の地位その他正当な利益を害するおそれがあるもの
　　ロ　議会の要請を受けて、公にしないとの条件で任意に提供されたものであって、法人等又は個人における通例として公にしないこととされているものその他当該条件を付することが当該情報の性質、当時の状況等に照らして合理的であると認められるもの

四　公にすることにより、犯罪の予防、鎮圧又は捜査、公訴の維持、刑の執行その他の公共の安全と秩序の維持に支障を及ぼすおそれがあると議長が認めることにつき相当の理由がある情報

五　議会その他の県の機関並びに国及び他の地方公共団体の内部又は相互間における審議、検討又は協議に関する情報であって、公にすることにより、率直な意見の交換若しくは意思決定の中立性が不当に損なわれるおそれ、不当に県民の間に混乱を生じさせるおそれ又は特定の者に不当に利益を与え若しくは不利益を及ぼすおそれがあるもの

六　議会その他の県の機関又は国若しくは他の地方公共団体が行う事務又は事業に関する情報であって、公にすることにより、次に掲げるおそれその他当該事務又は事業の性質上、当該事務又は事業の適正な遂行に支障を及ぼすおそれがあるもの

　　イ　監査、検査、取締り又は試験に係る事務に関し、正確な事実の把握を困難にするおそれ又は違法若しくは不当な行為を容易にし、若しくはその発見を困難にするおそれ
　　ロ　契約、交渉又は争訟に係る事務に関し、県、国又は他の地方公共団体の財産上の利益又は当事者としての地位を不当に害するおそれ
　　ハ　調査研究に係る事務に関し、その公正かつ能率的な遂行を不当に阻害するおそれ
　　ニ　人事管理に係る事務に関し、公正かつ円滑な人事の確保に支障を及ぼすおそれ
　　ホ　県、国又は他の地方公共団体が経営する企業に係る事業に関し、その企業経営上の正当な利益を害するおそれ

七　会派又は議員の活動に関する情報であって、公にすることにより、会派又は議員の活動に著しい支障を及ぼすおそれがあるもの
　（部分開示）
第九条　議長は、開示請求に係る公文書の一部に不開示情報が記録されている場合において、不開示情報が記録されている部分を容易に区分して除くことができるときは、開示請求者に対し、当該部分を除いた部分につき開示しなければならない。ただし、当該部分を除いた部分に有意の情報が記録されていないと認められるときは、この限りでない。
2　開示請求に係る公文書に前条第二号の情報（特定の個人を識別することができるものに限る。）が記録されている場合において、当該情報のうち、氏名、生年月日その他の特定の個人を識別することができることとなる記述等の部分を除くことにより、公にしても、個人の権利利益が害されるおそれがないと認められるときは、当該部分を除いた部分は、同号の情報に含まれないものとみなして、前項の規定を適用する。
　（公益上の理由による裁量的開示）
第十条　議長は、開示請求に係る公文書に不開示情報（第八条第一号に該当する情報を除く。）が記録されている場合であっても、公益上特に必要があると認めるときは、開示請求者に対し、当該公文書を開示することができる。
　（公文書の存否に関する情報）
第十一条　開示請求に対し、当該開示請求に係る公文書が存在しているか否かを答えるだけで、不開示情報を開示することとなるときは、議長は、当該公文書の存否を明らかにしないで、当該開示請求を拒否することができる。
　（開示請求に対する措置）
第十二条　議長は、開示請求に係る公文書の全部又は一部を開示するときは、その旨の決定をし、開示請求者に対し、速やかに、その旨及び開示の実施に関し議長が定める事項を書面により通知しなければならない。
2　議長は、開示請求に係る公文書の全部を開示しないとき（前条の規定により開示請求を拒否するとき及び開示請求に係る公文書を保有していないときを含む。）は、開示をしない旨の決定をし、開示請求者に対し、速やかに、その旨を書面により通知しなければならない。
3　議長は、開示請求に係る公文書の全部又は一部を開示しないときは、その理由を前各項に規定する書面に記載しなければならない。この場合において、当該理由が消滅する期日をあらかじめ明らかにすることができるときは、その期日を当該書面に記載しなければならない。
　（開示決定等の期限）
第十三条　前条第一項及び第二項の決定（以下「開示決定等」という。）は、開示請求があった日から三十日以内にしなければならない。ただし、第七条第二項の規定により補正を求めた場合にあっては、当該補正に要した日数は、当該期間に算入しない。
2　前項の規定にかかわらず、議長は、事務処理上の困難その他正当な理由があるときは、同項に規定する期間を三十日以内に限り延長することができる。こ

の場合において、議長は、開示請求者に対し、速やかに、延長後の期間及び延長の理由を書面により通知しなければならない。
　（開示決定等の期限の特例）
第十四条　開示請求に係る公文書が著しく大量であるため、開示請求があった日から六十日以内にそのすべてについて開示決定等をすることにより事務の遂行に著しい支障が生ずるおそれがある場合には、前条の規定にかかわらず、議長は、開示請求に係る公文書のうちの相当の部分につき当該期間内に開示決定等をし、残りの公文書については相当の期間内に開示決定等をすれば足りる。この場合において、議長は、同条第一項に規定する期間内に、開示請求者に対し、次の各号に掲げる事項を書面により通知しなければならない。
一　この条を適用する旨及びその理由
二　残りの公文書について開示決定等をする期限
　（議長等が欠けている場合の特例）
第十五条　第十三条の規定による開示決定等をなすべき期間において、任期満了、議会の解散その他の事由により議長及び千葉県議会副議長がともに欠けている期間がある場合にあっては、当該期間の日数は、同条の期間に算入しない。
　（事案の移送）
第十六条　議長は、開示請求に係る公文書が千葉県情報公開条例（平成十二年千葉県条例第六十五号。以下「県条例」という。）第二条第一項に規定する実施機関（以下「実施機関」という。）の職員により作成されたものであるときその他実施機関において開示決定等をすることにつき正当な理由があるときは、実施機関と協議の上、実施機関に対し、事案を移送することができる。この場合においては、議長は、開示請求者に対し、事案を移送した旨を書面により通知しなければならない。
2　前項の規定により事案が移送されたときは、当該事案に係る公文書の開示請求は、移送を受けた実施機関に対する県条例第七条第一項の開示請求とみなして、県条例の規定を適用する。この場合において、県条例第十三条第一項ただし書中「第七条第二項の規定により補正を求めた場合にあっては、当該補正に要した」とあるのは、「千葉県議会情報公開条例（平成十三年千葉県条例第四十九号）第七条第二項の規定により補正を求めた場合にあっては当該補正に要した日数、当該事案に係る開示請求があった日から移送を受けた日までの間（当該補正に要した期間を除く。）に同条例第十五条の規定により同条例第十三条の期間に算入しない日数がある場合にあっては当該」とする。
3　第一項の規定により事案が移送された場合において、移送を受けた実施機関が開示の実施をするときは、議長は、当該開示の実施に必要な協力をしなければならない。
　（第三者に対する意見書提出の機会の付与等）
第十七条　開示請求に係る公文書に県以外のものに関する情報が記録されているときは、議長は、開示決定等をするに当たって、当該情報に係る県以外のものに対し、開示請求に係る公文書の表示その他議長が定める事項を通知して、意見書を提出する機会を与えることができる。

2　議長は、開示請求に係る公文書に県、国、他の地方公共団体及び開示請求者以外のもの（以下この項、第二十二条及び第二十三条において「第三者」という。）に関する情報が記録されている場合であって、次の各号のいずれかに該当するときは、第十二条第一項の決定（以下「開示決定」という。）に先立ち、当該第三者に対し、開示請求に係る公文書の表示その他議長が定める事項を書面により通知して、意見書を提出する機会を与えなければならない。ただし、当該第三者の所在が判明しない場合は、この限りでない。
　一　当該第三者に関する情報が記録されている公文書を開示しようとする場合であって、当該情報が第八条第二号ロ又は同条第三号ただし書（人の生命、健康、生活又は財産を保護するため、公にすることが必要であると認められる情報に限る。）に規定する情報に該当すると認められるとき。
　二　当該第三者に関する情報が記録されている公文書を第十条の規定により開示しようとするとき。
3　議長は、前各項の規定により意見書の提出の機会を与えられたものが当該公文書の開示に反対の意思を表示した意見書（以下「反対意見書」という。）を提出した場合において、開示決定をするときは、開示決定の日と開示を実施する日との間に少なくとも二週間を置かなければならない。この場合において、議長は、開示決定後直ちに、反対意見書を提出したものに対し、開示決定をした旨及びその理由並びに開示を実施する日を書面により通知しなければならない。

（開示の実施）

第十八条　公文書の開示は、文書又は図画については閲覧又は写しの交付により、電磁的記録についてはその種別、情報化の進展状況等を勘案して議長が定める方法により行う。ただし、閲覧の方法による公文書の開示にあっては、議長は、当該公文書の保存に支障を生ずるおそれがあると認めるときその他正当な理由があるときは、その写しにより、これを行うことができる。

（他の制度との調整）

第十九条　他の法令等の規定により、何人にも閲覧、縦覧等又は謄本、抄本等の交付による開示が認められている公文書にあっては、当該他の法令等が定める方法（開示の期間が定められている場合にあっては、当該期間内に限る。）と同一の方法による開示については、この節の規定は、適用しない。
2　議会の図書室において、県民の利用に供することを目的として管理している公文書であって、一般に閲覧させ、又は貸し出すことができるものについては、この節の規定は、適用しない。

（費用負担）

第二十条　開示請求をして文書又は図画の写しその他の物品の供与を受けるものは、当該供与に要する費用を負担しなければならない。

第二節　不服申立て

（審査会への諮問等）

第二十一条　開示決定等について行政不服審査法（昭和三十七年法律第百六十号）による不服申立てがあったときは、議長は、次の各号のいずれかに該当す

る場合を除き、速やかに、千葉県情報公開審査会（以下「審査会」という。）に諮問しなければならない。
　一　不服申立てが不適法であり、却下するとき。
　二　不服申立てに係る開示決定等（開示請求に係る公文書の全部を開示する旨の決定を除く。以下この号及び第二十三条において同じ。）を取り消し又は変更し、当該不服申立てに係る公文書の全部を開示することとするとき。ただし、当該開示決定等について反対意見書が提出されているときを除く。
２　議長は、前項の規定による諮問に対する答申を受けたときは、これを尊重して、速やかに、当該不服申立てに対する決定を行わなければなららい。

（諮問をした旨の通知）
第二十二条　議長は、次の各号に掲げるものに対し、諮問をした旨を通知しなければならない。
　一　不服申立人及び参加人
　二　開示請求者（開示請求者が不服申立人又は参加人である場合を除く。）
　三　当該不服申立てに係る開示決定等について反対意見書を提出した第三者（当該第三者が不服申立人又は参加人である場合を除く。）

（第三者からの不服申立てを棄却する場合等における手続）
第二十三条　第十七条第三項の規定は、次の各号のいずれかに該当する決定をする場合について準用する。
　一　開示決定に対する第三者からの不服申立てを却下し、又は棄却する決定
　二　不服申立てに係る開示決定等を変更し、当該開示決定等に係る公文書を開示する旨の決定（第三者である参加人が当該公文書の開示に反対の意思を表示している場合に限る。）

（審査会の調査権限）
第二十四条　審査会は、必要があると認めるときは、議長に対し、開示決定等に係る公文書の提示を求めることができる。この場合においては、何人も、審査会に対し、その提示された公文書の開示を求めることができない。
２　議長は、審査会から前項の規定による求めがあったときは、これを拒んではならない。
３　審査会は、必要があると認めるときは、議長に対し、開示決定等に係る公文書に記録されている情報の内容を審査会の指定する方法により分類又は整理した資料を作成し、審査会に提出するよう求めることができる。
４　第一項及び前項に定めるもののほか、審査会は、不服申立てに係る事件に関し、不服申立人、参加人又は議長（以下「不服申立人等」という。）に意見の陳述若しくは資料の提出を求めること、適当と認める者にその知っている事実を陳述させることその他必要な調査をすること又は不服申立人等に口頭で意見を述べる機会若しくは意見書若しくは資料を提出する機会を与えることができる。
５　審査会は、前二項の規定により不服申立人等から意見書又は資料の提出があったときは、第三者の利益を害するおそれがあると認めるときその他正当な理由があるときを除き、不服申立人等（当該意見書又は資料を提出したものを除く。）に対し、当該意見書又は資料の写しを送付しなければならない。

（秘密の保持）
第二十五条　審査会の委員は、職務上知り得た秘密を漏らしてはならない。その職を退いた後も同様とする。

第三節　公文書の任意的な開示

（公文書の任意的な開示）
第二十六条　議長は、第五条各号に掲げるもの以外のものから公文書の開示の申出があった場合は、これに応ずるよう努めなければならない。
2　第二十条の規定は、前項の規定による公文書の開示について準用する。

第三章　情報公開の総合的な推進

（情報公開の総合的な推進）
第二十七条　議会は、前章に定める公文書の開示のほか、情報の提供に関する施策の充実を図り、県民が議会に関する正確で分かりやすい情報を迅速かつ容易に得られるよう、情報公開の総合的な推進に努めるものとする。
（情報提供施策の拡充）
第二十八条　議長は、議会に関する情報を積極的に公表する制度の整備に努めるとともに、刊行物その他の資料の積極的な提供、情報通信技術を活用した多様な媒体による情報提供の推進等により情報提供施策の拡充に努めなければならない。

第四章　補　則

（公文書の管理）
第二十九条　議長は、この条例の適正かつ円滑な運用に資するため、公文書を適正に管理するものとする。
2　議長は、公文書の管理に関し必要な事項についての定めを設けるとともに、これを一般の閲覧に供しなければならない。
（開示請求をしようとするものに対する情報の提供等）
第三十条　議長は、開示請求をしようとするものが容易かつ的確に請求することができるよう、議長が保有する公文書の特定に資する情報の提供その他開示請求をしようとするものの利便を考慮した適切な措置を講ずるものとする。
（実施状況の公表）
第三十一条　議長は、毎年一回、議会における公文書の開示等の実施状況を取りまとめ、これを公表するものとする。
（適用除外）
第三十二条　法律の規定により、行政機関の保有する情報の公開に関する法律（平成十一年法律第四十二号）の規定を適用しないこととされている書類等については、この条例の規定は、適用しない。
（委任）

第三十三条　この条例の施行に関し必要な事項は、議長が定める。
（罰則）
第三十四条　第二十五条の規定に違反して秘密を漏らした者は、一年以下の懲役又は三十万円以下の罰金に処する。

附　則
（施行期日）
1　この条例は、平成十四年四月一日から施行する。
（適用）
2　第二章の規定は、事務局の職員が、この条例の施行の日（以下「施行日」という。）以後に作成し、又は取得した公文書（支出負担行為その他債務を負担する行為（以下「支出負担行為等」という。）に関連する行為に係る公文書にあっては、平成十四年度以降の支出負担行為等について作成し、又は取得したものに係る公文書）について適用する。
（施行前公文書の特例）
3　議長は、施行日前に事務局の職員が作成し、又は取得した公文書（支出負担行為等に関連する行為に係る公文書にあっては、平成十三年度以前の支出負担行為等について作成し、又は取得したものに係る公文書）の開示の申出があった場合は、これに応ずるよう努めなければならない。
（千葉県行政組織条例の一部改正）
4　千葉県行政組織条例（昭和三十二年千葉県条例第三十一号）の一部を次のように改正する。
　　　　（次のよう）略
（千葉県情報公開条例の一部改正）
5　千葉県情報公開条例（平成十二年千葉県条例第六十五号）の一部を次のように改正する。
　第十五条の次に次の一条を加える。
（議長への事案の移送）
第十五条の二　実施機関は、開示請求に係る行政文書が千葉県議会事務局の職員により作成されたものであるときその他千葉県議会議長（以下「議長」という。）において開示決定等をすることにつき正当な理由があるときは、議長と協議の上、議長に対し、事案を移送することができる。この場合においては、移送をした実施機関は、開示請求者に対し、事案を移送した旨を書面により通知しなければならない。
2　前項の規定により事案が移送されたときは、当該事案に係る行政文書の開示請求は、移送を受けた議長に対する千葉県議会情報公開条例（平成十三年千葉県条例第四十九号）第七条第一項の開示請求とみなして、同条例の規定を適用する。この場合において、同条例第十三条第一項ただし書中「第七条第二項」とあるのは、「千葉県情報公開条例（平成十二年千葉県条例第六十五号）第七条第二項」とする。
3　第一項の規定により事案が移送された場合において、議長が開示の実施をす

るときは、移送をした実施機関は、当該開示の実施に必要な協力をしなければならない。

東京都情報公開条例

【制定】平成十一年三月十九日条例第五号
【改正】平成十二年三月三十一日条例第五号
　　　　平成十二年七月二十一日条例第百四十八号
　　　　平成十三年三月三十日条例第九号

東京都情報公開条例

目次
　前文
　第一章　総則（第一条～第四条）
　第二章　公文書の開示及び公文書の任意的な開示
　　第一節　公文書の開示（第五条～第十八条）
　　第二節　不服申立て（第十九条～第二十八条）
　　第三節　公文書の任意的な開示（第二十九条）
　第三章　情報公開の総合的な推進（第三十条～第三十三条）
　第四章　東京都情報公開・個人情報保護審議会（第三十四条）
　第五章　雑則（第三十五条～第三十九条）
　附則

　新たな時代に向けて地方分権が進展する中で、公正で透明な都政の推進と都民による都政への参加の促進により、開かれた都政を実現し、日本国憲法が保障する地方自治を確立していくことが求められている。
　情報公開制度は、このような開かれた都政を推進していく上でなくてはならない仕組みとして発展してきたものである。東京都は、都民の「知る権利」が情報公開の制度化に大きな役割を果たしてきたことを十分に認識し、都民がその知ろうとする東京都の保有する情報を得られるよう、情報の公開を一層進めていかなければならない。
　このような考え方に立って、この条例を制定する。

第一章　総則

（目的）
第一条　この条例は、日本国憲法の保障する地方自治の本旨に即し、公文書の開示を請求する都民の権利を明らかにするとともに情報公開の総合的な推進に関し必要な事項を定め、もって東京都（以下「都」という。）が都政に関し都民に説明する責務を全うするようにし、都民の理解と批判の下に公正で透明な行政を推進し、都民による都政への参加を進めるのに資することを目的とする。
　（定義）
第二条　この条例において「実施機関」とは、知事、教育委員会、選挙管理委員

会、人事委員会、監査委員、公安委員会、地方労働委員会、収用委員会、海区漁業調整委員会、内水面漁場管理委員会、固定資産評価審査委員会、公営企業管理者、警視総監及び消防総監並びに東京都規則で定める行政機関の長をいう。
2　この条例において、「公文書」とは、実施機関の職員が職務上作成し、又は取得した文書、図画、写真、フィルム及び電磁的記録（電子式方式、磁気的方式その他人の知覚によっては認識することができない方式で作られた記録をいう。以下同じ。）であって、当該実施機関の職員が組織的に用いるものとして、当該実施機関が保有しているものをいう。ただし、次に掲げるものを除く。
　一　官報、公報、白書、新聞、雑誌、書籍その他不特定多数の者に販売することを目的として発行されるもの
　二　都の公文書館その他東京都規則で定める都の機関において、歴史的若しくは文化的な資料又は学術研究用の資料として特別の管理がされているもの
　　　◇一部改正（平成一二年条例一四八号）
（適用除外）
第二条の二　法律の規定により、行政機関の保有する情報の公開に関する法律（平成十一年法律第百四十二号）の規定を適用しないこととされている書類等については、この条例の規定は、適用しない。
　　　　◇追　　加（平成一二年条例一四八号）
（この条例の解釈及び運用）
第三条　実施機関は、この条例の解釈及び運用に当たっては、公文書の開示を請求する都民の権利を十分に尊重するものとする。この場合において、実施機関は、個人に関する情報がみだりに公にされることのないよう最大限の配慮をしなければならない。
（適正な請求及び使用）
第四条　この条例の定めるところにより公文書の開示を請求しようとするものは、この条例の目的に即し、適正な請求に努めるとともに、公文書の開示を受けたときは、これによって得た情報を適正に使用しなければならない。

第二章　公文書の開示及び公文書の任意的な開示

第一節　公文書の開示

（公文書の開示を請求できるもの）
第五条　次に掲げるものは、実施機関に対して公文書の開示を請求することができる。
　一　都の区域内に住所を有する者
　二　都の区域内に事務所又は事業所を有する個人及び法人その他の団体
　三　都の区域内に存する事務所又は事業所に勤務する者
　四　都の区域内に存する学校に在学する者
　五　前各号に掲げるもののほか、実施機関が保有している公文書の開示を必要とする理由を明示して請求する個人及び法人その他の団体

(公文書の開示の請求方法)
第六条 前条の規定による開示の請求(以下「開示請求」という。)は、実施機関に対して、次の事項を記載した請求書(以下「開示請求書」という。)を提出してしなければならない。
一 氏名又は名称及び住所又は事務所若しくは事業所の所在地並びに法人その他の団体にあってはその代表者の氏名
二 次に掲げるものの区分に応じ、それぞれ次に掲げる事項
　イ 前条第二号に掲げるもの　そのものの有する事務所又は事業所の名称及び所在地
　ロ 前条第三号に掲げる者　その者の勤務する事務所又は事業所の名称及び所在地
　ハ 前条第四号に掲げる者　その者の在学する学校の名称及び所在地
　ニ 前条第五号に掲げるもの　実施機関が保有している公文書の開示を必要とする理由
三 開示請求に係る公文書を特定するために必要な事項
四 前三号に掲げるもののほか、実施機関が定める事項
2 実施機関は、開示請求書に形式上の不備があると認めるときは、開示請求をしたもの(以下「開示請求者」という。)に対し、相当の期間を定めて、その補正を求めることができる。この場合において、実施機関は、開示請求者に対し、補正の参考となる情報を提供するよう努めなければならない。

(公文書の開示義務)
第七条 実施機関は、開示請求があったときは、開示請求に係る公文書に次の各号のいずれかに該当する情報(以下「非開示情報」という。)が記録されている場合を除き、開示請求者に対し、当該公文書を開示しなければならない。
一 法令及び条例(以下「法令等」という。)の定めるところ又は実施機関が法律若しくはこれに基づく政令により従う義務を有する国の行政機関(内閣府設置法(平成十一年法律第八十九号)第四条第三項に規定する事務をつかさどる機関である内閣府、宮内庁、同法第四十九条第一項若しくは第二項に規定する機関、国家行政組織法(昭和二十三年法律第百二十号)第三条第二項に規定する機関、法律の規定に基づき内閣の所轄の下に置かれる機関又はこれらに置かれる機関をいう。)の指示等により、公にすることができないと認められる情報
二 個人に関する情報(事業を営む個人の当該事業に関する情報を除く。)で特定の個人を識別することができるもの(他の情報と照合することにより、特定の個人を識別することができることとなるものを含む。)又は特定の個人を識別することはできないが、公にすることにより、なお個人の権利利益を害するおそれがあるもの。ただし、次に掲げる情報を除く。
　イ 法令等の規定により又は慣行として公にされ、又は公にすることが予定されている情報
　ロ 人の生命、健康、生活又は財産を保護するため、公にすることが必要であると認められる情報

ハ　当該個人が公務員（国家公務員法（昭和二十二年法律第百二十号）第二条第一項に規定する国家公務員及び地方公務員法（昭和二十五年法律第二百六十一号）第二条に規定する地方公務員をいう。）である場合において、当該情報がその職務の遂行に係る情報であるときは、当該情報のうち、当該公務員の職及び当該職務遂行の内容に係る部分
三　法人（国及び地方公共団体を除く。）その他の団体（以下「法人等」という。）に関する情報又は事業を営む個人の当該事業に関する情報であって、公にすることにより、当該法人等又は当該事業を営む個人の競争上又は事業運営上の地位その他社会的な地位が損なわれると認められるもの。ただし、次に掲げる情報を除く。
　　イ　事業活動によって生じ、又は生ずるおそれがある危害から人の生命又は健康を保護するために、公にすることが必要であると認められる情報
　　ロ　違法若しくは不当な事業活動によって生じ、又は生ずるおそれがある支障から人の生活を保護するために、公にすることが必要であると認められる情報
　　ハ　事業活動によって生じ、又は生ずるおそれがある侵害から消費生活その他都民の生活を保護するために、公にすることが必要であると認められる情報
四　公にすることにより、犯罪の予防、鎮圧又は捜査、公訴の維持、刑の執行その他の公共の安全と秩序の維持に支障を及ぼすおそれがあると実施機関が認めることにつき相当の理由がある情報
五　都の機関並びに国及び他の地方公共団体の内部又は相互間における審議、検討又は協議に関する情報であって、公にすることにより、率直な意見の交換若しくは意思決定の中立性が不当に損なわれるおそれ、不当に都民の間に混乱を生じさせるおそれ又は特定の者に不当に利益を与え若しくは不利益を及ぼすおそれがあるもの
六　都の機関又は国若しくは他の地方公共団体が行う事務又は事業に関する情報であって、公にすることにより、次に掲げるおそれその他当該事務又は事業の性質上、当該事務又は事業の適正な遂行に支障を及ぼすおそれがあるもの
　　イ　監査、検査、取締り又は試験に係る事務に関し、正確な事実の把握を困難にするおそれ又は違法若しくは不当な行為を容易にし、若しくはその発見を困難にするおそれ
　　ロ　契約、交渉又は争訟に係る事務に関し、国又は地方公共団体の財産上の利益又は当事者としての地位を不当に害するおそれ
　　ハ　調査研究に係る事務に関し、その公正かつ能率的な遂行を不当に阻害するおそれ
　　ニ　人事管理に係る事務に関し、公正かつ円滑な人事の確保に支障を及ぼすおそれ
　　ホ　国又は地方公共団体が経営する企業に係る事業に関し、その企業経営上の正当な利益を害するおそれ

へ 大学の管理又は運営に係る事務に関し、大学の教育又は研究の自由が損なわれるおそれ
七 都、国、他の地方公共団体及び開示請求者以外のもの（以下「第三者」という。）が、実施機関の要請を受けて、公にしないとの条件で任意に提供した情報であって、第三者における通例として公にしないこととされているものその他の当該条件を付することが当該情報の性質、当時の状況等に照らして合理的であると認められるものその他当該情報が公にされないことに対する当該第三者の信頼が保護に値するものであり、これを公にすることにより、その信頼を不当に損なうことになると認められるもの。ただし、人の生命、健康、生活又は財産を保護するため、公にすることが必要であると認められるものを除く。

◇一部改正（平成一二年条例五号・一四八号）

（公文書の一部開示）
第八条 実施機関は、開示請求に係る公文書の一部に非開示情報が記録されている場合において、非開示情報に係る部分を容易に区分して除くことができ、かつ、区分して除くことにより当該開示請求の趣旨が損なわれることがないと認められるときは、当該非開示情報に係る部分以外の部分を開示しなければならない。
2 開示請求に係る公文書に前条第二号の情報（特定の個人を識別することができるものに限る。）が記録されている場合において、当該情報のうち、特定の個人を識別することができることとなる記述等の部分を除くことにより、公にしても、個人の権利利益が害されるおそれがないと認められるときは、当該部分を除いた部分は、同号の情報に含まれないものとみなして、前項の規定を適用する。

（公益上の理由による裁量的開示）
第九条 実施機関は、開示請求に係る公文書に非開示情報（第七条第一号に該当する情報を除く。）が記録されている場合であっても、公益上特に必要があると認めるときは、開示請求者に対し、当該公文書を開示することができる。

（公文書の存否に関する情報）
第十条 開示請求に対し、当該開示請求に係る公文書が存在しているか否かを答えるだけで、非開示情報を開示することとなるときは、実施機関は、当該公文書の存否を明らかにしないで、当該開示請求を拒否することができる。

（開示請求に対する決定等）
第十一条 実施機関は、開示請求に係る公文書の全部又は一部を開示するときは、その旨の決定をし、開示請求者に対し、その旨並びに開示をする日時及び場所を書面により通知しなければならない。
2 実施機関は、開示請求に係る公文書の全部を開示しないとき（前条の規定により開示請求を拒否するとき及び開示請求に係る公文書を保有していないときを含む。以下同じ。）は、開示しない旨の決定をし、開示請求者に対し、その旨を書面により通知しなければならない。

（開示決定等の期限）

第十二条　前条各項の決定（以下「開示決定等」という。）は、開示請求があった日から十四日以内にしなければならない。ただし、第六条第二項の規定により補正を求めた場合にあっては、当該補正に要した日数は、当該期間に算入しない。
2　実施機関は、やむを得ない理由により、前項に規定する期間内に開示決定等をすることができないときは、開示請求があった日から六十日を限度としてその期間を延長することができる。この場合において、実施機関は、開示請求者に対し、速やかに延長後の期間及び延長の理由を書面により通知しなければならない。
3　開示請求に係る公文書が著しく大量であるため、開示請求があった日から六十日以内にそのすべてについて開示決定等をすることにより事務の遂行に著しい支障が生ずるおそれがある場合には、前二項の規定にかかわらず、実施機関は、開示請求に係る公文書のうちの相当の部分につき当該期間内に開示決定等をし、残りの公文書については相当の期間内に開示決定等をすれば足りる。この場合において、実施機関は、第一項に規定する期間内に、開示請求者に対し、次に掲げる事項を書面により通知しなければならない。
一　本項を適用する旨及びその理由
二　残りの公文書について開示決定等をする期限
　（理由付記等）
第十三条　実施機関は、第十一条各項の規定により開示請求に係る公文書の全部又は一部を開示しないときは、開示請求者に対し、当該各項に規定する書面によりその理由を示さなければならない。この場合において、当該理由の提示は、開示しないこととする根拠規定及び当該規定を適用する根拠が、当該書面の記載自体から理解され得るものでなければならない。
2　実施機関は、前項の場合において、開示請求に係る公文書が、当該公文書の全部又は一部を開示しない旨の決定の日から一年以内にその全部又は一部を開示することができるようになることが明らかであるときは、その旨を開示請求者に通知するものとする。
　（事案の移送）
第十四条　実施機関は、開示請求に係る公文書が他の実施機関により作成されたものであるときその他他の実施機関において開示決定等をすることにつき正当な理由があるときは、当該他の実施機関と協議の上、当該他の実施機関に対し、事案を移送することができる。この場合において、移送をした実施機関は、開示請求者に対し、事案を移送した旨を書面により通知しなければならない。
2　前項の規定により事案が移送されたときは、移送を受けた実施機関において、当該開示請求についての開示決定等をしなければならない。この場合において、移送をした実施機関が移送前にした行為は、移送を受けた実施機関がしたものとみなす。
3　前項の場合において、移送を受けた実施機関が第十一条第一項の決定（以下「開示決定」という。）をしたときは、当該実施機関は、開示をしなければならない。この場合において、移送をした実施機関は、当該開示に必要な協力をし

なければならない。
4　第一項の規定は、開示請求に係る公文書が東京都議会議会局の職員により作成されたものであるときその他東京都議会議長において開示の決定等をすることにつき正当な理由があるときについて準用する。この場合において、東京都議会議長に対し事案が移送されたときは、開示請求のあった日に、東京都議会議長に対し、東京都議会情報公開条例（平成十一年東京都条例第四号）の規定に基づく公文書の開示の請求があったものとみなす。

（第三者保護に関する手続）
第十五条　開示請求に係る公文書に都以外のものに関する情報が記録されているときは、実施機関は、開示決定等に先立ち、当該情報に係る都以外のものに対し、開示請求に係る公文書の表示その他実施機関が定める事項を通知して、意見書を提出する機会を与えることができる。
2　実施機関は、次の各号のいずれかに該当するときは、開示決定に先立ち、当該第三者に対し、開示請求に係る公文書の表示その他実施機関が定める事項を書面により通知して、意見書を提出する機会を与えなければならない。ただし、当該第三者の所在が判明しない場合は、この限りでない。
　一　第三者に関する情報が記録されている公文書を開示しようとする場合であって、当該情報が第七条第二号ロ又は同条第三号ただし書に規定する情報に該当すると認められるとき。
　二　第三者に関する情報が記録されている公文書を第九条の規定により開示しようとするとき。
3　実施機関は、前二項の規定により意見書の提出の機会を与えられた第三者が当該公文書の開示に反対の意思を表示した意見書を提出した場合において、開示決定をするときは、開示決定の日と開示をする日との間に少なくとも二週間を置かなければならない。この場合において、実施機関は、開示決定後直ちに当該意見書（第十九条及び第二十条において「反対意見書」という。）を提出した第三者に対し、開示決定をした旨及びその理由並びに開示をする日を書面により通知しなければならない。

（公文書の開示の方法）
第十六条　公文書の開示は、文書、図画又は写真については閲覧又は写しの交付により、フィルムについては視聴又は写しの交付（マイクロフィルムに限る。）により、電磁的記録については視聴、閲覧、写しの交付等（ビデオテープ及び録音テープにあっては視聴に限る。）でその種別、情報化の進展状況等を勘案して東京都規則又は実施機関（知事を除く。）の規則その他の規程（以下「都規則等」という。）で定める方法により行う。
2　前項の視聴又は閲覧の方法による公文書の開示にあっては、実施機関は、当該公文書の保存に支障を生ずるおそれがあると認めるときその他合理的な理由があるときは、当該公文書の写しによりこれを行うことができる。

（開示手数料）
第十七条　公文書の開示については、別表に定めるところにより開示手数料を徴収する。

2　実施機関が公文書の開示をするため、第十一条第一項に規定する書面により開示をする日時及び場所を指定したにもかかわらず、開示請求者が当該開示に応じない場合に、実施機関が再度、当初指定した日から十四日以上の期間をおいた開示をする日時及び場所を指定し、当該開示に応ずるよう催告をしても、開示請求者が正当な理由なくこれに応じないときは、開示をしたものとみなして別表に定める開示手数料を徴収する。

3　知事及び公営企業管理者は、実施機関が開示決定に係る公文書を不特定多数の者が知り得る方法で実施機関が定めるものにより公にすることを予定し、又は公にするべきであると判断するときは、当該公文書の開示に係る開示手数料を免除する。

4　前項に規定する場合のほか、知事及び公営企業管理者は、特別の理由があると認めるときは、開示手数料を減額し、又は免除することができる。

5　既納の開示手数料は、還付しない。ただし、知事及び公営企業管理者は、特別の理由があると認めるときは、その全部又は一部を還付することができる。

　（他の制度等との調整）

第十八条　実施機関は、法令又は他の条例の規定による閲覧若しくは縦覧又は謄本、抄本その他の写しの交付の対象となる公文書（東京都事務手数料条例（昭和二十四年東京都条例第三十号）第二条第十一号に規定する謄本若しくは抄本の交付又は同条第十二号に規定する閲覧の対象となる公文書を含む。）については、公文書の開示をしないものとする。

2　実施機関は、都の図書館等図書、資料、刊行物等を閲覧に供し、又は貸し出すことを目的とする施設において管理されている公文書であって、一般に閲覧させ、又は貸し出すことができるとされているものについては、公文書の開示をしないものとする。

第二節　不服申し立て

　（審査会への諮問）

第十九条　開示決定等について、行政不服審査法（昭和三十七年法律第百六十号）の規定に基づく不服申立てがあった場合は、当該不服申立てに係る処分庁又は審査庁は、次に掲げる場合を除き、東京都情報公開審査会に諮問して、当該不服申立てについての決定又は裁決を行うものとする。

一　不服申立てが不適法であり、却下する場合

二　開示決定等（開示請求に係る公文書の全部を開示する旨の決定を除く。以下この号及び第二十一条において同じ。）を取り消し又は変更し、当該不服申立てに係る公文書の全部を開示する場合（当該開示決定等について第三者から反対意見書が提出されているときを除く。）

2　前項の処分庁又は審査庁は、東京都情報公開審査会に対し、速やかに諮問するよう努めなければならない。

　　　　◇一部改正（平成一二年条例一四八号・一三年九号）

　（諮問をした旨の通知）

第二十条　前条の規定により諮問をした処分庁又は審査庁（以下「諮問庁」とい

う。）は、次に掲げるものに対し、諮問をした旨を通知しなければならない。
一　不服申立人及び参加人
二　開示請求者（開示請求者が不服申立人又は参加人である場合を除く。）
三　当該不服申立てに係る開示決定等について反対意見書を提出した第三者（当該第三者が不服申立人又は参加人である場合を除く。）

（第三者からの不服申立てを棄却する場合等における手続）
第二十一条　第十五条第三項の規定は、次の各号のいずれかに該当する決定又は裁決をする場合について準用する。
一　開示決定に対する第三者からの不服申立てを却下し、又は棄却する決定又は裁決
二　不服申立てに係る開示決定等を変更し、当該開示決定等に係る公文書を開示する旨の決定又は裁決（第三者である参加人が当該公文書の開示に反対の意思を表示している場合に限る。）

（東京都情報公開審査会）
第二十二条　第十九条に規定する諮問に応じて審議するため、東京都情報公開審査会（以下「審査会」という。）を置く。
2　審査会は、前項に規定する審議を通じて必要があると認めるときは、情報公開に関する事項について、実施機関に意見を述べることができる。
3　審査会は、知事が任命する委員十人以内をもって組織する。
4　委員の任期は二年とし、補欠委員の任期は前任者の残任期間とする。ただし、再任を妨げない。
5　委員は、職務上知り得た秘密を漏らしてはならない。その職を退いた後も、同様とする。
6　委員は、在任中、政党その他の政治的団体の役員となり、又は積極的に政治運動をしてはならない。

（部会）
第二十三条　審査会は、その指名する委員三人以上をもって構成する部会に、不服申立てに係る事件について審議させることができる。

（審査会の調査権限）
第二十四条　審査会（前条の規定により部会に審議させる場合にあっては部会。以下同じ。）は、必要があると認めるときは、諮問庁に対し、不服申立てのあった開示決定等に係る公文書の提示を求めることができる。この場合においては、何人も、審査会に対し、その提示された公文書の開示を求めることができない。
2　諮問庁は、審査会から前項の規定による求めがあったときは、これを拒んではならない。
3　審査会は、必要があると認めるときは、諮問庁に対し、不服申立てのあった開示決定等に係る公文書に記録されている情報の内容を審査会の指定する方法により分類し、又は整理した資料を作成し、審査会に提出するよう求めることができる。
4　第一項及び前項に定めるもののほか、審査会は、不服申立てに係る事件に関し、不服申立人、参加人又は諮問庁（以下「不服申立人等」という。）に意見書

又は資料の提出を求めること、適当と認める者にその知っている事実を陳述させることその他必要な調査をすることができる。
　（意見の陳述等）
第二十五条　審査会は、不服申立人等から申出があったときは、当該不服申立人等に、口頭で意見を述べる機会を与え、又は意見書若しくは資料の提出を認めることができる。
2　審査会は、不服申立人等から意見書又は資料が提出された場合、不服申立人等（当該意見書又は資料を提出したものを除く。）にその旨を通知するよう努めるものとする。
　（提出資料の閲覧等）
第二十六条　不服申立人及び参加人は、諮問庁に対し、第二十四条第三項及び第四項並びに前条第一項の規定により審査会に提出された意見書又は資料の閲覧又は複写を求めることができる。この場合において、諮問庁は、第三者の利益を害するおそれがあると認めるときその他正当な理由があるときでなければ、その閲覧又は複写を拒むことができない。
2　諮問庁は、前項の規定による閲覧又は複写について、その日時及び場所を指定することができる。
　（審議手続の非公開）
第二十七条　審査会の行う審議の手続は、公開しない。
　（規則への委任）
第二十八条　この条例に定めるもののほか、審査会の組織及び運営に関し必要な事項は、東京都規則で定める。

第三節　公文書の任意的な開示

　（公文書の任意的な開示）
第二十九条　実施機関は、第五条の規定により公文書の開示を請求することができるもの以外のものから公文書（その写しを含む。）の開示の申出があった場合においては、これに応ずるよう努めるものとする。
2　第十七条の規定は、前項の規定による公文書の開示について準用する。

第三章　情報公開の総合的な推進

　（情報公開の総合的な推進に関する都の責務）
第三十条　都は、前章に定める公文書の開示のほか、情報公表施策及び情報提供施策の拡充を図り、都政に関する正確で分かりやすい情報を都民が迅速かつ容易に得られるよう、情報公開の総合的な推進に努めるものとする。
2　都は、情報収集機能及び情報提供機能の強化並びにこれらの機能の有機的連携の確保並びに実施機関相互間における情報の有効活用等を図るため、総合的な情報管理体制の整備に努めるものとする。
3　都は、情報公開の効率的推進を図るため、特別区及び市町村との協力及び連携に努めるものとする。

（情報公表制度）
第三十一条　実施機関は、次に掲げる事項に関する情報で当該実施機関が保有するものを公表しなければならない。ただし、当該情報の公表について法令等で別段の定めがあるとき、又は当該情報が第七条各号に規定する非開示情報に該当するときはこの限りでない。
　一　都の長期計画その他都規則等で定める都の重要な基本計画
　二　前号の計画のうち、実施機関が定めるものに係る中間段階の案
　三　地方自治法（昭和二十二年法律第六十七号）第百三十八条の四第三項に規定する執行機関の附属機関又はこれに類するもので実施機関が定めるもの（以下「附属機関等」という。）の報告書及び議事録並びに当該附属機関等への提出資料
　四　実施機関が定める都の主要事業の進行状況
　五　その他実施機関が定める事項
2　実施機関は、同一の公文書につき複数回開示請求を受けてその都度開示をした場合等で、都民の利便及び行政運営の効率化に資すると認められるときは、当該公文書を公表するよう努めるものとする。
3　前二項の公表の方法は、実施機関が定める。

（情報提供施策の拡充）
第三十二条　実施機関は、報道機関への積極的な情報提供及び自主的広報手段の充実に努めるとともに、その管理する資料室等都政に関する情報を提供する施設を一層都民の利用しやすいものにする等情報提供施策の拡充に努めるものとする。
2　実施機関は、効果的な情報提供を実施するため、広聴機能等情報収集機能を強化し、都民が必要とする情報を的確に把握するよう努めるものとする。

（出資等法人の情報公開）
第三十三条　都が出資その他財政支出等を行う法人であって、実施機関が定めるもの（以下「出資等法人」という。）は、この条例の趣旨にのっとり情報公開を行うため必要な措置を講ずるよう努めるものとする。
2　実施機関は、出資等法人に対し、前項に定める必要な措置を講ずるよう指導に努めるものとする。

第四章　東京都情報公開・個人情報保護審議会

（東京都情報公開・個人情報保護審議会）
第三十四条　情報公開制度その他情報公開に関する重要な事項について、実施機関の諮問を受けて審議し、又は実施機関に意見を述べるため、東京都情報公開・個人情報保護審議会（以下「審議会」という。）を置く。
2　審議会は、前項に規定する事項のほか、東京都個人情報の保護に関する条例（平成二年東京都条例第百十三号）第二十六条に規定する事項について、実施機関の諮問を受けて審議し、又は実施機関に意見を述べることができる。
3　審議会は、知事が任命する委員七人以内をもって組織する。

4　委員の任期は二年とし、補欠委員の任期は前任者の残任期間とする。ただし、再任を妨げない。
5　前各項で定めるもののほか、審議会の組織及び運営に関し必要な事項は、東京都規則で定める。
　　◇一部改正（平成一二年条例一四八号・一三年九号）

第五章　雑　則

（文書管理）
第三十五条　実施機関は、この条例の適正かつ円滑な運用に資するため、公文書を適正に管理するものとする。
2　実施機関は、都規則等（地方労働委員会及び収用委員会並びに第二条第一項に規定する東京都規則で定める行政機関の長の規程を除く。）で定めるところにより公文書の管理に関する定めを設けなければならない。
3　前項の都規則等においては、公文書の分類、作成、保存及び廃棄に関する基準その他の公文書の管理に関する必要な事項について定めるものとする。
（文書検索目録等の作成等）
第三十六条　実施機関は、公文書の検索に必要な文書目録を作成し、一般の利用に供するものとする。
2　実施機関は、一般に周知する目的をもって作成した刊行物等について、その目録を作成し、毎年公表するものとする。
（実施状況の公表）
第三十七条　知事は、毎年一回各実施機関の公文書の開示等についての実施状況をとりまとめ、公表しなければならない。
（委任）
第三十八条　この条例の施行に関し必要な事項は、都規則等で定める。
（罰則）
第三十九条　第二十二条第五項の規定に違反して秘密を漏らした者は、一年以下の懲役又は三十万円以下の罰金に処する。

附　則
（施行期日）
1　この条例は、公布の日から起算して一年を超えない範囲内において東京都規則で定める日から施行する。（平成十一年規則第二百二十八号により、平成十二年一月一日から施行）
（経過措置）
2　この条例の施行の際、この条例による改正前の東京都公文書の開示等に関する条例（以下「旧条例」という。）第六条の規定により、現にされている公文書の開示の請求は、この条例第六条第一項の規定による開示請求とみなす。
3　前項に規定する公文書の開示の請求のうち、この条例第二条第一項の規定により新たに実施機関となる東京都規則で定める行政機関の長（以下「規則で定める長」という。）が保有する公文書の開示の請求については、当該規則で定め

る長に対してされている開示請求とみなす。
4 この条例の施行の際、現にされている旧条例第十二条に規定する行政不服審査法の規定に基づく不服申立ては、この条例第十九条第一項に規定する同法の規定に基づく不服申立てとみなす。
5 前三項に規定するもののほか、この条例の施行前に旧条例の規定によりした処分、手続その他の行為は、この条例中にこれに相当する規定がある場合には、この条例の相当規定によってしたものとみなす。
6 旧条例第十三条第一項の規定により置かれた東京都公文書開示審査会は、この条例第二十二条第一項の規定により置く審査会となり、同一性をもって存続するものとする。
7 この条例の施行の際、現に旧条例第十三条第三項の規定により東京都公文書開示審査会の委員に任命されている者は、この条例第二十二条第三項の規定により審査会の委員に任命されたものとみなし、その任期は、同条第四項の規定にかかわらず、平成十三年三月三十一日までとする。
8 この条例の施行の際、この条例第二十二条第三項の規定により新たに任命される審査会の委員の任期は、同条第四項の規定にかかわらず、平成十三年三月三十一日までとする。
9 この条例の施行の際、この条例第三十四条第三項の規定により任命される審議会の委員の任期は、同条第四項の規定にかかわらず、平成十三年三月三十一日までとする。
10 旧条例第九条第六号に規定する合議制機関等の議事運営規程又は議決によりその全部又は一部について開示しない旨を定めている情報であって、この条例の公布の日前に開催された合議制機関等の会議に係るものが記録されている公文書については、旧条例第九条第六号の規定は、この条例の施行の日以後も、なおその効力を有する。
11 実施機関は、前項に規定する情報が記録されている公文書について、可能な限り情報の公開が行われるよう、適切な措置を講ずることに努めるものとする。

附　則（平成十二年三月三十一日条例第五号）
　この条例は、平成十二年四月一日から施行する。
附　則（平成十二年七月二十一日条例第百四十八号）
　この条例は、公布の日から起算して一年三月を超えない範囲内において東京都規則で定める日から施行する。ただし、第七条第一号の改正規定は平成十三年一月六日から、第二条の次に一条を加える改正規定は同年四月一日から施行する。
附　則（平成十三年三月三十日条例第九号）
　この条例は、公布の日から施行する。

別表　（第十七条関係）

公文書の種類	開示の方法	金　　　額	徴収時期
文書、図画及び写真	閲覧	一枚につき十円（一件名につき百円を限度とする。）	閲覧のとき。

		写しの交付（単色刷り）	一枚につき十円（一件名につき百円を限度とする。）に写し一枚につき二十円を加えて得た金額	写しの交付のとき。
		写しの交付（多色刷り）	一枚につき十円（一件名につき百円を限度とする。）に写し一枚につき百円を加えて得た金額	写しの交付のとき。
フィルム	フィルム（映画フィルム及びスライドを除く。）	視聴	一こま一回につき十円（一件名につき百円を限度とする。）	視聴のとき。
	マイクロフィルム	写しの交付（印刷物として出力したものの交付）	印刷物一枚につき十円（一件名につき百円を限度とする。）に印刷物として出力したもの一枚につき二十円を加えて得た金額	写しの交付のとき。
	映画フィルム	視聴	一巻一回につき四百円	視聴のとき。
	スライド	視聴	一こま一回につき十円（一件名につき三百円を限度とする。）	視聴のとき。
電磁的記録	ビデオテープ	視聴	一巻一回につき三百円	視聴のとき。
	録音テープ	視聴	一巻一回につき三百円	視聴のとき。
	フロッピーディスク	視聴（ディスプレーに出力したものの視聴）	一件名につき百円（フロッピーディスク一枚につき三百円を限度とする。）	視聴のとき。
		閲覧（印刷物として出力したものの閲覧）	印刷物一枚につき十円（一件名につき百円を限度とする。）	閲覧のとき。
		写しの交付（フロッピーディスクに複写したものの交付）	一件名につき百円（フロッピーディスク一枚につき三百円を限度とする。）にフロッピーディスク一枚につき百円を加えて得た金額	写しの交付のとき。
		写しの交付（印刷物として出力したものの交付）	印刷物一枚につき十円（一件名につき百円を限度とする。）に印刷物として出力したもの一枚につき二十円を加えて得た金額	写しの交付のとき。
	その他の電磁的記録	閲覧（印刷物として出力したものの閲覧）	印刷物一枚につき十円（一件名につき百円を限度とする。）	閲覧のとき。
		写しの交付（印刷物として出力したものの交付）	印刷物一枚につき十円（一件名につき百円を限度とする。）に印刷物として出力したもの一枚につき二十円を加えて得た金額	写しの交付のとき。

備考
1　一件名とは、事案決定手続等を一にするものをいう。第八条の規定による公文書の一部開示の場合においても、同様とする。
2　閲覧又は視聴に引き続いて、当該閲覧又は視聴に係る公文書の写し（マイクロフィルム及び電磁的記録にあっては、印刷物として出力したもの又はフロッピーディスクに複写したもの）を交付する場合においては、当該閲覧又は視聴及び写しの交付に係る手数料は、写しの交付の場合の開示手数料によるものとする。ただし、フロッピーディスクに記録された情報のディスプレイによる視聴に引き続き、当該情報を印刷物に出力したものを交付する場合には、一件名百円（フロッピーディスク一枚につき三百円を限度とする。）に印刷物一枚につき二十円を加えて得た金額を徴収する。また、フロッピーディスクに記録された情報を印刷物として出力したものの閲覧に引き続き、当該情報をフロッピーディスクに複写したものを交付する場合には、印刷物一枚につき十円（一件名につき百円を限度とする。）にフロッピーディスク一枚につき百円を加えて得た金額を徴収する。
3　用紙の両面に印刷された文書、図画等については、片面を一枚として算定する。
4　公文書の写し（マイクロフィルム及び電磁的記録の場合においては、印刷物として出力したもの）を交付する場合は、原則として日本工業規格A列三番までの用紙を用いるものとするが、これを超える規格の用紙を用いたときの写しの枚数は、日本工業規格A列三番による用紙を用いた場合の枚数に換算して算定する。
5　電磁的記録の視聴及び写しの交付において、この表に掲げる開示の方法及び金額によりがたい場合には、東京都規則で定めるところにより開示手数料を徴収する。

東京都議会情報公開条例

【制定】平成十一年三月十九日条例第四号
【改正】平成十三年三月三十日条例第七十八号

東京都議会情報公開条例

目次
　前文
　第一章　総則（第一条・第二条）
　第二章　会議の公開並びに都議会情報の公表及び提供（第三条・第四条）
　第三章　公文書開示制度（第五条〜第二十三条）
　第四章　東京都議会情報公開推進委員会（第二十四条〜第二十八条）
　第五章　雑則（第二十九条〜第三十二条）
　附則

　東京都議会は、これまで会議はもとより委員会についても全国に先駆けて公開し、様々な議会情報を積極的に提供するなど、都民のための議会を実現する努力を重ねてきた。
　近年、社会経済状況が著しく変化し、国から地方への分権化が具体化する中で自主的な立法権限の拡大が求められるなど、地方公共団体の議会の役割は、ますます大きなものとなっている。また、「知る権利」をはじめ情報公開を求める都民意識が高まる中で、東京都議会は、都民参加の一層の推進を図るため、都民の期待と要請にこたえていくことが求められている。
　よって、東京都議会は、ここに東京都議会情報公開条例を制定し、新しい地方分権の時代にふさわしい開かれた東京都議会の実現を目指すものとする。

第一章　総則

（目的）
第一条　この条例は、地方自治の本旨にのっとった東京都政を実現する上で、東京都議会（以下「都議会」という。）がその諸活動を都民に対し説明する責任を全うすることが重要であるとの認識に立ち、総合的な情報公開を積極的に進め、もって都民の都議会への理解及び都政参加を一層促進し、広く開かれた都議会を実現することを目的とする。

（定義）
第二条　この条例において「公文書」とは、東京都議会議会局（以下「議会局」という。）の職員が職務上作成し、又は取得した文書、図画、写真、フィルム及び電磁的記録（電子的方式、磁気的方式その他人の知覚によっては認識することができない方式で作られた記録をいう。以下同じ。）であって、議会局の職員が組織的に用いるものとして、東京都議会議長（以下「議長」という。）が管理

しているものをいう。ただし、官報、公報、白書、新聞、雑誌、書籍その他不特定多数の者に販売することを目的として発行されるものを除く。
　（適用除外）
第二条の二　法律の規定により行政機関の保有する情報の公開に関する法律（平成十一年法律第四十二号）の規定を適用しないこととされている書類等及び政治倫理の確立のための東京都議会の議員の資産等の公開に関する条例（平成六年東京都条例第九十九号）第五条第二項に規定する閲覧の対象となる公文書については、この条例の規定は、適用しない。
　　　◇追　　加（平成一三年条例七八号）

第二章　会議の公開並び都議会情報の公表及び提供

　（会議の公開の推進）
第三条　都議会は、次に掲げる会議を公開することはもとより、その他の会議についても、都民への積極的な公開に努めるものとする。
　一　地方自治法（昭和二十二年法律第六十七号）第百十五条第一項の規定により公開する会議
　二　東京都議会委員会条例（昭和三十一年東京都条例第六十一号。以下「委員会条例」という。）第十九条第一項の規定により公開する常任委員会、議会運営委員会及び特別委員会（以下「委員会」という。）
　（都議会情報の公表及び提供の推進）
第四条　都議会は、会議録、委員会速記録、都議会の調査活動に係る報告書等について公表に努めるものとする。
２　都議会は、広報誌、テレビ、ラジオ等の多様な媒体を積極的に活用し、情報提供の推進に努めるものとする。

第三章　公文書開示制度

　（開示請求権）
第五条　公文書の開示を請求しようとするものは、議長に対し、公文書の開示を請求することができる。
　（公文書開示制度に係る規定の解釈及び運用）
第六条　都議会は、公文書開示制度に係るこの条例の規定の解釈及び運用に当たっては、公文書の開示を請求するものの権利を十分に尊重し、議長は次条各号に掲げる非開示とする情報が記録されているものを除き、すべて公文書は開示するものとする。この場合において、都議会は、個人に関する情報がみだりに公にされることのないよう最大限の配慮をしなければならない。
　（公文書の開示義務）
第七条　議長は、第五条の規定による開示の請求（以下「開示請求」という。）があったときは、開示請求に係る公文書に次の各号のいずれかに該当する情報（以下「非開示情報」という。）が記録されている場合を除き、開示請求をした

もの（以下「開示請求者」という。）に対し、当該公文書を開示しなければならない。
一 個人に関する情報（事業を営む個人の当該事業に関する情報を除く。）で特定の個人を識別することができるもの（他の情報と照合することにより、特定の個人を識別することができることとなるものを含む。）又は特定の個人を識別することはできないが、公にすることにより、なお個人の権利利益を害するおそれがあるもの。ただし、次に掲げる情報を除く。
　イ 法令、条例又は東京都議会会議規則（昭和三十一年東京都議会議決）（以下「法令等」という。）の規定により又は慣行として公にされ、又は公にすることが予定されている情報
　ロ 人の生命、健康、生活又は財産を保護するため、公にすることが必要であると認められる情報
　ハ 当該個人が公務員（国家公務員法（昭和二十二年法律第百二十号）第二条第一項に規定する国家公務員及び地方公務員法（昭和二十五年法律第二百六十一号）第二条に規定する地方公務員をいう。）である場合において、当該情報がその職務の遂行に係る情報であるときは、当該情報のうち、当該公務員の職（地方公務員法第三条第三項第一号に掲げる職にあっては個人を識別しうる情報を含む。）及び当該職務遂行の内容に係る部分
二 法人（国及び地方公共団体を除く。）その他の団体（以下「法人等」という。）に関する情報又は事業を営む個人の当該事業に関する情報であって、公にすることにより、当該法人等又は当該事業を営む個人の競争上又は事業運営上の地位その他社会的な地位が損なわれると認められるもの。ただし、次に掲げる情報を除く。
　イ 事業活動によって生じ、又は生ずるおそれがある危害から人の生命又は健康を保護するために、公にすることが必要であると認められる情報
　ロ 違法若しくは不当な事業活動によって生じ、又は生ずるおそれがある支障から人の生活を保護するために、公にすることが必要であると認められる情報
　ハ 事業活動によって生じ、又は生ずるおそれがある侵害から消費生活その他都民の生活を保護するために、公にすることが必要であると認められる情報
三 会派の活動に関する情報であって、公にすることにより、会派の活動に著しい支障が生ずると認められるもの
四 都議会及び都議会以外の都の機関、国並びに他の地方公共団体の内部又は相互間における審議、検討又は協議に関する情報であって、公にすることにより、率直な意見の交換又は意思決定の中立性が不当に損なわれるおそれがあるもの
五 都議会の事務又は事業に関する情報であって、公にすることにより、次に掲げるおそれその他当該事務又は事業の性質上、当該事務又は事業の適正な遂行に支障を及ぼすおそれがあるもの
　イ 契約、交渉又は争訟に係る事務に関し、都の財産上の利益又は当事者と

　　　　しての地位を不当に害するおそれ
　　　ロ　人事管理に係る事務に関し、公正かつ円滑な人事の確保に支障を及ぼすおそれ
　六　公にすることにより、人の生命、身体、財産又は社会的な地位の保護、犯罪の予防、犯罪の捜査その他の公共の安全と秩序の維持に支障が生ずるおそれがある情報
　七　議会局の職員が都議会以外の都の機関から取得した公文書に記録された情報であって、東京都情報公開条例（平成十一年東京都条例第五号。以下「公開条例」という。）第七条各号のいずれかに該当するもの
　八　法令等の定めるところにより、公にすることができないと認められる情報
　　　◇一部改正（平成一三年条例七八号）
　（適正な請求及び使用）
第八条　この条例の定めるところにより公文書の開示を請求しようとするものは、前文の理念及び第一条の目的に即し、適正な請求に努めるとともに、公文書の開示を受けたときは、これによって得た情報を適正に使用しなければならない。
　（公文書の開示の請求方法）
第九条　開示請求は、議長に対して、次の事項を記載した請求書（以下「開示請求書」という。）を提出してしなければならない。
　一　氏名又は名称及び住所又は事務所若しくは事業所の所在地並びに法人その他の団体にあってはその代表者の氏名
　二　開示請求に係る公文書を特定するために必要な事項
　三　前二号に掲げるもののほか、議長が定める事項
２　議長は、開示請求書に形式上の不備があると認めるときは、開示請求者に対し、相当の期間を定めて、その補正を求めることができる。この場合において、議長は、開示請求者に対し、補正の参考となる情報を提供するよう努めなければならない。
　（公文書の一部開示）
第十条　議長は、開示請求に係る公文書の一部に非開示情報が記録されている場合において、非開示情報に係る部分を容易に区分して除くことができ、かつ、区分して除くことにより当該開示請求の趣旨が損なわれることがないと認められるときは、当該非開示情報に係る部分以外の部分を開示しなければならない。
２　開示請求に係る公文書に第七条第一号の情報（特定の個人を識別することができるものに限る。）が記録されている場合において、当該情報のうち、特定の個人を識別することができることとなる記述等の部分を除くことにより、公にしても、個人の権利利益が害されるおそれがないと認められるときは、当該部分を除いた部分は、同号の情報に含まれないものとみなして、前項の規定を適用する。
　（公益上の特別の理由による裁量的開示）
第十一条　議長は、開示請求に係る公文書に非開示情報（第七条第八号に該当する情報を除く。）が記録されている場合であっても、公益上特に必要があると認めるときは、開示請求者に対し、当該公文書を開示することができる。

（公文書の存否に関する情報）
第十二条　開示請求に対し、当該開示請求に係る公文書が存在しているか否かを答えるだけで、非開示情報を開示することとなるときは、議長は、当該公文書の存否を明らかにしないで、当該開示請求を拒否することができる。
　（開示請求に対する決定等）
第十三条　議長は、開示請求に係る公文書の全部又は一部を開示するときは、その旨の決定をし、開示請求者に対し、その旨並びに開示をする日時及び場所を書面により通知しなければならない。
2　議長は、開示請求に係る公文書の全部を開示しないとき（前条の規定により開示請求を拒否するとき及び開示請求に係る公文書を管理していないときを含む。以下同じ。）は、開示しない旨の決定をし、開示請求者に対し、その旨を書面により通知しなければならない。
3　議長は、前二項の決定をするに当たって必要と認めるときは、第二十四条に規定する東京都議会情報公開推進委員会の意見を聴くことができる。
　（開示決定等の期限）
第十四条　前条第一項又は第二項の決定（以下「開示決定等」という。）は、開示請求があった日から十四日以内にしなければならない。ただし、次の各号の日数は、当該期間に算入しない。
　一　第九条第二項の規定により補正を求めた場合にあっては、当該補正に要した期間の日数
　二　議員の任期満了、議会の解散その他の事由により議長及び副議長がともに欠けている場合にあっては、当該議長及び副議長がともに欠けている期間の日数
2　議長は、前条第三項の規定により東京都議会情報公開推進委員会の意見を聴く場合を含め、やむを得ない理由により、前項に規定する期間内に開示決定等をすることができないときは、開示請求があった日から六十日を限度としてその期間を延長することができる。この場合において、議長は、開示請求者に対し、速やかに延長後の期間及び延長の理由を書面により通知しなければならない。
3　開示請求に係る公文書が著しく大量であるため、開示請求があった日から六十日以内にそのすべてについて開示決定等をすることにより事務の執行に著しい支障が生ずるおそれがある場合には、前二項の規定にかかわらず、議長は、開示請求に係る公文書のうちの相当の部分につき当該期間内に開示決定等をし、残りの公文書については相当の期間内に開示決定等をすれば足りる。この場合において、議長は、第一項に規定する期間内に、開示請求者に対し、次に掲げる事項を書面により通知しなければならない。
　一　本項を適用する旨及びその理由
　二　残りの公文書について開示決定等をする期限
　　　　　◇一部改正（平成一三年条例七八号）
　（理由付記等）
第十五条　議長は、第十三条第一項又は第二項の規定により開示請求に係る公文

書の全部又は一部を開示しないときは、開示請求者に対し、同条第一項又は第二項に規定する書面によりその理由を示さなければならない。この場合において、当該理由の提示は、開示しないこととする根拠規定及び当該規定を適用する根拠が、当該書面の記載自体から理解され得るものでなければならない。
2 議長は、前項の場合において、開示請求に係る公文書が、当該公文書の全部又は一部を開示しない旨の決定の日から一年以内にその全部又は一部を開示することができるようになることが明らかであるときは、その旨を開示請求者に通知するものとする。

（事案の移送）
第十六条 議長は、開示請求に係る公文書が公開条例に定める実施機関により作成されたものであるときその他公開条例に定める実施機関において開示の決定等をすることにつき正当な理由があるときは、当該実施機関と協議の上、当該実施機関に対し、事案を移送することができる。この場合において、議長は、開示請求者に対し、事案を移送した旨を書面により通知しなければならない。
2 前項の規定により事案が移送されたときは、開示請求のあった日に、移送を受けた公開条例に定める機関に対し、公開条例の規定に基づく公文書の開示の請求があったものとみなす。

（第三者保護に関する手続）
第十七条 開示請求に係る公文書に都以外のものに関する情報が記録されているときは、議長は、開示決定等に先立ち、当該情報に係る都以外のものに対し、開示請求に係る公文書の表示その他議長が定める事項を通知して、意見書を提出する機会を与えることができる。
2 議長は、都、国、他の地方公共団体及び開示請求者以外のもの（以下「第三者」という。）に関する情報が記録されている公文書につき次の各号のいずれかに該当するときは、第十三条第一項の決定（以下「開示決定」という。）に先立ち、当該第三者に対し、開示請求に係る公文書の表示その他議長が定める事項を書面により通知して、意見書を提出する機会を与えなければならない。ただし、当該第三者の所在が判明しない場合は、この限りでない。
一 第三者に関する情報が記録されている公文書を開示しようとする場合であって、当該情報が第七条第一号ロ又は同条第二号ただし書に規定する情報に該当すると認められるとき。
二 第三者に関する情報が記録されている公文書を第十一条の規定により開示しようとするとき。
3 議長は、前二項の規定により意見書の提出の機会を与えられた第三者が当該公文書の開示に反対の意思を表示した意見書を提出した場合において、開示決定をするときは、開示決定の日と開示をする日との間に少なくとも二週間を置かなければならない。この場合において、議長は、開示決定後直ちに当該意見書（第二十一条及び第二十二条において「反対意見書」という。）を提出した第三者に対し、開示決定をした旨及びその理由並びに開示を実施する日を書面により通知しなければならない。

（公文書の開示の方法）

第十八条　公文書の開示は、文書、図画又は写真については閲覧又は写しの交付により、フィルムについては視聴又は写しの交付（マイクロフィルムに限る。）により、電磁的記録については視聴、閲覧、写しの交付等（ビデオテープ及び録音テープにあっては、視聴に限る。）等でその種別、情報化の進展状況等を勘案して議長が定める方法により行う。

2　前項の視聴又は閲覧の方法による公文書の開示にあっては、議長は、当該公文書の保存に支障を生ずるおそれがあると認めるときその他合理的な理由があるときは、当該公文書の写しによりこれを行うことができる。

（開示手数料）

第十九条　公文書の開示については、公開条例第十七条第一項の例により開示手数料を徴収する。

2　議長が公文書の開示をするため、第十三条第一項に規定する書面により開示をする日時及び場所を指定したにもかかわらず、開示請求者が当該開示に応じない場合に、議長が再度、当初指定した日から十四日以上の期間をおいた開示をする日時及び場所を指定し、当該開示に応ずるよう催告をしても、開示請求者が正当な理由なくこれに応じないときは、開示をしたものとみなして前項の開示手数料を徴収する。

3　議長が開示決定に係る公文書を不特定多数の者が知りうる方法で議長が定めるものにより公にすることを予定し、又は公にするべきであると判断するときは、公開条例第十七条第三項の規定の例により当該公文書の開示に係る開示手数料を免除する。

4　前項に規定する場合のほか、公開条例第十七条第四項の例により開示手数料を減額し、又は免除することができる。

5　既納の開示手数料は、還付しない。ただし、公開条例第十七条第五項ただし書の例により、その全部又は一部を還付することができる。

（他の制度等との調整）

第二十条　議長は、法令又は他の条例の規定による閲覧若しくは縦覧又は謄本、抄本その他の写しの交付の対象となる公文書については、公文書の開示をしないものとする。

2　議長は、東京都議会図書館において管理されている公文書であって、一般に閲覧させることができるとされているものについては、公文書の開示をしないものとする。

◇一部改正（平成一三年条例七八号）

（不服申立てがあった場合の手続）

第二十一条　開示決定等について、行政不服審査法（昭和三十七年法律第百六十号）の規定に基づく不服申立てがあった場合は、議長は、次に掲げる場合を除き、速やかに第二十四条に規定する東京都議会情報公開推進委員会の意見を聴いて、当該不服申立てについての決定を行うものとする。

一　不服申立てが不適法であり、却下する場合

二　開示決定等（開示請求に係る公文書の全部を開示する旨の決定を除く。以下この号及び第二十三条において同じ。）を取り消し又は変更し、当該不服申

立てに係る公文書の全部を開示する場合（当該開示決定等について第三者から反対意見書が提出されているときを除く。）

（意見を求めた旨の通知）
第二十二条　議長は、前条の規定により意見を求めたときは、次に掲げるものに対し、その旨を通知しなければならない。
　一　不服申立人及び参加人
　二　開示請求者（開示請求者が不服申立人又は参加人である場合を除く。）
　三　当該不服申立てに係る開示決定等について反対意見書を提出した第三者（当該第三者が不服申立人又は参加人である場合を除く。）

（第三者からの不服申立てを棄却する場合等における手続）
第二十三条　第十七条第三項の規定は、次の各号のいずれかに該当する決定をする場合について準用する。
　一　開示決定に対する第三者からの不服申立てを却下し、又は棄却する決定
　二　不服申立てに係る開示決定等を変更し、当該開示決定等に係る公文書を開示する旨の決定（第三者である参加人が当該公文書の開示に反対の意思を表示している場合に限る。）

第四章　東京都議会情報公開推進委員会

（東京都議会情報公開推進委員会の設置）
第二十四条　都議会の総合的な情報公開の推進並びに第十三条第三項及び第二十一条の規定に基づく助言のための調査を行うため、東京都議会情報公開推進委員会（以下「推進委員会」という。）を置く。
2　推進委員会は、東京都議会議員のうちから議長が指名する委員九人以内をもって組織する。
3　委員の任期は一年とし、補欠委員の任期は前任者の残任期間とする。ただし、後任が選任されるまで在職し、及び再任されることを妨げない。
4　推進委員会に委員長を置き、委員の互選によってこれを定める。
5　推進委員会は、第二十一条の規定に基づく助言のための調査を行うときは、情報公開制度について学識を有する者の中から、議長があらかじめ一年を単位として指名した三人以内の者（以下「学識経験者」という。）の意見を聴かなければならない。
6　推進委員会の会議は公開とする。ただし、第十三条第三項及び第二十一条の規定に基づく助言のための調査を行うときは、非公開とする。
7　委員及び学識経験者は、調査を行う上で知り得た秘密を漏らしてはならない。委員にあってはその職を退いた後、学識経験者にあっては第五項の規定により指名が解かれた後も、同様とする。
8　前各項に定めるもののほか、推進委員会についての招集、議事、参考人その他の運営に関する事項については、委員会条例の規定を準用する。この場合において委員会条例の規定中「委員会」とあるのは「推進委員会」と読み替えるものとする。

◇一部改正（平成一三年条例七八号）
（推進委員会の調査権限）
第二十五条　推進委員会は必要があると認めるときは、議長に対し、不服申立てのあった開示決定等に係る公文書の提示を求めることができる。この場合においては、何人も、推進委員会に対し、その提示された公文書の開示を求めることができない。
2　議長は、推進委員会から前項の規定による求めがあったときは、これを拒んではならない。
3　推進委員会は、必要があると認めるときは、議長に対し、不服申立てのあった開示決定等に係る公文書に記録されている情報の内容を推進委員会の指定する方法により分類し、又は整理した資料を作成し、推進委員会に提出するよう求めることができる。
4　第一項及び前項に定めるもののほか、推進委員会は、不服申立てに係る事件に関し、不服申立人若しくは参加人（以下「不服申立人等」という。）又は議長に意見書又は資料の提出を求めること、適当と認める者にその知っている事実を陳述させることその他必要な調査をすることができる。
（意見の陳述等）
第二十六条　推進委員会は、不服申立人等又は議長から申出があったときは、当該不服申立人等又は議長に、口頭で意見を述べる機会を与え、又は意見書若しくは資料の提出を求めることができる。
2　推進委員会は、不服申立人等又は議長から意見書又は資料が提出された場合、不服申立人等又は議長（当該意見書又は資料を提出したものを除く。）にその旨を通知するよう努めるものとする。
（提出資料の閲覧等）
第二十七条　不服申立人等は、議長に対し、第二十五条第三項及び第四項並びに前条第一項の規定により推進委員会に提出された意見書又は資料の閲覧又は複写を求めることができる。この場合において、議長は、第三者の利益を害するおそれがあると認めるときその他正当な理由があるときでなければ、その閲覧又は複写を拒むことができない。
2　議長は、前項の規定による閲覧又は複写について、その日時及び場所を指定することができる。
（その他の事項）
第二十八条　この条例に定めるもののほか、推進委員会の組織及び運営に関し必要な事項は、議長が定める。

第五章　雑則

（文書管理）
第二十九条　議長は、この条例の適正かつ円滑な運用に資するため、公文書を適正に管理するものとする。
2　議長は、規程等で公文書の管理に関する定めを設けなければならない。

3　前項の規程等においては、公文書の分類、作成、保存及び廃棄に関する基準その他の公文書の管理に関する必要な事項について定めるものとする。
　　（文書検索目録等の作成等）
第三十条　議長は、公文書の検索に必要な文書目録を作成し、一般の利用に供するものとする。
2　議長は、一般に周知する目的をもって作成した刊行物等について、その目録を作成し、毎年公表するものとする。
　　（実施状況の公表）
第三十一条　議長は、毎年一回都議会における公文書の開示等についての実状況を取りまとめ、公表しなければならない。
　　（委任）
第三十二条　この条例の施行に関し必要な事項は、議長が定める。
　附　則
1　この条例は、平成十一年四月一日（以下「施行日」という。）から施行する。ただし、第三章、第二十五条から第二十七条まで、第二十九条から第三十一条まで及び次項の規定は、この条例の公布の日から起算して一年を超えない範囲内において議長が定める日から施行する。（平成十一年議長告示第三号で平成十二年一月一日から施行）
2　第三章の規定は、施行日以後に議会局の職員が作成し、又は取得した公文書及び常時利用されているものとして議長が指定する公文書に適用する。
　附　則（平成十三年三月三十日条例第七十八号）
　この条例は、公布の日から施行する。ただし、第二条の次に一条を加える改正規定は、平成十三年四月一日から施行する。

神奈川県情報公開条例

【制定】平成十二年三月二十八日条例第二十六号
【改正】平成十三年七月十日条例第四十号

神奈川県情報公開条例

目次
　第一章　総則（第一条～第三条）
　第二章　行政文書の公開（第四条～第十五条）
　第三章　不服申立て（第十六条～第二十一条）
　第四章　雑則（第二十二条～第三十条）
　附則

第一章　総則

（目的）
第一条　この条例は、地方自治の本旨に即した県政を推進する上において、県民の知る権利を尊重し、県政を県民に説明する責務が全うされるようにすることが重要であることにかんがみ、行政文書の公開を請求する権利を明かにすることにより、公正で開かれた県政の実現を図り、もって県政に対する県民の理解を深め、県民と県との信頼関係を一層増進することを目的とする。
（解釈運用方針）
第二条　実施機関は、行政文書の公開を請求する権利が十分に尊重されるようにこの条例を解釈し、運用するものとする。この場合において、個人の秘密、個人の私生活その他の他人に知られたくない個人に関する情報がみだりに公にされないように最大限の配慮をしなければならない。
（定義）
第三条　この条例において「行政文書」とは、実施機関の職員がその分掌する事務に関して職務上作成し、又は取得した文書、図画及び電磁的記録（電子的方式、磁気的方式その他人の知覚によっては認識することができない方式で作られた記録をいう。以下同じ。）であって、当該実施機関において管理しているものをいう。ただし、次に掲げるものを除く。
　一　新聞、雑誌、書籍その他不特定多数の者に販売することを目的として発行されるもの
　二　公文書館、図書館、博物館、美術館その他これらに類する施設において、当該施設の設置目的に応じて収集し、整理し、及び保存している図書、記録、図画その他の資料
　三　文書又は図画の作成の補助に用いるため一時的に作成した電磁的記録であって、実施機関が定めるもの

2　この条例において「実施機関」とは、知事、議会、公営企業管理者、教育委員会、選挙管理委員会、人事委員会、監査委員、公安委員会、警察本部長、地方労働委員会、収用委員会、海区漁業調整委員会及び内水面漁場管理委員会をいう。

　　　　　第二章　行政文書の公開

（行政文書の公開を請求する権利）
第四条　県内に住所を有する者、県内に勤務する者、県内に在学する者、県内に事務所又は事業所を有する法人その他の団体その他行政文書の公開を必要とする理由を明示するものは、この条例の定めるところにより、実施機関に対し、当該実施機関の管理する行政文書の公開を請求することができる。
（行政文書の公開義務）
第五条　実施機関は、行政文書の公開の請求（以下「公開請求」という。）があったときは、公開請求に係る行政文書に次の各号のいずれかに該当する情報（以下「非公開情報」という。）が記録されている場合を除き、当該行政文書を公開しなければならない。
　一　個人に関する情報（事業を営む個人の当該事業に関する情報を除く。）であって、特定の個人が識別され、若しくは識別され得るもの又は特定の個人を識別することはできないが、公開することにより、個人の権利利益を害するおそれがあるもの。ただし、次に掲げる情報を除く。
　　ア　法令又は条例（以下「法令等」という。）の規定により何人にも閲覧、縦覧等又は謄本、抄本等の交付が認められている情報
　　イ　慣行として公にされ、又は公にすることが予定されている情報
　　ウ　公務員（国家公務員法（昭和二十二年法律第百二十号）第二条第一項に規定する国家公務員及び地方公務員法（昭和二十五年法律第二百六十一号）第二条に規定する地方公務員をいう。）の職務の遂行に関する情報のうち、当該公務員の職及び当該職務遂行の内容に係る情報
　　エ　人の生命、身体、健康、生活又は財産を保護するため、公開することが必要であると認められる情報
　二　法人その他の団体（国及び地方公共団体を除く。以下「法人等」という。）に関する情報又は事業を営む個人の当該事業に関する情報であって、公開することにより当該法人等又は当該個人の権利、競争上の地位その他正当な利益を害するおそれがあるもの。ただし、人の生命、身体、健康、生活又は財産を保護するため、公開することが必要であると認められる情報を除く。
　三　県の機関内部若しくは機関相互又は県の機関と国若しくは他の地方公共団体（以下「国等」という。）の機関との間における審議、検討又は協議に関する情報であって、公開することにより、率直な意見の交換若しくは意思決定の中立性が不当に損なわれるおそれ、不当に県民の間に混乱を生じさせるおそれ又は特定の者に不当に利益を与え、若しくは不利益を及ぼすおそれがあるもの

四　県の機関又は国等の機関が行う事務又は事業に関する情報であって、公開することにより、次に掲げるおそれその他当該事務又は事業の性質上、当該事務又は事業の適正な遂行に支障を及ぼすおそれがあるもの
　　ア　監査、検査、取締り又は試験に係る事務に関し、正確な事実の把握を困難にするおそれ又は違法若しくは不当な行為を容易にし、若しくはその発見を困難にするおそれ
　　イ　契約、交渉又は争訟に係る事務に関し、県又は国等の財産上の利益又は当事者としての地位を不当に害するおそれ
　　ウ　調査研究に係る事務に関し、その公正かつ能率的な遂行を不当に阻害するおそれ
　　エ　人事管理に係る事務に関し、公正かつ円滑な人事の確保に支障を及ぼすおそれ
　　オ　県又は国等が経営する企業に係る事業に関し、その企業経営上の正当な利益を害するおそれ
五　実施機関の要請を受けて、公にしないとの条件で任意に提供された情報であって、個人又は法人等における通例として公にしないこととされているものその他の当該条件を付することが当該情報の性質、当時の状況等に照らして合理的であると認められるもの。ただし、人の生命、身体、健康、生活又は財産を保護するため、公開することが必要であると認められる情報を除く。
六　公開することにより、犯罪の予防、鎮圧又は捜査、公訴の維持、刑の執行その他の公共の安全と秩序の維持に支障を及ぼすおそれがあると実施機関が認めることにつき相当の埋由がある情報
七　法令等の規定又は地方自治法（昭和二十二年法律第六十七号）第二百四十五条の九第一項の規定による基準その他実施機関が法律上従う義務を有する国の機関の指示により、公開することができないとされている情報

（部分公開）
第六条　実施機関は、公開請求に係る行政文書に非公開情報とそれ以外の情報とが記録されている場合において、当該非公開情報とそれ以外の情報とを容易に、かつ、行政文書の公開を請求する趣旨を失わない程度に合理的に分離できるときは、当該非公開情報が記録されている部分を除いて、当該行政文書の公開をしなければならない。
2　公開請求に係る行政文書に前条第一号に該当する情報（特定の個人が識別され、又は識別され得るものに限る。）が記録されている場合において、当該情報のうち、特定の個人が識別され、又は識別され得ることとなる記述等の部分を除くことにより、公開しても、個人の権利利益が害されるおそれがないと認められるときは、当該部分を除いた部分は、同号の情報に含まれないものとみなして、前項の規定を適用する。

（公益上の理由による裁量的公開）
第七条　実施機関は、公開請求に係る行政文書に非公開情報が記録されている場合であっても、公益上特に必要があると認めるときは、当該行政文書を公開することができる。

（行政文書の存否に関する情報）
第八条　公開請求に対し、当該公開請求に係る行政文書が存在しているか否かを答えるだけで、非公開情報を公開することとなるときは、実施機関は、当該行政文書の存否を明らかにしないで、当該公開請求を拒むことができる。
　（公開請求の手続）
第九条　公開請求をしようとするものは、当該公開請求に係る行政文書を管理している実施機関に対し、次に掲げる事項を記載した書面（以下「請求書」という。）を提出しなければならない。
　一　公開請求をしようとするものの氏名又は名称及び住所又は事務所の所在地並びに法人その他の団体にあっては、その代表者の氏名
　二　公開請求に係る行政文書の内容
　三　その他実施機関が定める事項
2　実施機関は、請求書に形式上の不備があると認めるときは、公開請求をしたもの（以下「請求者」という。）に対し、相当の期間を定めて、その補正を求めることができる。この場合において、実施機関は、請求者に対し、補正の参考となる情報を提供するよう努めなければならない。
　（公開請求に対する決定等）
第十条　実施機関は、公開請求があったときは、当該公開請求があった日から起算して十五日以内に、当該公開請求に対する諾否の決定（以下「諾否決定」という。）を行わなければならない。ただし、前条第二項の規定により補正を求めた場合にあっては、当該補正に要した日数は、当該期間に算入しない。
2　実施機関は、前項の規定により諾否決定をしたときは、請求者に対し、その旨を書面により通知しなければならない。
3　前項の場合において、公開請求に係る行政文書の全部又は一部の公開を拒むとき（第八条の規定により公開請求を拒むとき及び公開請求に係る行政文書を実施機関が管理していないときを含む。）は、その理由を併せて通知しなければならない。この場合において、当該行政文書の公開を拒む理由がなくなる期日をあらかじめ明示することができるときは、その期日を明らかにしなければならない。
4　実施機関は、事務処理上の困難その他正当な理由があるときは、第一項に規定する期間を四十五日以内に限り延長することができる。この場合において、実施機関は、請求者に対し、遅滞なく、延長後の期間及び延長の理由を書面により通知しなければならない。
5　公開請求に係る行政文書が著しく大量であるため、公開請求があった日から起算して六十日以内にそのすべてについて諾否決定をすることにより事務の遂行に著しい支障が生ずるおそれがある場合には、第一項及び前項の規定にかかわらず、実施機関は、公開請求に係る行政文書のうちの相当の部分につき当該期間内に諾否決定をし、残りの行政文書については相当の期間内に諾否決定をすれば足りる。この場合において、実施機関は、第一項に規定する期間内に、請求者に対し、次に掲げる事項を書面により通知しなければならない。
　一　この項の規定を適用する旨及びその理由

二 残りの行政文書について諾否決定をする期限
（事案の移送）
第十一条 実施機関は、公開請求に係る行政文書が他の実施機関により作成されたものであるときその他他の実施機関において諾否決定をすることにつき正当な理由があるときは、当該他の実施機関と協議の上、当該他の実施機関に対し、事案を移送することができる。この場合において、移送をした実施機関は、請求者に対し、事案を移送した旨を書面により通知しなければならない。
2 前項の規定により事案が移送されたときは、移送を受けた実施機関において、当該公開請求についての諾否決定をしなければならない。この場合において、移送をした実施機関が移送前にした行為は、移送を受けた実施機関がしたものとみなす。
3 前項の場合において、移送を受けた実施機関が公開請求に係る行政文書の全部又は一部を公開する旨の決定（以下「公開決定」という。）をしたときは、移送をした実施機関は、第十三条の規定による行政文書の公開の実施に関して必要な協力をしなければならない。
（第三者に対する意見書提出の機会の付与等）
第十二条 公開請求に係る行政文書に県以外のもの（以下「第三者」という。）に関する情報が記録されているときは、実施機関は、諾否決定をするに当たって、当該第三者に対し、公開請求に係る行政文書の内容その他実施機関の定める事項を通知して、意見書を提出する機会を与えることができる。
2 実施機関は、次の各号のいずれかに該当するときは、公開決定に先立ち、当該第三者に対し、公開請求に係る行政文書の内容その他実施機関の定める事項を書面により通知して、意見書を提出する機会を与えなければならない。ただし、当該第三者の所在が判明しない場合は、この限りでない。
一 第三者に関する情報が記録されている行政文書を公開しようとする場合であって、当該情報が第五条第一号エ、同条第二号ただし書又は同条第五号ただし書に規定する情報に該当すると認められるとき。
二 第三者に関する情報が記録されている行政文書を第七条の規定により公開しようとするとき。
3 実施機関は、前二項の規定により意見書の提出の機会を与えられた第三者が当該行政文書の公開に反対の意思を表示した意見書（以下「反対意見書」という。）を提出した場合において、公開決定をするときは、公開決定の日と公開を実施する日との間に少なくとも二週間を置かなければならない。この場合において、実施機関は、公開決定後直ちに、反対意見書を提出した第三者に対し、公開決定をした旨及びその理由並びに公開を実施する日を書面により通知しなければならない。
（行政文書の公開の実施）
第十三条 実施機関は、公開決定をしたときは、速やかに、行政文書の公開をしなければならない。
2 行政文書の公開は、文書又は図画については閲覧又は写しの交付により、電磁的記録についてはその種別、情報化の進展状況等を考慮して実施機関の定め

る方法により行うものとする。
3 公開請求に係る行政文書の公開をすることにより、当該行政文書を汚損し、又は破損するおそれがあると認めるときその他正当な理由があるときは、前項の規定にかかわらず、当該行政文書の公開に代えて、当該行政文書を複写したものにより、これを行うことができる。

（他の法令等による公開との調整）
第十四条 他の法令等の規定により、何人にも閲覧、縦覧等又は謄本、抄本等の交付が認められている行政文書にあっては、当該他の法令等が定める方法（公開の期間が定められている場合にあっては、当該期間内に限る。）と同一の方法による公開については、この章の規定は、適用しない。

（費用負担）
第十五条 公開請求に係る行政文書（第十三条第三項の規定により行政文書を複写したものを含む。）の写し等の交付に要する費用は、請求者の負担とする。

第三章　不服申立て

（審査会への諮問）
第十六条 諾否決定について行政不服審査法（昭和三十七年法律第百六十号）による不服申立てがあったときは、当該不服申立てに対する決定又は裁決をすべき実施機関は、次の各号のいずれかに該当する場合を除き、遅滞なく、神奈川県情報公開審査会（以下「審査会」という。）に諮問し、審査会の議を経て、当該不服申立てに対する決定又は裁決を行わなければならない。
一　不服申立てが不適法であり、却下するとき。
二　不服申立てに対する決定又は裁決で、諾否決定（公開請求に係る行政文書の全部を公開する旨の決定を除く。以下この号及び第十八条において同じ。）を取り消し、又は変更し、当該不服申立てに係る行政文書の全部を公開することとするとき。ただし、当該諾否決定について反対意見書が提出されているときを除く。
　　　　◇一部改正（平成一三年条例四〇号）

（諮問をした旨の通知）
第十七条 前条の規定により審査会に諮問をした実施機関（以下「諮問実施機関」という。）は、次に掲げるものに対し、諮問をした旨を通知しなければならない。
一　不服申立人及び参加人
二　請求者（請求者が不服申立人又は参加人である場合を除く。）
三　当該不服申立てに係る諾否決定について反対意見書を提出した第三者（当該第三者が不服申立人又は参加人である場合を除く。）

（第三者からの不服申立てを棄却する場合等における手続）
第十八条 第十二条第三項の規定は、次の各号のいずれかに該当する決定又は裁決をする場合について準用する。
一　公開決定に対する第三者からの不服申立てを却下し、又は棄却する決定又

は採決
二　不服申立てに係る諾否決定を変更し、行政文書を公開する旨の決定又は裁決（第三者が反対意見書を提出している場合に限る。）

（審査会の調査権限等）
第十九条　審査会は、必要があると認めるときは、諮問実施機関に対し、諾否決定に係る行政文書の提示を求めることができる。この場合において、諾否決定に係る行政文書の写しが作成されたときは、当該写しについては、第二章及びこの章の規定並びに神奈川県個人情報保護条例（平成二年神奈川県条例第六号）第二章第二節から第四節までの規定は、適用しない。
2　諮問実施機関は、審査会から前項の規定による求めがあったときは、これを拒んではならない。
3　第一項に定めるもののほか、審査会は、諮問された事案の審議を行うため必要があると認めるときは、不服申立人、参加人又は諮問実施機関（以下「不服申立人等」という。）に対して、意見若しくは説明又は資料の提出を求めることができる。
4　審査会は、委員の全員の構成により調査審議を行う必要があると認める場合を除き、その指名する委員三人以上をもって構成する部会で調査審議する。
5　審査会の委員は、職務上知ることができた秘密を漏らしてはならない。その職を退いた後も、同様とする。
　　　　◇一部改正（平成一三年条例四〇号）

（意見の陳述等）
第二十条　審査会は、不服申立人等から申出があったときは、当該不服申立人等に、口頭で意見を述べる機会を与え、又は意見書若しくは資料の提出を認めることができる。

（提出資料の閲覧等）
第二十一条　不服申立人及び参加人は、諮問実施機関に対し、審査会に提出された意見書又は資料の閲覧又は写しの交付を求めることができる。この場合において、諮問実施機関は、第三者の利益を害するおそれがあると認めるときその他正当な理由があるときでなければ、その閲覧又は写しの交付を拒むことができない。
2　諮問実施機関は、前項の規定による閲覧又は写しの交付について、日時及び場所を指定することができる。
3　第一項の規定による意見書又は資料の写しの交付に要する費用は、これらの写しの交付を求めるものの負担とする。

第四章　雑　則

（利用者の責務）
第二十二条　この条例の規定により公開請求をしようとするものは、この条例の目的に即し、適正な請求に努めるとともに、行政文書の公開を受けたときは、それによって得た情報を適正に用いなければならない。

（行政文書の管理等）
第二十三条　実施機関は、この条例の適正かつ円滑な運用に資するため、行政文書を適正に管理するものとする。
2　実施機関は、行政文書の分類、作成及び保存その他の行政文書の管理に関する必要な事項を定めるとともに、これを公表するものとする。
3　実施機関は、その定めるところにより、行政文書の目録を作成し、一般の閲覧に供するものとする。
（情報の提供）
第二十四条　実施機関は、県政に関する正確で分かりやすい情報を県民が容易に得られるようにするため、その保有する情報を積極的に提供するよう努めなければならない。
（出資団体等の情報公開）
第二十五条　県が出資その他財政上の援助を行う団体（以下「出資団体等」という。）は、当該出資その他財政上の援助の公共性にかんがみ、情報の公開に努めるものとする。
2　実施機関は、出資団体等の情報の公開が推進されるよう必要な施策を講じなければならない。
3　出資団体等で実施機関が指定するものは、この条例の趣旨にのっとり、その管理する文書、図画及び電磁的記録の公開について、公開の申出の手続、公開の申出に係る回答に対して異議の申出があったときの手続その他必要な事項を定めた規程を整備し、当該規程を適正に運用するよう努めなければならない。
4　実施機関は、前項の指定をした出資団体等に対し、同項に定める規程の整備、当該規程の適正な運用その他必要な事項の指導を行わなければならない。
5　第三項の指定を受けた出資団体等は、公開の申出に係る回答に対して異議の申出があったときは、当該指定をした実施機関に対し、助言を求めることができる。
6　前項の規定による助言を求められた実施機関は、必要と認めるときは、審査会の意見を聴くことができる。
（情報の公開に関する制度の改善及び情報公開運営審議会）
第二十六条　実施機関は、行政文書の公開手続等の迅速化その他この条例に基づく情報の公開に関する制度の公正かつ能率的な運営を図るために必要な施策を講ずるものとする。
2　実施機関は、前項の規定により、情報の公開に関する制度の改善についての施策を立案し、及び実施するに当たっては、神奈川県情報公開運営審議会の意見を聴かなければならない。
（運用状況の公表）
第二十七条　実施機関は、毎年、この条例の運用の状況について、一般に公表するものとする。
（適用除外）
第二十八条　刑事訴訟に関する書類及び押収物については、この条例の規定は、適用しない。

（委任）
第二十九条　この条例の施行に関し必要な事項は、実施機関が定める。
　　（罰則）
第三十条　第十九条第五項の規定に違反して秘密を漏らした者は、一年以下の懲役又は三十万円以下の罰金に処する。
　　　　　◇一部改正（平成一三年条例四〇号）
附　則
　　（施行期日）
1　この条例は、平成十二年四月一日から施行する。ただし、第三条第二項中公安委員会及び警察本部長に係る部分並びに附則第五項の規定は、公布の日から起算して一年七月を超えない範囲内において規則で定める日から施行する。
　　（神奈川県の機関の公文書の公開に関する条例の廃止）
2　神奈川県の機関の公文書の公開に関する条例（昭和五十七年神奈川県条例第四十二号。以下「旧条例」という。）は、廃止する。
　　（経過措置）
3　この条例の施行前に旧条例の規定によって行われた処分、手続その他の行為でこの条例の施行の際現に効力を有するものは、この条例の相当規定によって行われた処分、手続その他の行為とみなす。
4　この条例は、平成十一年四月一日前に作成し、又は取得した電磁的記録については、データベース（論文、数値、図形その他の情報の集合物であって、それらの情報を電子計算機を用いて検索することができるように体系的に構成したものをいう。）等を除いて適用しない。
5　この条例は、公安委員会及び警察本部長において管理している行政文書については、次に掲げるものに適用する。
　一　平成十二年四月一日以後に作成し、又は取得した行政文書
　二　平成十二年四月一日前に作成し、又は取得した行政文書で規則で定めるもの
　　（附属機関の設置に関する条例の一部改正）
6　附属機関の設置に関する条例（昭和二十八年神奈川県条例第五号）の一部を次のように改正する。
　　　　　（次のよう）略
　　（神奈川県行政手続条例の一部改正）
7　神奈川県行政手続条例（平成七年神奈川県条例第一号）の一部を次のように改正する。
　　　　　（次のよう）略
　　（政治倫理の確立のための神奈川県知事の資産等の公開に関する条例の一部改正）
8　政治倫理の確立のための神奈川県知事の資産等の公開に関する条例（平成七年神奈川県条例第五十六号）の一部を次のように改正する。
　　　　　（次のよう）略
　　（政治倫理の確立のための神奈川県議会の議員の資産等の公開に関する条例の

一部改正）
9　政治倫理の確立のための神奈川県議会の議員の資産等の公開に関する条例
　（平成七年神奈川県条例第五十七号）の一部を次のように改正する。
　　　　　（次のよう）略
　附　則（平成十三年七月十日条例第四十号）
　この条例は、公布の日から施行する。

山梨県情報公開条例

【制定】平成十一年十二月二十一日条例第五十三号
【改正】平成十三年三月二十九日条例第八号
　　　　平成十四年三月二十一日条例第五号

山梨県公文書公開条例（昭和六十一年山梨県条例第二号）の全部を改正する。

　　山梨県情報公開条例

目次
　第一章　総則（第一条～第四条）
　第二章　行政文書の開示（第五条～第十九条）
　第三章　不服申立て
　　第一節　諮問等（第二十条～第二十二条）
　　第二節　情報公開審査会（第二十三条・第二十四条）
　　第三節　審査会の調査審議の手続（第二十五条～第三十一条）
　　第四節　答申の尊重義務（第三十二条）
　第四章　情報公開制度運営委員会（第三十三条）
　第五章　雑則（第三十四条～第三十九条）
　第六章　罰則（第四十条）
　附則
　　◇一部改正（平成一三年条例八号）

　　　　第一章　総　則

（目的）
第一条　この条例は、地方自治の本旨にのっとり、行政文書の開示を請求する県民の権利を明らかにするとともに、行政文書の開示に関し必要な事項を定めること等により、県政に関し県民に説明する責務が全うされるようにし県民の県政への理解と信頼を一段と深めるとともに、県民が県政に関する情報を的確に知る権利の尊重に資することにより、県民参画の開かれた県政を一層推進することを目的とする。

（定義）
第二条　この条例において「実施機関」とは、次に掲げる機関をいう。
一　知事、教育委員会、選挙管理委員会、人事委員会、監査委員、公安委員会、地方労働委員会、収用委員会、内水面漁場管理委員会及び公営企業管理者（次号において「知事等」という。）。ただし、次号の規則で定める機関が置かれる機関にあっては、当該規則で定める機関を除く。
二　知事等に置かれる機関で規則で定めるもの

三　議会
2　この条例において「行政文書」とは、実施機関の職員が職務上作成し、又は取得した文書、図画及び電磁的記録（電子的方式、磁気的方式その他人の知覚によっては認識することができない方式で作られた記録をいう。以下同じ。）であって、当該実施機関の職員が組織的に用いるものとして、当該実施機関が保有しているものをいう。ただし、次に掲げるものを除く。
一　官報、公報、白書、新聞、雑誌、書籍その他不特定多数の者に販売することを目的として発行されるもの
二　山梨県立図書館その他規則で定める機関において、歴史的若しくは文化的な資料又は学術研究用の資料として特別の管理がされているもの

（条例の解釈及び運用）
第三条　実施機関は、行政文書の開示を求める県民の権利が十分に尊重されるようにこの条例を解釈し、及び運用するものとする。この場合において、実施機関は、個人情報（山梨県個人情報保護条例（平成五年山梨県条例第一号）第二条第一号に規定する個人情報をいう。）がみだりに公にされることのないよう最大限に配慮しなければならない。

（適用除外）
第四条　刑事訴訟に関する書類及び押収物については、この条例の規定は、適用しない。

第二章　行政文書の開示

（開示請求権）
第五条　何人も、この条例の定めるところにより、実施機関に対し、当該実施機関の保有する行政文書の開示を請求することができる。

（開示請求権の濫用禁止）
第六条　何人も、この条例に基づく行政文書の開示を請求する権利を濫用してはならない。

（開示請求の手続）
第七条　第五条の規定による開示の請求（以下「開示請求」という。）は、次に掲げる事項を記載した書面（以下「開示請求書」という。）を実施機関に提出してしなければならない。ただし、実施機関が特別の理由があると認めるときは、この限りでない。
一　開示請求をする者の氏名又は名称及び住所又は居所並びに法人その他の団体にあっては代表者の氏名
二　行政文書の名称その他の開示請求に係る行政文書を特定するに足りる事項
2　実施機関は、開示請求書に形式上の不備があると認めるときは、開示請求をした者（以下「開示請求者」という。）に対し、相当の期間を定めて、その補正を求めることができる。この場合において、実施機関は、開示請求者に対し、補正の参考となる情報を提供するよう努めなければならない。

（行政文書の開示義務）

第八条　実施機関は、開示請求があったときは、開示請求に係る行政文書に次の各号に掲げる情報（以下「不開示情報」という。）のいずれかが記録されている場合を除き、開示請求者に対し、当該行政文書を開示しなければならない。
一　個人に関する情報（事業を営む個人の当該事業に関する情報を除く。）であって、当該情報に含まれる氏名、生年月日その他の記述等により特定の個人を識別することができるもの（他の情報と照合することにより、特定の個人を識別することができることとなるものを含む。）又は特定の個人を識別することはできないが、公にすることにより、なお個人の権利利益を害するおそれがあるもの。ただし、次に掲げる情報を除く。
　イ　法令の規定により又は慣行として公にされ、又は公にすることが予定されている情報
　ロ　人の生命、健康、生活又は財産を保護するため、公にすることが必要であると認められる情報
　ハ　当該個人が公務員等（国家公務員法（昭和二十二年法律第百二十号）第二条第一項に規定する国家公務員（独立行政法人通則法（平成十一年法律第百三号）第二条第二項に規定する特定独立行政法人の役員及び職員を除く。）、独立行政法人等（独立行政法人等の保有する情報の公開に関する法律（平成十三年法律第百四十号）第二条第一項に規定する独立行政法人等をいう。以下同じ。）の役員及び職員並びに地方公務員法（昭和二十五年法律第二百六十一号）第二条に規定する地方公務員をいう。）である場合において、当該情報がその職務の遂行に係る情報であるときは、当該情報のうち、当該公務員等の職及び当該職務遂行の内容に係る部分
二　法人その他の団体（国、独立行政法人等及び地方公共団体を除く。以下「法人等」という。）に関する情報又は事業を営む個人の当該事業に関する情報であって、次に掲げるもの。ただし、人の生命、健康、生活又は財産を保護するため、公にすることが必要であると認められる情報を除く。
　イ　公にすることにより、当該法人等又は当該個人の権利、競争上の地位その他正当な利益を害するおそれがあるもの
　ロ　実施機関の要請を受けて、公にしないとの条件で任意に提供されたものであって、法人等又は個人における通例として公にしないこととされているものその他の当該条件を付することが当該情報の性質、当時の状況等に照らして合理的であると認められるもの
三　法令の規定又は法的拘束力のある指示により、公にすることができないものとされている情報
四　公にすることにより、犯罪の予防、鎮圧又は捜査、公訴の維持、刑の執行その他の公共の安全と秩序の維持に支障を及ぼすおそれがあると実施機関が認めることにつき相当の理由がある情報
五　国の機関、独立行政法人等及び地方公共団体の機関の内部又は相互間における審議、検討又は協議に関する情報であって、公にすることにより率直な意見の交換若しくは意思決定の中立性が不当に損なわれるおそれ、不当に国民の間に混乱を生じさせるおそれ又は特定の者に不当に利益を与え若しくは

不利益を及ぼすおそれがあるもの
六　国の機関、独立行政法人等又は地方公共団体の機関が行う事務又は事業に関する情報であって、公にすることにより、次に掲げるおそれその他当該事務又は事業の性質上、当該事務又は事業の適正な遂行に支障を及ぼすおそれがあるもの
　　イ　監査、検査、取締り又は試験に係る事務に関し、正確な事実の把握を困難にするおそれ又は違法若しくは不当な行為を容易にし、若しくはその発見を困難にするおそれ
　　ロ　契約、交渉又は争訟に係る事務に関し、国、独立行政法人等又は地方公共団体の財産上の利益又は当事者としての地位を不当に害するおそれ
　　ハ　調査研究に係る事務に関し、その公正かつ能率的な遂行を不当に阻害するおそれ
　　ニ　人事管理に係る事務に関し、公正かつ円滑な人事の確保に支障を及ぼすおそれ
　　ホ　国若しくは地方公共団体が経営する企業又は独立行政法人等に係る事業に関し、その企業経営上の正当な利益を害するおそれ
　　　　◇一部改正（平成一四年条例五号）
（部分開示）
第九条　実施機関は、開示請求に係る行政文書の一部に不開示情報が記録されている場合において、不開示情報が記録されている部分を容易に区分して除くことができるときは、開示請求者に対し、当該部分を除いた部分につき開示しなければならない。ただし、当該部分を除いた部分に有意の情報が記録されていないと認められるときは、この限りでない。
2　開示請求に係る行政文書に前条第一号の情報（特定の個人を識別することができるものに限る。）が記録されている場合において、当該情報のうち、氏名、生年月日その他の特定の個人を識別することができることとなる記述等の部分を除くことにより、公にしても、個人の権利利益が害されるおそれがないと認められるときは、当該部分を除いた部分は、同号の情報に含まれないものとみなして、前項の規定を適用する。
（公益上の理由による裁量的開示）
第十条　実施機関は、開示請求に係る行政文書に不開示情報が記録されている場合であっても、公益上特に必要があると認めるときは、開示請求者に対し、当該行政文書を開示することができる。
（行政文書の存否に関する情報）
第十一条　開示請求に対し、当該開示請求に係る行政文書が存在しているか否かを答えるだけで、不開示情報を開示することとなるときは、実施機関は、当該行政文書の存否を明らかにしないで、当該開示請求を拒否することができる。
（開示請求に対する措置）
第十二条　実施機関は、開示請求に係る行政文書の全部又は一部を開示するときは、その旨の決定をし、開示請求者に対し、その旨及び開示の実施に関し規則で定める事項を書面により通知しなければならない。

2　実施機関は、開示請求に係る行政文書の全部を開示しないとき（前条の規定により開示請求を拒否するとき及び開示請求に係る行政文書を保有していないときを含む。）は、開示をしない旨の決定をし、開示請求者に対し、その旨を書面により通知しなければならない。
　（開示決定等の期限）
第十三条　前条各項の決定（以下「開示決定等」という。）は、開示請求があった日から十五日以内にしなければならない。ただし、第七条第二項の規定により補正を求めた場合にあっては、当該補正に要した日数は、当該期間に算入しない。
2　前項の規定にかかわらず、実施機関は、事務処理上の困難その他正当な理由があるときは、同項に規定する期間を十五日以内に限り延長することができる。この場合において、実施機関は、開示請求者に対し、遅滞なく、延長後の期間及び延長の理由を書面により通知しなければならない。
　（開示決定等の期限の特例）
第十四条　開示請求に係る行政文書が著しく大量であるため、開示請求があった日から三十日以内にそのすべてについて開示決定等をすることにより事務の遂行に著しい支障が生ずるおそれがある場合には、前条の規定にかかわらず、実施機関は、開示請求に係る行政文書のうちの相当の部分につき当該期間内に開示決定等をし、残りの行政文書については相当の期間内に開示決定等をすれば足りる。この場合において、実施機関は、同条第一項に規定する期間内に、開示請求者に対し、次に掲げる事項を書面により通知しなければならない。
一　本条を適用する旨及びその理由
二　残りの行政文書について開示決定等をする期限
　（事案の移送）
第十五条　実施機関は、開示請求に係る行政文書が他の実施機関により作成されたものであるときその他他の実施機関において開示決定等をすることにつき正当な理由があるときは、当該他の実施機関と協議の上、当該他の実施機関に対し、事案を移送することができる。この場合においては、移送をした実施機関は、開示請求者に対し、事案を移送した旨を書面により通知しなければならない。
2　前項の規定により事案が移送されたときは、移送を受けた実施機関において、当該開示請求についての開示決定等をしなければならない。この場合において、移送をした実施機関が移送前にした行為は、移送を受けた実施機関がしたものとみなす。
3　前項の場合において、移送を受けた実施機関が第十二条第一項の決定（以下「開示決定」という。）をしたときは、当該実施機関は、開示の実施をしなければならない。この場合において、移送をした実施機関は、当該開示の実施に必要な協力をしなければならない。
　（第三者に対する意見書提出の機会の付与等）
第十六条　開示請求に係る行政文書に国、独立行政法人等、地方公共団体及び開示請求者以外の者（以下この条、第二十一条及び第二十二条において「第三

者」という。)に関する情報が記録されているときは、実施機関は、開示決定等をするに当たって、当該情報に係る第三者に対し、開示請求に係る行政文書の表示その他規則で定める事項を通知して、意見書を提出する機会を与えることができる。
2 実施機関は、次の各号のいずれかに該当するときは、開示決定に先立ち、当該第三者に対し、開示請求に係る行政文書の表示その他規則で定める事項を書面により通知して、意見書を提出する機会を与えなければならない。ただし、当該第三者の所在が判明しない場合は、この限りでない。
　一　第三者に関する情報が記録されている行政文書を開示しようとする場合であって、当該情報が第八条第一号ロ又は同条第二号ただし書に規定する情報に該当すると認められるとき。
　二　第三者に関する情報が記録されている行政文書を第十条の規定により開示しようとするとき。
3 実施機関は、前二項の規定により意見書の提出の機会を与えられた第三者が当該行政文書の開示に反対の意思を表示した意見書を提出した場合において、開示決定をするときは、開示決定の日と開示を実施する日との間に少なくとも二週間を置かなければならない。この場合において、実施機関は、開示決定後直ちに、当該意見書(第二十条及び第二十一条において「反対意見書」という。)を提出した第三者に対し、開示決定をした旨及びその理由並びに開示を実施する日を書面により通知しなければならない。
　◇一部改正(平成一四年条例五号)
(開示の実施)
第十七条　行政文書の開示は、文書又は図画については閲覧又は写しの交付により、電磁的記録についてはその種別、情報化の進展状況等を勘案して規則で定める方法により行う。ただし、閲覧の方法による行政文書の開示にあっては、実施機関は、当該行政文書の保存に支障を生ずるおそれがあると認めるときその他正当な理由があるときは、その写しにより、これを行うことができる。
2 開示決定に基づき行政文書の開示を受ける者は、規則で定めるところにより、当該開示決定をした実施機関に対し、その求める開示の実施の方法その他の規則で定める事項を申し出なければならない。
3 前項の規定による申出は、第十二条第一項に規定する通知があった日から十五日以内にしなければならない。ただし、当該期間内に当該申出をすることができないことにつき正当な理由があるときは、この限りでない。
4 開示決定に基づき行政文書の開示を受けた者は、最初に開示を受けた日から十五日以内に限り、実施機関に対し、更に開示を受ける旨を申し出ることができる。この場合においては、前項ただし書の規定を準用する。
(他の法令による開示の実施との調整)
第十八条　実施機関は、他の法令の規定により、何人にも開示請求に係る行政文書が前条第一項本文に規定する方法と同一の方法で開示することとされている場合(開示の期間が定められている場合にあっては、当該期間内に限る。)には、同項本文の規定にかかわらず、当該行政文書については、当該同一の方法によ

る開示を行わない。ただし、当該他の法令の規定に一定の場合には開示をしない旨の定めがあるときは、この限りでない。
2　他の法令の規定に定める開示の方法が縦覧であるときは、当該縦覧を前条第一項本文の閲覧とみなして、前項の規定を適用する。

（費用負担）
第十九条　行政文書の開示（第十七条第一項本文の閲覧の方法による開示を除く。以下この項において同じ。）を受ける者は、知事が定めるところにより、実費の範囲内において知事が定める額の開示の実施に係る費用を負担しなければならない。
2　経済的困難その他特別の理由があると実施機関が認めるときは、知事が定めるところにより、前項の費用の全部又は一部を免除することができる。

第三章　不服申立て

第一節　諮問等

（審査会への諮問）
第二十条　開示決定等について行政不服審査法（昭和三十七年法律第百六十号）による不服申立てがあったときは、当該不服申立てに対する裁決又は決定をすべき実施機関は、次の各号のいずれかに該当する場合を除き、山梨県情報公開審査会に諮問しなければならない。
一　不服申立てが不適法であり、却下するとき。
二　裁決又は決定で、不服申立てに係る開示決定等（開示請求に係る行政文書の全部を開示する旨の決定を除く。以下この号及び第二十二条において同じ。）を取り消し又は変更し、当該不服申立てに係る行政文書の全部を開示することとするとき。ただし、当該開示決定等について反対意見書が提出されているときを除く。
　　　◇一部改正（平成一三年条例八号）

（諮問をした旨の通知）
第二十一条　前条の規定により諮問をした実施機関（以下「諮問庁」という。）は、次に掲げる者に対し、諮問をした旨を通知しなければならない。
一　不服申立人及び参加人
二　開示請求者（開示請求者が不服申立人又は参加人である場合を除く。）
三　当該不服申立てに係る開示決定等について反対意見書を提出した第三者（当該第三者が不服申立人又は参加人である場合を除く。）

（第三者からの不服申立てを棄却する場合等における手続）
第二十二条　第十六条第三項の規定は、次の各号のいずれかに該当する裁決又は決定をする場合について準用する。
一　開示決定に対する第三者からの不服申立てを却下し、又は棄却する裁決又は決定
二　不服申立てに係る開示決定等を変更し、当該開示決定等に係る行政文書を

開示する旨の裁決又は決定（第三者である参加人が当該行政文書の開示に反対の意思を表示している場合に限る。）

第二節　情報公開審査会

（情報公開審査会）
第二十三条　第二十条の規定による諮問に応じ不服申立てについて調査審議するため、山梨県情報公開審査会（以下「審査会」という。）を設置する。
2　審査会は、委員五人以内で組織する。ただし、不服申立てに係る事件の増加に対応するため知事が必要と認めるときは、五人に限り、委員の数を増加することができる。
3　委員は、優れた識見を有する者のうちから知事が任命する。
4　委員の任期は、二年とする。ただし、補欠の委員の任期は、前任者の残任期間とする。
5　第二項ただし書の規定により、増員された委員の任期は、二年以内で知事が定める期間とする。
6　委員は、職務上知ることができた秘密を漏らしてはならない。その職を退いた後も同様とする。
7　委員は、在任中、政党その他の政治的団体の役員となり、又は積極的に政治活動をしてはならない。
8　審査会に会長を置き、委員の互選によりこれを定める。
9　会長は、会務を総理し、審査会を代表する。
10　会長に事故があるときは、あらかじめその指名する委員が、その職務を代理する。
11　審査会の会議は、会長が招集し、会長が議長となる。
12　会議は、委員の二分の一以上が出席しなければ開くことができない。
13　会議の議事は、出席した委員の過半数で決し、可否同数のときは、議長の決するところによる。

（部会）
第二十四条　審査会に、部会を置き、不服申立てに係る事件の調査審議（答申を除く。）の一部を行わせることができる。
2　部会は、審査会の指名する委員三人をもって構成する。

第三節　審査会の調査審議の手続

（審査会の調査権限）
第二十五条　審査会（前条の規定により部会に調査審議させる場合にあっては部会。以下同じ。）は、必要があると認めるときは、諮問庁に対し、開示決定等に係る行政文書の提示を求めることができる。この場合においては、何人も、審査会に対し、その提示された行政文書の開示を求めることができない。
2　諮問庁は、審査会から前項の規定による求めがあったときは、これを拒んではならない。
3　審査会は、必要があると認めるときは、諮問庁に対し、開示決定等に係る行

政文書に記録されている情報の内容を審査会の指定する方法により分類又は整理した資料を作成し、審査会に提出するよう求めることができる。
4　第一項及び前項に定めるもののほか、審査会は、不服申立てに係る事件に関し、不服申立人、参加人又は諮問庁（以下「不服申立人等」という。）に意見書又は資料の提出を求めること、適当と認める者にその知っている事実を陳述させ又は鑑定を求めることその他必要な調査をすることができる。
（意見の陳述）
第二十六条　審査会は、不服申立人等から申立てがあったときは、当該不服申立人等に口頭で意見を述べる機会を与えなければならない。ただし、審査会が、その必要がないと認めるときは、この限りでない。
2　前項本文の場合においては、不服申立人又は参加人は、審査会の許可を得て、補佐人とともに出頭することができる。
（意見書等の提出）
第二十七条　不服申立人等は、審査会に対し、意見書又は資料を提出することができる。ただし、審査会が意見書又は資料を提出すべき相当の期間を定めたときは、その期間内にこれを提出しなければならない。
（提出資料の閲覧）
第二十八条　不服申立人等は、審査会に対し、審査会に提出された意見書又は資料の閲覧を求めることができる。この場合において、審査会は、第三者の利益を害するおそれがあると認めるときその他正当な理由があるときでなければ、その閲覧を拒むことができない。
2　審査会は、前項の規定による閲覧について、日時及び場所を指定することができる。
（調査審議手続の非公開）
第二十九条　審査会の行う調査審議の手続は、公開しない。
（答申書の送付等）
第三十条　審査会は、諮問に対する答申をしたときは、答申書の写しを不服申立人及び参加人に送付するとともに、答申の内容を公表するものとする。
（規則への委任）
第三十一条　この節に定めるもののほか、審査会の調査審議の手続に関し必要な事項は、規則で定める。

第四節　答申の尊重義務

（答申の尊重義務）
第三十二条　諮問庁は、審査会の答申を尊重しなければならない。

第四章　情報公開制度運営委員会

（情報公開制度運営委員会）
第三十三条　情報公開制度に関する重要事項について知事の諮問に応じ調査審議し、又は知事に建議を行うため、山梨県情報公開制度運営委員会（以下「委員

会」という。)を設置する。
2　委員会は、委員五人以内で組織する。
3　第二十三条第三項及び第四項の規定は、委員会の委員について準用する。
4　専門の事項を調査審議するため必要があるときは、委員会に専門委員八人以内を置くことができる。
5　専門委員は、優れた識見を有する者のうちから知事が任命する。
6　専門委員は、当該専門の事項の調査審議が終了したときには、解任されるものとする。
7　第二十三条第八項から第十三項までの規定は、委員会の会長及び会議について準用する。この場合において、同条第八項、第九項及び第十一項中「審査会」とあるのは「委員会」と、同条第十二項及び第十三項中「委員」とあるのは「委員及び専門委員」と読み替えるものとする。

第五章　雑　則

（行政文書の管理）
第三十四条　実施機関は、この条例の適正かつ円滑な運用に資するため、行政文書を適正に管理するものとする。
2　実施機関は、規則で定めるところにより行政文書の管理に関する定めを設けるとともに、これを一般の閲覧に供しなければならない。
3　前項の規則においては、行政文書の分類、作成、保存及び廃棄に関する基準その他の行政文書の管理に関する必要な事項について定めるものとする。
（開示請求をしようとする者に対する情報の提供等）
第三十五条　実施機関は、開示請求をしようとする者が容易かつ的確に開示請求をすることができるよう、当該実施機関が保有する行政文書の特定に資する情報の提供その他開示請求をしようとする者の利便を考慮した適切な措置を講ずるものとする。
（施行の状況の公表）
第三十六条　知事は、実施機関に対し、この条例の施行の状況について報告を求めることができる。
2　知事は、毎年一回、前項の報告を取りまとめ、その概要を公表するものとする。
（情報公開の総合的推進）
第三十七条　県は、県政に関する正確で分かりやすい情報を県民が迅速かつ容易に得られるよう、行政文書の開示と併せて情報提供施策の拡充を図り、情報公開の総合的な推進に努めるものとする。
2　県は、県民の必要とする情報を的確に把握し、これを収集し、提供するよう努めるものとする。
（出資法人の情報公開）
第三十八条　県が出資その他の財政支出等を行う法人であって、知事が定めるもの（以下「出資法人」という。）は、この条例の趣旨にのっとり、当該出資法人

の保有する情報の公開に関し必要な措置を講ずるよう努めなければならない。
2　実施機関は、出資法人について、その性格及び業務内容に応じ、出資法人の保有する情報の公開及び提供が推進されるよう、必要な措置を講ずるものとする。
　（委任）
第三十九条　この条例に定めるもののほか、この条例の施行に関し必要な事項は、規則で定める。

第六章　罰　則
◇追　　加（平成一三年条例八号）

第四十条　第二十三条第六項の規定に違反して秘密を漏らした者は、一年以下の懲役又は三十万円以下の罰金に処する。
　　　◇追　　加（平成一三年条例八号）
附　則
　（施行期日）
1　この条例は、平成十二年四月一日から施行する。ただし、第二条第一項中公安委員会（公安委員会に置かれる機関で同項第二号の規則で定めるものを含む。）に係る部分の規定は、規則で定める日から施行する。（平成十三年規則第六号で平成十三年十月一日から施行）
　　　◇一部改正（平成一三年条例八号）
　（経過措置）
2　この条例の施行前にこの条例による改正前の山梨県公文書公開条例（以下「旧条例」という。）の規定によりされた処分、手続その他の行為は、この条例による改正後の山梨県情報公開条例（以下「新条例」という。）の相当規定によりされた処分、手続その他の行為とみなす。
3　この条例の施行の際、現に旧条例第十三条第三項の規定により山梨県公文書公開審査会の委員に任命されている者は、この条例の施行の日（以下「施行日」という。）に、新条例第二十三条第三項の規定により審査会の委員として任命されたものとみなし、その任期は、同条第四項の規定にかかわらず、平成十二年六月三十日までとする。
4　この条例の施行の際、現に旧条例第十三条第五項又は第七項の規定により互選され、又は指名されている委員は、施行日に新条例第二十三条第八項又は第十項の規定により互選され、又は指名されたものとみなす。
5　この条例の施行の際、現に旧条例第十四条第四項において準用する旧条例第十三条第三項の規定により山梨県公文書公開制度運営委員会の委員に任命されている者は、施行日に新条例第三十三条第三項において準用する新条例第二十三条第三項の規定により委員会の委員として任命されたものとみなし、その任期は、新条例第三十三条第三項において準用する新条例第二十三条第四項の規定にかかわらず、平成十二年九月三十日までとする。
6　この条例の施行の際、現に旧条例第十四条第四項において準用する旧条例第

十三条第五項又は第七項の規定により互選され、又は指名されている委員は、施行日に新条例第三十三条第七項において準用する新条例第二十三条第八項又は第十項の規定により互選され、又は指名されたものとみなす。
(附属機関の委員等の報酬及び費用弁償に関する条例の一部改正)
7　附属機関の委員等の報酬及び費用弁償に関する条例(昭和四十年山梨県条例第七号)の一部を次のように改正する。
　　　　　(次のよう)　略
附　則(平成十三年三月二十九日条例第八号)
　この条例は、山梨県情報公開条例附則第一項ただし書に規定する規定の施行の日から施行する。(施行の日＝平成十三年十月一日)
附　則(平成十四年三月二十一日条例第五号)
　(施行期日)
1　この条例は、独立行政法人等の保有する情報の公開に関する法律(平成十三年法律第百四十号)の施行の日から施行する。
　(経過措置)
2　この条例による改正後の山梨県情報公開条例第八条及び第十六条第一項の規定は、この条例の施行の日以後にされた開示請求について適用し、同日前にされた開示請求については、なお従前の例による。

長野県情報公開条例

【制定】平成十二年十二月二十五日条例第三十七号

長野県公文書公開条例（昭和五十九年長野県条例第四号）の全部を改正する。

長野県情報公開条例

目次
　第一章　総則（第一条～第四条）
　第二章　公文書の公開（第五条～第十七条）
　第三章　不服申立て等
　　第一節　諮問等（第十八条～第二十条）
　　第二節　情報公開審査会（第二十一条～第二十八条）
　第四章　雑則（第二十九条～第三十六条）
　附則

第一章　総則

（目的）
第一条　この条例は、地方自治の本旨にのっとり、県民の知る権利を尊重し、公文書の公開を請求する権利を明らかにするとともに、情報公開の総合的な推進に関し必要な事項を定めることにより、県の諸活動を県民に説明する責務が全うされるようにし、もって県政に対する県民の理解と信頼を深め、県民参加による公正で開かれた県政の一層の推進に資することを目的とする。

（定義）
第二条　この条例において「実施機関」とは、知事、議会、教育委員会、選挙管理委員会、人事委員会、監査委員、公安委員会、警察本部長、地方労働委員会、収用委員会、内水面漁場管理委員会及び公営企業管理者をいう。
2　この条例において「公文書」とは、実施機関の職員が職務上作成し、又は取得した文書、図画及び電磁的記録（電子的方式、磁気的方式その他人の知覚によっては認識することができない方式で作られた記録をいう。第十五条において同じ。）であって、当該実施機関の職員が組織的に用いるものとして、当該実施機関が管理しているものをいう。ただし、次に掲げるものを除く。
　一　公報、新聞、雑誌、書籍その他不特定多数の者に販売することを目的として発行されるもの
　二　図書館、博物館その他これらに類する施設において、当該施設の設置目的に応じ特別の管理がされているもの

（解釈及び運用の方針）
第三条　実施機関は、この条例の解釈及び運用に当たっては、公文書の公開を請

求する権利を十分に尊重するとともに、個人の秘密その他の通常他人に知られたくない個人に関する情報がみだりに公開されることがないよう最大限の配慮をしなければならない。

（適正な請求及び使用）
第四条　この条例の定めるところにより公文書の公開を請求しようとするものは、この条例の目的に即した適正な請求に努めるとともに、公文書の公開を受けたときは、その情報を適正に使用しなければならない。

第二章　公文書の公開

（公開請求権）
第五条　何人も、この条例の定めるところにより、実施機関に対し、当該実施機関が管理する公文書の公開を請求することができる。

（公開請求の方法）
第六条　前条の規定による公開の請求（以下「公開請求」という。）をしようとするものは、次に掲げる事項を記載した請求書を実施機関に提出しなければならない。
一　公開請求をしようとするものの氏名（法人その他の団体にあっては、名称及び代表者の氏名）及び住所
二　公文書の名称その他の公開請求に係る公文書を特定するために必要な事項
三　その他実施機関の定める事項
2　実施機関は、前項の規定による請求書に形式上の不備があると認めるときは、公開請求をしたもの（以下「公開請求者」という。）に対し、相当の期間を定めて、その補正を求めることができる。この場合において、実施機関は、公開請求者に対し、補正の参考となる情報を提供するよう努めなければならない。

（公文書の公開義務）
第七条　実施機関は、公開請求があったときは、公開請求に係る公文書に次の各号に掲げる情報（以下「非公開情報」という。）のいずれかが記録されている場合を除き、公開請求者に対し、当該公文書を公開しなければならない。
一　法令若しくは条例（以下この条及び第十六条において「法令等」という。）の規定により、又は地方自治法（昭和二十二年法律第六十七号）第二百四十五条第一号のへに規定する指示その他これに類する行為により、公開することができない情報
二　個人に関する情報（事業を営む個人の当該事業に関する情報を除く。）であって、当該情報に含まれる氏名、生年月日その他の記述等により特定の個人を識別することができるもの（他の情報と照合することにより、特定の個人を識別することができることとなるものを含む。）又は特定の個人を識別することはできないが、公開することにより、なお個人の権利利益を害するおそれがあるもの。ただし、次に掲げる情報を除く。
　ア　法令等の規定により又は慣行として公にされ、又は公にすることが予定されている情報

イ　人の生命、健康、生活又は財産を保護するため、公開することが必要であると認められる情報
　ウ　当該個人が公務員（国家公務員法（昭和二十二年法律第百二十号）第二条第一項に規定する国家公務員及び地方公務員法（昭和二十五年法律第二百六十一号）第二条に規定する地方公務員をいう。）である場合において、当該情報がその職務の遂行に係る情報であるときは、当該情報のうち、当該公務員の職及び氏名（当該公務員の氏名に係る部分を公開することにより当該個人の権利利益を不当に害するおそれがある場合の当該氏名及び公安委員会規則で定める職にある警察職員の氏名を除く。）並びに当該職務遂行の内容に係る部分
三　法人その他の団体（国及び地方公共団体を除く。以下この号において「法人等」という。）に関する情報又は事業を営む個人の当該事業に関する情報であって、公開することにより、当該法人等又は当該事業を営む個人の権利、競争上の地位その他正当な利益を害すると認められるもの。ただし、人の生命、健康、生活又は財産を保護するため、公開することが必要であると認められる情報を除く。
四　公開することにより、犯罪の予防、鎮圧又は捜査、公訴の維持、刑の執行その他の公共の安全と秩序の維持に支障を及ぼすおそれがあると実施機関が認めることにつき相当の理由がある情報
五　県並びに国及び他の地方公共団体の内部又は相互間における審議、検討又は協議に関する情報であって、公開することにより、率直な意見の交換若しくは意思決定の中立性が不当に損なわれるおそれ、不当に県民の間に混乱を生じさせるおそれ又は特定の者に不当に利益を与え、若しくは不利益を及ぼすおそれがあるもの
六　県又は国若しくは他の地方公共団体（以下この号において「国等」という。）が行う事務又は事業に関する情報であって、公開することにより、次に掲げるおそれその他当該事務又は事業の性質上、当該事務又は事業の適正な遂行に著しい支障を及ぼすおそれがあるもの
　ア　監査、検査、取締り又は試験に係る事務に関し、正確な事実の把握を困難にするおそれ又は違法若しくは不当な行為を容易にし、若しくはその発見を困難にするおそれ
　イ　契約、交渉又は争訟に係る事務に関し、県又は国等の財産上の利益又は当事者としての地位を不当に害するおそれ
　ウ　調査研究に係る事務に関し、その公正かつ能率的な遂行を不当に阻害するおそれ
　エ　人事管理に係る事務に関し、公正かつ円滑な人事の確保に支障を及ぼすおそれ
　オ　県又は国等が経営する企業に係る事業に関し、その企業経営上の正当な利益を害するおそれ
（部分公開）
第八条　実施機関は、公開請求に係る公文書の一部に非公開情報が記録されてい

る場合において、非公開情報が記録されている部分を容易に区分して除くことができるときは、公開請求者に対し、当該部分を除いた部分につき公開しなければならない。ただし、当該部分を除いた部分に有意の情報が記録されていないと認められるときは、この限りでない。

2　公開請求に係る公文書に前条第二号の情報（特定の個人を識別することができるものに限る。）が記録されている場合において、当該情報のうち、氏名、生年月日その他の特定の個人を識別することができることとなる記述等の部分を除くことにより、公開しても、個人の権利利益が害されるおそれがないと認められるときは、当該部分を除いた部分は、同号の情報に含まれないものとみなして、前項の規定を適用する。

　（公益上の理由による裁量的公開）

第九条　実施機関は、公開請求に係る公文書に非公開情報（第七条第一号に規定する情報を除く。）が記録されている場合であっても、公益上特に必要があると認めるときは、公開請求者に対し、当該公文書を公開することができる。

　（公文書の存否に関する情報）

第十条　公開請求に対し、当該公開請求に係る公文書が存在しているか否かを答えるだけで、非公開情報を公開することとなるときは、実施機関は、当該公文書の存否を明らかにしないで、当該公開請求を拒否することができる。

　（公開請求に対する決定等）

第十一条　実施機関は、公開請求に係る公文書の全部又は一部を公開するときは、その旨の決定をし、公開請求者に対し、その旨及び公開の実施に関し実施機関が定める事項を書面により通知しなければならない。

2　実施機関は、公開請求に係る公文書の全部を公開しないとき（前条の規定により公開請求を拒否するとき及び公開請求に係る公文書を管理していないときを含む。）は、公開をしない旨の決定をし、公開請求者に対し、その旨を書面により通知しなければならない。

3　実施機関は、前二項の場合において、公開請求に係る公文書の全部又は一部を公開しないときは、公開請求者に対し、当該各項の規定による通知に当該決定の理由（当該決定の理由がなくなる期日をあらかじめ明示することができるときは、当該決定の理由及び当該期日）を併せて通知しなければならない。

　（公開決定等の期限）

第十二条　前条第一項又は第二項の決定（以下「公開決定等」という。）は、公開請求があった日から起算して十五日以内にしなければならない。ただし、第六条第二項の規定により補正を求めた場合にあっては、当該補正に要した日数は、当該期間に算入しない。

2　実施機関は、やむを得ない理由により、前項に規定する期間内に公開決定等をすることができないときは、同項の規定にかかわらず、公開請求があった日から起算して六十日を限度として同項に規定する期間を延長することができる。この場合において、実施機関は、公開請求者に対し、遅滞なく、延長の理由及び延長後の期間を書面により通知しなければならない。

3　公開請求に係る公文書が著しく大量であるため、公開請求があった日から起

算して六十日以内にそのすべてについて公開決定等をすることにより事務の遂行に著しい支障が生ずるおそれがある場合には、前二項の規定にかかわらず、実施機関は、公開請求に係る公文書のうちの相当の部分につき当該期間内に公開決定等をし、残りの公文書については相当の期間内に公開決定等をすれば足りる。この場合において、実施機関は、第一項に規定する期間内に、公開請求者に対し、次に掲げる事項を書面により通知しなければならない。
一　本項を適用する旨及びその理由
二　残りの公文書について公開決定等をする期限

（事案の移送）
第十三条　実施機関は、公開請求に係る公文書が他の実施機関により作成されたものであるときその他他の実施機関において公開決定等をすることにつき正当な理由があるときは、当該他の実施機関と協議の上、当該他の実施機関に対し、事案を移送することができる。この場合において、移送をした実施機関は、公開請求者に対し、事案を移送した旨を書面により通知しなければならない。
2　前項の規定により事案が移送されたときは、移送を受けた実施機関において、当該公開請求についての公開決定等をしなければならない。この場合において、移送をした実施機関が移送前にした行為は、移送を受けた実施機関がしたものとみなす。
3　前項の場合において、移送を受けた実施機関が第十一条第一項の決定（以下「公開決定」という。）をしたときは、当該実施機関は、公開の実施をしなければならない。この場合において、移送をした実施機関は、当該公開の実施に必要な協力をしなければならない。

（第三者保護に関する手続）
第十四条　公開請求に係る公文書に県、国、他の地方公共団体及び公開請求者以外のもの（以下この条、第十九条及び第二十条において「第三者」という。）に関する情報が記録されているときは、実施機関は、公開決定等をするに当たって、当該情報に係る第三者に対し、公開請求に係る公文書の表示その他実施機関が定める事項を通知して、意見書を提出する機会を与えることができる。
2　実施機関は、次の各号のいずれかに該当するときは、公開決定に先立ち、当該第三者に対し、公開請求に係る公文書の表示その他実施機関が定める事項を書面により通知して、意見書を提出する機会を与えなければならない。ただし、当該第三者の所在が判明しない場合は、この限りでない。
一　第三者に関する情報が記録されている公文書を公開しようとする場合であって、当該情報が第七条第二号のイ又は同条第三号ただし書に規定する情報に該当すると認められるとき。
二　第三者に関する情報が記録されている公文書を第九条の規定により公開しようとするとき。
3　実施機関は、前二項の規定により意見書の提出の機会を与えられた第三者が当該公文書の公開に反対の意思を表示した意見書を提出した場合において、公開決定をするときは、公開決定の日と公開を実施する日との間に少なくとも二週間を置かなければならない。この場合において、実施機関は、公開決定後直

ちに、当該意見書（第十八条及び第十九条において「反対意見書」という。）を提出した第三者に対し、公開決定をした旨及びその理由並びに公開を実施する日を書面により通知しなければならない。
（公文書の公開の実施）
第十五条　実施機関は、公開決定をしたときは、速やかに、公開請求者に対し、当該公開決定に係る公文書の公開を実施しなければならない。
2　公文書の公開は、文書又は図画については閲覧又は写しの交付により、電磁的記録についてはその種別、情報化の進展状況等を勘案して実施機関が定める方法により行うものとする。ただし、閲覧の方法による公文書の公開にあっては、実施機関は、当該公文書の保存に支障を生ずるおそれがあると認めるときその他正当な理由があるときは、その写しにより、これを行うことができる。
（他の法令等との調整）
第十六条　実施機関は、他の法令等の規定により、何人にも公開請求に係る公文書が前条第二項本文に規定する方法と同一の方法で公開することとされている場合（公開の期間が定められている場合にあっては、当該期間内に限る。）には、同項本文の規定にかかわらず、当該公文書については、当該同一の方法による公開を行わないものとする。ただし、当該他の法令等の規定に一定の場合には公開をしない旨の定めがあるときは、この限りでない。
2　他の法令等の規定に定める公開の方法が縦覧であるときは、当該縦覧を前条第二項本文の閲覧とみなして、前項の規定を適用する。
（費用の負担）
第十七条　第十五条第二項の規定により公文書の写し等の交付を受けるものは、実費の範囲内において実施機関が定める費用を負担するものとする。

第三章　不服申立て等

第一節　諮問等

（審査会への諮問）
第十八条　実施機関は、公開決定等について行政不服審査法（昭和三十七年法律第百六十号）の規定に基づく不服申立てがあった場合は、次の各号のいずれかに該当するときを除き、遅滞なく、長野県情報公開審査会に諮問をし、当該不服申立てについての裁決又は決定をしなければならない。
　一　不服申立てが不適法であり、却下するとき。
　二　裁決又は決定で、不服申立てに係る公開決定等（公開請求に係る公文書の全部を公開する旨の決定を除く。以下この号及び第二十条において同じ。）を取り消し、又は変更し、当該不服申立てに係る公文書の全部を公開するとき。ただし、当該公開決定等について反対意見書が提出されているときを除く。
（諮問をした旨の通知）
第十九条　前条の規定により諮問をした実施機関（第二十二条において「諮問実施機関」という。）は、次に掲げるものに対し、諮問をした旨を通知しなければ

ならない。
一　不服申立人及び参加人
二　公開請求者（公開請求者が不服申立人又は参加人である場合を除く。）
三　当該不服申立てに係る公開決定等について反対意見書を提出した第三者（当該第三者が不服申立人又は参加人である場合を除く。）

（第三者からの不服申立てを棄却する場合等における手続）
第二十条　第十四条第三項の規定は、次の各号のいずれかに該当する裁決又は決定をする場合ついて準用する。
一　公開決定に対する第三者からの不服申立てを却下し、又は棄却する裁決又は決定
二　不服申立てに係る公開決定等を変更し、当該公開決定等に係る公文書を公開する旨の裁決又は決定（第三者である参加人が当該公文書の公開に反対の意思を表示している場合に限る。）

第二節　情報公開審査会

（情報公開審査会）
第二十一条　第十八条の規定による諮問に応じ不服申立てについて調査審議するため、長野県情報公開審査会（以下「審査会」という。）を設置する。
2　審査会は、前項の規定により調査審議するほか、情報公開に関する事項について、実施機関に対し、意見を述べることができる。
3　審査会は、五人の委員をもって組織する。
4　委員は、学識経験を有する者のうちから知事が任命する。
5　委員の任期は、二年とする。ただし、補欠委員の任期は、前任者の残任期間とする。
6　委員は、職務上知り得た秘密を漏らしてはならない。その職を退いた後も同様とする。

（審査会の調査権限）
第二十二条　審査会は、必要があると認めるときは、諮問実施機関に対し、公開決定等に係る公文書の提示を求めることができる。この場合においては、何人も、審査会に対し、その提示された公文書の公開を求めることができない。
2　諮問実施機関は、審査会から前項の規定による求めがあったときは、これを拒んではならない。
3　審査会は、必要があると認めるときは、諮問実施機関に対し、公開決定等に係る公文書に記録されている情報の内容を審査会の指定する方法により分類し、又は整理した資料を作成し、審査会に提出するよう求めることができる。
4　第一項及び前項に定めるもののほか、審査会は、不服申立てに係る事件に関し、不服申立人、参加人又は諮問実施機関（以下「不服申立人等」という。）に意見書又は資料の提出を求めること、適当と認める者にその知っている事実を陳述させ、又は鑑定を求めることその他必要な調査をすることができる。

（意見の陳述等）
第二十三条　審査会は、不服申立人等から申立てがあったときは、当該不服申立

人等に口頭で意見を述べる機会を与えなければならない。ただし、審査会が、その必要がないと認めるときは、この限りでない。
2　前項本文の場合においては、不服申立人又は参加人は、審査会の許可を得て、補佐人とともに出頭することができる。
3　不服申立人等は、審査会に対し、意見書又は資料を提出することができる。ただし、審査会が意見書又は資料を提出すべき相当の期間を定めたときは、その期間内にこれを提出しなければならない。
　（委員による調査手続）
第二十四条　審査会は、必要があると認めるときは、その指名する委員に、第二十二条第一項の規定により提示された公文書を閲覧させ、同条第四項の規定による調査をさせ、又は前条第一項本文の規定による不服申立人等の意見の陳述を聴かせることができる。
　（意見書等の送付）
第二十五条　審査会は、第二十二条第四項又は第二十三条第三項の規定により不服申立人等から意見書又は資料の提出があったときは、第三者の利益を害するおそれがあると認めるときその他正当な理由があるときを除き、不服申立人等（当該意見書又は資料を提出したものを除く。）に対し、当該意見書又は資料の写しを送付しなければならない。
　（調査審議手続の非公開）
第二十六条　審査会の行う調査審議の手続は、公開しない。
　（答申書の送付等）
第二十七条　審査会は、諮問に対する答申をしたときは、答申書の写しを不服申立人及び参加人に送付するとともに、答申の内容を公表するものとする。
　（規則への委任）
第二十八条　この節に定めるもののほか、審査会の組織及び運営に関し必要な事項は、知事が規則で定める。

第四章　雑　則

　（公文書の管理）
第二十九条　実施機関は、この条例の適正かつ円滑な運用に資するため、公文書の分類、作成、保存、廃棄その他の公文書の管理に関する必要な事項を定めるとともに、公文書を適正に管理するものとする。
　（公開請求のための情報の提供等）
第三十条　実施機関は、公開請求をしようとするものが容易かつ的確に公開請求をすることができるよう、当該実施機関が管理する公文書の特定に資する情報の提供その他公開請求をしようとするものの利便を考慮した適切な措置を講ずるものとする。
　（実施状況の公表）
第三十一条　知事は、毎年この条例の規定に基づく公文書の公開の実施状況を公表するものとする。

(情報提供施策の充実)
第三十二条　県は、県政に関する正確で分かりやすい情報を県民が迅速かつ容易に得られるよう、情報提供施策の充実を図り、情報公開の総合的な推進に努めるものとする。

(出資法人等の情報公開)
第三十三条　県が出資その他の財政支出を行う法人であって、県の施策と密接な関連を有する事業を実施するものとして実施機関が定めるもの(以下この条において「出資法人等」という。)は、この条例の趣旨にかんがみ、出資法人等の管理する情報の公開に関して、当該出資法人等の性格及び業務内容に応じ必要な措置を講ずるよう努めるものとする。
3　実施機関は、出資法人等の情報公開が推進されるよう、必要な措置を講ずるものとする。

(適用除外)
第三十四条　法律の規定により、行政機関の保有する情報の公開に関する法律(平成十一法律第四十二号)の規定が適用されない公文書については、この条例の規定は、適用しない。

(補則)
第三十五条　この条例の施行に関し必要な事項は、実施機関が定める。

(罰則)
第三十六条　第二十一条第六項の規定に違反して秘密を漏らした者は、一年以下の懲役又は三十万円以下の罰金に処する。

附　則
(施行期日等)
1　この条例は、平成十三年四月一日から施行する。ただし、第二条第一項の規定(公安委員会及び警察本部長に係る部分に限る。)及び次項第二号の規定は、平成十四年四月一日から施行する。
2　改正後の長野県情報公開条例(次項及び附則第四項において「新条例」という。)の規定は、次の各号に掲げる実施機関が管理している公文書については、当該各号に定める日以後に作成し、又は取得した公文書に適用する。
　一　議会　平成十一年十月一日
　二　公安委員会及び警察本部長　平成十三年四月一日
(経過処置)
3　改正前の長野県公文書公開条例の規定に基づいてなされた処分、手続その他の行為は、新条例の相当規定に基づいてなされたものとみなす。
4　この条例の施行の際現に従前の長野県公文書公開審査会の委員である者は、この条例の施行の日に、新条例第二十一条第四項の規定により、審査会の委員として任命されたものとみなす。この場合において、その任命されたものとみなされる者の任期は、同条第五項の規定にかかわらず、平成十三年九月三十日までとする。
(特別職の職員等の給与に関する条例の一部改正)
5　特別職の職員等の給与に関する条例(昭和二十七年長野県条例第十号)の一

部を次のように改正する。
　　　　（次のよう）略
　（特別職の職員等の旅費又は費用弁償に関する条例の一部改正）
6　特別職の職員等の旅費又は費用弁償に関する条例（昭和二十七年長野県条例第七十五号）の一部を次のように改正する。
　　　　（次のよう）略

新潟県情報公開条例

【制定】平成十三年十月十九日条例第五十七号

新潟県情報公開条例（平成七年新潟県条例第一号）の全部を改正する。

新潟県情報公開条例

目次
　第一章　総則（第一条～第四条）
　第二章　行政文書の公開（第五条～第十六条）
　第三章　不服申立て等（第十七条～第二十四条）
　第四章　情報提供の推進等（第二十五条・第二十六条）
　第五章　雑則（第二十七条～第三十二条）
　附則

第一章　総則

（目的）
第一条　この条例は、地方自治の本旨に即した県政を推進する上において、県民の知る権利を尊重することが重要であることにかんがみ、行政文書の公開を請求する権利を明らかにし、情報公開の総合的な推進に関し必要な事項を定めることにより、県政について県民に説明する責務が全うされるようにするとともに、県政に対する県民の理解と信頼を深め、県民の県政への参加を促進し、もって公正で開かれた県政を一層推進することを目的とする。

（定義）
第二条　この条例において「実施機関」とは、知事、議会、公営企業管理者、教育委員会、選挙管理委員会、人事委員会、監査委員、公安委員会、警察本部長、地方労働委員会、収用委員会、海区漁業調整委員会、連合海区漁業調整委員会及び内水面漁場管理委員会をいう。
2　この条例において「行政文書」とは、実施機関の職員が職務上作成し、又は取得した文書、図画及び電磁的記録（電子的方式、磁気的方式その他人の知覚によっては認識することができない方式で作られた記録をいう。以下同じ。）であって、当該実施機関の職員が組織的に用いるものとして、当該実施機関が保有しているものをいう。ただし、次に掲げるものを除く。
　一　官報、公報、白書、新聞、雑誌、書籍その他不特定多数の者に販売することを目的として発行されるもの
　二　図書館、美術館、公文書館その他これらに類する施設において、当該施設の設置目的に応じて収集し、整理し、又は保存している図書、記録、図画その他の資料

（実施機関の責務）

第三条　実施機関は、行政文書の公開を請求する権利を十分尊重してこの条例を解釈し、運用しなければならない。この場合において、実施機関は、個人に関する情報がみだりに公にされることのないよう最大限の配慮をしなければならない。

（利用者の責務）

第四条　この条例の定めるところにより行政文書の公開を請求するものは、この条例により認められた権利を正当に行使するとともに、行政文書の公開により得た情報を適正に用いなければならない。

第二章　行政文書の公開

（公開請求権）

第五条　何人も、この条例の定めるところにより、実施機関に対し、当該実施機関の保有する行政文書の公開を請求することができる。

（公開請求の手続）

第六条　前条の規定による公開の請求（以下「公開請求」という。）をしようとするものは、次の事項を記載をした書面（以下「公開請求書」という。）を実施機関に提出しなければならない。ただし、実施機関が公開請求書の提出を要しないと認めたときは、この限りでない。

　一　氏名又は名称及び住所又は事務所若しくは事業所の所在地並びに法人その他の団体にあってはその代表者の氏名

　二　公開請求をしようとする行政文書を特定するために必要な事項

　三　その他実施機関が定める事項

2　実施機関は、公開請求書に形式上の不備があると認めるときは、公開請求をしたもの（以下「公開請求者」という。）に対し、相当の期間を定めて、その補正を求めることができる。この場合において、実施機関は、公開請求者に対し、補正の参考となる情報を提供するよう努めなければならない。

（行政文書の公開義務）

第七条　実施機関は、公開請求があったときは、公開請求に係る行政文書に次の各号に掲げる情報（以下「非公開情報」という。）のいずれかが記録されている場合を除き、公開請求者に対し、当該行政文書を公開しなければならない。

　一　法令若しくは条例（以下「法令等」という。）の規定により公にすることができないとされている情報又は法律若しくはこれに基づく政令の規定による各大臣等からの指示（地方自治法（昭和二十二年法律第六十七号）第二百四十五条第一号への指示その他これに類する行為をいう。）により公にすることができない情報

　二　個人に関する情報（事業を営む個人の当該事業に関する情報を除く。）であって、特定の個人が識別され、若しくは識別され得るもの又は特定の個人を識別することはできないが、公にすることにより、なお個人の権利利益を害するおそれがあるもの。ただし、次に掲げる情報を除く。

ア　法令等の規定により又は慣行として公にされ、又は公にすることが予定されている情報
　　イ　人の生命、健康、生活又は財産を保護するため、公にすることが必要であると認められる情報
　　ウ　当該個人が公務員（国家公務員法（昭和二十二年法律第百二十号）第二条第一項に規定する国家公務員及び地方公務員法（昭和二十五年法律第二百六十一号）第二条に規定する地方公務員をいう。）である場合において、当該情報がその職務の遂行に係る情報であるときは、当該情報のうち、当該公務員の職及び当該職務遂行の内容に係る部分
　　エ　ウの場合において、当該個人が実施機関の職員（規則で定める警察職員を除く。）であるときは、当該情報のうち、当該職員の氏名。ただし、当該職員の氏名を公にすることにより、当該職員の権利利益を不当に害するおそれがある場合を除く。
三　法人その他の団体（国及び地方公共団体を除く。以下「法人等」という。）に関する情報又は事業を営む個人の当該事業に関する情報であって、次に掲げるもの。ただし、人の生命、健康、生活又は財産を保護するため、公にすることが必要であると認められる情報を除く。
　　ア　公にすることにより、当該法人等又は当該個人の権利、競争上の地位その他正当な利益を害するおそれがあるもの
　　イ　実施機関の要請を受けて、公にしないとの条件で任意に提供されたものであって、法人等又は個人における通例として公にしないこととされているものその他の当該条件を付することが当該情報の性質、当時の状況等に照らして合理的であると認められるもの
四　公にすることにより、犯罪の予防、鎮圧又は捜査、公訴の維持、刑の執行その他の公共の安全と秩序の維持に支障を及ぼすおそれがあると実施機関が認めることにつき相当の理由がある情報
五　県の機関並びに国及び他の地方公共団体の内部又は相互間における審議、検討又は協議に関する情報であって、公にすることにより、率直な意見の交換若しくは意思決定の中立性が不当に損なわれるおそれ、不当に県民の間に混乱を生じさせるおそれ又は特定の者に不当に利益を与え若しくは不利益を及ぼすおそれがあるもの
六　県の機関又は国若しくは他の地方公共団体が行う事務又は事業に関する情報であって、公にすることにより、次に掲げるおそれその他当該事務又は事業の性質上、当該事務又は事業の適正な遂行に支障を及ぼすおそれがあるもの
　　ア　監査、検査、取締り又は試験に係る事務に関し、正確な事実の把握を困難にするおそれ又は違法若しくは不当な行為を容易にし、若しくはその発見を困難にするおそれ
　　イ　契約、交渉又は争訟に係る事務に関し、県、国又は他の地方団体の財産上の利益又は当事者としての地位を不当に害するおそれ
　　ウ　調査研究に係る事務に関し、その公正かつ能率的な遂行を不当に害する

おそれ
エ　人事管理に係る事務に関し、公正かつ円滑な人事の確保に支障を及ぼすおそれ
オ　県、国又は他の地方公共団体が経営する企業に係る事業に関し、その企業経営上の正当な利益を害するおそれ

（部分公開）
第八条　実施機関は、公開請求に係る行政文書が非公開情報を記録した部分とそれ以外の部分とからなる場合において、これらの部分を容易に、かつ、公開請求の趣旨を損なわない程度に分離できるときは、公開請求者に対し、当該非公開情報を記録した部分を除いて、当該行政文書を公開しなければならない。
2　公開請求に係る行政文書に前条第二号の情報（特定の個人が識別され、又は識別され得るものに限る。）が記録されている場合において、当該情報のうち、特定の個人が識別され、又は識別され得ることとなる記述等の部分を除くことにより、公にしても、個人の権利利益が害されるおそれがないと認められるときは、当該部分を除いた部分は、同号の情報に含まれないものとみなして、前項の規定を適用する。

（公益上の理由による裁量的公開）
第九条　実施機関は、公開請求に係る行政文書に非公開情報（第七条第一号に規定する情報を除く。）が記録されている場合であっても、公益上特に必要があると認めるときは、公開請求者に対し、当該行政文書を公開することができる。

（行政文書の存否に関する情報）
第十条　公開請求に対し、当該公開請求に係る行政文書が存在しているか否かを答えるだけで、非公開情報を公開することとなるときは、実施機関は、当該行政文書の存否を明らかにしないで、当該公開請求を拒否することができる。

（公開請求に対する決定等）
第十一条　実施機関は、公開請求があったときは、当該公開請求があった日から起算して十五日以内に、当該公開請求に係る行政文書を公開するかどうかの決定（前条の規定により公開請求を拒否するとき及び公開請求に係る行政文書を保有していないときにする決定を含む。以下「公開決定等」という。）をしなければならない。ただし、第六条第二項の規定により補正を求めた場合にあっては、当該補正に要した日数は、当該期間に算入しない。
2　実施機関は、公開決定等をしたときは、公開請求者に対し、速やかに、その旨を書面により通知しなければならない。ただし、当該公開決定等が当該公開請求に係る行政文書の全部を公開する旨の決定であって、当該公開請求のあった日に当該行政文書を公開するときは、口頭により通知することができる。
3　実施機関は、公開請求に係る行政文書の全部を公開する旨の決定以外の公開決定等をしたときは、前項の書面にその理由を記載しなければならない。この場合において、当該理由がなくなる期日をあらかじめ明示することができるときは、当該期日を同項の書面に付記しなければならない。
4　実施機関は、やむを得ない理由により、第一項に規定する期間内に公開決定等をすることができないときは、当該期間を四十五日以内に限り延長すること

ができる。この場合において、実施機関は、公開請求者に対し、速やかに、延長後の期間及び延長の理由を書面により通知しなければならない。
5 公開請求に係る行政文書が著しく大量であるため、公開請求があった日から起算して六十日以内に、そのすべてについて公開決定等をすることにより事務の遂行に著しい支障が生ずるおそれがある場合には、第一項及び前項の規定にかかわらず、実施機関は、公開請求に係る行政文書のうちの相当の部分につき当該期間内に公開決定等をし、残りの行政文書については相当の期間内に公開決定等をすれば足りる。この場合において、実施機関は、第一項に規定する期間内に、公開請求者に対し、次に掲げる事項を書面により通知しなければならない。
一 この項を適用する旨及びその理由
二 残りの行政文書について公開決定等をする期限
（事案の移送）
第十二条 実施機関は、公開請求に係る行政文書が他の実施機関により作成されたものであるときその他他の実施機関において公開決定等をすることにつき正当な理由があるときは、当該他の実施機関と協議の上、当該他の実施機関に対し、事案を移送することができる。この場合においては、移送をした実施機関は、公開請求者に対し、事案を移送した旨を書面により通知しなければならない。
2 前項の規定により事案が移送されたときは、移送を受けた実施機関において、当該公開請求についての公開決定等をしなければならない。この場合において、移送をした実施機関が移送前にした行為は、移送を受けた実施機関がしたものとみなす。
3 前項の場合において、移送を受けた実施機関が公開請求に係る行政文書の全部又は一部を公開する旨の決定（以下「公開決定」という。）をしたときは、当該実施機関は、公開の実施をしなければならない。この場合において、移送をした実施機関は、当該公開の実施に必要な協力をしなければならない。
（第三者に対する意見書提出の機会の付与等）
第十三条 公開請求に係る行政文書に県、国、他の地方公共団体及び公開請求者以外のもの（以下この条、第十七条及び第十八条において「第三者」という。）に関する情報が記録されているときは、実施機関は、公開決定等をするに当たって、当該情報に係る第三者に対し、公開請求に係る行政文書の表示その他実施機関が定める事項を通知して、意見書を提出する機会を与えることができる。
2 実施機関は、次の各号のいずれかに該当するときは、公開決定に先立ち、当該第三者に対し、公開請求に係る行政文書の表示その他実施機関が定める事項を書面により通知して、意見書を提出する機会を与えなければならない。ただし、当該第三者の所在が判明しない場合は、この限りでない。
一 第三者に関する情報が記録されている行政文書を公開しようとする場合であって、当該情報が第七条第二号イ又は第三号ただし書に規定する情報に該当すると認められるとき。
二 第三者に関する情報が記録されている行政文書を第九条の規定により公開

しようとするとき。
3　実施機関は、前二項の規定により意見書の提出の機会を与えられた第三者が当該行政文書の公開に反対の意思を表示した意見書を提出した場合において、公開決定をするときは、公開決定の日と公開を実施する日との間に少なくとも二週間を置かなければならない。この場合において、実施機関は、公開決定後直ちに、当該意見書（第十七条において「反対意見書」という。）を提出した第三者に対し、公開決定をした旨及びその理由並びに公開を実施する日を書面により通知しなければならない。

（公開の実施及び方法）

第十四条　実施機関は、公開決定をしたときは、速やかに、公開請求者に対し、公開請求に係る行政文書を公開しなければならない。

2　行政文書の公開は、文書又は図画については閲覧又は写しの交付により、電磁的記録についてはその種別、情報化の進展状況等を勘案して実施機関が定める方法により行う。ただし、閲覧の方法による行政文書の公開にあっては、実施機関は、当該行政文書の保存に支障を生ずるおそれがあると認めるときその他正当な理由があるときは、その写しにより、これを行うことができる。

（他の法令等による公開の実施との調整）

第十五条　実施機関は、他の法令等の規定により、何人にも公開請求に係る行政文書が前条第二項本文に規定する方法と同一の方法で公開することとされている場合（公開の期間が定められている場合にあっては、当該期間内に限る。）には、同項本文の規定にかかわらず、当該行政文書については、当該同一の方法による公開を行わない。ただし、当該他の法令等の規定に一定の場合には公開をしない旨の定めがあるときは、この限りでない。

2　他の法令等の規定に定める公開の方法が縦覧であるときは、当該縦覧を前条第二項本文の閲覧とみなして、前項の規定を適用する。

（費用負担）

第十六条　第十四条第二項の規定により写し等の交付を受けるものは、当該写し等の作成及び送付に要する費用を負担しなければならない。

第三章　不服申立て等

（不服申立てがあった場合の手続）

第十七条　公開決定等について行政不服審査法（昭和三十七年法律第百六十号）による不服申立てがあったときは、当該不服申立てに対する決定又は裁決をすべき実施機関は、次の各号のいずれかに該当する場合を除き、新潟県情報公開審査会に諮問しなければならない。

一　不服申立てが不適法であり、却下するとき。

二　決定又は裁決で、不服申立てに係る公開決定等を取り消し又は変更し、当該不服申立てに係る行政文書の全部を公開することとするとき。ただし、当該公開決定等について反対意見書が提出されているときを除く。

2　前項の規定により諮問をした実施機関（以下「諮問実施機関」という。）は、

次に掲げるものに対し、諮問をした旨を通知しなければならない。
一　不服申立人及び参加人
二　公開請求者（公開請求者が不服申立人又は参加人である場合を除く。）
三　当該不服申立てに係る公開決定等について反対意見書を提出した第三者（当該第三者が不服申立人又は参加人である場合を除く。）
3　諮問実施機関は、第一項の規定による諮問に対する答申があったときは、その答申を尊重して、当該不服申立てについての決定又は裁決を行わなければならない。

（第三者からの不服申立てを棄却する場合等における手続）
第十八条　第十三条第三項の規定は、次の各号のいずれかに該当する決定又は裁決をする場合について準用する。
一　公開決定に対する第三者からの不服申立てを却下し、又は棄却する決定又は裁決
二　不服申立てに係る公開決定等を変更し、当該公開決定等に係る行政文書を公開する旨の決定又は裁決（第三者である参加人が当該行政文書の公開に反対の意思を表示している場合に限る。）

（審査会の設置等）
第十九条　第十七条第一項の規定による諮問に応じて審議を行わせるため、新潟県情報公開審査会（以下「審査会」という。）を置く。
2　審査会は、知事が任命する委員七人以内で組織する。
3　委員の任期は、二年とする。ただし、委員が欠けた場合における補欠の委員の任期は、前任者の残任期間とする。
4　委員は、再任されることができる。
5　委員は、職務上知り得た秘密を漏らしてはならない。その職を退いた後も、同様とする。
6　審査会に、必要に応じ、部会を置くことができる。

（審査会の調査権限）
第二十条　審査会は、必要があると認めるときは、諮問実施機関に対し、公開決定等に係る行政文書の提示を求めることができる。この場合においては、何人も、審査会に対し、その提示された行政文書の公開を求めることができない。
2　諮問実施機関は、審査会から前項の規定による求めがあったときは、これを拒んではならない。
3　審査会は、必要があると認めるときは、諮問実施機関に対し、公開決定等に係る行政文書に記録されている情報の内容を審査会の指定する方法により分類又は整理した資料を作成し、審査会に提出するよう求めることができる。
4　第一項及び前項に定めるもののほか、審査会は、不服申立てに係る事件に関し、不服申立人、参加人又は諮問実施機関（以下「不服申立人等」という。）に意見書又は資料の提出を求めること、適当と認める者にその知っている事実を陳述させることその他必要な調査をすることができる。

（意見の陳述等）
第二十一条　審査会は、不服申立人等から申出があったときは、当該不服申立人

等に、口頭で意見を述べる機会を与え、又は意見書若しくは資料の提出を認めることができる。
2　審査会は、不服申立人等から、審査会に提出された意見書若しくは資料の閲覧又はそれらの写し等の交付を求められたときは、これに応ずるよう努めるものとする。
　　（審議手続の非公開）
第二十二条　審査会の行う審議の手続は、公開しない。
　　（答申書の送付等）
第二十三条　審査会は、諮問に対する答申をしたときは、答申書の写しを不服申立人及び参加人に送付するとともに、答申の内容を公表するものとする。
　　（規則への委任）
第二十四条　第十九条から前条までに定めるもののほか、審査会の組織及び運営に関し必要な事項は、規則で定める。

第四章　情報提供の推進等

　　（情報提供の推進）
第二十五条　実施機関は、行政文書の公開のほか、県民が県政に関する正確でわかりやすい情報を迅速かつ容易に得られるよう情報提供の推進に努めるものとする。
2　実施機関は、県政に関する情報を効果的に提供するため、県民が必要とする情報を的確に把握するよう努めるものとする。
　　（出資法人の情報公開）
第二十六条　県が出資する法人のうち実施機関が定めるもの（以下「出資法人」という。）は、この条例の趣旨にのっとり、その保有する情報を公開するために必要な措置を講ずるよう努めるものとする。
2　実施機関は、出資法人が前項に定める必要な措置を講ずるよう指導に努めるものとする。

第五章　雑　則

　　（行政文書の管理）
第二十七条　実施機関は、この条例の適正かつ円滑な運用に資するため、行政文書を適正に管理するものとする。
2　実施機関は、行政文書の分類、作成、保存及び廃棄に関する基準その他の行政文書の管理に関する必要な事項についての定めを設けるとともに、これを一般の閲覧に供しなければならない。
　　（行政文書の検索資料の作成等）
第二十八条　実施機関は、行政文書を検索するために必要な資料を作成し、一般の利用に供するものとする。
　　（実施状況の公表）

第二十九条　知事は、毎年一回、各実施機関における行政文書の公開の実施状況を取りまとめ、これを公表するものとする。
　（適用除外）
第三十条　法律の規定により、行政機関の保有する情報の公開に関する法律（平成十一年法律第四十二号）の規定を適用しないこととされている書類等については、この条例の規定は、適用しない。
　（委任）
第三十一条　この条例に定めるもののほか、この条例の施行に関し必要な事項は、実施機関が定める。
　（罰則）
第三十二条　第十九条第五項の規定に違反して秘密を漏らした者は、一年以下の懲役又は三十万円以下の罰金に処する。
　附　則
　（施行期日）
1　この条例は、平成十四年四月一日から施行する。
　（経過措置）
2　改正後の新潟県情報公開条例（以下「新条例」という。）の規定は、この条例の施行の日（以下「施行日」という。）以後に実施機関の職員が職務上作成し、又は取得した行政文書について適用する。
3　改正前の新潟県情報公開条例（以下「旧条例」という。）第二条第二項に規定する公文書であって、施行日前に実施機関（議会、公安委員会及び警察本部長を除く。附則第十項において同じ。）の職員が職務上作成し、又は取得したものについては、旧条例の規定は、旧条例第十三条及び第十四条の規定を除き、なおその効力を有する。
4　旧条例第七条第一項（前項の規定によりなおその効力を有することとされる場合を含む。）の決定について行政不服審査法による不服申立てがされた場合（施行日前にされている場合を含む。）は、新条例第十七条及び第十九条から第二十四条までの規定を適用する。この場合において、新条例第十七条第一項中「公開決定等」とあるのは「この条例による改正前の新潟県情報公開条例（平成七年新潟県条例第一号。以下「旧条例」という。）第二条第二項に規定する公文書（以下「公文書」という。）の公開の請求があった場合における当該請求に係る公文書を公開するかどうかの決定（以下「公開決定等」という。）」と、「実施機関」とあるのは「実施機関（旧条例第二条第一項に規定する実施機関をいう。）」と、同項第二号中「行政文書」とあるのは「公文書」と、同条第二項第二号中「公開請求者（公開請求者）」とあるのは「旧条例第七条第二項に規定する請求者（当該請求者）」と、新条例第十九条第一項中「第十七条第一項」とあるのは「旧条例第十三条第一項」と、新条例第二十条第一項及び第三項中「行政文書」とあるのは「公文書」とする。
5　前項の場合において、旧条例第十三条第一項の規定による諮問がされているときは、当該諮問に係る事項は、新条例第十七条第一項の規定による諮問に係る事項とみなす。

6 この条例の施行の際現に旧条例第十四条第二項の規定により任命された新潟県公文書公開審査会の委員である者は、施行日に、新条例第十九条第二項の規定により、審査会の委員として任命されたものとみなす。この場合において、その任命されたものとみなされる者の任期は、同条第三項の規定にかかわらず、平成十五年九月三十日までとする。
7 平成十五年九月三十日までの間において、新条例第十九条第二項の規定により任命される審査会の委員の任期は、同条第三項の規定にかかわらず、同日までとする。
8 附則第四項の規定により新条例第十九条第五項の規定が適用されることとなる場合において、同項に規定する職務上知り得た秘密が施行日以後に知り得たものであるときは、新条例第三十二条の規定を適用する。
9 旧条例第十四条第二項に規定する委員であった者は、職務上知り得た秘密を漏らしてはならない。
  （任意公開）
10 実施機関は、施行日前に実施機関の職員が職務上作成し、又は取得した行政文書（旧条例第二条第二項に規定する公文書に該当するものを除く。）について行政文書の公開の申出があった場合においては、これに応ずるよう努めるものとする。この場合において、行政文書の写し等の交付を受けるものについては、新条例第十六条の規定を準用する。
  （新潟県個人情報保護条例の一部改正）
11 新潟県個人情報保護条例（平成十年新潟県条例第四十号）の一部を次のように改正する。
    第三十一条第二項中「新潟県情報公開条例（平成七年新潟県条例第一号）」を「新潟県情報公開条例（平成十三年新潟県条例第五十七号）」に改める。

富山県情報公開条例

【制定】平成十三年六月二十七日条例第三十八号

富山県情報公開条例（昭和六十一年富山県条例第五十一号）の全部を改正する。

富山県情報公開条例

目次
　第一章　総則（第一条～第四条）
　第二章　公文書の開示（第五条～第十八条）
　第三章　不服申立て等
　　第一節　諮問等（第十九条～第二十一条）
　　第二節　富山県情報公開審査会（第二十二条～第三十条）
　第四章　情報公開の総合的な推進（第三十一条～第三十四条）
　第五章　雑則（第三十五条～第四十条）
　附則

第一章　総則

（目的）
第一条　この条例は、地方自治の本旨に即した県政を推進する上で、県政についての県民の知る権利を尊重し、県の諸活動を県民に説明する責務が全うされるようにすることが重要であることにかんがみ、公文書の開示を請求する権利につき定めること等により、情報公開の総合的な推進を図り、もって県民の理解と信頼の下に県民参加の公正で開かれた県政を推進することを目的とする。

（定義）
第二条　この条例において「実施機関」とは、知事、議会、教育委員会、選挙管理委員会、人事委員会、監査委員、公安委員会、警察本部長、地方労働委員会、収用委員会、海区漁業調整委員会、内水面漁場管理委員会及び公営企業管理者をいう。
2　この条例において「公文書」とは、実施機関の職員が職務上作成し、又は取得した文書、図画及び電磁的記録（電子的方式、磁気的方式その他人の知覚によっては認識することができない方式で作られた記録をいう。以下同じ。）であって、当該実施機関の職員が組織的に用いるものとして、当該実施機関が保有しているものをいう。ただし、次に掲げるものを除く。
　一　官報、公報、白書、新聞、雑誌、書籍その他不特定多数の者に販売することを目的として発行されるもの
　二　富山県公文書館、富山県立図書館その他の県の施設において、県民の利用に供することを目的として管理されているもの

（解釈及び運用）
第三条　実施機関は、公文書の開示を請求する権利が十分に尊重されるようこの条例を解釈し、及び運用するものとする。この場合において、実施機関は、個人に関する情報がみだりに公にされることがないよう最大限の配慮をしなければならない。

（適正な請求及び使用）
第四条　この条例の定めるところにより公文書の開示を請求する者は、この条例の目的に即し、適正な請求に努めなければならない。
2　この条例の定めるところにより公文書の開示を受けた者は、これによって得た情報を適正に使用するとともに、その情報が個人に関する情報である場合においては、その情報を使用するに当たって、個人の基本的人権を尊重するよう努めなければならない。

第二章　公文書の開示

（開示請求権）
第五条　何人も、この条例の定めるところにより、実施機関に対し、当該実施機関の保有する公文書の開示を請求することができる。

（開示請求の手続）
第六条　前条の規定による開示の請求（以下「開示請求」という。）は、次に掲げる事項を記載した書面（以下「開示請求書」という。）を実施機関に提出してしなければならない。
　一　開示請求をする者の氏名又は名称及び住所又は居所並びに法人その他の団体にあっては代表者の氏名
　二　公文書の名称その他の開示請求に係る公文書を特定するに足りる事項
　三　前二号に掲げるもののほか、規則で定める事項
2　実施機関は、開示請求書に形式上の不備があると認めるときは、開示請求をした者（以下「開示請求者」という。）に対し、相当の期間を定めて、その補正を求めることができる。この場合において、実施機関は、開示請求者に対し、補正の参考となる情報を提供するよう努めなければならない。

（公文書の開示義務）
第七条　実施機関は、開示請求があったときは、開示請求に係る公文書に次の各号に掲げる情報（以下「非開示情報」という。）のいずれかが記録されている場合を除き、開示請求者に対し、当該公文書を開示しなければならない。
　一　法令若しくは他の条例（以下「法令等」という。）の規定又は実施機関が法律若しくはこれに基づく政令により従う義務を有する国の行政機関の指示により、公にすることができないと認められる情報
　二　個人に関する情報（事業を営む個人の当該事業に関する情報を除く。）であって、当該情報に含まれる氏名、生年月日その他の記述等により特定の個人を識別することができるもの（他の情報と照合することにより、特定の個人を識別することができることとなるものを含む。）又は特定の個人を識別する

ことはできないが、公にすることにより、なお個人の権利利益を害するおそれがあるもの。ただし、次に掲げる情報を除く。
　ア　法令等の規定により又は慣行として公にされ、又は公にすることが予定されている情報
　イ　人の生命、健康、生活又は財産を保護するため、公にすることが必要であると認められる情報
　ウ　当該個人が公務員（国家公務員法（昭和二十二年法律第百二十号）第二条第一項に規定する国家公務員及び地方公務員法（昭和二十五年法律第二百六十一号）第二条に規定する地方公務員をいう。）である場合において、当該情報がその職務の遂行に係る情報であるときは、当該情報のうち、当該公務員の職及び氏名（当該公務員が規則で定める職にある職員である場合その他公にすることにより当該公務員の権利利益を不当に害するおそれがある場合にあっては、氏名を除く。）並びに当該職務遂行の内容に係る部分
三　法人その他の団体（国及び地方公共団体を除く。以下「法人等」という。）に関する情報又は事業を営む個人の当該事業に関する情報であって、次に掲げるもの。ただし、人の生命、健康、生活又は財産を保護するため、公にすることが必要であると認められる情報を除く。
　ア　公にすることにより、当該法人等又は当該個人の権利、競争上の地位その他正当な利益を害するおそれがあるもの
　イ　実施機関の要請を受けて、公にしないとの条件で任意に提供されたものであって、法人等又は個人における通例として公にしないこととされているものその他の当該条件を付することが当該情報の性質、当時の状況等に照らして合理的であると認められるもの
四　公にすることにより、犯罪の予防、鎮圧又は捜査、公訴の維持、刑の執行その他の公共の安全と秩序の維持に支障を及ぼすおそれがあると実施機関が認めることにつき相当の理由がある情報
五　県、国及び他の地方公共団体の内部又は相互間における審議、検討又は協議に関する情報であって、公にすることにより、率直な意見の交換若しくは意思決定の中立性が不当に損なわれるおそれ、不当に県民等の間に混乱を生じさせるおそれ又は特定の者に不当に利益を与え若しくは不利益を及ぼすおそれがあるもの
六　県、国又は他の地方公共団体が行う事務又は事業に関する情報であって、公にすることにより、次に掲げるおそれその他当該事務又は事業の性質上、当該事務又は事業の適正な遂行に支障を及ぼすおそれがあるもの
　ア　監査、検査、取締り又は試験に係る事務に関し、正確な事実の把握を困難にするおそれ又は違法若しくは不当な行為を容易にし、若しくはその発見を困難にするおそれ
　イ　契約、交渉又は争訟に係る事務に関し、県、国又は他の地方公共団体の財産上の利益又は当事者としての地位を不当に害するおそれ
　ウ　調査研究に係る事務に関し、その公正かつ能率的な遂行を不当に阻害す

　　　　るおそれ
　　　エ　人事管理に係る事務に関し、公正かつ円滑な人事の確保に支障を及ぼす
　　　　おそれ
　　　オ　県、国又は他の地方公共団体が経営する企業に係る事業に関し、その企
　　　　業経営上の正当な利益を害するおそれ
　（部分開示）
第八条　実施機関は、開示請求に係る公文書の一部に非開示情報が記録されてい
　る場合において、非開示情報が記録されている部分を容易に区分して除くこと
　ができるときは、開示請求者に対し、当該部分を除いた部分につき開示しなけ
　ればならない。ただし、当該部分を除いた部分に有意の情報が記録されていな
　いと認められるときは、この限りでない。
２　開示請求に係る公文書に前条第二号の情報（特定の個人を識別することがで
　きるものに限る。）が記録されている場合において、当該情報のうち、氏名、生
　年月日その他の特定の個人を識別することができることとなる記述等の部分を
　除くことにより、公にしても、個人の権利利益が害されるおそれがないと認め
　られるときは、当該部分を除いた部分は、同号の情報に含まれないものとみな
　して、前項の規定を適用することができる。
　（公益上の理由による裁量的開示）
第九条　実施機関は、開示請求に係る公文書に非開示情報（第七条第一号に該当
　する情報を除く。）が記録されている場合であっても、公益上特に必要があると
　認めるときは、開示請求者に対し、当該公文書を開示することができる。
　（公文書の存否に関する情報）
第十条　開示請求に対し、当該開示請求に係る公文書が存在しているか否かを答
　えるだけで、非開示情報を開示することとなるときは、実施機関は、当該公文
　書の存否を明らかにしないで、当該開示請求を拒否することができる。
　（開示請求に対する措置）
第十一条　実施機関は、開示請求に係る公文書の全部又は一部を開示するときは、
　その旨の決定をし、開示請求者に対し、その旨及び開示の実施に関し規則で定
　める事項を書面により通知しなければならない。
２　実施機関は、開示請求に係る公文書の全部を開示しないとき（前条の規定に
　より開示請求を拒否するとき及び開示請求に係る公文書を保有していないとき
　を含む。）は、開示をしない旨の決定をし、開示請求者に対し、その旨を書面に
　より通知しなければならない。
　（開示決定等の期限）
第十二条　前条各項の決定（以下「開示決定等」という。）は、開示請求があった
　日から起算して十五日以内にしなければならない。ただし、第六条第二項の規
　定により補正を求めた場合にあっては、当該補正に要した日数は、当該期間に
　算入しない。
２　前項の規定にかかわらず、実施機関は、事務処理上の困難その他正当な理由
　があるときは、同項に規定する期間を三十日以内に限り延長することができる。
　この場合において、実施機関は、開示請求者に対し、遅滞なく、延長後の期間

及び延長の理由を書面により通知しなければならない。
　（開示決定等の期限の特例）
第十三条　開示請求に係る公文書が著しく大量であるため、開示請求があった日から起算して四十五日以内（第六条第二項の規定による補正に要した期間を除く。）にそのすべてについて開示決定等をすることにより事務の遂行に著しい支障が生ずるおそれがある場合には、前条の規定にかかわらず、実施機関は、開示請求に係る公文書のうちの相当の部分につき当該期間内に開示決定等をし、残りの公文書については相当の期間内に開示決定等をすれば足りる。この場合において、実施機関は、同条第一項に規定する期間内に、開示請求者に対し、次に掲げる事項を書面により通知しなければならない。
　一　本条を適用する旨及びその理由
　二　残りの公文書について開示決定等をする期限
　（事案の移送）
第十四条　実施機関は、開示請求に係る公文書が他の実施機関により作成されたものであるときその他他の実施機関において開示決定等をすることにつき正当な理由があるときは、当該他の実施機関と協議の上、当該他の実施機関に対し、事案を移送することができる。この場合においては、移送をした実施機関は、開示請求者に対し、事案を移送した旨を書面により通知しなければならない。
２　前項の規定により事案が移送されたときは、移送を受けた実施機関において、当該開示請求についての開示決定等をしなければならない。この場合において、移送をした実施機関が移送前にした行為は、移送を受けた実施機関がしたものとみなす。
３　前項の場合において、移送を受けた実施機関が第十一条第一項の決定（以下「開示決定」という。）をしたときは、当該実施機関は、開示の実施をしなければならない。この場合において、移送をした実施機関は、当該開示の実施に必要な協力をしなけれはならない。
　（第三者に対する意見書提出の機会の付与等）
第十五条　開示請求に係る公文書に県、国、他の地方公共団体及び開示請求者以外の者（以下この条、第二十条及び第二十一条において「第三者」という。）に関する情報が記録されているときは、実施機関は、開示決定等をするに当たって、当該情報に係る第三者に対し、開示請求に係る公文書の表示その他規則で定める事項を通知して、意見書を提出する機会を与えることができる。
２　実施機関は次の各号のいずれかに該当するときは、開示決定に先立ち、当該第三者に対し、開示請求に係る公文書の表示その他規則で定める事項を書面により通知して、意見書を提出する機会を与えなければならない。ただし、第三者の所在が判明しない場合は、この限りでない。
　一　第三者に関する情報が記録されている公文書を開示しようとする場合であって、当該情報が第七条第二号イ又は同条第三号ただし書に規定する情報に該当すると認められるとき。
　二　第三者に関する情報が記録されている公文書を第九条の規定により開示しようとするとき。

3 実施機関は、前二項の規定により意見書の提出の機会を与えられた第三者が当該公文書の開示に反対の意思を表示した意見書を提出した場合において、開示決定をするときは、開示決定の日と開示を実施する日との間に少なくとも二週間を置かなければならない。この場合において、実施機関は、開示決定後直ちに、当該意見書（第十九条及び第二十条において「反対意見書」という。）を提出した第三者に対し、開示決定をした旨及びその理由並びに開示を実施する日を書面により通知しなければならない。

（開示の実施）
第十六条　公文書の開示は、文書又は図画については閲覧又は写しの交付により、電磁的記録についてはその種別、情報化の進展状況等を勘案して規則で定める方法により行う。ただし、閲覧の方法による公文書の開示にあっては、実施機関は、当該公文書の保存に支障を生ずるおそれがあると認めるときその他正当な理由があるときは、その写しにより、これを行うことができる。
2　開示決定に基づき公文書の開示を受けた者は、最初に開示を受けた日から起算して三十日以内に限り、実施機関に対し、更に開示を受ける旨を申し出ることができる。ただし、当該期間内に当該申出をすることができないことにつき正当な理由があるときは、当該期間を超えて当該申出をすることができる。

（法令等による開示の実施との調整）
第十七条　法令等の規定により、何人にも閲覧、縦覧等又は謄本、抄本等の交付が認められている公文書にあっては、当該法令等が定める方法（開示の期間が定められている場合にあっては、当該期間内に限る。）と同一の方法による開示については、この章の規定は、適用しない。

（費用負担）
第十八条　第十六条第一項の規定により公文書の開示を受ける者は、写しの作成及び送付に要する費用その他の開示の実施に要する費用として、規則で定める額の費用を負担しなければならない。

第三章　不服申立て等

第一節　諮問等

（富山県情報公開審査会への諮問）
第十九条　開示決定等について行政不服審査法（昭和三十七年法律第百六十号）の規定による不服申立てがあったときは、当該不服申立てに対する裁決又は決定をすべき実施機関は、次の各号のいずれかに該当する場合を除き、富山県情報公開審査会に諮問しなければならない。
一　不服申立てが不適法であり、却下するとき。
二　裁決又は決定で、不服申立てに係る開示決定等（開示請求に係る公文書の全部を開示する旨の決定を除く。以下この号及び第二十一条において同じ。）を取り消し又は変更し、当該不服申立てに係る公文書の全部を開示することとするとき。ただし、当該開示決定等について反対意見書が提出されている

（諮問をした旨の通知）
第二十条　前条の規定により諮問をした実施機関（以下「諮問実施機関」という。）は、次に掲げる者に対し、諮問をした旨を通知しなければならない。
一　不服申立人及び参加人
二　開示請求者（開示請求者が不服申立人又は参加人である場合を除く。）
三　当該不服申立てに係る開示決定等について反対意見書を提出した第三者（当該第三者が不服申立人又は参加人である場合を除く。）

（第三者からの不服申立てを棄却する場合等における手続）
第二十一条　第十五条第三項の規定は、次の各号のいずれかに該当する裁決又は決定をする場合について準用する。
一　開示決定に対する第三者からの不服申立てを却下し、又は棄却する裁決又は決定
二　不服申立てに係る開示決定等を変更し、当該開示決定等に係る公文書を開示する旨の裁決又は決定（第三者である参加人が当該公文書の開示に反対の意思を表示している場合に限る。）

第二節　富山県情報公開審査会

（設置及び組織）
第二十二条　第十九条の規定による諮問に応じ不服申立てについて調査審議するため、富山県情報公開審査会（以下「審査会」という。）を置く。
2　審査会は、委員六人以内で組織する。
3　委員は、優れた識見を有する者のうちから知事が任命する。
4　委員の任期は、二年とする。ただし、補欠の委員の任期は、前任者の残任期間とする。
5　委員は、再任されることができる。
6　委員の任期が満了したときは、当該委員は、後任者が任命されるまで引き続きその職務を行うものとする。
7　委員は、職務上知り得た秘密を漏らしてはならない。その職を退いた後も同様とする。
8　審査会の庶務は、経営企画部において処理する。

（会長）
第二十三条　審査会に会長を置き、委員の互選によりこれを定める。
2　会長は、会務を総理し、審査会を代表する。
3　会長に事故があるときは、会長があらかじめ指定する委員が、その職務を代理する。

（会議）
第二十四条　審査会の会議は、会長が招集する。
2　審査会は、会長及び三人以上の委員が出席しなければ、会議を開くことができない。
3　審査会の議事は、出席委員の過半数で決し、可否同数のときは、会長の決す

（審査会の調査権限）
第二十五条　審査会は、必要があると認めるときは、諮問実施機関に対し、開示決定等に係る公文書の提示を求めることができる。この場合においては、何人も、審査会に対し、その提示された公文書の開示を求めることができない。
2　諮問実施機関は、審査会から前項の規定による求めがあったときは、これを拒んではならない。
3　審査会は、必要があると認めるときは、諮問実施機関に対し、開示決定等に係る公文書に記録されている情報の内容を審査会の指定する方法により分類又は整理した資料を作成し、審査会に提出するよう求めることができる。
4　第一項及び前項に定めるもののほか、審査会は、不服申立てに係る事件に関し、不服申立人、参加人又は諮問実施機関（以下「不服申立人等」という。）に意見書又は資料の提出を求めること、適当と認める者にその知っている事実を陳述させ又は鑑定を求めることその他必要な調査をすることができる。

（意見の陳述等）
第二十六条　審査会は、不服申立人等から申出があったときは、当該不服申立人等に口頭で意見を述べる機会を与え、又は意見書若しくは資料の提出を認めることができる。
2　不服申立人又は参加人は、前項の規定により口頭で意見を述べる機会を与えられたときは、審査会の承認を得て、補佐人とともに出頭することができる。

（提出資料等の閲覧）
第二十七条　審査会は、審査会に提出された意見書又は資料について不服申立人等から閲覧の求めがあった場合においては、第三者の利益を害するおそれがあると認めるときその他正当な理由があるときを除き、これに応ずるよう努めなければならない。
2　審査会は、前項の規定による閲覧について、日時及び場所を指定することができる。

（調査審議手続の非公開）
第二十八条　審査会の行う調査審議の手続は、公開しない。

（答申書の送付等）
第二十九条　審査会は、諮問に対する諮問をしたときは、答申書の写しを不服申立人及び参加人に送付するとともに、答申の内容を公表するものとする。

（細則）
第三十条　この節に定めるもののほか、審査会の運営に関し必要な事項は、会長が審査会に諮って定める。

第四章　情報公開の総合的な推進

（情報公開の総合的な推進）
第三十一条　県は、県民がその必要とする情報を迅速かつ容易に利用することができるよう、第二章の規定による公文書の開示のほか、情報の提供施策、公表

制度その他の施策の充実を図り、情報公開の総合的な推進に努めるものとする。
　（情報の提供施策）
第三十二条　実施機関は、広聴活動等により県民が必要とする情報を的確に把握し、正確で分かりやすい情報の積極的な提供に努めるものとする。
2　実施機関は、報道機関への情報の提供、情報通信技術を利用した多様な媒体による情報の提供その他の広報活動を積極的に推進するよう努めるものとする。
3　実施機関は、その作成又は取得に係る刊行物その他の資料であって、県民の利用に供することを目的としているものについて、閲覧等のための施設の充実及び目録の整備に努めるものとする。
4　実施機関は、前三項に定めるもののほか、情報の所在の案内等情報の提供機能の充実を図り、情報の提供施策の拡充に努めるものとする。
　（情報の公表制度）
第三十三条　実施機関は、法令等の規定に基づく情報の公表制度のほか、その主要な施策等に関する情報の公表制度の拡充に努めるものとする。
　（出資法人の情報公開）
第三十四条　県が資本金、基本金その他これらに準ずるものを出資している法人であって規則で定めるもの（以下「出資法人」という。）は、この条例の趣旨にのっとり、情報公開に関し必要な措置を講ずるよう努めるものとする。
2　知事は、出資法人に対し、前項に規定する必要な措置を講ずるよう指導に努めるものとする。

第五章　雑　則

　（公文書の管理）
第三十五条　実施機関は、この条例の適正かつ円滑な運用に資するため、公文書を適正に管理するものとする。
2　実施機関は、規則で定めるところにより公文書の管理に関する定めを設けるとともに、これを一般の閲覧に供しなければならない。
3　前項の規則においては、公文書の分類、作成、保存及び廃棄にに関する基準その他の公文書の管理に関する必要な事項について定めるものとする。
　（開示請求をしようとする者に対する情報の提供等）
第三十六条　実施機関は、開示請求をしようとする者が容易かつ的確に開示請求をすることができるよう、公文書の検索に必要な資料を一般の閲覧に供すること等により、当該実施機関が保有する公文書の特定に資する情報の提供その他開示請求をしようとする者の利便を考慮した適切な措置を講ずるものとする。
　（実施状況の公表）
第三十七条　知事は、毎年一回、各実施機関の公文書の開示についての実施状況を取りまとめ、公表するものとする。
　（適用除外）
第三十八条　刑事訴訟に関する書類及び押収物については、この条例の規定は、適用しない。

（規則への委任）
第三十九条　この条例の施行に関し必要な事項は、規則で定める。
　（罰則）
第四十条　第二十二条第七項の規定に違反して秘密を漏らした者は、一年以下の懲役又は三十万円以下の罰金に処する。
　附　則
　（施行期日）
1　この条例は、平成十四年四月一日から施行する。
　（経過措置）
2　次に掲げる公文書については、この条例による改正後の富山県情報公開条例（以下「新条例」という。）第二章及び第三章の規定は、適用しない。
　一　この条例の施行の日（以下「施行日」という。）前に実施機関（議会、公安委員会及び警察本部長を除く。）の職員が作成し、又は取得した公文書（この条例による改正前の富山県情報公開条例（以下「旧条例」という。）第二条第一項に規定する公文書を除く。）
　二　施行日前に実施機関（議会、公安委員会及び警察本部長に限る。）の職員が作成し、又は取得した公文書
3　この条例の施行の際現にされている旧条例第六条第一項の規定による公文書の開示の請求及び旧条例第十三条に規定する不服申立ては、それぞれ新条例第五条の規定による公文書の開示の請求及び新条例第十九条に規定する不服申立てとみなす。
4　前項に規定するもののほか、施行日前にした旧条例の規定による手続、処分その他の行為は、新条例の相当規定による手続、処分その他の行為とみなす。
5　この条例の施行の際現に旧条例第十四条第一項の規定により置かれている富山県公文書開示審議会（次項において「審議会」という。）は、新条例第二十二条第一項の規定により置かれた審査会として同一性をもって存続するものとする。
6　施行日の前日において審議会の委員である者の任期は、旧条例第十四条第四項の規定にかかわらす、その日に満了する。

石川県情報公開条例

【制定】平成十二年十二月十九日条例第四十六号

石川県情報公開条例（平成六年石川県条例第二十八号）の全部を改正する。

石川県情報公開条例

目次
　第一章　総則（第一条～第四条）
　第二章　公文書の公開（第五条～第十八条）
　第三章　不服申立て等（第十九条～第二十八条）
　第四章　情報提供施策の推進（第二十九条・第三十条）
　第五章　補則（第三十一条～第三十六条）
　附則

　　　　　第一章　総　則

（目的）
第一条　この条例は、地方自治の本旨にのっとり、県政に関する県民の知る権利を尊重し、公文書の公開を請求する権利につき定めること等により、県の保有する情報の公開及び情報提供施策の総合的な推進を図り、もって県の諸活動を県民に説明する責務が全うされるようにするとともに、県民の県政に対する理解と信頼を深め、県民参加による公正で開かれた県政をより一層推進することを目的とする。

（定義）
第二条　この条例いおいて「実施機関」とは、知事、議会、教育委員会、公安委員会、警察本部長、選挙管理委員会、監査委員、人事委員会、地方労働委員会、収用委員会、海区漁業調整委員会及び内水面漁場管理委員会をいう。
2　この条例において「公文書」とは、実施機関の職員が職務上作成し、又は取得した文書、図画及び電磁的記録（電子的方式、磁気的方式その他人の知覚によっては認識することができない方式で作られた記録をいう。以下同じ。）であって、当該実施機関の職員が組織的に用いるものとして、当該実施機関が保有しているものをいう。ただし、次に掲げるものを除く。
　一　官報、公報、白書、新聞、雑誌、書籍その他不特定多数の者に販売することを目的として発行されるもの
　二　石川県立図書館その他の県の機関において、歴史的若しくは文化的な資料又は学術研究用の資料として特別の管理がされているもの

（解釈及び運用）
第三条　実施機関は、この条例の解釈及び運用に当たっては、公文書の公開を請

求する県民の権利を十分に尊重するものとする。この場合において、実施機関は、個人に関する情報がみだりに公にされることがないように最大限の配慮をしなければならない。

（利用者の責務）

第四条　この条例の定めるところにより公文書の公開を請求しようとするものは、この条例の目的に即し、適正な請求に努めるとともに、公文書の公開を受けたときは、これによって得た情報を適正に使用しなければならない。

第二章　公文書の公開

（公文書の公開を請求できるもの）

第五条　次に掲げるものは、実施機関に対し、公文書（第五号に掲げるものにあっては、そのものの有する利害関係に係る公文書に限る。）の公開を請求することができる。

　一　県内に住所を有する者
　二　県内に事務所又は事業所を有する個人及び法人その他の団体
　三　県内に存する事務所又は事業所に勤務する者
　四　県内に存する学校に在学する者
　五　前各号に掲げるもののほか、実施機関が行う事務又は事業に利害関係を有するもの

（公文書の公開の請求方法）

第六条　前条の規定により公文書の公開の請求（以下「公開請求」という。）をしようとするものは、次に掲げる事項を記載した請求書（以下「公開請求書」という。）を実施機関に提出しなければならない。

　一　氏名又は名称及び住所又は事務所若しくは事業所の所在地並びに法人その他の団体にあっては代表者の氏名
　二　公開請求に係る公文書を特定するために必要な事項
　三　前条第五号に掲げるものにあっては、実施機関が行う事務又は事業との利害関係の内容
　四　前三号に掲げるもののほか、実施機関が定める事項

2　実施機関は、公開請求書に形式上の不備があると認めるときは、公開請求をしたもの（以下「公開請求者」という。）に対し、相当の期間を定めて、その補正を求めることができる。この場合において、実施機関は、公開請求者に対し、補正の参考となる情報を提供するよう努めなければならない。

（公文書の公開義務）

第七条　実施機関は、公開請求があったときは、公開請求に係る公文書に次の各号に掲げる情報（以下「非公開情報」という。）のいずれかが記録されている場合を除き、公開請求者に対し、当該公文書を公開しなければならない。

　一　法令及び条例（以下「法令等」という。）の定めるところ又は地方自治法（昭和二十二年法律第六十七号）第二百四十五条の九第一項の規定による法定受託事務の処理について主務大臣が定める基準により、公にすることがで

きないと認められる情報
二 個人に関する情報（事業を営む個人の当該事業に関する情報を除く。）であって、当該情報に含まる氏名、生年月日その他の記述等により特定の個人を識別することができもの（他の情報と照合することにより、特定の個人を識別することができることとなるものを含む。）又は特定の個人を識別することはできないが、公にすることにより、なお個人の権利利益を害すおそれがあるもの。ただし、次に掲げる情報を除く。
　イ　法令等の規定により又は慣行として公にされ、又は公にすることが予定されている情報
　ロ　人の生命、健康、生活又は財産を保護するため、公にすることが必要であると認められる情報
　ハ　当該個人が公務員（国家公務員法（昭和二十二年法律第百二十号）第二条第一項に規定する国家公務員及び地方公務員法（昭和二十五年法律第二百六十一号）第二条に規定する地方公務員をいう。）である場合において、当該情報がその職務の遂行に係る情報であるときは、当該情報のうち、当該公務員の職及び当該職務遂行の内容に係る部分
三 法人その他の団体（国及び地方公共団体を除く。以下「法人等という。）に関する情報又は事業を営む個人の当該事業に関する情報であって、公にすることにより、当該法人等又は当該個人の権利、競争上の地位その他正当な利益を害するおそれがあるもの。ただし、人の生命、健康、生活又は財産を保護するため、公にすることが必要であると認められる情報を除く。
四 公にすることにより、犯罪の予防、鎮圧又は捜査、公訴の維持、刑の執行その他の公共の安全と秩序の維持に支障を及ぼすおそれがあると実施機関が認めることにつき相当の理由がある情報
五 県の機関並びに国及び他の地方公共団体の内部又は相互間における審議、検討又は協議に関する情報であって、公にすることにより、率直な意見の交換若しくは意思決定の中立性が不当に損なわれるおそれ、不当に県民の間に混乱を生じさせるおそれ又は特定の者に不当に利益を与え若しくは不利益を及ぼすおそれがあるもの
六 県の機関又は国若しくは他の地方公共団体が行う事務又は事業に関する情報であって、公にすることにより、次に掲げるおそれその他当該事務又は事業の性質上、当該事務又は事業の適正な遂行に著しい支障を及ぼすおそれがあるもの
　イ　監査、検査、取締り又は試験に係る事務に関し、正確な事実の把握を困難にするおそれ又は違法若しくは不当な行為を容易にし、若しくはその発見を困難にするおそれ
　ロ　契約、交渉又は争訟に係る事務に関し、国又は地方公共団体の財産上の利益又は当事者としての地位を不当に害するおそれ
　ハ　調査研究に係る事務に関し、その公正かつ能率的な遂行を不当に阻害するおそれ
　ニ　人事管理に係る事務に関し、公正かつ円滑な人事の確保に支障を及ぼす

　　　　おそれ
　　ホ　国又は地方公共団体が経営する企業に係る事業に関し、その企業経営上の正当な利益を害するおそれ
　七　個人又は法人等が、実施機関の要請を受けて、公にしないとの条件で任意に提供した情報であって、個人又は法人等における通例として公にしないこととされているものその他の当該条件を付することが当該情報の性質、当時の状況等に照らして合理的であると認められるものその他当該情報が公にされないことに対する当該個人又は法人等の信頼が保護に値するものであり、これを公にすることにより、その信頼を不当に損なうことになると認められるもの。ただし、人の生命、健康、生活又は財産を保護するため、公にすることが必要であると認められる情報を除く。
　（部分公開）
第八条　実施機関は、公開請求に係る公文書の一部に非公開情報が記録されている場合において、非公開情報が記録されている部分を容易に区分して除くことができるときは、公開請求者に対し、当該部分を除いた部分につき公開しなければならない。ただし、当該部分を除いた部分に有意の情報が記録されていないと認められるときは、この限りでない。
2　公開請求に係る公文書に前条第二号の情報（特定の個人を識別することができるものに限る。）が記録されている場合において、当該情報のうち、氏名、生年月日その他の特定の個人を識別することができることとなる記述等の部分を除くことにより、公にしても、個人の権利利益が害されるおそれがないと認められるときは、当該部分を除いた部分は、同号の情報に含まれないものとみなして、前項の規定を適用する。
　（公益上の理由による裁量的公開）
第九条　実施機関は、公開請求に係る公文書に非公開情報（第七条第一号の情報を除く。）が記録されている場合であっても、公益上特に必要があると認めるときは、公開請求者に対し、当該公文書を公開することができる。
　（公文書の存否に関する情報）
第十条　公開請求に対し、当該公開請求に係る公文書が存在しているか否かを答えるだけで、非公開情報を公開することとなるときは、実施機関は、当該公文書の存否を明らかにしないで、当該公開請求を拒否することができる。
　（公開請求に対する決定等）
第十一条　実施機関は、公開請求に係る公文書の全部又は一部を公開するときは、その旨の決定をし、公開請求者に対し、その旨並びに公開を実施する日時及び場所その他公開の実施に関し必要な事項を書面により通知しなければならない。
2　実施機関は、公開請求に係る公文書の全部を公開しないとき（前条の規定により公開請求を拒否するとき及び公開請求に係る公文書を保有していないときを含む。）は、公開をしない旨の決定をし、公開請求者に対し、その旨を書面により通知しなければならない。
　（公開決定等の期限）
第十二条　前条各項の決定（以下「公開決定等」という。）は、公開請求があった

日から十四日以内にしなければならない。ただし、第六条第二項の規定により補正を求めた場合にあっては、当該補正に要した日数は、当該期間に算入しない。
2　前項の規定にかかわらず、実施機関は、事務処理上の困難その他正当な理由があるときは、公開請求があった日から六十日を限度として同項に規定する期間を延長することができる。この場合において、実施機関は、公開請求者に対し、遅滞なく、延長後の期間及び延長の理由を書面により通知しなければならない。
3　公開請求に係る公文書が著しく大量であるため、公開請求があった日から六十日以内にそのすべてについて公開決定等をすることにより事務の遂行に著しい支障が生ずるおそれがある場合には、前二項の規定にかかわらず、実施機関は、公開請求に係る公文書のうちの相当の部分につき当該期間内に公開決定等をし、残りの公文書については相当の期間内に公開決定等をすれば足りる。この場合において、実施機関は、第一項に規定する期間内に、公開請求者に対し、次に掲げる事項を書面により通知しなければならない。
一　この項を適用する旨及びその理由
二　残りの公文書について公開決定等をする期限

（事案の移送）
第十三条　実施機関は、公開請求に係る公文書が他の実施機関により作成されたものであるときその他他の実施機関において公開決定等をすることにつき正当な理由があるときは、当該他の実施機関と協議の上、当該他の実施機関に対し、事案を移送することができる。この場合においては、移送をした実施機関は、公開請求者に対し、事案を移送した旨を書面により通知しなければならない。
2　前項の規定により事案が移送されたときは、移送を受けた実施機関において、当該公開請求についての公開決定等をしなければならない。この場合において、移送をした実施機関が移送前にした行為は、移送を受けた実施機関がしたものとみなす。
3　前項の場合において、移送を受けた実施機関が第十一条第一項の決定（以下「公開決定」という。）をしたときは、当該実施機関は、公開の実施をしなければならない。この場合において、移送をした実施機関は、当該公開の実施に必要な協力をしなければならない。

（第三者の保護に関する手続）
第十四条　公開請求に係る公文書に県、国、他の地方公共団体及び公開請求者以外の者（以下この条、第二十条及び第二十一条において「第三者」という。）に関する情報が記録されているときは、実施機関は、公開決定等をするに当たって、当該情報に係る第三者に対し、公開請求に係る公文書の表示その他実施機関が定める事項を通知して、意見書を提出する機会を与えることができる。
2　実施機関は、次の各号のいずれかに該当するときは、公開決定に先立ち、当該第三者に対し、公開請求に係る公文書の表示その他実施機関が定める事項を書面により通知して、意見書を提出する機会を与えなければならない。ただし、当該第三者の所在が判明しない場合は、この限りでない。

一　第三者に関する情報が記録されている公文書を公開しようとする場合であって、当該情報が第七条第二号ロ、同条第三号ただし書又は同条第七号ただし書に規定する情報に該当すると認められるとき。
二　第三者に関する情報が記録されている公文書を第九条の規定により公開しようとするとき。
3　実施機関は、前二項の規定により意見書の提出の機会を与えられた第三者が当該公文書の公開に反対の意思を表示した意見書を提出した場合において、公開決定をするときは、公開決定の日と公開を実施する日との間に少なくとも二週間を置かなければならない。この場合において、実施機関は、公開決定後直ちに、当該意見書（第十九条及び第二十条において「反対意見書」という。）を提出した第三者に対し、公開決定をした旨及びその理由並びに公開を実施する日を書面により通知しなければならない。

（公文書の公開の実施方法）
第十五条　公文書の公開は、文書又は図画については閲覧又は写しの交付により、電磁的記録についてはその種別、情報化の進展状況等を勘案して実施機関の定める方法により行う。ただし、閲覧の方法による公文書の公開にあっては、実施機関は、当該公文書の保存に支障を生ずるおそれがあると認めるときその他正当な理由があるときは、その写しにより、これを行うことができる。

（他の制度との調整）
第十六条　実施機関は、法令又は他の条例の規定により、何人にも公開請求に係る公文書が前条本文に規定する方法と同一の方法で公開することとされている場合（公開の期間が定められている場合にあっては、当該期間内に限る。）には、同条本文の規定にかかわらず、当該公文書については、当該同一の方法による公開を行わない。ただし、当該法令又は他の条例の規定に一定の場合には公開をしない旨の定めがあるときは、この限りでない。
2　法令又は他の条例の規定に定める公開の方法が縦覧であるときは、当該縦覧を前条本文の閲覧とみなして、前項の規定を適用する。

（費用の負担）
第十七条　公文書（電磁的記録を除く。）の写しの交付を受けるものは、当該写しの作成及び送付に要する費用を負担しなければならない。
2　公文書（電磁的記録に限る。）の公開を受けるものは、当該公開の実施及び送付に要する費用を負担しなければならない。

（公文書の任意公開）
第十八条　実施機関は、第五条の規定により公文書の公開を請求することができるもの以外のものから公文書の公開の申出があった場合においては、これに応ずるよう努めるものとする。
2　前条の規定は、前項の規定による公必書の公開について準用する。

第三章　不服申立て等

（審査会への諮問）

第十九条　公開決定等について行政不服審査法（昭和三十七年法律第百六十号）による不服申立てがあったときは、当該不服申立てに対する裁決又は決定をすべき実施機関は、次の各号のいずれかに該当する場合を除き、速やかに石川県情報公開審査会に諮問しなければならない。
　一　不服申立てが不適法であり、却下するとき。
　二　裁決又は決定で、不服申立てに係る公開決定等（公開請求に係る公文書の全部を公開する旨の決定を除く。以下この号及び第二十一条において同じ。）を取り消し又は変更し、当該不服申立てに係る公文書の全部を公開することとするとき。ただし、当該公開決定等について反対意見書が提出されているときを除く。
2　実施機関は、前項の規定による諮問に対する答申を受けたときは、これを尊重して、当該不服申立てに対する裁決又は決定をしなければならない。
（諮問をした旨の通知）
第二十条　前条第一項の規定により諮問をした実施機関（以下「諮問実施機関」という。）は、次に掲げるものに対し、諮問をした旨を通知しなければならない。
　一　不服申立人及び参加人
　二　公開請求者（公開請求者が不服申立人又は参加人である場合を除く。）
　三　当該不服申立てに係る公開決定等について反対意見書を提出した第三者（当該第三者が不服申立人又は参加人である場合を除く。）
（第三者からの不服申立てを棄却する場合等における手続）
第二十一条　第十四条第三項の規定は、次の各号のいずれかに該当する裁決又は決定をする場合について準用する。
　一　公開決定に対する第三者からの不服申立てを却下し、又は棄却する裁決又は決定
　二　不服申立てに係る公開決定等を変更し、当該公開決定等に係る公文書を公開する旨の裁決又は決定（第三者である参加人が当該公文書の公開に反対の意思を表示している場合に限る。）
（石川県情報公開審査会の設置）
第二十二条　第十九条第一項の規定による諮問に応じ不服申立てについて調査審議するため、県に、石川県情報公開審査会（以下「審査会」という。）を置く。
2　審査会は、前項の調査審議を行うほか、情報公開制度の運営に関する事項について、実施機関に意見を述べることができる。
3　審査会は、委員五人以内で組織する。
4　委員は、優れた識見を有する者のうちから、知事が任命する。
5　委員の任期は、二年とする。ただし、補欠の委員の任期は、前任者の残任期間とする。
6　委員は、再任されることができる。
7　委員は、非常勤とする。
8　委員は、職務上知ることができた秘密を漏らしてはならない。その職を退いた後も、同様とする。
9　委員は、在任中、政党その他の政治的団体の役員となり、又は積極的に政治

運動をしてはならない。
　（審査会の調査権限）
第二十三条　審査会は、必要があると認めるときは、諮問実施機関に対し、公開決定等に係る公文書の提示を求めることができる。この場合においては、何人も、審査会に対し、その提示された公文書の公開を求めることができない。
2　諮問実施機関は、審査会から前項の規定による求めがあったときは、これを拒んではならない。
3　審査会は、必要があると認めるときは、諮問実施機関に対し、公開決定等に係る公文書に記録されている情報の内容を審査会の指定する方法により分類又は整理した資料を作成し、審査会に提出するよう求めることができる。
4　第一項及び前項に定めるもののほか、審査会は、不服申立てに係る事件に関し、不服申立人、参加人又は諮問実施機関（以下「不服申立人等」という。）に意見書又は資料の提出を求めること、適当と認める者にその知っている事実を陳述させ又は鑑定を求めることその他必要な調査をすることができる。
　（意見の陳述等）
第二十四条　審査会は、不服申立人等から申出があったときは、当該不服申立人等に口頭で意見を述べる機会を与え、又は意見書若しくは資料の提出を認めることができる。
　（提出資料の閲覧等）
第二十五条　不服申立人等は、審査会に対し、審査会に提出された意見書又は資料の閲覧又は写しの交付を求めることができる。この場合において、審査会は、第三者の利益を害するおそれがあると認めるときその他正当な理由があるときでなければ、その閲覧又は写しの交付を拒むことができない。
2　審査会は、前項の規定による閲覧又は写しの交付について、日時及び場所を指定することができる。
　（調査審議手続の非公開）
第二十六条　審査会の行う調査審議の手続は、公開しない。
　（答申書の送付等）
第二十七条　審査会は、諮問に対する答申をしたときは、答申書の写しを不服申立人及び参加人に送付するとともに、答申の内容を公表するものとする。
　（規則への委任）
第二十八条　この章に定めるもののほか、審査会の組織及び運営に関し必要な事項は、規則で定める。

第四章　情報提供施策の推進

　（情報の提供等）
第二十九条　県は、その保有する情報の公開の総合的な推進を図るため、県の保有する情報が適時に、かつ、適切な方法で県民に明らかにされるよう、県の保有する情報の提供に関する施策の充実に努めるものとする。
2　県は、県政に関する情報の効果的な提供を行うため、県民が必要とする情報

を的確に把握するよう努めるものとする。
　（出資法人等の情報公開）
第三十条　県が出資その他財政支出等を行う法人であって、知事が定めるもの（以下「出資法人等」という。）は、この条例の趣旨にのっとり、情報公開を行うため必要な措置を講ずるよう努めるものとする。
2　実施機関は、出資法人等に対し、前項に定める必要な措置を講ずるよう指導に努めるものとする。

第五章　補　則

　（公文書の管理）
第三十一条　実施機関は、この条例の適正かつ円滑な運用に資するため、公文書を適正に管理するものとする。
2　実施機関は、公文書の分類、作成、保存及び廃棄に関する基準その他の公文書の管理に関する定めを設けるとともに、これを一般の閲覧に供しなければならない。
　（公文書の検索資料の作成）
第三十二条　実施機関は、公文書の検索に必要な資料を作成し、一般の利用に供するものとする。
　（実施状況の公表）
第三十三条　知事は、毎年度、各実施機関における公文書の公開等の実施状況を取りまとめ、公表しなければならない。
　（適用除外）
第三十四条　法律の規定により、行政機関の保有する情報の公開に関する法律（平成十一年法律第四十二号）の規定を適用しないこととされている書類等については、この条例の規定は、適用しない。
　（委任）
第三十五条　この条例に定めるもののほか、この条例の施行に関し必要な事項は、実施機関が別に定める。
　（罰則）
第三十六条　第二十二条第八項の規定に違反して秘密を漏らした者は、一年以下の懲役又は三十万円以下の罰金に処する。
　附　則
　（施行期日）
1　この条例は、平成十三年四月一日から施行する。ただし、第二条第一項中公安委員会及び警察本部長に係る部分の規定は、平成十四年四月一日から施行する。
　（経過措置）
2　改正後の石川県情報公開条例（以下「新条例」という。）の規定は、議会が保有している公文書では、平成十二年四月一日以後に作成し、又は取得した公文書について適用する。

3　この条例の施行の際現にされている改正前の石川県情報公開条例（以下「旧条例」という。）第六条の規定による公文書の公開の請求は、新条例第六条第一項の規定による公開請求とみなす。

4　この条例の施行の際現にされている旧条例第十二条第一項に規定する行政不服審査法の規定に基づく不服申立ては、新条例第十九条第一項に規定する同法の規定に基づく不服申立てとみなす。

5　前二項に規定するもののほか、この条例の施行前に旧条例の規定によりした処分、手続その他の行為は、新条例中にこれに相当する規定がある場合には、新条例の相当規定によってしたものとみなす。

6　旧条例第十三条第一項の規定により置かれた石川県情報公開審査会（以下「旧審査会」という。）は、新条例第二十二条第一項の規定により置く審査会となり、同一性をもって存続するものとする。

7　この条例の施行の際現に旧条例第十三条第四項の規定により旧審査会の委員に任命されている者は、この条例の施行の日に、新条例第二十二条第四項の規定により審査会の委員に任命されたものとみなす。この場合において、その任命されたものとみなされる者の任期は、同条第五項の規定に係わらず、同日における旧条例第十三条第四項の規定により任命された旧審査会の委員としての任期の残任期間と同一の期間とする。

8　旧条例第九条第七号に規定する合議制機関等の議事運営に関する規程又は議決により公開しないことを定めている情報及び公開することにより当該合議制機関等の公正又は円滑な議事運営に支障を及ぼすおそれのある情報であって、この条例の公布の日前に開催された当該合議制機関等の会議に係るものが記録されている公文書については、旧条例第九条第七号の規定は、この条例の施行の日以後も、なおその効力を有する。

　（検討）

9　県は、この条例の施行後四年を目途として、新条例の施行の状況について検討を加え、その結果に基づいて必要な措置を構ずるものとする。

福井県情報公開条例

【制定】平成十二年三月二十一日条例第四号
【改正】平成十三年三月二十六日条例第十一号
　　　　平成十四年三月二十二日条例第十号

福井県公文書公開条例（昭和六十一年福井県条例第二号）の全部を改正する。

福井県情報公開条例

目次
　前文
　第一章　総則（第一条〜第四条）
　第二章　公文書の公開（第五条〜第十七条）
　第三章　不服申立て等（第十八条〜第三十条）
　第四章　補則（第三十一条〜第四十条）
　附則
　　　　◇一部改正（平成一三年条例一一号）

　地方自治の本旨に基づいた県政を推進するためには、県が、県政を負託している県民に対して、その諸活動の状況を説明する責務を
全うすることが必要であり、このことは、同時に、県民の「知る権利」の実現に寄与することでもある。
　情報公開制度は、県がこのような「説明責務」を全うするための重要な制度であり、地方分権が進展し、今後ますます地方自治体と
住民の自立と自己責任が求められていく中で、県民の理解と信頼を基本とする、公正で透明性の高い県政を実現する上においても、不
可欠のものである。
　このような考え方に立って、この条例を制定する。

第一章　総則

（目的）
第一条　この条例は、公文書の公開を請求する権利の内容を明らかにするとともに、公文書の公開の手続その他必要な事項を定めることにより、県民の県政参加の一層の推進および県政の公正な運営の確保を図り、もって地方自治の本旨に基づいた県政の推進に資することを目的とする。

（定義）
第二条　この条例において「実施機関」とは、知事、議会、教育委員会、選挙管理委員会、人事委員会、監査委員、公安委員会、地方労働委員会、収用委員会、海区漁業調整委員会、内水面漁場管理委員会、地方公営企業の管理者および警

察本部長をいう。
2　この条例において「公文書」とは、実施機関の職員が職務上作成し、または取得した文書、図画および電磁的記録（電子的方式、磁気的方式その他人の知覚によっては認識することができない方式で作られた記録をいう。以下同じ。）であって、当該実施機関が管理しているものをいう。ただし、次に掲げるものを除く。
　一　官報、公報、白書、新聞、雑誌、書籍その他不特定多数のものに販売することを目的として発行されるもの
　二　県立図書館その他の県の機関において、歴史的もしくは文化的な資料または学術研究用の資料として特別の管理がされているもの
　　　　　◇一部改正（平成一三年条例一一号・一四年一〇号）
　（実施機関の責務）
第三条　実施機関は、この条例に基づく公文書の公開を請求する権利がじゆうぶん保障されるように、この条例を解釈し、および運用しなければならない。この場合において、実施機関は、個人に関する情報がみだりに公にされることのないように、最大限の配慮をしなければならない。
　（利用者の責務）
第四条　この条例の定めるところにより公文書の公開を請求しようとするものは、この条例の目的にのっとり、適正な請求をするように務めるとともに、請求に係る公文書を公開されたときは、これによって得た情報を適正に使用しなければならない。

第二章　　公文書の公開

　（公文書の公開を請求できるもの）
第五条　何人も、この条例の定めるところにより、実施機関に対し、公文書の公開を請求することができる。
　（公文書の公開の請求方法）
第六条　前条の規定による公開の請求（以下「公開請求」という。）は、実施機関に対して、次に掲げる事項を記載した書面（以下「公開請求書」という。）を提出してしなければならない。
　一　公開請求をする者の氏名および住所または居所（法人その他の団体にあっては、名称および代表者の氏名ならびに主たる事務所の所在地）
　二　公文書の名称その他の公開請求に係る公文書を特定するために必要な事項
　三　前二号に掲げるもののほか、実施機関が定める事項
2　実施機関は、公開請求者に形式上の不備があると認めるときは、公開請求をしたもの（以下「公開請求者」という。）に対し、相当の期間を定めて、その補正を求めることができる。この場合において、実施機関は、公開請求者に対し、補正の参考となる情報を提供するように努めなければならない。
　（公文書の公開義務）
第七条　実施機関は、公開請求があったときは、公開請求に係る公文書に次の各

号に掲げる情報（以下「非公開情報」という。）のいずれかが記録されている場合を除き、公開請求者に対し、当該公文書を公開しなければならない。

一　個人に関する情報（事業を営む個人の当該事業に関する情報を除く。）であって、特定の個人を識別することができるもの（他の情報と照合することにより、特定の個人を識別することができることとなるものを含む。）または特定の個人を識別することはできないが、公にすることにより、なお個人の権利利益を害するおそれがあるもの。ただし、次に掲げる情報を除く。

　　イ　法令もしくは他の条例の規定によりまたは慣行として公にされ、または公にすることが予定されている情報
　　ロ　人の生命、健康、生活または財産を保護するため、公にすることが必要であると認められる情報
　　ハ　当該個人が公務員（国家公務員法（昭和二十二年法律第百二十号）第二条第一項に規定する国家公務員および地方公務員法（昭和二十五年法律第二百六十一号）第二条に規定する地方公務員をいう。）である場合において、当該情報がその職務の遂行に係る情報であるときは、当該情報のうち、当該公務員の職および氏名ならびに当該職務遂行の内容に係る部分（当該公務員の職および氏名に係る情報にあっては、公安委員会規則で定める職にある警察職員の氏名に係るものその他の公にすることにより当該公務員の権利利益を不当に害するおそれがあるものを除く。）

二　法人その他の団体（県、国および他の地方公共団体を除く。以下「法人等」という。）に関する情報または事業を営む個人の当該事業に関する情報であって、公にすることにより、当該法人等または当該個人の権利、競争上の地位その他正当な利益を害するおそれがあるもの。ただし、人の生命、健康、生活または財産を保護するため、公にすることが必要であると認められる情報を除く。

三　公にすることにより、犯罪の予防、鎮圧または捜査、公訴の維持、刑の執行その他の公共の安全と秩序の維持に支障を及ぼすおそれがあると実施機関が認めることにつき相当の理由がある情報

四　県、国または他の地方公共団体が行う防災、衛生、営業、交通等に係る規制に関する情報であって、公にすることにより、人の生命、健康、生活または財産の保護に支障を及ぼすおそれがあるもの

五　個人または法人等が、実施機関の要請を受けて、公にしないことを条件として任意に提供した情報であって、個人または法人等における通例として公にしないこととされているものその他の当該条件を付することが当該情報の性質、当時の状況等に照らして合理的であると認められる情報。ただし、人の生命、健康、生活または財産を保護するため、公にすることが必要であると認められる情報を除く。

六　県、国および他の地方公共団体の内部または相互間における審議、検討または協議に関する情報であって、公にすることにより、率直な意見の交換もしくは意思決定の中立性が不当に損なわれるおそれ、不当に県民の間に混乱を生じさせるおそれまたは特定のものに不当に利益を与えもしくは不利益を

及ぼすおそれがあるもの
七　県、国または他の地方公共団体が行う事務または事業に関する情報であって、公にすることにより、次に掲げるおそれその他当該事務または事業の性質上、当該事務または事業の適正な遂行に支障を及ぼすおそれがあるもの
　　イ　監査、検査、取締りまたは試験に係る事務に関し、正確な事実の把握を困難にするおそれまたは違法もしくは不当な行為を容易にし、もしくはその発見を困難にするおそれ
　　ロ　契約、交渉または争訟に係る事務に関し、県、国または他の地方公共団体の財産上の利益または当事者としての地位を不当に害するおそれ
　　ハ　調査研究に係る事務に関し、その公正かつ能率的な遂行を不当に阻害するおそれ
　　ニ　人事管理に係る事務に関し、公正かつ円滑な人事の確保に支障を及ぼすおそれ
　　ホ　県、国または他の地方公共団体が経営する企業に係る事務に関し、その企業経営上の正当な利益を害するおそれ
八　法令もしくは他の条例の定めるところによりまたは実施機関が法律上従う義務を有する国の機関の指示により、公にすることができないと認められる情報
　　　　　◇一部改正（平成一三年条例一一号）
（公文書の一部公開）
第八条　実施機関は、公開請求に係る公文書の一部に非公開情報が記録されている場合において、非公開情報が記録されている部分を容易に区分して除くことができるときは、公開請求者に対し、当該部分を除いた部分につき公開しなければならない。ただし、当該部分を除いた部分に有意の情報が記録されていないと認められるときは、この限りでない。
2　公開請求に係る公文書に前条第一号に掲げる情報（特定の個人を識別することができるものに限る。）が記録されている場合において、当該情報のうち、特定の個人を識別することができることとなる記述等の部分を除くことにより、公にしても、個人の権利利益が害されるおそれがないと認められるときは、当該部分を除いた部分は、同号に掲げる情報に含まれないものとみなして、前項の規定を適用する。
（公益上の理由による裁量的公開）
第九条　実施機関は、公開請求に係る公文書に非公開情報（第七条第八号に該当するものを除く。）が記録されている場合であって益上特に必要があると認めるときは、公開請求者に対し、当該公文書を公開することができる。
　　　　　◇一部改正（平成一三年条例一一号）
（公文書の存否に関する情報）
第十条　公開請求に対し、当該公開請求に係る公文書が存在しているか否かを答えるだけで、非公開情報を公開することとなるときは、実施機関は、当該公文書の存否を明らかにしないで、当該公開請求を拒否することができる。
（公開請求に対する決定等）

第十一条　実施機関は、公開請求に係る公文書の全部または一部を公開するときは、その旨の決定をし、公開請求者に対し、その旨および公開の実施に関し必要な事項を書面により通知しなければならない。ただし、公開請求に係る公文書の全部を公開する旨の決定をし、かつ、公開請求があった日に当該公文書の公開を実施するときは、口頭により通知することができる。
2　実施機関は、公開請求に係る公文書の全部を公開しないとき（前条の規定により公開請求を拒否するときおよび公開請求に係る公文書を管理していないときを含む。以下同じ。）は、公開しない旨の決定をし、公開請求者に対し、その旨を書面により通知しなければならない。
3　実施機関は、第一項の規定による公文書の一部を公開する旨の決定または前項の決定をした場合において、当該公文書の一部または全部を公開することができる期日があらかじめ明らかであるときは、当該期日および公開することができる範囲を前二項の規定による通知に付記しなければならない。

（公開決定等の期限）
第十二条　前条第一項または第二項の決定（以下「公開決定等」という。）は、公開請求があった日から起算して十五日以内にしなければならない。ただし、第六条第二項の規定により公開請求書の補正を求めた場合にあっては、当該補正に要した日数は、当該期間に算入しない。
2　前項の規定にかかわらず、実施機関は、事務処理上の困難その他正当な理由があるときは、同項に規定する期間を三十日以内に限り延長することができる。この場合において、実施機関は、公開請求者に対し、速やかに、延長後の期間および延長の理由を書面により通知しなければならない。
3　公開請求に係る公文書が著しく大量であるため、公開請求があった日から起算して四十日以内にそのすべてについて公開決定等をすることにより事務の遂行に著しい支障が生ずるおそれがある場合には、前二項の規定にかかわらず、実施機関は、公開請求に係る公文書のうちの相当の部分につき当該期間内に公開決定等をし、残りの公文書については相当の期間内に公開決定等をすれば足りる。この場合において、実施機関は、第一項に規定する期間内に、公開請求者に対し、次に掲げる事項を書面により通知しなければならない。
一　この項を適用する旨およびその理由
二　残りの公文書について公開決定等をする期限
4　実施機関は、前項の規定による通知をした場合において、同項第二号の期限を公開請求があった日から起算して三月を経過した後としたときは、遅滞なく、第二十一条第一項の福井県公文書公開審査会に対し、その旨を報告しなければならない。

　　　　　◇一部改正（平成一三年条例一一号）
（事案の移送）
第十三条　実施機関は、公開請求に係る公文書が他の実施機関により作成されたものであるときその他他の実施機関において公開決定等をすることにつき正当な理由があるときは、当該他の実施機関と協議の上、当該他の実施機関に対し、事案を移送することができる。この場合においては、移送をした実施機関は、

公開請求者に対し、事案を移送した旨を書面により通知しなければならない。
2　前項の規定により事案が移送されたときは、移送をされた実施機関において、当該公開請求について公開決定等をしなければならない。この場合において、移送をした実施機関が移送前にした行為は、移送をされた実施機関がしたものとみなす。
3　前項の場合において、移送をされた実施機関が第十一条第一項の決定（以下「公開決定」という。）をしたときは、当該実施機関は、公開を実施しなければならない。この場合において、移送をした実施機関は、当該公開の実施に必要な協力をしなければならない。

（第三者に対する意見書提出の機会の付与等）
第十四条　公開請求に係る公文書に個人および法人等のうち公開請求者以外のもの（以下この条、第十九条および第二十条において「第三者」という。）に関する情報が記録されているときは、実施機関は、公開決定等をするに当たって、当該情報に係る第三者に対し、公開請求に係る公文書の表示その他実施機関が定める事項を通知して、意見書を提出する機会を与えることができる。
2　実施機関は、次の各号のいずれかに該当するときは、公開決定に先立ち、当該第三者に対し、公開請求に係る公文書の表示その他実施機関が定める事項を書面により通知して、意見書を提出する機会を与えなければならない。ただし、当該第三者の所在が判明しない場合は、この限りでない。
　一　第三者に関する情報が記録されている公文書を公開しようとする場合であって、当該情報が第七条第一号ロまたは同条第二号ただし書に規定する情報に該当すると認められるとき。
　二　第三者に関する情報が記録されている公文書を第九条の規定により公開しようとするとき。
3　実施機関は、前二項の規定により意見書の提出の機会を与えられた第三者が当該公文書の公開に反対の意思を表示した意見書を提出した場合において、公開決定をするときは、公開決定の日と公開を実施する日との間に少なくとも二週間を置かなければならない。この場合において、実施機関は、公開決定後直ちに、当該意見書（第十八条および第十九条において「反対意見書」という。）を提出した第三者に対し、公開決定をした旨およびその理由ならびに公開を実施する日を書面により通知しなければならない。
　　　◇一部改正（平成一三年条例一一号）

（公文書の公開の実施）
第十五条　公文書の公開は、第十一条第一項の規定による通知により実施機関が指定する日時および場所において行うものとする
2　実施機関は、公開請求者の利便を考慮して前項の日時を指定しなければならない。
3　公文書の公開は、文書または図画については閲覧または写しの交付により、電磁的記録については実施機関が別に定める方法により行うものとする。
4　前項の規定にかかわらず、実施機関は、公文書を公開することにより当該公文書が汚損され、または破損されるおそれがあるとき、第八条第一項の規定に

より公文書の一部を公開するときその他正当な理由があるときは、当該公文書を複写した物を閲覧させ、またはその写しを交付する方法により公文書の公開を行うことができる。

（他の制度等との調整）
第十六条　実施機関は、法令または他の条例の規定により、公開請求に係る公文書が、何人にも前条第三項に規定する方法と同一の方法により公開することとされている場合（公開の期間が定められている場合にあっては、当該期間内に限る。）には、同項の規定にかかわらず、当該公文書については、当該同一の方法による公開を行わないものとする。ただし、当該法令または他の条例の規定に一定の場合には公開しない旨の定めがあるときは、この限りでない。
2　法令または他の条例の規定に定める公開の方法が縦覧であるときは、当該縦覧を前条第三項の閲覧とみなして、前項の規定を適用する。

（手数料）
第十七条　公開請求に係る公文書を公開されるものは、別表の上欄に掲げる公文書の種別ごとに、同表の中欄に掲げる公開の実施の方法に応じ、それぞれ同表の下欄に定める額の手数料を納付しなければならない。

第三章　　不服申立て等

（不服申立てがあった場合の審査会への諮問）
第十八条　公開決定等について行政不服審査法（昭和三十七年法律第百六十号）による不服申立てがあったときは、当該不服申立てについて裁決または決定をすべき行政庁（以下「行政庁」という。）は、次の各号のいずれかに該当する場合を除き、速やかに、第二十一条第一項の福井県公文書公開審査会に諮問しなければならない。
　一　不服申立てが不適法であり、却下するとき。
　二　採決または決定により、不服申立てに係る公開決定等（公開請求に係る公文書の全部を公開する旨の決定を除く。以下この号および第二十条において同じ。）を取り消し、または変更し、当該不服申立てに係る公文書の全部を公開するとき（当該公開決定等について反対意見書が提出されているときを除く。）。
2　前項の規定による諮問をした行政庁（以下「諮問庁」という。）は、当該諮問について答申を受けたときは、速やかに、当該諮問に係る不服申立てについて裁決または決定をしなければならない。
　　　　◇一部改正（平成一三年条例一一号）

（諮問をした旨の通知）
第十九条　諮問庁は、次に掲げるものに対し、諮問をした旨を通知しなければならない。
　一　不服申立人および参加人
　二　公開請求者（公開請求者が不服申立人または参加人である場合を除く。）
　三　当該不服申立てに係る公開決定等について反対意見書を提出した第三者

（当該第三者が不服申立人または参加人である場合を除く。）
　（第三者からの不服申立てを棄却する場合等における手続）
第二十条　第十四条第三項の規定は、行政庁が次の各号のいずれかに該当する裁決または決定をする場合について準用する。
　一　公開決定に対する第三者からの不服申立てを却下し、または棄却する裁決または決定
　二　不服申立てに係る公開決定等を変更し、当該公開決定等に係る公文書を公開する旨の裁決または決定（第三者である参加人が当該公文書の公開に反対の意思を表示している場合に限る。）
　（福井県公文書公開審査会の設置）
第二十一条　第十八条第一項の規定による諮問に応じ、不服申立てについて調査審議するため、福井県公文書公開審査会（以下「審査会」という。）を置く。
２　審査会は、前項の規定による調査審議を行うほか、第十二条第四項の規定による報告に対する意見その他公文書の公開に関する事項についての意見を実施機関に述べることができる。
３　審査会は、委員五人以内をもって組織する。
４　委員は、学識経験を有する者のうちから、知事が委嘱する。
５　委員の任期は、二年とする。ただし、委員が欠けた場合における補欠の委員の任期は、前任者の残任期間とする。
６　委員は、再任されることができる。
７　委員は、職務上知り得た秘密を漏らしてはならない。その職を退いた後も、同様とする。
　（会長）
第二十二条　審査会に、会長を置き、委員の互選によりこれを定める。
２　会長は、会務を総理し、審査会を代表する。
３　会長に事故があるとき、または会長が欠けたときは、会長があらかじめ指名する委員が、その職務を代理する。
　（会議）
第二十三条　審査会の会議は、会長が招集する。
２　審査会の会議は、委員の過半数が出席しなければ開くことができない。
３　審査会の議事は、出席した委員の過半数で決し、可否同数のときは、会長の決するところによる。
　（審査会の調査審議）
第二十四条　審査会は、必要があると認めるときは、諮問庁に対し、公開決定等に係る公文書の提示を求めることができる。この場合においては、何人も、審査会に対し、その提示された公文書の公開を求めることができない。
２　諮問庁は、審査会から前項の規定による求めがあったときは、これを拒んではならない。
３　審査会は、必要があると認めるときは、諮問庁に対し、公開決定等に係る公文書に記録されている情報の内容を審査会の指定する方法により分類し、または整理した資料を作成し、審査会に提出するよう求めることができる。

4　第一項および前項に定めるもののほか、審査会は、不服申立てに係る事件に関し、不服申立人、参加人または諮問庁（以下「不服申立人等」という。）に意見書または資料の提出を求めること、適当と認める者にその知っている事実を陳述させまたは鑑定を求めることその他必要な調査をすることができる。
　　（意見の陳述等）
第二十五条　審査会は、不服申立人等から申立てがあったときは、当該不服申立人等に対し、口頭で意見を述べる機会を与えなければならない。ただし、審査会が、その必要がないと認めるときは、この限りでない
2　前項本文の場合においては、不服申立人または参加人は、審査会の許可を得て、補佐人とともに出頭することができる。
　　（意見書等の提出等）
第二十六条　不服申立人等は、審査会に対し、意見書または資料を提出することができる。ただし、審査会が意見書または資料を提出すべき相当の期間を定めたときは、その期間内にこれを提出しなければならない。
　　（提出資料の閲覧等）
第二十七条　不服申立人等は、審査会に対し、審査会に提出された意見書または資料の閲覧または複写を求めることができる。この場合において、審査会は、第三者の利益を害するおそれがあると認めるときその他正当な理由があるときでなければ、その閲覧または複写を拒むことができない。
2　審査会は、前項の規定による閲覧または複写について、日時および場所を指定することができる。
　　（調査審議手続の非公開）
第二十八条　審査会の行う調査審議の手続は、公開しない。
　　（答申書の送付等）
第二十九条　審査会は、諮問について答申をしたときは、答申書の写しを不服申立人および参加人に送付するとともに、答申の内容を公表するものとする。
　　（会長への委任）
第三十条　この条例に定めるもののほか、審査会の運営に関し必要な事項は、会長が審査会に諮って定める。

第四章　補　則

　　（公文書の管理）
第三十一条　実施機関は、この条例の適正かつ円滑な運用に資するため、公文書を適正に管理するものとする。
2　実施機関は、公文書の分類、作成、保存および廃棄に関する基準その他の公文書の管理に関する必要な事項についての定めを設けるとともに、これを閲覧に供しなければならない。
　　（公開請求に関する相談、公開請求書受領等の場所）
第三十二条　知事は、県民の利便を考慮して、公開請求に関する相談、公開請求書の受領等を行うための場所を設けなければならない。

2　公安委員会または警察本部長に対する公開請求に関する相談、公開請求書の受領等を行うための場所については、前項の規定にかかわらず、公安委員会または警察本部長が設けるものとする。
　　　　　◇一部改正（平成一三年条例一一号）
　（公文書検索目録の作成等）
第三十三条　実施機関は、公文書の検索に必要な目録を作成し、閲覧に供するものとする。
　（実施状況の公表）
第三十四条　知事は、毎年度この条例による公文書の公開の実施状況を公表しなければならない。
　（実施機関相互の間の調整）
第三十五条　知事は、公文書の公開に関する制度が適正かつ円滑に運営されるよう実施機関相互の間の調整を行うものとする。
　（制度の充実および改善）
第三十六条　実施機関は、公文書の公開の実施状況等を踏まえて、公文書の公開に関する制度の一層の充実および改善に努めるものとする。
　（情報提供の推進）
第三十七条　県は、県民の県政への参加を推進するとともに県政の公正な運営を確保するため、広報活動の充実等県民への迅速かつ的確な情報の提供の推進に努めるものとする。
　（出資法人の情報公開）
第三十八条　県が資本金、基本金その他これらに準ずるものを出資している法人であって実施機関が定めるもの（以下「出資法人」という。）は、この条例の趣旨にのっとり、その保有する情報の公開を行うために必要な措置を講ずるように努めるものとする。
2　実施機関は、出資法人に対し、前項に規定する必要な措置を講ずるよう指導に努めるものとする。
　（適用除外）
第三十八条の二　刑事訴訟法（昭和二十三年法律第百三十一号）第五十三条の二の訴訟に関する書類および押収物については、この条例の規定は、適用しない。
　　　　　◇追　　加（平成一三年条例一一号）
　（委任）
第三十九条　この条例に定めるもののほか、この条例に実施に関し必要な事項は、実施機関が定める。
　（罰則）
第四十条　第二十一条第七項の規定に違反して秘密を漏らした者は、一年以下の懲役または三十万円以下の罰金に処する。
　　　　　◇追　　加（平成一三年条例一一号）
　　附　則
　（施行期日）
1　この条例は、平成十二年七月一日から施行する。

（経過措置）
2　この条例による改正後の福井県情報公開条例（以下「新条例」という。）第二条第二項の規定は、この条例の施行の日（以下「施行日」という。）以後に実施機関の職員が職務上作成し、または取得した文書、図画および電磁的記録について適用し、施行日前に実施機関の職員が職務上作成し、または取得した文書、図画および電磁的記録に係る公文書の定義については、なお従前の例による。
3　この条例による改正前の福井県公文書公開条例（以下「旧条例」という。）第二条第一項に規定する公文書で、施行日前に実施機関の職員が作成し、または取得したものについては、新条例第七条および第九条の規定にかかわらず、なお従前の例による。
4　この条例の施行前に旧条例の規定によりされた処分、手続その他の行為は、新条例中にこれに相当する規定がある場合には、新条例の相当規定によりされた処分、手続その他の行為とみなす。
5　旧条例第十四条第一項の規定により設置された福井県公文書公開審査会は、新条例第二十一条第一項の規定により置く福井県公文書公開審査会となり、同一性をもって存続するものとする。
6　この条例の施行の際現に旧条例第十四条第三項の規定により委員に任命されている者は、新条例第二十一条第四項の規定により委員に委嘱されたものとみなし、その任期は、同条第五項の規定にかかわらず、平成十二年九月三十日までとする。

附　則（平成十三年三月二十六日条例第十一号）
（施行期日）
1　この条例は、次の各号に掲げる区分に応じ、それぞれ当該各号に定める日から施行する。
　一　目次の改正規定、第二条第一項の改正規定（「知事」の下に「、議会」を加える部分に限る。）および本則に一条を加える改正規定　平成十三年七月一日
　二　第二条第一項の改正規定（「知事」の下に「、議会」を加える部分を除く。）、第七条第一号および第三号の改正規定、同条中第七号を第八号とし、第四号から第六号までを一号ずつ繰り下げ、第三号の次に一号を加える改正規定、第九条の改正規定、第三十二条に一項を加える改正規定ならびに第三十八条の次に一条を加える改正規定　平成十四年四月一日
　三　前二号に掲げる規定以外の規定　平成十三年四月一日
（経過措置）
2　この条例による改正後の福井県情報公開条例の規定は、議会が管理している公文書（同条例第二条第二項に規定する公文書をいう。以下同じ。）にあっては平成十三年七月一日以後に議会の職員が作成し、または取得したものについて、公安委員会または警察本部長が管理している公文書にあっては平成十四年四月一日以後に公安委員会または警察本部長の職員が作成し、または取得したものについて適用する。

附　則（平成十四年三月二十二日条例第十号）

この条例は、平成十四年四月一日から施行する。

別表（第十七条関係）

公文書の種別	公開の実施の方法	手数料の額
文書または図画	複写機により作成した写しの交付（単色刷り）	一枚につき十円
	その他の方法による写しの交付	写しの作成に要する実費
電磁的記録	実施機関が別に定める方法	公開の実施に要する実費

備考

　複写機により作成した文書または図画の写しの枚数は、用紙の両面に複写したときは片面を一枚として、Ａ三判を超える規格の用紙を用いたときはＡ三判の規格を用いた場合の枚数に換算して算定する。

岐阜県情報公開条例

【制定】平成十二年十二月二十七日条例第五十六号
【改正】平成十三年十二月二十一日条例第四十一号

岐阜県情報公開条例（平成六年岐阜県条例第二十二号）の全部を改正する。

岐阜県情報公開条例

目次
  第一章　総則（第一条～第四条）
  第二章　公文書の公開（第五条～第二十一条），
  第三章　情報公開の総合的な推進（第二十二条～第二十五条）
  第四章　雑則（第二十六条～第二十九条）
  附則
    ◇一部改正（平成一三年条例四一号）

第一章　総則

（目的）
第一条　この条例は、県政を推進する上において、県民の知る権利を尊重し、県の諸活動を県民に説明する責務を全うすることが重要であることにかんがみ、公文書の公開を請求する権利を明らかにするとともに、情報公開の総合的な推進に関し必要な事項を定めることにより、県民の県政への参加を促進し、県政に対する理解と信頼を深め、もって開かれた県政を実現することを目的とする。
（定義）
第二条　この条例において「実施機関」とは、知事、議会、教育委員会、選挙管理委員会、人事委員会、監査委員、公安委員会、警察本部長、地方労働委員会、収用委員会及び内水面漁場管理委員会をいう。
2　この条例において「公文書」とは、実施機関の職員が職務上作成し、又は取得した文書、図画、写真、フィルム及び電磁的記録（電子的方式、磁気的方式その他人の知覚によっては認識することができない方式で作られた記録をいう。以下同じ。）であって、当該実施機関の職員が組織的に用いるものとして、当該実施機関が保有しているものをいう。ただし、次に掲げるものを除く。
  一　官報、公報、白書、新聞、雑誌、書籍その他一般に入手できるもの又は実施機関が一般の利用に供することを目的として保有しているもの
  二　県の図書館その他これに類する施設において、歴史的若しくは文化的な資料又は学術研究用の資料として特別の管理がされているもの
（解釈及び運用の基本）
第三条　実施機関は、公文書の公開を請求する権利が十分尊重されるようこの条

例を解釈し、運用するものとする。この場合において、個人に関する情報がみだりに公にされることのないよう最大限の配慮をしなければならない。

（適正使用）
第四条　この条例の定めるところにより公文書の公開を受けたものは、これによって得た情報を、この条例の目的に即して適正に使用しなければならない。

第二章　公文書の公開

（公文書の公開を請求することができるもの）
第五条　次に掲げるものは、実施機関に対して、公文書の公開を請求することができる。
一　県内に住所を有する者
二　県内に事務所又は事業所を有する個人及び法人その他の団体

（公文書の公開義務）
第六条　実施機関は、前条の規定による公開の請求（以下「公開請求」という。）があったときは、公開請求に係る公文書に次の各号に掲げる情報（以下「非公開情報」という。）のいずれかが記録されている場合を除き、公開請求をしたものに対し、当該公文書を公開しなければならない。
一　個人に関する情報（事業を営む個人の当該事業に関する情報を除く。）であって、当該情報に含まれる氏名、生年月日その他の記述等により特定の個人を識別することができるもの（他の情報と照合することにより、特定の個人を識別することができることとなるものを含む。）又は特定の個人を識別することはできないが、公開することにより、なお個人の権利利益を害するおそれがあるもの。ただし、次に掲げる情報を除く。
　イ　法令及び条例（以下「法令等」という。）の定めるところにより又は慣行として公にされ、又は公にすることが予定されている情報
　ロ　公務員（国家公務員法（昭和二十二年法律第百二十号）第二条第一項に規定する国家公務員及び地方公務員法（昭和二十五年法律第二百六十一号）第二条に規定する地方公務員をいう。）の職務の遂行に係る情報に含まれる当該公務員の職名及び氏名に関する情報（公開することにより、当該公務員の権利利益が著しく害されるおそれがある場合の当該情報及び警察職員（警察法（昭和二十九年法律第百六十二号）第三十四条第一項及び第五十五条第一項に規定する者をいう。）のうちそのおそれがあるものとして公安委員会規則で定める職員の氏名に関する情報を除く。）並びに当該職務遂行の内容に関する情報
　ハ　人の生命、健康、生活又は財産を保護するため、公開することが必要であると認められる情報
二　法令等の定めるところにより、又は実施機関が法律上従う義務を有する主務大臣等の指示により、公開することができないと認められる情報
三　法人（国及び地方公共団体を除く。）その他の団体（以下「法人等」という。）に関する情報又は事業を営む個人の当該事業に関する情報であって、公

開することにより、当該法人等又は当該事業を営む個人の競争上の地位その他正当な利益が損なわれると認められるもの。ただし、次に掲げる情報を除く。
　イ　人の生命、健康、生活又は財産を保護するため、公開することが必要であると認められる情報
　ロ　県との契約又は当該契約に関する支出に係る公文書に記録されている氏名又は名称、住所又は事務所若しくは事業所の所在地、電話番号その他これらに類する情報であって、この条例の目的に即して公開することが特に必要であるものとして、実施機関があらかじめ岐阜県情報公開審査会の意見を聴いて公示したもの
四　公開することにより、犯罪の予防、鎮圧又は捜査、公訴の維持、刑の執行その他の公共の安全と秩序の維持に支障を及ぼすおそれがあると実施機関が認めることにつき相当の理由がある情報
五　県の機関並びに国及び他の地方公共団体その他公共団体（以下「国等」という。）の内部又は相互間における審議、検討又は協議に関する情報であって、公開することにより、率直な意見の交換若しくは意思決定の中立性が不当に損なわれるおそれ、不当に県民の間に混乱を生じさせるおそれ又は特定のものに不当に利益を与え若しくは不利益を及ぼすおそれがあるもの
六　県の機関又は国等が行う事務又は事業に関する情報であって、公開することにより、次に掲げるおそれその他当該事務又は事業の性質上、当該事務又は事業の適正な遂行に著しい支障を及ぼすおそれがあるもの
　イ　監査、検査、取締り又は試験に係る事務に関し、正確な事実の把握を困難にするおそれ又は違法若しくは不当な行為を容易にし、若しくはその発見を困難にするおそれ
　ロ　契約、交渉又は争訟に係る事務に関し、県又は国等の財産上の利益又は当事者としての地位を不当に害するおそれ
　ハ　調査研究に係る事務に関し、その公正かつ能率的な遂行を不当に阻害するおそれ
　ニ　人事管理に係る事務に関し、公正かつ円滑な人事の確保に支障を及ぼすおそれ
　ホ　県又は国等が経営する企業に係る事業に関し、その企業経営上の正当な利益が損なわれるおそれ
七　個人又は法人等から公開しないことを条件として任意に県に提供された情報であって、当該個人又は法人等における通例として公にしないこととされているものその他の当該条件を付することが当該情報の性質、当時の状況等に照らして合理的であると認められるもの。ただし、人の生命、健康、生活又は財産を保護するため、公開することが必要であると認められる情報を除く。
　　　◇一部改正（平成一三年条例四一号）
（公文書の部分公開）
第七条　実施機関は、公開請求に係る公文書に非公開情報とそれ以外の情報が併

せて記録されている場合において、非公開情報に係る部分とそれ以外の部分とを容易に分離することができ、かつ、当該分離により請求の趣旨が損なわれることがないと認めるときは、公文書の部分公開（公文書に記録されている情報のうち非公開情報に係る部分を除いて、公文書を公開することをいう。以下同じ。）をしなければならない。
2　公開請求に係る公文書に前条第一号の情報（特定の個人を識別することができるものに限る。）が記録されている場合において、当該情報のうち、氏名、生年月日その他の特定の個人を識別することができることとなる記述等の部分を除くことにより、公開しても、個人の権利利益が害されるおそれがないと認められるときは、当該部分を除いた部分は、同号の情報に含まれないものとみなして、前項の規定を適用する。

（公益上の理由による裁量的公開）
第八条　実施機関は、公開請求に係る公文書に非公開情報（第六条第二号の情報を除く。）が記録されている場合であっても、公益上特に必要があると認めるときは、公開請求をしたものに対し、当該公文書を公開することができる。

（公文書の存否に関する情報）
第九条　公開請求に対し、当該公開請求に係る公文書が存在しているか否かを答えるだけで、非公開情報を公開することとなるときは、実施機関は、当該公文書の存否を明らかにしないで、当該分開請求を拒むことができる。

（個人情報の適正な取扱い）
第十条　実施機関は、第六条第一号及び前三条の規定の解釈に当たっては、岐阜県個人情報保護条例（平成十年岐阜県条例第二十一号）第七条が規定する個人情報に係る提供の制限の趣旨に反することのないようにしなければならない。

（公文書の公開請求の方法）
第十一条　公開請求をしようとするものは、実施機関に対し、次の事項を記載した請求書を提出しなければならない。
一　氏名又は名称及び住所又は事務所若しくは事業所の所在地並びに法人その他の団体にあってはその代表者の氏名
二　請求しようとする公文書を特定するために必要な事項
三　前二号に掲げるもののほか、実施機関が定める事項
2　実施機関は、前項に規定する請求書に形式上の不備があると認めるときは、当該請求書を提出したもの（以下「請求者」という。）に対し、相当の期間を定めて、その補正を求めることができる。この場合において、実施機関は、請求者に対し、補正の参考となる情報を提供するよう努めなければならない。

（公文書の公開請求に対する決定等）
第十二条　実施機関は、前条第一項に規定する請求書の提出があったときは、当該請求書の提出があった日から起算して十五日以内に、請求に係る公文書を公開するかどうかの決定（以下「公開決定等」という。）をしなければならない。ただし、前条第二項の規定により補正を求めた場合にあっては、当該補正に要した日数は、当該期間に算入しない。
2　実施機関は、公開決定等をしたときは、速やかに、書面により当該決定の内

容を請求者に通知しなければならない。ただし、請求書の提出があった日に、請求に係る公文書の全部を公開する旨の決定をし、当該公文書を公開するときは、この限りでない。
3 実施機関は、公文書を公開しない旨の決定（第七条の規定により公文書の一部を公開しない旨の決定、第九条の規定により公開請求を拒む旨の決定及び公開請求に係る公文書を保有していない旨の決定を含む。）をしたときは、前項の書面にその理由を記載しなければならない。この場合において、当該理由がなくなる期日をあらかじめ明示することができるときは、当該書面にその期日を併せて記載しなければなならない。
4 実施機関は、事務処理上の困難その他正当な理由により、第一項に規定する期間内に公開決定等をすることができないときは、同項に規定する期間を三十日以内に限り延長することができる。この場合において、実施機関は、速やかに、書面により延長後の期間及び延長の理由を請求者に通知しなければならない。
5 実施機関は、公開請求に係る公文書が著しく大量であるため、公開請求があった日から四十五日以内にそのすべてについて公開決定等をすることにより事務の遂行に著しい支障が生ずるおそれがある場合には、第一項及び前項の規定にかかわらず、公開請求に係る公文書のうちの相当の部分につき当該期間内に公開決定等をし、残りの公文書については相当の期間内に公開決定等をすれば足りる。この場合において、実施機関は、第一項に規定する期間内に、書面により次に掲げる事項を請求者に通知しなければならない。
一 本項を適用する旨及びその理由
二 残りの公文書について公開決定等をする期限

（事案の移送）
第十三条 実施機関は、公開請求に係る公文書が他の実施機関により作成されたものであるときその他他の実施機関において公開決定等をすることにつき正当な理由があるときは、当該他の実施機関と協議の上、当該他の実施機関に対し、事案を移送することができる。この場合においては、移送をした実施機関は、書面により事案を移送した旨を請求者に通知しなければならない。
2 前項の規定により事案が移送されたときは、移送を受けた実施機関において、当該公開請求について公開決定等をしなければならない。この場合において、移送をした実施機関が移送前にした行為は、移送を受けた実施機関がしたものとみなす。
3 前項の場合において、移送を受けた実施機関が公開する旨の決定（第七条の規定により公文書の部分公開をする旨の決定を含む。以下「公開決定」という。）をしたときは、当該実施機関は、公開の実施をしなければならない。この場合において、移送をした実施機関は、当該公開の実施に必要な協力をしなければならない。

（第三者からの意見の聴取等）
第十四条 実施機関は、県及び請求者以外のもの（以下「第三者」という。）に関する情報が記録されている公文書について公開決定等をする場合には、第六条

の規定により、当該情報が記録されている部分を公開しなければならないことが明らかなとき、及び当該部分を公開しないことができることが明らかなときを除き、あらかじめ当該第三者の意見を聴かなければならない。ただし、第三者の所在が不明なときその他意見を聴くことが困難なときは、この限りでない。

2　実施機関は、前項の規定により意見を聴かれた第三者が当該公文書の公開に反対の意思を表示した場合において、公開決定をしたときは、第七条の規定により当該第三者に関する情報が記録されている部分を公開しないこととするときを除き、当該公文書を公開する日の十五日前までに、公開決定をした旨（当該第三者に関する部分に限る。）及びその理由並びに公開を実施する日を当該反対の意思を表示した第三者に通知しなければならない。

（公開の実施）

第十五条　公文書の公開は、文書、図画及び写真については閲覧又は写しの交付により、フィルム及び電磁的記録についてはその種別、情報化の進展状況等を勘案して実施機関が定める方法により、実施機関が指定する日時及び場所において行う。

2　実施機関は、公文書の公開をすることにより当該公文書が汚損され、又は破損されるおそれがあるとき、第七条の規定により公文書の部分公開をするときその他相当の理由があるときは、文書、図画及び写真については当該文書、図画及び写真の写しを閲覧に供し、又はその写しを交付することにより、フィルム及び電磁的記録については実施機関が定める方法により行うことができる。

◇一部改正（平成一三年条例四一号）

（他の制度との調整）

第十六条　実施機関は、法令又は他の条例の規定により、何人にも公開請求に係る公文書が前条第一項に規定する方法と同一の方法で公開することとされている場合（公開の期間が定められている場合にあっては、当該期間内に限る。）には、同項の規定にかかわらず、当該公文書については、当該同一の方法による公開を行わない。ただし、当該法令等又は他の条例の規定に一定の場合には公開をしない旨の定めがあるときは、この限りでない。

2　法令又は他の条例に定める公開の方法が縦覧であるときは、当該縦覧を前条第一項の閲覧とみなして、前項の規定を適用する。

（費用負担）

第十七条　公文書の公開の請求をして、当該公文書（第十五条第二項に規定する公文書の写しを含む。）の写しその他の物品の供与を受けるものは、当該供与に要する費用を負担しなければならない。

（不服申立てがあった場合の手続）

第十八条　公開決定等について、行政不服審査法（昭和三十七年法律第百六十号）による不服申立てがあったときは、当該不服申立てに対する裁決又は決定をすべき実施機関は、次の各号のいずれかに該当する場合を除き、遅滞なく、岐阜県情報公開審査会に諮問しなければならない。

一　不服申立てが不適法であり、却下するとき。

二　裁決又は決定で、不服申立てに係る公開決定等（公開請求に係る公文書の

全部を公開する旨の決定を除く。第三項において同じ。)を取り消し又は変更し、当該不服申立てに係る公文書の全部を公開することとするとするとき。ただし、第三者が当該公文書の公開について反対の意思を表示している場合を除く。
2 前項の規定により諮問をした実施機関(以下「諮問庁」という。)は、次に掲げるものに対し、諮問をした旨を通知しなければならない。
一 不服申立人及び参加人
二 請求者(請求者が不服申立人又は参加人である場合を除く。)
三 当該不服申立てに係る公開決定等について反対の意思を表示した第三者(当該第三者が不服申立人又は参加人である場合を除く。)
3 第十四条第二項の規定は、次の各号のいずれかに該当する裁決又は決定をする場合について準用する。
一 公開決定に対する第三者からの不服申立てを却下し、又は棄却する裁決又は決定
二 不服申立てに係る公開決定等を変更し、当該公開決定等に係る公文書を公開する旨の裁決又は決定(第三者である参加人が当該公文書の公開に反対の意思を表示している場合に限る。)
4 諮問庁は、第一項の規定による諮問に対する答申を受けたときは、これを尊重して、速やかに当該不服申立てに対する裁決又は決定を行うものとする。
　　◇一部改正(平成一三年条例四一号)
(岐阜県情報公開審査会)
第十九条 次に掲げる事項に係る審査を行わせるため、岐阜県情報公開審査会(以下「審査会」という。)を置く。
一 前条第一項の規定による諮問に対する答申に関すること。
二 第六条第三号ロに規定する意見に関すること。
2 審査会は、前項に規定する審査を行うほか、公文書の公開及び情報公開の総合的な推進に関し必要な事項について実施機関に建議することができる。
3 審査会は、委員五人以内で組織する。
4 委員は、学識経験を有する者のうちから知事が任命する。
5 委員の任期は、二年とする。ただし、補欠の委員の任期は、前任者の残任期間とする。
6 委員は、再任されることができる。
7 委員は、職務上知り得た秘密を漏らしてはならない。その職を退いた後も同様とする。
(審査会の調査権限等)
第二十条 審査会は、必要があると認めるときは、諮問庁に対し、公開決定等に係る公文書の提示を求めることができる。この場合において、何人も、審査会に対し、その提示された公文書の公開を求めることができない。
2 諮問庁は、審査会から前項の規定による求めがあったときは、これを拒むことはできない。
3 審査会は、必要があると認めるときは、諮問庁に対し、公開決定等に係る公

文書に記録されている情報の内容を審査会の指定する方法により分類又は整理した資料を作成し、審査会に提出するよう求めることができる。
4　第一項及び前項に定めるもののほか、審査会は、不服申立てに係る事件に関し、不服申立人、参加人又は諮問庁（以下「不服申立人等」という。）に意見書又は資料の提出を求めること、適当と認める者にその知っている事実を陳述させ又は鑑定を求めることその他必要な調査をすることができる。
5　審査会は、不服申立人等から申立てがあったときは、当該不服申立人等に、口頭で意見を述べる機会を与えなければならない。ただし、審査会が、その必要がないと認めるときは、この限りでない。
6　不服申立人等は、審査会に対し、意見書又は資料を提出することができる。ただし、審査会が意見書又は資料を提出すべき相当の期間を定めたときは、その期間内にこれを提出しなければならない。
7　審査会は、不服申立人等から、審査会に提出された意見書又は資料の閲覧又は写しの交付を求められたときは、これに応ずるよう努めるものとする。
8　審査会の行う調査審議の手続は、公開しない。
9　審査会は、諮問に対する答申をしたときは、答申書の写しを不服申立人及び参加人に送付するものとする。
　（規則への委任）
第二十一条　前二条に定めるもののほか、審査会の組織及び運営に関し必要な事項は、知事が規則で定める。

第三章　情報公開の総合的な推進

　（情報公開の総合的な推進）
第二十二条　県は、前章に定める公文書の公開のほか、情報提供施策及び情報収集活動の充実を図り、県政に関する正確で分かりやすい情報を県民が迅速かつ容易に得られるよう、情報公開の総合的な推進に努めるものとする。
　（情報提供施策の充実）
第二十三条　県は、報道機関への情報の提供及び広報誌その他の手段による広報の充実を図り、広報活動を積極的に推進するよう努めるものとする。
2　県は、一般には周知することを目的として作成し、又は収集した刊行物その他の資料について、その閲覧等のための施設の充実及び目録の整備に努めるものとする。
　（情報収集活動の充実）
第二十四条　県は、県民が必要とする情報を的確に把握するため、広聴活動その他の情報収集活動の充実に努めるものとする。
　（出資法人等の情報公開）
第二十五条　県が出資その他の財政支援等を行う法人であって、その性格及び業務内容を勘案し県の事務と密接な関係を有するとして知事が定めるもの（以下「出資法人等」という。）は、この条例の趣旨にのっとり、その保有する情報の公開に関し必要な措置を講ずるよう努めるものとする。

2　県は、出資法人等の保有する情報の公開が推進されるよう、必要な措置を講ずるよう努めるものとする。

第四章　雑　則

（公文書の管理体制の整備等）
第二十六条　実施機関は、公文書の迅速かつ的確な検索を行うことができるよう、公文書の管理体制の整備に努めるものとする。
2　実施機関は、公文書の検索に必要な資料を作成し、一般の利用に供するものとする。
（実施状況の公表）
第二十七条　知事は、毎年一回、各実施機関の公文書の公開について実施状況を取りまとめ、公表しなければならない。
（適用除外）
第二十八条　この条例の規定は、法律の規定により、行政機関の保有する情報の公開に関する法律（平成十一年法律第四十二号）の規定が適用されないこととされたものについては、適用しない。
（委任）
第二十九条　この条例に定めるもののほか、この条例の施行に関し必要な事項は、実施機関が定める。
（罰則）
第三十条　第十九条第七項の規定に違反して秘密を漏らした者は、一年以下の懲役又は三十万円以下の罰金に処する。
　　　　◇追　　加（平成一三年条例四一号）
附　則
（施行期日）
1　この条例は、平成十三年四月一日から施行する。ただし、第二条第一項、第六条第三号ロ、第十八条第一項、附則第六項第一号及び第三号並びに附則第七項中公安委員会及び警察本部長に係る部分、第六条第一号ロ中警察職員に係る部分並びに附則第六項第四号の規定は、平成十四年四月一日から施行する。
（経過措置）
2　この条例の施行の際現に改正前の岐阜県情報公開条例（以下「旧条例」という。）第五条の規定によりされている公文書の公開の請求は、改正後の岐阜県情報公開条例（以下「新条例」という。）第五条の規定による公開の請求とみなす。
3　この条例の施行の際現に旧条例第十三条第一項の規定により岐阜県公文書公開審査会に対しされている諮問は、新条例第十八条第一項の規定による審査会に対する諮問みなす。
4　この条例の施行前に旧条例によりなされた公示は、新条例による公示とみなす。
5　前三項に規定する場合のほか、この条例の施行前に旧条例の規定によりされた処分、手続その他の行為は、新条例の相当規定によりされた処分、手続その

他の行為とみなす。
6　次に掲げる公文書については、新条例の規定は適用しない。
　一　平成七年四月一日前に実施機関（議会、公安委員会及び警察本部長を除く。）の職員が作成し、又は取得した公文書（フィルム及び電磁的記録を除く。）
　二　平成十二年四月一日に実施機関（議会に限る。）の職員が作成し、又は取得した公文書（フイルム及び電磁的記録を除く。）
　三　平成十三年四月一日前に実施機関（公安委員会及び警察本部長を除く。）の職員が作成し、又は取得した公文書（フィルム及び電磁的記録に限る。）
　四　平成十三年四月一日前に実施機関（公安委員会及び警察本部長に限る。）の職員が作成し、又は取得した公文書
7　平成十年四月一日前に実施機関（議会、公安委員会及び警察本部長を除く。）の職員が作成し、又は取得した公文書（フィルム及び電磁的記録を除く。）については、新条例第六条第一号ロ及び第三号ロの規定は適用しない。
　附　則（平成十三年十二月二十一日条例第四十一号）
　この条例は、平成十四年四月一日から施行する。

静岡県情報公開条例

【制定】平成十二年十月二十七日条例第五十八号
【改正】平成十四年三月二十八日条例第三十一号
　　　　平成十四年七月二十二日条例第四十五号

静岡県公文書の開示に関する条例（平成元年静岡県条例第十五号）の全部を改正する。

静岡県情報公開条例

目次
　第一章　総則（第一条～第四条）
　第二章　公文書の開示
　　第一節　公文書の開示（第五条～第十八条）
　　第二節　不服申立て（第十九条～第二十八条）
　第三章　情報公開の総合的推進（第二十九条～第三十一条）
　第四章　雑則（第三十二条～第三十八条）
　附則

第一章　総則

（目的）
第一条　この条例は、地方自治の本旨にのっとり、県民の県政についての知る権利を尊重して、公文書の開示を請求する権利を明らかにするとともに県の保有する情報の公開に関して必要な事項を定め、もって県の諸活動を県民に説明する責務が全うされるようにし、県政の公正な執行と県民の信頼の確保を図り、県民参加による開かれた県政を一層推進することを目的とする。

（定義）
第二条　この条例において「実施機関」とは、知事、議会、教育委員会、選挙管理委員会、人事委員会、監査委員、公安委員会、警察本部長、地方労働委員会、収用委員会、海区漁業調整委員会、内水面漁場管理委員会、公営企業管理者及びガンセンター事業管理者をいう。
2　この条例において「公文書」とは、実施機関の職員（議会にあっては、議会の事務局の職員。以下同じ。）が職務上作成し、又は取得した文書、図画及び電磁的記録（電子的方式、磁気的方式その他人の知覚によっては認識することができない方式で作られた記録をいう。以下同じ。）であって、当該実施機関の職員が組織的に用いるものとして、当該実施機関が保有しているものをいう。ただし、官報、公報、白書、新聞、雑誌、書籍その他不特定多数の者に販売することを目的として発行されるものを除く。

◇一部改正（平成一四年条例第四五号）
（実施機関の責務）
第三条　実施機関は、この条例の運用に当たっては、公文書の開示を請求する権利を十分に尊重するとともに、個人に関する情報がみだりに公にされることのないよう最大限の配慮をしなければならない。
（利用者の責務）
第四条　この条例に基づく公文書の開示を請求する権利は、これを濫用してはならない。
2　この条例の定めるところにより公文書の開示を受けた者は、これによって得た情報をこの条例の目的に即して適正に使用しなければならない。

第二章　公文書の開示

第一節　公文書の開示

（開示請求権）
第五条　何人も、この条例の定めるところにより、実施機関に対し、その保有する公文書の開示を請求することができる。
（開示請求の手続）
第六条　前条の規定による開示の請求（以下「開示請求」という。）は、次に掲げる事項を記載した請求書（以下「開示請求書」という。）を実施機関に提出してしなければならない。
　一　開示請求をする者の氏名及び住所又は居所（法人その他の団体にあっては、その名称、主たる事務所の所在地及び代表者の氏名）
　二　公文書の名称その他の開示請求に係る公文書を特定するに足りる事項
　三　その他規則で定める事項
2　実施機関は、開示請求書に形式上の不備があると認めるときは、開示請求をした者（以下「開示請求者」という。）に対し、相当の期間を定めて、その補正を求めることができる。この場合において、実施機関は、開示請求者に対し、補正の参考となる情報を提供するよう努めなければならない。
（公文書の開示義務）
第七条　実施機関は、開示請求があったときは、開示請求に係る公文書に次の各号に掲げる情報（以下「非開示情報」という。）のいずれかが記録されている場合を除き、開示請求者に対し、当該公文書を開示しなければならない。
　一　法令若しくは条例（以下「法令等」という。）の規定又は実施機関が法律上従う義務を有する国の機関の明示の指示その他これに類する行為により、公にすることができないと認められる情報
　二　個人に関する情報（事業を営む個人の当該事業に関する情報を除く。）で、特定の個人を識別することができるもの（他の情報と照合することにより、特定の個人を識別することができることとなるものを含む。）又は特定の個人を識別することはできないが、公にすることにより、なお個人の権利利益を

害するおそれがあるもの。ただし、次に掲げる情報を除く。
　ア　法令等の規定により又は慣行として公にされ、又は、公にすることが予定されている情報
　イ　人の生命、健康、生活又は財産を保護するため、公にすることが必要であると認められる情報
　ウ　当該個人が公務員等（国家公務員法（昭和二十二年法律第百二十号）第二条第一項に規定する国家公務員（独立行政法人通則法（平成十一年法律第百三号）第二条第二項に規定する特定独立行政法人の役員及び職員を除く。）、独立行政法人等（独立行政法人等の保有する情報の公開に関する法律（平成十三年法律第百四十号）第二条第一項に規定する独立行政法人等をいう。以下同じ。）の役員及び職員並びに地方公務員法（昭和二十五年法律第二百六十一号）第二条に規定する地方公務員をいう。）である場合において、当該情報がその職務の遂行に係る情報であるときは、当該情報のうち、当該公務員等の職及び氏名並びに当該職務遂行の内容に係る部分。ただし、当該公務員等の氏名に係る情報を公にすることにより当該個人の権利利益を不当に害するおそれがある場合及び当該公務員等が警察職員（警察法（昭和二十九年法律第百六十二号）第三十四条第一項及び第五十五条第一項に規定する者をいう。）である場合にあっては、当該公務員等の氏名に係る部分を除く。
三　法人その他の団体（国、独立行政法人等及び地方公共団体を除く。以下「法人等」という。）に関する情報又は事業を営む個人の当該事業に関する情報であって、次に掲げるもの。ただし、人の生命、健康、生活又は財産を保護するため、公にすることが必要であると認められる情報を除く。
　ア　公にすることにより、当該法人等又は当該個人の権利、競争上の地位その他正当な利益を害するおそれがあるもの
　イ　実施機関の要請を受けて、公にしないとの条件で任意に提供されたものであって、法人等又は個人における通例として公にしないこととされているものその他の当該条件を付することが当該情報の性質、当時の状況等に照らして合理的であると認められるもの
四　公にすることにより、犯罪の予防、鎮圧又は捜査、公訴の維持、刑の執行その他の公共の安全と秩序の維持に支障を及ぼすおそれがあると実施機関が認めることにつき相当の理由がある情報
五　県の機関、独立行政法人等、国の機関及び他の地方公共団体の機関の内部又は相互間における審議、検討又は協議に関する情報であって、公にすることにより、率直な意見の交換若しくは意思決定の中立性が不当に損なわれるおそれ、不当に県民の間に混乱を生じさせるおそれ又は特定の者に不当に利益を与え若しくは不利益を及ぼすおそれがあるもの
六　県の機関、独立行政法人等、国の機関又は他の地方公共団体の機関が行う事務又は事業に関する情報であって、公にすることにより、次に掲げるおそれその他当該事務又は事業の性質上、当該事務又は事業の適正な遂行に支障を及ぼすおそれがあるもの

ア　監査、検査、取締り、徴税又は試験に係る事務に関し、正確な事実の把握を困難にするおそれ又は違法若しくは不当な行為を容易にし、若しくはその発見を困難にするおそれ
　　　イ　契約、交渉、渉外又は争訟に係る事務に関し、県、国、独立行政法人等又は他の地方公共団体の財産上の利益又は当事者としての地位を不当に害するおそれ
　　　ウ　調査研究に係る事務に関し、その公正かつ能率的な遂行を不当に阻害するおそれ
　　　エ　人事管理に係る事務に関し、公正かつ円滑な人事の確保に支障を及ぼすおそれ
　　　オ　県、国若しくは他の地方公共団体が経営する企業又は独立行政法人等に係る事業に関し、その企業経営上の正当な利益を害するおそれ
　　七　議会における会派又は議員個人の活動に関する情報であって、公にすることにより、これらの活動に著しい支障を及ぼすおそれがあるもの
　　　◇一部改正（平成一四年条例三一号）
　（部分開示）
第八条　実施機関は、開示請求に係る公文書の一部に非開示情報が記録されている場合において、非開示情報が記録されている部分を容易に区分して除くことができるときは、開示請求者に対し、当該部分を除いた部分につき開示しなければならない。ただし、当該部分を除いた部分に有意の情報が記録されていないと認められるときは、この限りでない。
2　開示請求に係る公文書に前条第二号に規定する情報（特定の個人を識別することができるものに限る。）が記録されている場合において、当該情報のうち、氏名、生年月日その他の特定の個人を識別することができることとなる記述等の部分を除くことにより、公にしても、個人の権利利益を害されるおそれがないと認められるときは、当該部分を除いた部分は同号に規定する情報に含まれないものとみなして、前項の規定を適用する。
　（公益上の理由による裁量的開示）
第九条　実施機関は、開示請求に係る公文書に非開示情報（第七条第一号に規定する情報を除く。）が記録されている場合であっても、公益上特に必要があると認めるときは、開示請求者に対し、当該公文書を開示することができる。
　（公文書の存否に関する情報）
第十条　開示請求に対し、当該開示請求に係る公文書が存在しているか否かを答えるだけで、非開示情報を開示することになるときは、実施機関は、当該公文書の存在を明らかにしないで、当該開示請求を拒否することができる。
　（開示請求に対する措置）
第十一条　実施機関は、開示請求に係る公文書の全部又は一部を開示するときは、その旨の決定をし、開示請求者に対し、その旨及び開示を実施する日時その他開示の実施に関し規則で定める事項を書面により通知しなければならない。ただし、開示請求があった場合において、直ちに開示請求に係る公文書の全部を開示するときは、口頭で行うことができる。

2　実施機関は、開示請求に係る公文書の全部を開示しないとき（前条の規定により開示請求を拒否するとき及び開示請求に係る公文書を保有していないときを含む。）は、開示をしない旨の決定をし、開示請求者に対し、その旨を書面により通知しなければならない。
　（理由の記載等）
第十二条　実施機関は、前条各項の決定（開示請求に係る公文書の全部を開示する旨の決定を除く。）をしたときは、当該決定をした根拠規定及び当該規定を適用した理由を同条各項の書面に記載しなければならない。
2　前項の場合において、実施機関は、当該決定の日から起算して一年以内に当該公文書の全部又は一部を開示することができるようになることが明らかであるときは、その旨を通知するものとする。
　（開示決定等の期限）
第十三条　第十一条各項の決定（以下「開示決定等」という。）は、開示請求があった日から起算して十五日以内にしなければならない。ただし、第六条第二項の規定により補正を求めた場合にあっては、当該補正に要した日数は、当該期間に算入しない。
2　前項の規定にかかわらず、実施機関は、事務処理上の困難その他正当な理由があるときは、同項に規定する期間を三十日以内に限り延長することができる。この場合において、実施機関は、開示請求者に対し、遅滞なく、延長後の期間及び延長の理由を書面により通知しなければならない。
3　開示請求に係る公文書が著しく大量であるため、開示請求があった日から起算して四十五日以内にそのすべてについて開示決定等をすることにより事務の遂行に著しい支障が生ずるおそれがある場合には、前二項の規定にかかわらず、実施機関は、開示請求に係る公文書のうちの相当の部分につき当該期間内に開示決定等をし、残りの公文書については相当の期間内に開示決定等をすれば足りる。この場合において、実施機関は、第一項に規定する期間内に、開示請求者に対し、次に掲げる事項を書面により通知しなければならない。
一　この項を適用する旨及びその理由
二　残りの公文書について開示決定等をする期限
　（事案の移送）
第十四条　実施機関は、開示請求に係る公文書が他の実施機関により作成されたものであるときその他他の実施機関において開示決定等をすることにつき正当な理由があるときは、当該他の実施機関と協議の上、当該他の実施機関に対し、事案を移送することができる。この場合において、移送をした実施機関は、開示請求者に対し、事案を移送した旨を書面により通知しなければならない。
2　前項の規定により事案が移送されたときは、移送を受けた実施機関において、当該開示請求についての開示決定等をしなければならない。この場合において、移送をした実施機関が移送前にした行為は、移送を受けた実施機関がしたものとみなす。
3　前項の場合において、移送を受けた実施機関が第十一条第一項の決定（以下「開示決定」という。）をしたときは、当該実施機関は、開示の実施をしなけれ

ばならない。この場合において、移送をした実施機関は、当該開示の実施に必要な協力をしなければならない。

（第三者保護に関する手続）
第十五条　開示請求に係る公文書に県、国、独立行政法人等、他の地方公共団体及び開示請求者以外の者（以下この条、第二十条及び第二十一条において「第三者」という。）に関する情報が記録されているときは、実施機関は、開示決定等をするに当たって、当該情報に係る第三者に対し、開示請求に係る公文書の表示その他規則で定める事項を通知して、意見書を提出する機会を与えることができる。
2　実施機関は、次の各号のいずれかに該当するときは、開示決定に先立ち、当該第三者に対し、開示請求に係る公文書の表示その他規則で定める事項を書面により通知して、意見書を提出する機会を与えなければならない。ただし、当該第三者の所在が判明しない場合は、この限りでない。
一　第三者に関する情報が記録されている公文書を開示しようとする場合であって、当該情報が第七条第二号イ又は第三号ただし書に規定する情報に該当すると認められるとき。
二　第三者に関する情報が記録されている公文書を第九条の規定により開示しようとするとき。
3　実施機関は、前二項の規定により意見書の提出の機会を与えられた第三者が当該公文書の開示に反対の意思を表示した意見書（以下「反対意見書」という。）を提出した場合において、開示決定をするときは、開示決定の日と開示を実施する日との間に少なくとも二週間を置かなければならない。この場合において、実施機関は、開示決定後直ちに、反対意見書を提出した第三者に対し、開示決定をした旨及びその理由並びに開示を実施する日を書面により通知しなければならない。
　　　　◇一部改正（平成一四年条例三一号）

（公文書の開示の実施方法）
第十六条　公文書の開示は、文書又は図画については閲覧又は写しの交付により、電磁的記録についてはその種別、情報化の進展状況等を勘案して規則で定める方法により行う。ただし、閲覧の方法による公文書の開示にあっては、実施機関は、当該公文書の保存に支障を生ずるおそれがあると認めるときその他正当な理由があるときは、その写しにより、これを行うことができる。

（他制度との調整）
第十七条　法令等の規定により、公文書を閲覧し、若しくは縦覧し、又は公文書の謄本、抄本その他の写しの交付を求めることができる等の場合における当該公文書の開示については、当該法令等の定めるところによる。
2　実施機関は、静岡県立中央図書館その他の県の施設において県民の利用に供することを目的として管理している公文書については、この条例に基づく開示をしない。

（費用負担）
第十八条　公文書（電磁的記録を除く。）の写しの交付を受ける者は、実施機関が

定めるところにより、当該写しの交付に要する費用を負担しなければならない。
2　公文書（電磁的記録に限る。）の開示を受ける者は、実施機関が定めるところにより、当該開示の実施に要する費用を負担しなければならない。

第二節　不服申立て

（審査会への諮問）
第十九条　開示決定等について、行政不服審査法（昭和三十七年法律第百六十号）の規定に基づく不服申立てがあったときは、当該不服申立てに対する裁決又は決定をすべき実施機関は、速やかに、静岡県情報公開審査会に諮問をしなければならない。ただし、次に掲げる場合を除く。
一　不服申立てが不適法であり、却下する場合
二　裁決又は決定で、不服申立てに係る開示決定等（開示請求に係る公文書の全部を開示する旨の決定を除く。以下この号及び第二十一条において同じ。）を取り消し、又は変更し、当該不服申立てに係る公文書の全部を開示することとする場合。ただし、当該開示決定等について反対意見書が提出されている場合を除く。
　　　◇一部改正（平成一四年条例三一号）

（諮問をした旨の通知）
第二十条　前条の規定により諮問をした実施機関（以下「諮問庁」という。）は、次に掲げる者に対し、諮問をした旨を通知しなければならない。
一　不服申立人及び参加人
二　開示請求者（開示請求者が不服申立人又は参加人である場合を除く。）
三　当該不服申立てに係る開示決定等について反対意見書を提出した第三者（当該第三者が不服申立人又は参加人である場合を除く。）

（第三者からの不服申立てを棄却する場合等における手続）
第二十一条　第十五条第三項の規定は、次の各号のいずれかに該当する裁決又は決定をする場合について準用する。
一　開示決定に対する第三者からの不服申立てを却下し、又は棄却する裁決又は決定
二　不服申立てに係る開示決定等を変更し、当該開示決定等に係る公文書を開示する旨の裁決又は決定（第三者である参加人が当該公文書の開示に反対の意思を表示している場合に限る。）

（静岡県情報公開審査会）
第二十二条　第十九条の諮問に応じ調査審議するため、静岡県情報公開審査会（以下「審査会」という。）を置く。
2　審査会は、前項の規定による調査審議を行うほか、情報公開に関する事項について実施機関に意見を述べることができる。
3　審査会は、委員六人以内で組織する。
4　委員は、優れた識見を有する者のうちから、知事が任命する。
5　委員の任期は二年とする。ただし、補欠の委員の任期は、前任者の残任期間とする。

6　委員は、再任されることができる。
7　委員は、職務上知り得た秘密を漏らしてはならない。その職を退いた後も同様とする。
　（部会）
第二十三条　審査会は、必要に応じて部会を置き、不服申立てに係る事件について調査審議させることができる。
　（審査会の調査権限）
第二十四条　審査会（前条の規定により部会に調査審議させる場合にあっては、部会。以下この条、第二十五条及び第二十六条において同じ。）は、必要があると認めるときは、諮問庁に対し、開示決定等に係る公文書の提示を求めることができる。この場合においては、何人も、審査会に対し、その提示された公文書の開示を求めることができない。
2　諮問庁は、審査会から前項の規定による求めがあったときは、これを拒んではならない。
3　審査会は、必要があると認めるときは、諮問庁に対し、開示決定等に係る公文書に記録されている情報の内容を審査会の指定する方法により分類又は整理した資料を作成し、審査会に提出するよう求めることができる。
4　第一項及び前項に定めるもののほか、審査会は、不服申立てに係る事件に関し、不服申立人、参加人又は諮問庁（以下「不服申立人等」という。）に意見書又は資料の提出を求めること、適当と認める者にその知っている事実を陳述させることその他必要な調査をすることができる。
　（意見の陳述等）
第二十五条　審査会は、不服申立人等から申立てがあったときは、当該不服申立人等に口頭で意見を述べる機会を与えなければならない。ただし、審査会がその必要がないと認めるときは、この限りでない。
2　不服申立人等は、審査会に対し、意見書又は資料を提出することができる。
3　審査会は、前条第三項若しくは第四項又は前項の規定により不服申立人等から意見書又は資料の提出があったときは、第三者の利益を害するおそれがあると認めるときその他正当な理由があるときを除き、不服申立人等（当該意見書又は資料を提出した者を除く。）に対し、当該意見書又は資料の写しを送付しなければならない。
　（調査審議手続等の非公開）
第二十六条　第十九条の諮問に応じ審査会の行う調査審議に係る手続及び公文書は、公開しない。
　（答申書の送付等）
第二十七条　審査会は、諮問に対する答申をしたときは、答申書の写しを不服申立人及び参加人に送付するとともに、答申の内容を公表するものとする。
　（規則への委任）
第二十八条　この節に定めるもののほか、審査会の組織及び運営に関し必要な事項は、規則で定める。

第三章　情報公開の総合的推進

（情報公開の総合的推進）
第二十九条　実施機関は、前章第一節に定める公文書の開示のほか、県民が県政に関する情報を迅速かつ容易に得られるよう情報提供施策の充実を図るなど、情報公開の総合的な推進に努めるものとする。
（情報提供施策の充実）
第三十条　実施機関は、広報及び広聴の活動の充実、刊行物その他の資料の積極的な提供、情報通信技術を活用した多様な媒体による情報提供の推進等により、情報提供施策の充実に努めるものとする。
（出資法人の情報公開）
第三十一条　県が資本金、基本金その他これらに準ずるものを出資している法人で規則で定めるもの（以下「出資法人」という。）は、この条例の趣旨にのっとり、当該出資法人の保有する情報の公開に関し必要な措置を講ずるよう努めるものとする。
2　実施機関は、出資法人に対し、前項の必要な措置を講ずるよう指導に努めるものとする。

第四章　雑　則

（公文書の管理）
第三十二条　実施機関は、この条例の適正かつ円滑な運用に資するため、公文書を適正に管理しなければならない。
2　実施機関は、実施機関の規則（規程を含む。）で公文書の分類、作成、保存及び廃棄その他の公文書の管理に関する必要な事項を定めなければならない。
（公文書の検索資料の作成等）
第三十三条　実施機関は、公文書を検索するために必要な資料を作成し、一般の利用に供するものとする。
（実施状況の公表）
第三十四条　知事は、毎年一回、各実施機関における公文書の開示等の実施状況を取りまとめ、これを公表しなければならない。
（適用除外）
第三十五条　行政機関の保有する情報の公開に関する法律の施行に伴う関係法律の整備等に関する法律（平成十一年法律第四十三号）その他の法律の規定により、行政機関の保有する情報の公開に関する法律（平成十一年法律第四十二号）の規定が適用されないこととされた公文書については、この条例の規定は、適用しない。
（本人情報の開示）
第三十六条　実施機関は、個人に関する情報が記録されている公文書で実施機関が定めるものについて、当該情報に係る本人から当該公文書の開示の申出があ

った場合においては、これに応ずるよう努めるものとする。
2　第十八条の規定は、前項の規定により公文書の開示を行う場合について準用する。
　（委任）
第三十七条　この条例の施行に関し必要な事項は、実施機関が定める。
　（罰則）
第三十八条　第二十二条第七項の規定に違反して秘密を漏らした者は、一年以下の懲役又は三万円以下の罰金に処する。
　附　則
　（施行期日）
1　この条例は、平成十三年四月一日から施行する。ただし、次の各号に掲げる規定は、当該各号に定める日から施行する。
　一　第十八条第一項並びに附則第十三項及び第十四項の規定　公布の日
　二　第二条第一項の規定中公安委員会及び警察本部長に係る部分　平成十四年四月一日
　（経過措置）
2　次に掲げる公文書については、改正後の静岡県情報公開条例（以下「新条例」という。）の規定は、適用しない。
　一　平成十三年四月一日前に実施機関（議会並びに公安委員会及び警察本部長を除く。）の職員が作成し、又は取得した公文書。ただし、改正前の静岡県公文書の開示に関する条例（以下「旧条例」という。）第二条第二項に規定する公文書を除く。
　二　平成十三年四月一日前に議会の事務局の職員が作成し、又は取得した公文書
　三　平成十三年四月一日前に実施機関（公安委員会及び警察本部長に限る。）の職員が作成し、又は取得した公文書。ただし、次に掲げる公文書（決裁又はこれに準ずる手続が終了し、当該実施機関が管理している文書及び図画に限る。）を除く。
　　ア　平成十一年四月一日から平成十三年三月三十一日までの間に作成し、又は取得した公文書
　　イ　平成十一年四月一日前に作成し、又は取得した公文書（保存期間が永年と定められているもの及び作成し、又は取得した日が、公安委員会規則で定める日以後であるものに限る。）
3　この条例の公布の日前に実施機関の職員が作成し、又は取得した公文書については、新条例第七条第二号ウの規定は、適用しない。
4　平成十四年三月三十一日までの間は、新条例第十九条中「実施機関（公安委員会及び警察本部長を除く。第二十二条において同じ。）」とあるのは、「実施機関」とする。
5　この条例の施行の際現にされている旧条例第五条の規定による公文書の開示の請求（以下「旧条例による開示請求」という。）及び旧条例第十六条第二項の公文書の開示の申出は、新条例第五条の規定による公文書の開示の請求とみな

す。
6 この条例の施行の際現にされている旧条例第十二条に規定する行政不服審査法の規定に基づく不服申立ては、新条例第十九条に規定する同法の規定に基づく不服申立てとみなす。
7 前二項に規定するもののほか、この条例の施行前に旧条例の規定によりした処分、手続その他の行為は、新条例の相当規定によってしたものとみなす。
8 旧条例第十三条第一項の規定により置かれた静岡県公文書開示審査会は、新条例第二十二条第一項の規定により置く審査会となり、同一性をもって存続するものとする。
9 この条例の施行の際現に旧条例第十三条第二項の規定により任命されている静岡県公文書開示審査会の委員である者は、新条例第二十二条第四項の規定により任命された審査会の委員である者とみなす。
10 前項の規定により任命されたとみなされた審査会の委員及びこの条例の施行の際新条例第二十二条第四項の規定により新たに任命される審査会の委員の任期は、同条第五項の規定にかかわらず、平成十三年九月三十日までとする。
11 この条例の公布の日前に開催された旧条例第九条第五号に規定する合議制機関等の会議に係る情報であって、当該合議制機関等の議事運営規程又は議決によりその全部又は一部について開示しない旨を定めているものが記録されている公文書については、同号の規定は、この条例の施行の日以後も、なおその効力を有する。
12 前項に規定する公文書に対する新条例第七条の規定の適用については、同条中「次の各号」とあるのは、「次の各号及び附則第十一項の規定によりなおその効力を有することとされる静岡県公文書の開示に関する条例第九条第五号」とする。
13 この条例の公布の日から平成十三年三月三十一日までの間に旧条例による開示請求があった場合において、当該開示請求に係る公文書の全部を直ちに開示する旨の通知は、旧条例第七条第三項の規定にかかわらず、口頭で行うことができる。
  （静岡県手数料徴収条例の一部改正）
14 静岡県手数料徴収条例（平成十二年静岡県条例第二十五号）の一部を次のように改正する。
　　　　（次のよう）略
附　則（平成十四年三月二十八日条例第三十一号）
1 この条例は、次の各号に掲げる区分に応じ、それぞれ当該各号に定める日から施行する。
　一　第十九条の改正規定　平成十四年四月一日
　二　前号に掲げる規定以外の規定　独立行政法人等の保有する情報の公開に関する法律（平成十三年法律第百四十号）の施行の日
2 改正後の第七条及び第十五条第一項の規定は、前項第二号に掲げる規定の施行後にされた開示請求について適用し、同号に掲げる規定の施行前にされた開示請求については、なお従前の例による。

附　則（平成十四年七月二十二日条例第四十五号）抄
　（施行期日）
1　この条例は、平成十五年四月一日から施行する。

愛知県情報公開条例

【制定】平成十二年三月二十八日条例第十九号
【改正】平成十二年七月十八日条例第六十一号
　　　　平成十三年七月十日条例第四十五号
　　　　平成十四年三月二十六日条例第二十三号

愛知県公文書公開条例（昭和六十一年愛知県条例第二号）の全部を改正する。

　　愛知県情報公開条例

目次
　前文
　第一章　総則（第一条～第四条）
　第二章　行政文書の開示（第五条～第十八条）
　第三章　不服申立て等（第十九条～第二十二条）
　第四章　雑則（第二十三条～第二十九条）
　附則

　情報の公開は、地方自治の本旨にのっとり、公正で民主的な県政を推進していく上での基礎となるものである。
　また、県の保有する情報を広く県民に公開していくことは、県がその諸活動を県民に説明する責務を全うするとともに、県政に対する県民の理解を深め、県民と県との信頼関係を増進していく上で不可欠なものである。
　このような認識の下に、県民の知る権利を尊重して、県の保有する行政文書の開示を請求する権利を明らかにするとともに、情報の提供に関する施策の充実を図ることにより、透明性の高い、開かれた県政を実現するために、ここにこの条例を制定する。

　　　　　第一章　総則

　（目的）
第一条　この条例は、行政文書の開示を請求する権利につき定めること等により、実施機関の管理する情報の一層の公開を図り、もって県の有するその諸活動を県民に説明する責務が全うされるようにするとともに、県民の的確な理解と批判の下にある公正で民主的な県政の推進に資することを目的とする。
　（定義）
第二条　この条例において「実施機関」とは、知事、議会、教育委員会、選挙管理委員会、人事委員会、監査委員、公安委員会、地方労働委員会、収用委員会、海区漁業調整委員会、内水面漁場管理委員会、公営企業管理者及び警察本部長

をいう。
2 　この条例において「行政文書」とは、実施機関の職員が職務上作成し、又は取得した文書、図画、写真及びスライド（これらを撮影したマイクロフィルムを含む。以下「文書等」という。）並びに電磁的記録（電子的方式、磁気的方式その他人の知覚によっては認識することができない方式で作られた記録をいう。以下同じ。）であって、当該実施機関の職員が組織的に用いるものとして、当該実施機関が管理しているものをいう。ただし、次に掲げるものを除く。
　一　県の図書館その他これに類する施設として規則で定めるものにおいて、県民の利用に供することを目的として管理されているもの
　二　官報、公報、白書、新聞、雑誌、書籍その他不特定多数の者に販売することを目的として発行されているもの
　　　　◇一部改正（平成一二年条例六一号）
（解釈及び運用の基本）
第三条　実施機関は、この条例の解釈及び運用に当たっては、行政文書の開示を請求する権利を十分に尊重するものとする。この場合において、実施機関は、個人に関する情報がみだりに公にされることのないよう最大限の配慮をしなければならない。
（適正使用）
第四条　この条例の定めるところにより行政文書の開示を受けたものは、これによって得た情報を、この条例の目的に即して適正に使用しなければならない。

第二章　行政文書の開示

（開示請求権）
第五条　何人も、この条例の定めるところにより、実施機関に対し、行政文書の開示を請求することができる。
（開示請求の手続）
第六条　前条の規定による開示の請求（以下「開示請求」という。）は、次に掲げる事項を記載した書面（以下「開示請求書」という。）を実施機関に提出してしなければならない。ただし、開示請求に係る行政文書が、その全部を開示するものであることが明らかであるとして実施機関が開示請求書の提出を要しないと認めた行政文書である場合は、この限りでない。
　一　開示請求をするものの氏名又は名称及び住所若しくは居所又は事務所若しくは事業所の所在地並びに法人その他の団体にあっては、代表者の氏名
　二　行政文書の名称その他の開示請求に係る行政文書を特定するに足りる事項
　三　その他実施機関の規則（実施機関の規程を含む。以下同じ。）で定める事項
2 　実施機関は、開示請求書に形式上の不備があると認めるときは、当該開示請求書を提出したものに対し、相当の期間を定めて、その補正を求めることができる。この場合において、実施機関は、当該開示請求書を提出したものに対し、補正の参考となる情報を提供するよう努めなければならない。
（行政文書の開示義務）

第七条　実施機関は、開示請求があったときは、開示請求に係る行政文書に次の各号に掲げる情報（以下「不開示情報」という。）のいずれかが記録されている場合を除き、開示請求をしたものに対し、当該行政文書を開示しなければならない。
一　法令若しくは条例の定めるところにより、又は実施機関が法律若しくはこれに基づく政令の規定により従う義務のある主務大臣その他国の行政機関の指示により、公にすることができないと認められる情報
二　個人に関する情報（事業を営む個人の当該事業に関する情報を除く。）であって、当該情報に含まれる氏名、生年月日その他の記述等により特定の個人を識別することができるもの（他の情報と照合することにより、特定の個人を識別することができることとなるものを含む。）又は特定の個人を識別することはできないが、公にすることにより、なお個人の権利利益を害するおそれがあるもの。ただし、次に掲げる情報を除く。
　イ　法令若しくは条例の定めるところにより又は慣行として公にされ、又は公にすることが予定されている情報
　ロ　人の生命、健康、生活又は財産を保護するため、公にすることが必要であると認められる情報
　ハ　当該個人が公務員等（国家公務員法（昭和二十二年法律第百二十号）第二条第一項に規定する国家公務員（独立行政法人通則法（平成十一年法律第百三号）第二条第二項に規定する特定独立行政法人の役員及び職員を除く。）、独立行政法人等（独立行政法人等の保有する情報の公開に関する法律（平成十三年法律第百四十号）第二条第一項に規定する独立行政法人等をいう。以下同じ。）の役員及び職員並びに地方公務員法（昭和二十五年法律第二百六十一号）第二条に規定する地方公務員をいう。）である場合において、当該情報がその職務の遂行に係る情報であるときは、当該情報のうち、当該公務員等の職及び氏名並びに当該職務遂行の内容に係る部分（当該公務員の氏名に係る部分を公にすることにより当該個人の権利利益を不当に害するおそれがある場合及び当該公務員が規則で定める職にある警察職員である場合にあっては、当該公務員等の氏名に係る部分を除く。）
　ニ　当該個人が、実施機関が行う事務又は事業で予算の執行を伴うものの相手方である場合において、当該情報がこの条例の目的に即し公にすることが特に必要であるものとして実施機関の規則（警察本部長にあっては、公安委員会規則。第二十三条第二項及び第三項並びに第二十七条において同じ。）で定める情報に該当するときは、当該情報のうち、当該相手方の役職（これに類するものを含む。以下同じ。）及び氏名並びに当該予算執行の内容に係る部分（当該相手方の役職及び氏名に係る部分を公にすることにより当該個人の権利利益を不当に害するおそれがある場合にあっては、当該部分を除く。）
三　法人その他の団体（国、独立行政法人等及び地方公共団体を除く。以下「法人等」という。）に関する情報又は事業を営む個人の当該事業に関する情報であって、次に掲げるもの。ただし、人の生命、健康、生活又は財産を保

護するため、公にすることが必要であると認められる情報を除く。
　　イ　公にすることにより、当該法人等又は当該個人の権利、競争上の地位その他正当な利益を害するおそれがあるもの
　　ロ　実施機関の要請を受けて、公にしないとの条件で任意に提供されたものであって、法人等又は個人における通例として公にしないこととされているものその他の当該条件を付することが当該情報の性質、当時の状況等に照らして合理的であると認められるもの
　四　公にすることにより、犯罪の予防、鎮圧又は捜査、公訴の維持、刑の執行その他の公共の安全と秩序の維持に支障を及ぼすおそれがあると実施機関が認めることにつき相当の理由がある情報
　五　県の機関並びに国、独立行政法人等及び他の地方公共団体の内部又は相互間における審議、検討又は協議に関する情報であって、公にすることにより、率直な意見の交換若しくは意思決定の中立性が不当に損なわれるおそれ、不当に県民の間に混乱を生じさせるおそれ又は特定の者に不当に利益を与え若しくは不利益を及ぼすおそれがあるもの
　六　県の機関又は国、独立行政法人等若しくは他の地方公共団体が行う事務又は事業に関する情報であって、公にすることにより、次に掲げるおそれその他当該事務又は事業の性質上、当該事務又は事業の適正な遂行に支障を及ぼすおそれがあるもの
　　イ　監査、検査、取締り又は試験に係る事務に関し、正確な事実の把握を困難にするおそれ又は違法若しくは不当な行為を容易にし、若しくはその発見を困難にするおそれ
　　ロ　契約、交渉又は争訟に係る事務に関し、国、独立行政法人等又は地方公共団体の財産上の利益又は当事者としての地位を不当に害するおそれ
　　ハ　調査研究に係る事務に関し、その公正かつ能率的な遂行を不当に阻害するおそれ
　　ニ　人事管理に係る事務に関し、公正かつ円滑な人事の確保に支障を及ぼすおそれ
　　ホ　国若しくは地方公共団体が経営する企業又は独立行政法人等に係る事業に関し、その企業経営上の正当な利益を害するおそれ
　　　　◇一部改正（平成一四年条例二三号）

（部分開示）
第八条　実施機関は、開示請求に係る行政文書の一部に不開示情報が記録されている場合において、不開示情報が記録されている部分を容易に区分して除くことができるときは、開示請求をしたもの（第六条第一項ただし書の規定により開示請求書を提出しなかったものを除く。以下「開示請求者」という。）に対し、当該部分を除いた部分につき開示しなければならない。ただし、当該部分を除いた部分に有意の情報が記録されていないと認められるときは、この限りでない。
２　開示請求に係る行政文書に前条第二号の情報（特定の個人を識別することができるものに限る。）が記録されている場合において、当該情報のうち、氏名、

生年月日その他の特定の個人を識別することができることとなる記述等の部分を除くことにより、公にしても、個人の権利利益が害されるおそれがないと認められるときは、当該部分を除いた部分は、同号の情報に含まれないものとみなして、前項の規定を適用する。

（公益上の理由による裁量的開示）
第九条　実施機関は、開示請求に係る行政文書に不開示情報（第七条第一号に掲げる情報を除く。）が記録されている場合であっても、公益上特に必要があると認めるときは、開示請求者に対し、当該行政文書を開示することができる。

（行政文書の存否に関する情報）
第十条　開示請求に対し、当該開示請求に係る行政文書が存在しているか否かを答えるだけで、不開示情報を開示することとなるときは、実施機関は、当該行政文書の存否を明らかにしないで、当該開示請求を拒否することができる。

（開示請求に対する措置）
第十一条　実施機関は、開示請求に係る行政文書の全部又は一部を開示するときは、その旨の決定をし、速やかに、開示請求者に対し、その旨並びに開示を実施する日時及び場所その他開示の実施に関し実施機関の規則で定める事項を書面により通知しなければならない。

2　実施機関は、開示請求に係る行政文書の全部を開示しないとき（前条の規定により開示請求を拒否するとき及び開示請求に係る行政文書を管理していないときを含む。）は、開示をしない旨の決定をし、速やかに、開示請求者に対し、その旨を書面により通知しなければならない。

（開示決定等の期限）
第十二条　前条各項の決定（以下「開示決定等」という。）は、開示請求があった日から起算して十五日以内にしなければならない。ただし、第六条第二項の規定により補正を求めた場合にあっては、当該補正に要した日数は、当該期間に算入しない。

2　前項の規定にかかわらず、実施機関は、事務処理上の困難その他正当な理由があるときは、同項に規定する期間を三十日以内に限り延長することができる。この場合において、実施機関は、請求者に対し、速やかに、延長後の期間及び延長の理由を書面により通知しなければならない。

（開示決定等の期限の特例）
第十三条　開示請求に係る行政文書が著しく大量であるため、開示請求があった日から起算して四十五日以内にそのすべてについて開示決定等をすることにより事務の遂行に著しい支障が生ずるおそれがある場合には、前条の規定にかかわらず、実施機関は、開示請求に係る行政文書のうちの相当の部分につき当該期間内に開示決定等をし、残りの行政文書については相当の期間内に開示決定等をすれば足りる。この場合において、実施機関は、同条第一項に規定する期間内に、開示請求者に対し、次に掲げる事項を書面により通知しなければならない。

一　本条を適用する旨及びその理由
二　残りの行政文書について開示決定等をする期限

（事案の移送）
第十四条　実施機関は、開示請求に係る行政文書が他の実施機関の職員により作成されたものであるときその他他の実施機関において開示決定等をすることにつき正当な理由があるときは、当該他の実施機関と協議の上、当該他の実施機関に対し、事案を移送することができる。この場合においては、移送をした実施機関は、開示請求者に対し、事案を移送した旨を書面により通知しなければならない。
2　前項の規定により事案が移送されたときは、移送を受けた実施機関において、当該開示請求についての開示決定等をしなければならない。この場合において、移送をした実施機関が移送前にした行為は、移送を受けた実施機関がしたものとみなす。
3　前項の場合において、移送を受けた実施機関が第十一条第一項の決定（以下「開示決定」という。）をしたときは、当該実施機関は、開示の実施をしなければならない。この場合において、移送をした実施機関は、当該開示の実施に必要な協力をしなければならない。

（第三者に対する意見書提出の機会の付与等）
第十五条　開示請求に係る行政文書に県、国、独立行政法人等及び他の地方公共団体並びに開示請求者以外のもの（以下「第三者」という。）に関する情報が記録されているときは、実施機関は、開示決定等をするに当たって、当該情報に係る第三者に対し、開示請求に係る行政文書の表示その他実施機関の規則で定める事項を通知して、意見書を提出する機会を与えることができる。
2　実施機関は、次の各号のいずれかに該当するときは、開示決定に先立ち、当該第三者に対し、開示請求に係る行政文書の表示その他実施機関の規則で定める事項を書面により通知して、意見書を提出する機会を与えなければならない。ただし、当該第三者の所在が判明しない場合は、この限りでない。
　一　第三者に関する情報が記録されている行政文書を開示しようとする場合であって、当該情報が第七条第二号ロ又は第三号ただし書に規定する情報に該当すると認められるとき。
　二　第三者に関する情報が記録されている行政文書を第九条の規定により開示しようとするとき。
3　実施機関は、前二項の規定により意見書の提出の機会を与えられた第三者が当該行政文書の開示に反対の意思を表示した意見書を提出した場合において、開示決定をするときは、開示決定の日と開示を実施する日との間に少なくとも二週間を置かなければならない。この場合において、実施機関は、開示決定後直ちに、当該意見書（第十九条第一項第二号及び第二項第三号において「反対意見書」という。）を提出した第三者に対し、開示決定をした旨及びその理由並びに開示を実施する日を書面により通知しなければならない。
　　　　◇一部改正（平成一四年条例二三号）

（開示の実施）
第十六条　実施機関は、開示決定をしたとき、又は第六条第一項ただし書の規定により開示請求書の提出を要しない開示請求があったときは、速やかに、開示

請求をしたものに対し、当該開示請求に係る行政文書を開示しなければならない。
2　行政文書の開示は、文書等については閲覧又は写しの交付により、電磁的記録についてはこれらに準ずる方法としてその種別、情報化の進展状況等を勘案して実施機関の規則で定める方法により行う。ただし、閲覧の方法による行政文書の開示にあっては、実施機関は、当該行政文書の保存に支障を生ずるおそれがあると認めるときその他正当な理由があるときは、その写しにより、これを行うことができる。

（費用の負担）
第十七条　前条第二項の規定に基づき、文書等について写しの交付の方法により開示を受けるものにあっては当該写しの作成及び送付に要する費用を、電磁的記録について同項本文に規定する方法により開示を受けるものにあっては写しの交付及び送付に準ずるものとして実施機関の規則で定めるものに要する費用を負担しなければならない。

（他の制度との調整）
第十八条　この章の規定は、次の各号に掲げる行政文書の区分に応じ、当該各号に定める方法による当該行政文書の開示については、適用しない。
一　法令又は他の条例（愛知県個人情報保護条例（平成四年愛知県条例第一号）を除く。以下同じ。）の規定に基づき、閲覧し、又は縦覧することができる文書等閲覧
二　法令又は他の条例の規定に基づき、謄本、抄本その他の写しの交付を受けることができる文書等写しの交付
三　法令又は他の条例の規定に基づき、第十六条第二項本文に規定する方法と同一の方法で開示を受けることができる電磁的記録当該同一の方法

第三章　不服申立て等

（審査会への諮問等）
第十九条　開示決定等について行政不服審査法（昭和三十七年法律第百六十号）による不服申立てがあったときは、当該不服申立てに対する決定又は裁決をすべき実施機関（議会を除く。）は、次の各号のいずれかに該当する場合を除き、遅滞なく、愛知県情報公開審査会に諮問しなければならない。
一　不服申立てが不適法であり、却下するとき。
二　決定又は裁決で、不服申立てに係る開示決定等（開示請求に係る行政文書の全部を開示する旨の決定を除く。以下この号及び第三項第二号において同じ。）を取り消し、又は変更し、当該不服申立てに係る行政文書の全部を開示することとするとき。ただし、当該開示決定等について反対意見書が提出されているときを除く。
2　前項の規定により諮問をした実施機関（以下「諮問実施機関」という。）は、次に掲げるものに対し、諮問をした旨を通知しなければならない。
一　不服申立人及び参加人

二　開示請求者（開示請求者が不服申立人又は参加人である場合を除く。）
三　当該不服申立てに係る開示決定等について反対意見書を提出した第三者（当該第三者が不服申立人又は参加人である場合を除く。）
3　第十五条第三項の規定は、次の各号のいずれかに該当する決定又は裁決をする場合について準用する。
一　開示決定に対する第三者からの不服申立てを却下し、又は棄却する決定又は裁決
二　不服申立てに係る開示決定等を変更し、当該開示決定等に係る行政文書を開示する旨の決定又は裁決（第三者である参加人が当該行政文書の開示に反対の意思を表示している場合に限る。）
　　　　◇一部改正（平成一二年条例六一号・一三年四五号）
第十九条の二　議会がした開示決定等について異議申立てがあったときは、議会は、別に定めるところにより、前条に準ずる措置を講ずるものとする。
　　　　◇追　　加（平成一二年条例六一号）
（愛知県情報公開審査会）
第二十条　第十九条第一項の規定による諮問に応じ不服申立てについて調査審議させるため、愛知県情報公開審査会（以下「審査会」という。）を置く。
2　審査会は、情報公開に関する事項について調査審議し、実施機関（議会を除く。）に意見を述べることができる。
3　審査会は、委員五人以内で組織する。
4　委員は、学識経験のある者のうちから知事が任命する。
5　委員の任期は、二年とする。ただし、委員が欠けた場合における補欠の委員の任期は、前任者の残任期間とする。
6　委員は、職務上知ることのできた秘密を漏らしてはならない。その職を退いた後も、同様とする。
　　　　◇一部改正（平成一二年条例六一号・一三年四五号）
（審査会の調査審議の手続）
第二十一条　審査会は、前条第一項の規定による調査審議を行うため必要があると認めるときは、諮問実施機関に対し、開示決定等に係る行政文書の提示を求めることができる。この場合においては、何人も、審査会に対し、その提示された行政文書の開示を求めることができない。
2　諮問実施機関は、審査会から前項の規定による求めがあったときは、これを拒んではならない。
3　審査会は、前条第一項の規定による調査審議を行うため必要があると認めるときは、諮問実施機関に対し、開示決定等に係る行政文書に記録されている情報の内容を審査会の指定する方法により分類し、又は整理した資料を作成し、審査会に提出するよう求めることができる。
4　第一項及び前項に定めるもののほか、審査会は、不服申立てに係る事件に関し、不服申立人、参加人又は諮問実施機関（以下「不服申立人等」という。）に意見書又は資料の提出を求めること、適当と認める者にその知っている事実を陳述させ、又は鑑定を求めることその他必要な調査をすることができる。

5 審査会は、不服申立人等から申立てがあったときは、当該不服申立人等に口頭で意見を述べる機会を与えなければならない。ただし、審査会がその必要がないと認めるときは、この限りでない。
6 前項本文の場合においては、不服申立人又は参加人は、審査会の許可を得て、補佐人とともに出頭することができる。
7 不服申立人等は、審査会に対し、意見書又は資料を提出することができる。ただし、審査会が意見書又は資料を提出すべき相当の期間を定めたときは、その間間内にこれを提出しなければならない。
8 審査会は、不服申立人等から、審査会に提出された意見書又は資料の閲覧を求められたときは、これに応ずるよう努めるものとする。
9 審査会の行う前条第一項の規定による調査審議の手続は、公開しない。
10 審査会は、諮問に対する答申をしたときは、答申書の写しを不服申立人及び参加人に送付するとともに、答申の内容を公表するものとする。
　（規則への委任）
第二十二条　前二条に定めるもののほか、審査会の組織及び運営に関し必要な事項は、規則で定める。

第四章　雑　則

（行政文書の管理）
第二十三条　実施機関は、この条例の適正かつ円滑な運用に資するため、行政文書を適正に管理するものとする。
2　実施機関は、実施機関の規則で定めるところにより、行政文書の管理に関する定めを設けるとともに、これを一般の閲覧に供しなければならない。
3　前項の実施機関の規則においては、行政文書の分類、作成、保存及び廃棄に関する基準その他の行政文書の管理に関する必要な事項について定めるものとする。
　（開示請求をしようとするものに対する情報の提供等）
第二十四条　実施機関は、開示請求をしようとするものが容易かつ的確に開示請求をすることができるよう、当該実施機関が管理する行政文書の特定に資する情報の提供その他開示請求をしようとするものの利便を考慮した適切な措置を講じなければならない。
　（施行の状況の公表）
第二十五条　知事は、実施機関に対し、この条例の施行の状況について報告を求めることができる。
2　知事は、毎年度、前項の報告を取りまとめ、その概要を公表しなければならない。
　（実施機関の管理する情報の提供に関する施策の充実）
第二十六条　県は、その保有する情報の公開の総合的な推進を図るため、実施機関の管理する情報が迅速に、かつ、適切な方法で県民に明らかにされるよう、実施機関の管理する情報の提供に関する施策の充実に努めるものとする。

2　実施機関は、県政に関する正確で、かつ、わかりやすい情報を県民に積極的に提供するよう努めなければならない。
　（出資法人等の情報公開）
第二十七条　実施機関は、県が出資する法人その他県が財政的援助等を与える法人等のうち実施機関の規則で定めるもの（以下「出資法人等」という。）について、その性格及び業務内容に応じ、出資法人等の保有する情報の公開が推進されるよう、出資法人等に対し指導する等必要な措置を講じなければならない。
　（適用除外）
第二十八条　この条例の規定は、次に掲げる行政文書については、適用しない。
　一　刑事訴訟法（昭和二十三年法律第百三十一号）第五十三条の二に規定する訴訟に関する書類及び押収物
　二　漁業法（昭和二十四年法律第二百六十七号）第五十条第一項に規定する免許漁業原簿
　（委任）
第二十九条　この条例に定めるもののほか、この条例の施行に関し必要な事項は、実施機関の規則で定める。

　　　　　　　　　第五章　罰　則

第三十条　第二十条第六項の規定に違反して秘密を漏らした者は、一年以下の懲役又は三十万円以下の罰金に処する。
　　　　　◇追　加（平成一三年条例四五号）
　附　則
　（施行期日）
1　この条例は、平成十二年四月一日から施行する。ただし、次の各号に掲げる規定は、当該各号に定める日から施行する。
　一　第二条第二項、第十六条第二項及び第十七条中電磁的記録に係る部分、第十八条第三号、第二十七条並びに附則第七項第二号の規定　平成十三年四月一日
　二　第二条第一項、第二十条第二項並びに附則第七項第一号及び第九号中公安委員会及び警察本部長に係る部分、第七条第二号ハ中警察職員に係る部分、同号ニ中警察本部長に係る部分、第十九条第一項中公安委員会に係る部分、第二十八条第一号並びに附則第七項第三号の規定　公布の日から起算して二年を超えない範囲内において規則で定める日
　（経過措置）
2　平成十三年三月三十一日までの間における改正後の愛知県情報公開条例（以下「新条例」という。）第二条第二項の規定の適用については、同項中「当該実施機関の職員が組織的に用いるものとして」とあるのは、「決裁、閲覧等の手続が終了し」とする。
3　この条例の施行の際現に改正前の愛知県公文書公開条例（以下「旧条例」という。）第五条の規定によりされている公文書の公開の請求は、新条例第五条の

規定による開示の請求とみなす。
4 この条例の施行の際現に旧条例第十一条の規定により愛知県公文書公開審査会に対しされている諮問は、新条例第十九条第一項の規定による審査会に対する諮問とみなす。
5 前二項に規定するもののほか、この条例の施行前に旧条例の規定によりされた処分、手続その他の行為は、新条例中にこれに相当する規定がある場合には、当該規定によりされたものとみなす。
6 この条例の施行の際現に旧条例第十二条第三項の規定による愛知県公文書公開審査会の委員である者は、新条例第二十条第四項の規定により審査会の委員に任命されたものとみなし、その任期は、同条第五項の規定にかかわらず、平成十二年九月三十日までとする。
7 次に掲げる行政文書については、新条例第一章の規定は、適用しない。
　一 昭和六十一年四月一日前に実施機関（公安委員会及び警察本部長を除く。次号において同じ。）の職員が作成し、又は取得した行政文書（旧条例第二条第二項に規定する公文書（以下単に「公文書」という。）に限る。）
　二 平成十三年四月一日前に実施機関の職員が作成し、又は取得した行政文書（公文書を除く。）
　三 平成十三年四月一日前に実施機関（公安委員会及び警察本部長に限る。）の職員が作成し、又は取得した行政文書で、当該実施機関が管理しているもの
8 実施機関は、前項各号に掲げる行政文書について開示の申出があったときは、当該行政文書を開示するよう努めるものとする。この場合において、行政文書の開示を受けるものについては、新条例第十七条の規定を準用する。
9 平成十一年八月一日前に実施機関（公安委員会及び警察本部長を除く。）の職員が作成し、又は取得した行政文書（公文書に限る。）については、新条例第七条から第九条までの規定は適用せず、なお従前の例による。
　（出頭人の費用弁償等に関する条例の一部改正）
10 出頭人の費用弁償等に関する条例（昭和二十八年愛知県条例第四号）の一部を次のように改正する。
　　　（次のよう）略
　（愛知県個人情報保護条例の一部改正）
11 愛知県個人情報保護条例の一部を次のように改正する。
　第二十九条第一項中「愛知県公文書公開条例（昭和六十一年愛知県条例第二号）」を「愛知県情報公開条例（平成十二年愛知県条例第十九号）」に改める。
　　附　則（平成十二年七月十八日条例第六十一号）
1 この条例は、平成十三年四月一日から施行する。
2 平成十三年四月一日前に議会の職員が作成し、又は取得した行政文書で、議会が管理しているものについては、改正後の愛知県情報公開条例の規定は、適用しない。
　　附　則（平成十三年七月十日条例第四十五号）
　この条例は、愛知県情報公開条例附則第一項第二号に掲げる規定（同条例第七条第二号ハ中警察職員に係る部分の規定を除く。）の施行の日から施行する。ただ

し、目次の改正規定及び本則に一章を加える改正規定は、平成十三年八月一日から施行する。
附　則（平成十四年三月二十六日条例第二十三号）
1　この条例は、独立行政法人等の保有する情報の公開に関する法律（平成十三年法律第百四十号）の施行の日から施行する。
2　改正後の愛知県情報公開条例の規定は、この条例の施行の日以後に実施機関の職員が作成し、又は取得した行政文書について適用し、同日前に実施機関の職員が作成し、又は取得した行政文書については、なお従前の例による。

三重県情報公開条例

【制定】平成十一年十月十五日条例第四十二号
【改正】平成十三年七月三日条例第五十二号
　　　　平成十四年三月二十六日条例第一号

三重県情報公開条例（昭和六十二年三重県条例第三十四号）の全部を改正する。

三重県情報公開条例

目次
　第一章　総則（第一条～第四条）
　第二章　公文書の開示
　　第一節　公文書の開示を請求する権利等（第五条～第二十条）
　　第二節　不服申立てに基づく諮問等
　　　　　　（第二十一条～第二十四条）
　　第三節　三重県情報公開審査会（第二十五条～第三十二条）
　　第四節　審査会の調査審議の手続（第三十三条～第四十条）
　第三章　情報提供の総合的推進（第四十一条～第四十三条）
　第四章　補則（第四十四条～第五十九条）
　附則
　　　　◇一部改正（平成一三年条例五二号）

第一章　総則

（目的）
第一条　この条例は、県民の知る権利を尊重し、公文書の開示を請求する権利につき定めること等により、三重県（以下「県」という。）の保有する情報の一層の公開を図り、もって県の諸活動を県民に説明する責務が全うされるようにするとともに、県民による参加の下、県民と県との協働により、公正で民主的な県政の推進に資することを目的とする。

（定義）
第二条　この条例において「実施機関」とは、知事、議会、教育委員会、公安委員会、警察本部長、選挙管理委員会、人事委員会、監査委員、地方労働委員会、収用委員会、海区漁業調整委員会、内水面漁場管理委員会及び公営企業管理者をいう。
2　この条例において「公文書」とは、実施機関の職員が職務上作成し、又は取得した文書、図画、写真、フィルム及び電磁的記録（電子的方式、磁気的方式その他人の知覚によっては認識することができない方式で作られた記録をいう。以下同じ。）であって、当該実施機関の職員が組織的に用いるものとして、当該

実施機関が保有しているものをいう。ただし、次に掲げるものを除く。
一　官報、公報、白書、新聞、雑誌、書籍その他不特定多数の者に販売することを目的として発行されるもの
二　三重県立図書館その他実施機関が別に定める機関において管理され、かつ、歴史的若しくは文化的な資料又は学術研究用の資料として公にされ又は公にされることが予定されているもの
3　この条例において「開示請求者」とは、公文書の開示を請求するもの、開示を請求しようとするもの又は開示を請求したものをいう。

（実施機関の責務）

第三条　実施機関は、県民の公文書の開示を請求する権利が十分に尊重されるようにこの条例を解釈し、運用するものとする。この場合において、実施機関は、個人のプライバシーに関する情報がみだりに公にされることがないよう最大限の配慮をしなければならない。

（開示請求者の責務）

第四条　開示請求者は、この条例の目的に即し、適正な請求に努めるとともに、公文書の開示を受けたときは、これによって得た情報を適正に使用しなければならない。

　　　　　第二章　公文書の開示

　　　　第一節　公文書の開示を請求する権利等

（開示請求権）

第五条　何人も、この条例の定めるところにより、実施機関に対し、当該実施機関の保有する公文書の開示を請求することができる。

（公文書の開示の請求方法）

第六条　前条の規定による開示の請求（以下「開示請求」という。）は、次に掲げる事項を記載した書面（以下「開示請求書」という。）を実施機関に提出してしなければならない。
一　開示請求者の氏名又は名称及び住所又は居所並びに法人その他の団体にあっては代表者の氏名
二　開示請求に係る公文書を特定するために必要な事項
2　開示請求者は、実施機関が公文書の特定を容易にできるよう必要な協力をしなければならない。
3　実施機関は、開示請求書に形式上の不備があると認めるときは、開示請求者に対し、相当の期間を定めて、その補正を求めることができる。この場合において、実施機関は、開示請求者に対し、補正の参考となる情報を提供するよう努めなければならない。

（公文書の開示義務）

第七条　実施機関は、開示請求があったときは、開示請求に係る公文書に次の各号のいずれかに該当する情報（以下「非開示情報」という。）が記録されている

場合を除き、開示請求者に対し、当該公文書を開示しなければならない。
一　法令若しくは他の条例の定めるところにより又は実施機関が法律上従う義務を有する各大臣その他国の機関の指示により、公にすることができないと認められる情報
二　個人に関する情報（事業を営む個人の当該事業に関する情報及び公務員の職務に関する情報を除く。）であって特定の個人が識別され得るもの、個人の事業に関する情報及び公務員の職務に関する情報のうち公にすることにより当該個人の私生活上の権利利益を害するおそれがあるもの又はそのおそれがあると知事が認めて規則で定める職にある公務員の氏名。ただし、次に掲げる情報を除く。
　　イ　法令若しくは他の条例の規定により又は慣行として公にされ、又は公にすることが予定されている情報
　　ロ　人の生命、身体、健康、財産、生活又は環境を保護するため、公にすることが必要であると認められる情報
三　法人その他の団体（国及び地方公共団体を除く。以下「法人等」という。）に関する情報又は事業を営む個人の当該事業に関する情報であって、公にすることにより、当該法人等又は当該個人の競争上の地位その他正当な利益を害すると認められるもの。ただし、次に掲げる情報を除く。
　　イ　事業活動によって生じ、又は生ずるおそれのある危害から人の生命、身体、健康又は財産を保護するため、公にすることが必要であると認められる情報
　　ロ　違法又は不当な事業活動によって生じ、又は生ずるおそれのある影響から県民等の生活又は環境を保護するため、公にすることが必要であると認められる情報
　　ハ　イ又はロに掲げる情報に準ずる情報であって、公益上公にすることが必要であると認められるもの
四　公にすることにより、犯罪の予防、鎮圧又は捜査、公訴の維持、刑の執行その他の公共の安全と秩序の維持に支障を及ぼすおそれがあると実施機関が認めることにつき相当の理由がある情報
五　県、国及び県以外の地方公共団体の内部又は相互間における審議、検討又は協議に関する情報であって、公にすることにより、率直な意見の交換若しくは意思決定の中立性が不当に損なわれるおそれ、不当に県民等の間に混乱を生じさせるおそれ又は特定の者に不当に利益を与え若しくは不利益を及ぼすおそれがあるもの
六　県、国又は県以外の地方公共団体が行う事務又は事業に関する情報であって、公にすることにより、次に掲げるおそれその他当該事務又は事業の性質上、当該事務又は事業の適正な遂行に著しい支障を及ぼすおそれがあるもの
　　イ　監査、検査、取締り又は試験に係る事務に関し、正確な事実の把握を困難にするおそれ又は違法若しくは不当な行為を容易にし、若しくはその発見を困難にするおそれ
　　ロ　契約、交渉又は争訟に係る事務に関し、県、国又は県以外の地方公共団

体の財産上の利益又は当事者としての地位を不当に害するおそれ
　ハ　調査研究に係る事務に関し、その公正かつ能率的な遂行を不当に阻害するおそれ
　ニ　人事管理に係る事務に関し、公正かつ円滑な人事の確保に支障を及ぼすおそれ
　ホ　県、同又は県以外の地方公共団体が経営する企業に係る事業に関し、その企業経営上の正当な利益を害するおそれ

（公文書の本人開示）
第八条　実施機関（公安委員会及び警察本部長に限る。）は、前条第二号本文に該当する情報が記録されている公文書について、当該情報に係る本人から開示請求があった場合には、本人に係る部分を開示しなければならない。ただし、当該部分が次の各号のいずれかに該当するときは、当該該当する部分を開示しないことができる。
一　前条第一号及び第三号から第六号までに掲げる情報
二　個人の指導、診断、判定、評価等に関する情報であって、開示することにより、当該事務の適正な遂行を著しく困難にすると認められるもの
三　刑事事件に係る裁判若しくは検察官、検察事務官若しくは司法警察職員が行う処分又は刑の執行に関する情報
2　前項の場合にあっては、開示請求者は本人であることを明らかにしなければならない。
　　　　◇一部改正（平成一四年条例一号）

（部分開示）
第九条　実施機関は、開示請求に係る公文書の一部に非開示情報が記録されている場合において、非開示情報に係る部分を容易に区分して除くことができるときは、当該非開示情報に係る部分以外の部分を開示しなければならない。
2　開示請求に係る公文書に第七条第二号の情報（特定の個人が識別され得るものに限る。）が記録されている場合において、当該情報のうち、特定の個人が識別され得ることとなる記述等の部分を除くことにより、公にしても、個人の権利利益が害されるおそれがないと認められるときは、当該部分を除いた部分は、同号の情報に含まれないものとみなして、前項の規定を適用する。

（公益上の理由による裁量的開示）
第十条　実施機関は、開示請求に係る公文書に非開示情報（第七条第一号に該当する情報を除く。）が記録されている場合であっても、公益上特に必要があると認めるときは、開示請求者に対し、当該公文書を開示することができる。

（公文書の存否に関する情報）
第十一条　開示請求があった場合において、当該開示請求に係る公文書の存否を答えるだけで、非開示情報を開示することとなるときは、実施機関は、当該公文書の存否を示さないで、当該公文書の開示をしないことができる。

（開示請求に対する措置）
第十二条　実施機関は、開示請求に係る公文書の全部又は一部を開示するときは、その旨の決定をし、開示請求者に対し、その旨並びに開示をする日時及び場所

を書面により通知しなければならない。ただし、当該決定の内容が、請求に係る公文書の全部の開示をする旨であって、請求書の提出があった日に公文書の開示をするときは、口頭により通知することができる。
2　実施機関は、開示請求に係る公文書の全部を開示しないとき（前条の規定により開示請求を拒否するとき及び開示請求に係る公文書を保有していないときを含む。以下同じ。）は、開示をしない旨の決定をし、開示請求者に対し、その旨を書面により通知しなければならない。

（開示決定等の期限）
第十三条　前条各項の決定（以下「開示決定等」という。）は、開示請求書が実施機関の事務所に到達した日から起算して十五日以内にしなければならない。ただし、第六条第三項の規定により補正を求めた場合にあっては、当該補正に要した日数は、当該期間に算入しない。
2　前項の規定にかかわらず、実施機関は、事務処理上の困難その他正当な理由があるときは、同項に規定する期間を三十日以内に限り延長することができる。この場合において、実施機関は、開示請求者に対し、速やかに、延長の期間及び延長の理由を書面により通知しなければならない。

（開示決定等の期限の特例）
第十四条　開示請求に係る公文書が著しく大量であるため、開示請求書が実施機関の事務所に到達した日から起算して四十五日以内にそのすべてについて開示決定等をすることにより事務の遂行に著しい支障が生ずるおそれがある場合には、前条の規定にかかわらず、実施機関は、開示請求に係る公文書のうちの相当の部分につき当該期間内に開示決定等をし、残りの公文書については相当の期間内に開示決定等をすれば足りる。この場合において、実施機関は、同条第一項に規定する期間内に、開示請求者に対し、次に掲げる事項を書面により通知しなければならない。
一　本条を適用する旨及びその理由
二　残りの公文書について開示決定等をする期限

（理由付記等）
第十五条　実施機関は、第十二条各項の規定により開示請求に係る公文書の全部又は一部を開示しないときは、開示請求者に対し、同条各項に規定する書面によりその理由を示さなければならない。この場合においては、開示しないこととする根拠規定を明らかにするとともに、当該規定を適用する根拠が当該書面の記載自体から理解され得るものでなければならない。
2　前項の場合において、実施機関は、当該理由がなくなる期日をあらかじめ明示することができるときは、その期日を記載しなければならない。

（事案の移送）
第十六条　実施機関は、開示請求に係る公文書が他の実施機関により作成されたものであるときその他他の実施機関において開示決定等をすることにつき正当な理由があるときは、当該他の実施機関と協議の上、当該他の実施機関に対し、事案を移送することができる。この場合において、移送をした実施機関は、開示請求者に対し、事案を移送した旨を書面により通知しなければならない。

2　前項の規定により事案が移送されたときは、移送を受けた実施機関において、当該開示請求についての開示決定等をしなければならない。この場合において、移送をした実施機関が移送前にした行為は、移送を受けた実施機関がしたものとみなす。
3　前項の場合において、移送を受けた実施機関が第十二条第一項の決定（以下「開示決定」という。）をしたときは、当該実施機関は、開示をしなければならない。この場合において、移送をした実施機関は、当該開示の実施に必要な協力をしなければならない。
　（第三者に対する意見書提出の機会の付与等）
第十七条　開示請求に係る公文書に県、国、県以外の地方公共団体及び開示請求者以外のもの（以下この条、第二十一条第二項、第二十二条、第二十四条及び第三十二条において「第三者」という。）関する情報が記録されているときは、実施機関は、開示決定等をするに当たって、当該情報に係る第三者に対し、開示請求に係る公文書の表示その他実施機関が別に定める事項を通知して、意見書を提出する機会を与えることができる。
2　実施機関は、次の各号のいずれかに該当するときは、開示決定に先立ち、当該第三者に対し、開示請求に係る公文書の表示その他実施機関が別に定める事項を書面により通知して、意見書を提出する機会を与えなければならない。ただし、当該第三者の所在が判明しない場合は、この限りでない。
　一　第三者に関する情報が記録されている公文書を開示しようとする場合であって、当該情報が第七条第二号ロ又は同条第三号ただし書に規定する情報に該当すると認められるとき。
　二　第三者に関する情報が記録されている公文書を第十条の規定により開示しようとするとき。
3　実施機関は、前二項の規定により意見書の提出の機会を与えられた第三者が当該公文書の開示に反対の意思を表示した意見書を提出した場合において、開示決定をするときは、開示決定の日と開示を実施する日との間に少なくとも二週間を置かなければならない。この場合において、実施機関は、開示決定後直ちに、当該意見書（第二十一条及び第二十二条において「反対意見書」という。）を提出した第三者に対し、開示決定をした旨及びその理由並びに開示を実施する日を書面により通知しなければならない。
　（開示の実施）
第十八条　公文書の開示は、文書、図画又は写真については閲覧又は写しの交付により、フィルムについては視聴又は写しの交付により、電磁的記録については視聴、閲覧、写しの交付等でその種別、情報化の進展状況等を勘案して実施機関が別に定める方法により行う。ただし、視聴又は閲覧の方法による公文書の開示にあっては、実施機関は、当該公文書の保存に支障を生ずるおそれがあると認めるときその他正当な理由があるときは、その写しにより、これを行うことができる。
　（他の法令等による開示の実施との調整）
第十九条　実施機関は、法令、他の条例、規則、規程等（以下「法令等」とい

う。)の規定により、何人にも開示請求に係る公文書が前条本文に規定する方法と同一の方法で開示することとされている場合（開示の期間が定められている場合にあっては、当該期間内に限る。）には、同条本文の規定にかかわらず、当該公文書については、当該同一の方法による開示を行わない。ただし、当該法令等の規定に一定の場合には開示をしない旨の定めがあるときは、この限りでない。
2　法令等の規定に定める開示の方法が縦覧であるときは、当該縦覧を前条本文の閲覧とみなして、前項の規定を適用する。
　（費用負担）
第二十条　公文書（電磁的記録を除く。）の写しの交付を受けるものは、実施機関が別に定めるところにより、当該写しの交付に要する費用を負担しなければならない。
2　電磁的記録の開示を受けるものは、実施機関が別に定めるところにより、当該開示の実施に伴う費用を負担しなければならない。

第二節　不服申立てに基づく諮問等

　（諮問等）
第二十一条　開示決定等について行政不服審査法（昭和三十七年法律第百六十号）の規定による不服申立てがあったときは、当該不服申立てに対する裁決又は決定をすべき実施機関（議会を除く。以下この条及び次条において同じ。）は、次の各号のいずれかに該当する場合を除き、速やかに、三重県情報公開審査会に諮問しなければならない。
　一　不服申立てが不適法であり、却下するとき。
　二　裁決又は決定で、不服申立てに係る開示決定等（開示請求に係る公文書の全部を開示する旨の決定を除く。以下この号及び第二十四条において同じ。）を取り消し又は変更し、当該不服申立てに係る公文書の全部を開示することとするとき。ただし、当該開示決定等について反対意見書が提出されているときを除く。
2　開示決定に対する第三者からの不服申立てがあったときは、実施機関は、三重県情報公開審査会の答申を受けるまで、開示を停止するものとする。
3　実施機関は、第一項の規定による諮問に対する答申を受けたときは、これを尊重して、速やかに、当該不服申立てに対する裁決又は決定をしなければならない。
4　前項の場合において、当該裁決又は決定は、不服申立書が実施機関の事務所に到達した日から起算して九十日以内に行うよう努めなければならない。
　　　◇一部改正（平成一三年条例五二号）
　（諮問をした旨の通知）
第二十二条　前条第一項の規定により諮問をした実施機関は、次に掲げるものに対し、諮問をした旨を通知しなければならない。
　一　不服申立人及び参加人
　二　開示請求者（開示請求者が不服申立人又は参加人である場合を除く。）

三　当該不服申立てに係る開示決定等について反対意見書を提出した第三者
　（当該第三者が不服申立人又は参加人である場合を除く。）

（議会からの諮問等）
第二十三条　議会が行った開示決定等について行政不服審査法の規定による不服申立てがあったときは、議会は、第二十一条第一項各号のいずれかに該当する場合を除き、三重県情報公開審査会に諮問することができる。
2　前項の規定により議会が諮問する場合においては、第二十一条第二項から第四項まで及び前条の規定を準用する。

（第三者からの不服申立てを棄却する場合等における手続）
第二十四条　第十七条第三項の規定は、次の各号のいずれかに該当する裁決又は決定をする場合について準用する。
一　開示決定に対する第三者からの不服申立てを却下し、又は棄却する裁決又は決定
二　不服申立てに係る開示決定等を変更し、当該開示決定等に係る公文書を開示する旨の裁決又は決定（第三者である参加人が当該公文書の開示に反対の意思を表示している場合に限る。）

第三節　三重県情報公開審査会

（設置等）
第二十五条　第二十一条第一項及び第二十三条第一項の規定による諮問に応じ、不服申立てについて調査審議するため、三重県情報公開審査会（以下「審査会」という。）を置く。
2　審査会は、前項に規定する調査審議を行うほか、情報公開に関する重要な事項について、実施機関に意見を述べることができる。
3　審査会は、前二項のほか、第四十七条第一項の規定による出資法人等から諮問があったときは、当該出資法人等の情報公開について必要な意見を述べることができる。
　　　　◇一部改正（平成一三年条例五二号）

（組織）
第二十六条　審査会は、委員七人以内で組織する。
2　前項の場合において、男女のいずれか一方の委員の数は、委員の総数の十分の四未満とならないものとする。ただし、知事が、やむを得ない事情があると認めた場合は、この限りでない。

（部会）
第二十七条　審査会は、その指名する委員三人以上をもって構成する部会に、不服申立てに係る事件について調査審議させることができる。

（委員）
第二十八条　委員は、優れた識見を有する者のうちから、知事が任命する。
2　委員の任期は二年とする。ただし、委員が欠けた場合における補欠の委員の任期は前任者の残任期間とする。
3　委員は、再任されることができる。

4　知事は、委員が心身の故障のため職務の遂行ができないと認めるとき、又は委員に職務上の義務違反その他委員たるに適しない非行があると認めるときは、その委員を罷免することができる。
5　委員は、その職務を遂行するに当たっては、公正不偏の立場で、調査審議をしなければならない。
6　委員は、職務上知ることができた秘密を漏らしてはならない。その職を退いた後も同様とする。

（会長）
第二十九条　審査会に、会長を置き、委員の互選によりこれを定める。
2　会長は、会務を総理し、審査会を代表する。
3　会長に事故があるとき、又は会長が欠けたときは、会長があらかじめ指名する委員が、その職務を代理する。

（委員の回避）
第三十条　委員は、調査審議の公正を妨げるべき事情があると判断するときは、会長の許可を得て、回避することができる。
2　会長は、自らに調査審議の公正を妨げるべき事情があると判断するときは、前条第三項の規定による会長の職務を代理する者の許可を得て、回避することができる。

（答申）
第三十一条　審査会は、諮問のあった日から起算して六十日以内に答申するよう努めなければならない。

（第三者からの不服申立てがあった場合の答申）
第三十二条　審査会は、開示決定に対する第三者からの不服申立てに係る諮問があったときは、他の事件に優先して調査審議し、早期の答申に努めなければならない。

第四節　審査会の調査審議の手続

（審査会の調査権限）
第三十三条　審査会は、必要があると認めるときは、第二十一条第一項及び第二十三条第一項の規定により諮問をした実施機関（以下「諮問庁」という。）に対し、開示決定等に係る公文書の提示を求めることができる。この場合においては、何人も、審査会に対し、その提示された公文書の開示を求めることができない。
2　諮問庁は、審査会から前項の規定による求めがあったときは、これを拒んではならない。
3　審査会は、必要があると認めるときは、諮問庁に対し、開示決定等に係る公文書に記録されている情報の内容を審査会の指定する方法により分類又は整理した資料を作成し、審査会に提出するよう求めることができる。
4　第一項及び前項に定めるもののほか、審査会は、不服申立てに係る事件に関し、不服申立人、参加人又は諮問庁（以下「不服申立人等」という。）に意見書又は資料の提出を求めること、適当と認める者にその知っている事実を陳述さ

せ又は鑑定を求めることその他必要な調査をすることができる。
　　（意見の陳述）
第三十四条　審査会は、不服申立人等から申立てがあったときは、当該不服申立人等に口頭で意見を述べる機会を与えなければならない。
2　前項の場合においては、不服申立人又は参加人は、審査会の許可を得て、補佐人とともに出席することができる。
　　（意見書等の提出等）
第三十五条　不服申立人等は、審査会に対し、意見書又は資料を提出することができる。ただし、審査会が意見書又は資料を提出すべき相当の期間を定めたときは、その期間内にこれを提出しなければならない。
2　審査会は、不服申立人等から意見書又は資料が提出された場合、不服申立人等（当該意見書又は資料を提出したものを除く。）にその旨を通知するよう努めるものとする。
　　（委員による調査手続）
第三十六条　審査会は、必要があると認めるときは、その指名する委員に、第三十三条第一項の規定により提示された公文書を閲覧させ、同条第四項の規定による調査をさせ、又は第三十四条第一項の規定による不服申立人等の意見の陳述を聴かせることができる。
　　（提出資料の閲覧等）
第三十七条　不服申立人等は、審査会に対し、審査会に提出された意見書又は資料の閲覧又は複写を求めることができる。この場合において、審査会は、第三者の利益を害するおそれがあると認めるときその他正当な理由があるときでなければ、その閲覧又は複写を拒むことができない。
2　審査会は、前項の規定による閲覧又は複写について、日時及び場所を指定することができる。
　　（調査審議手続の非公開）
第三十八条　審査会の行う調査審議の手続は、公開しない。
　　（答申書の送付等）
第三十九条　審査会は、諮問に対する答申をしたときは、答申書の写しを不服申立人及び参加人に送付するとともに、答申の内容を公表するものとする。
　　（委任）
第四十条　前節及びこの節に定めるもののほか、審査会の組織及び運営に関し必要な事項は、規則で定める。

　　　　第三章　情報提供の総合的推進

　　（情報提供施策の推進）
第四十一条　実施機関は、県民が県政に関する情報を迅速かつ容易に得られるよう情報提供に関する施策の推進に努めるものとする。
2　実施機関は、効果的な情報提供を実施するため、県民が必要とする情報を的確に把握し、これを収集するよう努めるものとする。

（情報公表義務制度）
第四十二条　実施機関は、県民の県政への参加をより一層推進し、又は県民の福祉を向上させるために必要な情報については、積極的に公表しなければならない。
2　実施機関は、前項に規定する公表のための制度の整備に努めるものとする。
（会議の公開）
第四十三条　実施機関に置く附属機関及びこれに類するものは、その会議（法令又は他の条例の規定により公開することができないとされている会議を除く。）を公開するものとする。ただし、次に掲げる場合であって当該会議で非公開を決定したときは、この限りでない。
一　非開示情報が含まれる事項について審議、審査、調査等を行う会議を開催する場合
二　会議を公開することにより、当該会議の公正又は円滑な運営に著しい支障が生ずると認められる場合

第四章　補則

（公文書の管理）
第四十四条　実施機関は、この条例の適正かつ円滑な運用に資するため、公文書を適正に管理するものとする。
2　実施機関は、公文書の分類、作成、保存及び廃棄に関する基準その他の公文書の管理に関する必要な事項についての定めを設けるものとする。
（制度の周知）
第四十五条　実施機関は、県民がこの条例を適正かつ有効に活用できるようにするため、この条例の目的、利用方法等について広く周知を図るよう努めるものとする。
（実施状況の公表）
第四十六条　知事は、毎年一回、各実施機関の公文書の開示についての実施状況を取りまとめ、公表しなければならない。
（出資法人等の情報公開）
第四十七条　法人その他の団体で県が出資その他財政支出等を行うもののうち、知事が別に定めるもの（以下「出資法人等」という。）は、この条例の趣旨にのっとり、当該出資法人等の保有する情報の公開に関し必要な措置を講ずるよう努めるものとする。
2　知事は、出資法人等に対し、情報公開を推進するため、前項に定める必要な措置を講ずるよう指導に努めるものとする。
（適用除外）
第四十八条　行政機関の保有する情報の公開に関する法律の施行に伴う関係法律の整備等に関する法律（平成十一年法律第四十三号）により、行政機関の保有する情報の公開に関する法律（平成十一年法律第四十二号）の規定が適用されないこととされた公文書については、この条例は適用しない。

（委任）
第四十九条　この条例に定めるもののほか、この条例の実施に関し必要な事項は、実施機関が別に定める。
　（罰則）
第五十条　第二十八条第六項の規定に違反して秘密を漏らした者は、一年以下の懲役又は三十万円以下の罰金に処する。
　　　　◇追　　加（平成一三年条例五二号）
　附　則
1　この条例は、平成十二年四月一日から施行する。ただし、第二条第一項中公安委員会及び警察本部長に関する部分の規定は、規則で定める日から施行する。（平成十三年一月三重県規則第十一号で、同十三年十月一日から施行）
2　この条例は、議会が保有している公文書については、平成九年度以降に作成され、又は取得した公文書について適用する。
3　この条例の施行前にこの条例による改正前の三重県情報公開条例の規定によりされた処分、手続その他の行為はこの条例の相当規定によりされた処分、手続その他の行為とみなす。
4　この条例の施行の際、現に改正前の三重県情報公開条例第十三条第二項の規定により三重県情報公開審査会の委員に任命されている者は、この条例の施行の日に、この条例第二十八条第一項の規定により審査会の委員として任命されたものとみなし、その任期は、同条第二項本文の規定にかかわらず、平成十二年五月三十一日までとする。
　附　則（平成十三年七月三日条例第五十二号）
　この条例は、平成十三年十月一日から施行する。
附　則（平成十四年三月二十六日条例第一号）抄
　（施行期日）
1　この条例は、平成十四年十月一日から施行する。
　（三重県情報公開条例の一部改正に伴う経過措置）
4　この条例の施行の日前になされた前項の規定による改正前の三重県情報公開条例第八条第一項の規定による開示請求については、なお従前の例による。

滋賀県情報公開条例

【制定】平成十二年十月十一日条例第百十三号
【改正】平成十三年三月二十八日条例第十号

滋賀県情報公開条例をここに公布する。

滋賀県情報公開条例

滋賀県公文書の公開等に関する条例（昭和六十二年滋賀県条例第三十七号）の全部を改正する。
目次
前文
第一章　総則（第一条～第三条）
第二章　公文書の公開（第四条～第十八条）
第三章　不服申立て（第十九条～第二十九条）
第四章　情報公開の総合的な推進（第三十条～第三十四条）
第五章　雑則（第三十五条～第三十八条）
第六章　罰則（第三十九条）
付則

◇一部改正（平成一三年条例一〇号）

　私たち滋賀県民は、これまで琵琶湖の環境保全や歴史と風土を生かした個性あるまちづくりに手をたずさえながら取り組む中で、県民と行政との相互の理解と協働の大切さを学んできた。
　今、地方分権の新たな時代を迎え、個性輝く滋賀の未来を自らの責任において主体的、かつ、創造的に切り開いていくため、こうした貴重な経験を生かし、県民と県との協働を基調とした県政を確立していくことが求められている。
　県民が、県政について十分理解し、判断し、積極的に参画することは、県の保有する情報の共有によってこそ進展するものである。
　地方分権による真の自治を確立するためにも、県民と県の相互の信頼関係をより確かなものにし、県民主役の県政を進めていく必要があり、そのためにますます情報公開の重要性が高まってきている。
　そもそも県の保有する情報は、県民の共有財産である。したがって、県の保有する情報は公開が原則であり、県は県政の諸活動を県民に説明する責務を負う。
　ただし、情報の公開により、県民のプライバシーや公共の利益が侵害されることはあってはならない。
　このような認識に立って、この条例を制定し、二十一世紀を迎えるに当たり、県民と県が力を合わせ、真の地方自治の構築に向かって踏み出すものである。

第一章　総則

（目的）
第一条　この条例は、地方自治の本旨に即した県政を推進するためには、県民の知る権利を尊重し、県の有するその諸活動を県民に説明する責務が全うされるようにすることが重要であることにかんがみ、公文書の公開を請求する権利を明らかにするとともに、情報公開の総合的な推進に関し必要な事項を定め、もって県民と県との協働による県政の進展に寄与することを目的とする。
（定義）
第二条　この条例において、「実施機関」とは、知事、議会、教育委員会、選挙管理委員会、人事委員会、監査委員、公安委員会、警察本部長、地方労働委員会、収用委員会、海区漁業調整委員会、内水面漁場管理委員会および公営企業管理者をいう。
2　この条例において「公文書」とは、実施機関の職員が職務上作成し、または取得した文書、図画および写真（これらを撮影したマイクロフィルムを含む。以下同じ。）ならびに電磁的記録（電子的方式、磁気的方式その他人の知覚によっては認識することができない方式で作られた記録をいう。以下同じ。）であって、当該実施機関の職員が組織的に用いるものとして、当該実施機関が保有しているものをいう。ただし、次に掲げるものを除く。
　一　公報、官報、白書、新聞、雑誌、書籍その他不特定多数の者に販売することを目的として発行されるもの
　二　滋賀県立近代美術館、滋賀県立琵琶湖博物館その他の県の施設において、歴史的もしくは文化的な資料または学術研究用の資料として特別の管理がされているもの
（解釈および運用）
第三条　実施機関は、公文書の公開を請求する権利が十分に尊重されるようにこの条例を解釈し、運用するものとする。この場合において、実施機関は、通常他人に知られたくない個人に関する情報をみだりに公開することのないように最大限の配慮をしなければならない。
2　実施機関は、公文書の適切な保存と迅速な検索に資するため、公文書の管理体制の確立に努めるものとする。

第二章　公文書の公開

（公文書の公開請求権）
第四条　何人も、この条例の定めるところにより、実施機関に対し、当該実施機関の保有する公文書の公開を請求することができる。
（公文書の公開の請求の方法）
第五条　公文書の公開の請求（以下「公開請求」という。）をしようとするものは、実施機関に対して、次に掲げる事項を記載した書面（以下「公開請求書」という。）を提出しなければならない。
　一　氏名または名称および住所または事務所の所在地ならびに法人その他の団

体にあっては、その代表者の氏名
二　公開請求をしようとする公文書の名称その他の当該公文書を特定するために必要な事項
三　前二号に掲げるもののほか、実施機関が定める事項

2　実施機関は、公開請求書に形式上の不備があると認めるときは、公開請求をしたもの（以下「公開請求者」という。）に対し、相当の期間を定めて、その補正を求めることができる。この場合において、実施機関は、公開請求者に対し、補正の参考となる情報を提供するよう努めなければならない。

（公文書の公開義務）
第六条　実施機関は、公開請求があったときは、公開請求に係る公文書に次の各号に掲げる情報（以下「非公開情報」という。）のいずれかが記録されている場合を除き、公開請求者に対し、当該公文書を公開しなければならない。
一　個人に関する情報（事業を営む個人の当該事業に関する情報を除く。）であって、特定の個人を識別することができるもの（他の情報と照合することにより、特定の個人を識別することができることとなるものを含む。）または特定の個人を識別することはできないが、公にすることにより、なお個人の権利利益を害するおそれがあるもの。ただし、次に掲げる情報を除く。
　ア　法令もしくは条例（以下「法令等」という。）の規定によりまたは慣行として公にされ、または公にすることが予定されている情報
　イ　人の生命、健康、生活または財産を保護するため、公にすることが必要であると認められる情報
　ウ　当該個人が公務員（国家公務員法（昭和二十二年法律第百二十号）第二条第一項に規定する国家公務員および地方公務員法（昭和二十五年法律第二百六十一号）第二条に規定する地方公務員をいう。）である場合において、当該情報がその職務の遂行に係る情報であるときは、当該情報のうち、当該公務員の職および当該職務遂行の内容に係る部分
二　法人その他の団体（国および地方公共団体を除く。以下「法人等」という。）に関する情報または事業を営む個人の当該事業に関する情報であって、次に掲げるもの。ただし、人の生命、健康、生活または財産を保護するため、公にすることが必要であると認められる情報を除く。
　ア　公にすることにより、当該法人等または当該個人の権利、競争上の地位その他正当な利益を害するおそれがあるもの
　イ　実施機関の要請を受けて、公にしないとの条件で任意に提供されたものであって、法人等または個人における通例として公にしないこととされているものその他の当該条件を付することが当該情報の性質、当時の状況等に照らして合理的であると認められるもの
三　公にすることにより、犯罪の予防、鎮圧または捜査、公訴の維持、刑の執行その他の公共の安全と秩序の維持に支障を及ぼすおそれがあると実施機関が認めることにつき相当の理由がある情報
四　法令等の規定により、または法律もしくはこれに基づく政令の規定による指示（地方自治法（昭和二十二年法律第六十七号）第二百四十五条第一号へ

に規定する指示その他これに類する行為をいう。）により明らかに公にすることができない情報
五　県の機関ならびに国および他の地方公共団体の内部または相互間における審議、検討または協議に関する情報であって、公にすることにより、率直な意見の交換もしくは意思決定の中立性が不当に損なわれるおそれ、不当に県民等の間に混乱を生じさせるおそれまたは特定の者に不当に利益を与え、もしくは不利益を及ぼすおそれがあるもの
六　県の機関または国もしくは他の地方公共団体が行う事務または事業に関する情報であって、公にすることにより、次に掲げるおそれその他当該事務または事業の性質上、当該事務または事業の適正な遂行に支障を及ぼすおそれがあるもの
　ア　監査、検査、取締りまたは試験に係る事務に関し、正確な事実の把握を困難にするおそれまたは違法もしくは不当な行為を容易にし、もしくはその発見を困難にするおそれ
　イ　契約、交渉または争訟に係る事務に関し、県、国または他の地方公共団体の財産上の利益または当事者としての地位を不当に害するおそれ
　ウ　調査研究に係る事務に関し、その公正かつ能率的な遂行を不当に阻害するおそれ
　エ　人事管理に係る事務に関し、公正かつ円滑な人事の確保に支障を及ぼすおそれ
　オ　県、国または他の地方公共団体が経営する企業に係る事業に関し、その企業経営上の正当な利益を害するおそれ

（部分公開）
第七条　実施機関は、公開請求に係る公文書の一部に非公開情報が記録されている場合において、非公開情報が記録されている部分を容易に区分して除くことができるときは、公開請求者に対し、当該部分を除いた部分につき公開しなければならない。ただし、当該部分を除いた部分に明らかに有意の情報が記録されていないと認められるときは、この限りでない。
2　公開請求に係る公文書に前条第一号の情報（特定の個人を識別することができるものに限る。）が記録されている場合において、当該情報のうち、特定の個人を識別することができることとなる記述等の部分を除くことにより、公にしても、個人の権利利益が害されるおそれがないと認められるときは、当該部分を除いた部分は、同号の情報に含まれないものとみなして、前項の規定を適用する。

（公益上の理由による裁量的公開）
第八条　実施機関は、公開請求に係る公文書に非公開情報（第六条第四号に該当する情報を除く。）が記録されている場合であっても、公益上特に必要があると認めるときは、公開請求者に対し、当該公文書を公開することができる。

（公文書の存否に関する情報）
第九条　公開請求に対し、当該公開請求に係る公文書が存在しているか否かを答えるだけで、非公開情報を公開することとなるときは、実施機関は、当該公文

書の存否を明らかにしないで、当該公開請求を拒否することができる。
　（公開請求に対する措置）
第十条　実施機関は、公開請求に係る公文書の全部または一部を公開するときは、その旨の決定をし、公開請求者に対し、その旨および公開の実施に関し必要な事項を書面により通知しなければならない。
２　実施機関は、公開請求に係る公文書の全部を公開しないとき（前条の規定により公開請求を拒否するとき、および公開請求に係る公文書を保有していないときを含む。）は、公開をしない旨の決定をし、公開請求者に対し、その旨を書面により通知しなければならない。
３　実施機関は、第一項の決定のうち一部を公開する旨の決定または前項の決定をしたときは、前二項に規定する書面に公開請求に係る公文書の一部または全部を公開しない理由を併せて記載しなければならない。この場合において、実施機関は、当該理由が消滅する期日をあらかじめ明示することができるときは、その期日を明らかにしなければならない。
　（公開決定等の期限）
第十一条　前条第一項または第二項の決定（以下「公開決定等」という。）は、公開請求があった日から十五日以内にしなければならない。ただし、第五条第二項の規定により補正を求めた場合にあっては、当該補正に要した日数は、当該期間に算入しない。
２　前項の規定にかかわらず、実施機関は、事務処理上の困難その他正当な理由があるときは、同項に規定する期間を三十日以内に限り延長することができる。この場合において、実施機関は、公開請求者に対し、遅滞なく、延長後の期間および延長の理由を書面により通知しなければならない。
　（公開決定等の期限の特例）
第十二条　公開請求に係る公文書が著しく大量であるため、公開請求があった日から四十五日以内にそのすべてについて公開決定等をすることにより事務の遂行に著しい支障が生ずるおそれがある場合には、前条の規定にかかわらず、実施機関は、公開請求に係る公文書のうちの相当の部分につき当該期間内に公開決定等をし、残りの公文書については相当の期間内に公開決定等をすれば足りる。この場合において、実施機関は、同条第一項に規定する期間内に、公開請求者に対し、次に掲げる事項を書面により通知しなければならない。
　一　この条を適用する旨およびその理由
　二　残りの公文書について公開決定等をする期限
　（事案の移送）
第十三条　実施機関は、公開請求に係る公文書が他の実施機関により作成されたものであるときその他他の実施機関において公開決定等をすることにつき正当な理由があるときは、当該他の実施機関と協議の上、当該他の実施機関に対し、事案を移送することができる。この場合においては、移送をした実施機関は、公開請求　者に対し、事案を移送した旨を書面により通知しなければならない。
２　前項の規定により事案が移送されたときは、移送を受けた実施機関において、当該公開請求についての公開決定等をしなければならない。この場合において、

移送をした実施機関が移送前にした行為は、移送を受けた実施機関がしたものとみなす。
3　前項の場合において、移送を受けた実施機関が第十条第一項の決定（以下「公開決定」という。）をしたときは、当該実施機関は、公開の実施をしなければならない。この場合において、移送をした実施機関は、当該公開の実施に必要な協力をしなければならない。

（第三者に対する意見書提出の機会の付与等）
第十四条　公開請求に係る公文書に県、国および他の地方公共団体ならびに公開請求者以外の者（以下この条、第二十条および第二十一条において「第三者」という。）に関する情報が記録されているときは、実施機関は、公開決定等をするに当たって、当該情報に係る第三者に対し、公開請求に係る公文書の表示その他実施機関が定める事項を通知して、意見書を提出する機会を与えることができる。
2　実施機関は、次の各号のいずれかに該当するときは、公開決定に先立ち、当該第三者に対し、公開請求に係る公文書の表示その他実施機関が定める事項を書面により通知して、意見書を提出する機会を与えなければならない。ただし、当該第三者の所在が判明しない場合は、この限りでない。
　一　第三者に関する情報が記録されている公文書を公開しようとする場合であって、当該情報が第六条第一号イまたは同条第二号ただし書に規定する情報に該当すると認められるとき。
　二　第三者に関する情報が記録されている公文書を第八条の規定により公開しようとするとき。
3　実施機関は、前二項の規定により意見書の提出の機会を与えられた第三者が当該公文書の公開に反対の意思を表示した意見書（以下「反対意見書」という。）を提出した場合において、公開決定をするときは、公開決定の日と公開を実施する日との間に少なくとも二週間を置かなければならない。この場合において、実施機関は、公開決定後直ちに、反対意見書を提出した第三者に対し、公開決定をした旨およびその理由ならびに公開を実施する日を書面により通知しなければならない。

（公文書の公開の実施）
第十五条　実施機関は、公開決定をしたときは、速やかに公開請求者に対して公文書の公開をしなければならない。
2　公文書の公開は、文書、図画または写真については閲覧または写しの交付により、電磁的記録についてはその種別、情報化の進展状況等を勘案して実施機関が定める方法により行う。ただし、閲覧の方法による公文書の公開にあっては、実施機関は、当該公文書の保存に支障を生ずるおそれがあると認めるときその他正当な理由があるときは、その写しにより、これを行うことができる。

（費用負担）
第十六条　公開請求に係る公文書（前条第二項ただし書の写しを含む。）の写しの交付を受けるものは、当該写しの作成および送付に要する費用を負担しなければならない。

（利用者の責務）
第十七条　公開請求をしようとするものは、この条例の目的に即し、適正な請求に努めるとともに、公文書の公開を受けたときは、これによって得た情報を適正に使用しなければならない。
　（他の制度等との調整）
第十八条　この章の規定は、法令または他の条例の規定により何人にも閲覧もしくは縦覧または謄本、抄本その他の写しの交付が認められている公文書にあっては、当該法令または他の条例に定める方法（公開の期間が定められている場合にあっては、当該期間内に限る。）と同一の方法による公文書の公開については、適用しない。ただし、当該法令または他の条例の規定に一定の場合には公開しない旨の定めがあるときは、この限りでない。
2　この章の規定は、前項に規定するもののほか、滋賀県立図書館、滋賀県立近代美術館その他の県の施設において一般の利用に供することを目的としている公文書の公開については、適用しない。

　　　　　　第三章　不服申立て

　（審査会への諮問等）
第十九条　公開決定等について行政不服審査法（昭和三十七年法律第百六十号）による不服申立てがあったときは、当該不服申立てに対する決定または裁決をすべき実施機関は、次の各号のいずれかに該当する場合を除き、速やかに滋賀県情報公開審査会に諮問しなければならない。
　一　不服申立てが不適法であり、却下するとき。
　二　決定または裁決で、不服申立てに係る公開決定等（公開請求に係る公文書の全部を公開する旨の決定を除く。以下この号および第二十一条において同じ。）を取り消し、または変更し、当該不服申立てに係る公文書の全部を公開することとするとき。ただし、当該公開決定等について反対意見書が提出されているときを除く。
2　実施機関は、前項の規定による諮問に対する答申を受けたときは、これを尊重して、速やかに当該不服申立てに対する決定または裁決をしなければならない。
　　　　◇一部改正（平成一三年条例一〇号）
　（諮問をした旨の通知）
第二十条　前条第一項の規定により諮問をした実施機関（以下「諮問実施機関」という。）は、次に掲げる者に対し、諮問をした旨を通知しなければならない。
　一　不服申立人および参加人
　二　公開請求者（公開請求者が不服申立人または参加人である場合を除く。）
　三　当該不服申立てに係る公開決定等について反対意見書を提出した第三者（当該第三者が不服申立人または参加人である場合を除く。）
　（第三者からの不服申立てを棄却する場合等における手続）
第二十一条　第十四条第三項の規定は、次の各号のいずれかに該当する決定ま

は裁決をする場合について準用する。
　一　公開決定に対する第三者からの不服申立てを却下し、または棄却する決定または裁決
　二　不服申立てに係る公開決定等を変更し、当該公開決定等に係る公文書を公開する旨の決定または裁決（第三者である参加人が当該公文書の公開に反対の意思を表示している場合に限る。）

（滋賀県情報公開審査会）
第二十二条　第十九条第一項の規定による諮問に応じて調査審議を行うため、滋賀県情報公開審査会（以下「審査会」という。）を置く。
2　審査会は、委員七人以内で組織する。
3　委員は、学識経験を有する者、県民から公募した者その他知事が適当と認める者のうちから知事が任命する。
4　委員の任期は、二年とする。ただし、委員が欠けた場合における補欠の委員の任期は、前任者の残任期間とする。
5　委員は、再任されることを妨げない。
6　委員は、職務上知り得た秘密を漏らしてはならない。その職を退いた後も、同様とする。
7　審査会は、第一項の調査審議を行うほか、情報公開に関する制度の運営および改善について、実施機関に意見を述べることができる。

（審査会の調査権限）
第二十三条　審査会は、前条第一項の調査審議を行うため必要があると認めるときは、諮問実施機関に対し、公開決定等に係る公文書の提示を求めることができる。この場合においては、何人も、審査会に対し、その提示された公文書の公開を求めることができない。
2　諮問実施機関は、審査会から前項の規定による求めがあったときは、これを拒んではならない。
3　審査会は、必要があると認めるときは、諮問実施機関に対し、公開決定等に係る公文書に記録されている情報の内容を審査会の指定する方法により分類し、または整理した資料を作成し、審査会に提出するよう求めることができる。
4　第一項および前項に定めるもののほか、審査会は、不服申立てに係る事件に関し、不服申立人、参加人または諮問実施機関（以下「不服申立人等」という。）に意見書または資料の提出を求めること、適当と認める者にその知っている事実を陳述させ、または鑑定を求めることその他必要な調査をすることができる。

（意見の陳述）
第二十四条　審査会は、不服申立人等から申立てがあったときは、当該不服申立人専に口頭で意見を述べる機会を与えなければならない。
2　前項の場合においては、不服申立人または参加人は、審査会の定めるところにより、補佐人とともに出頭することができる。

（意見書等の提出）
第二十五条　不服申立人等は、審査会に対し、意見書または資料を提出すること

ができる。ただし、審査会が意見書または資料を提出すべき相当の期間を定めたときは、その期間内にこれを提出しなければならない。
　（提出資料の閲覧等）
第二十六条　審査会は、第三者の利益を害するおそれがあると認めるときその他正当な理由があるときを除き、不服申立人等に対し、審査会に提出された意見書または資料を閲覧させ、またはその写しを交付することができる。
　（調査審議手続の非公開）
第二十七条　審査会の行う第二十二条第一項の調査審議の手続は、公開しない。
　（答申書の送付等）
第二十八条　審査会は、諮問に対する答申をしたときは、答申書の写しを不服申立人および参加人に送付するとともに、答申の内容を公表するものとする。
　（規則への委任）
第二十九条　この章に定めるもののほか、審査会の組織、運営および調査審議の手続に関し必要な事項は、規則で定める。

第四章　情報公開の総合的な推進

　（情報公開の総合的な推進）
第三十条　実施機関は、第二章に定める公文書の公開のほか、県政に関する情報が適時に、かつ、適切な方法で県民に明らかにされるよう、情報公開の総合的な推進に努めるものとする。
　（情報提供および情報収集の充実）
第三十一条　実施機関は、県民が県政の動きを的確に判断できる正確でわかりやすい情報を得られるよう、広報活動その他の情報提供活動の充実に努めるものとする。
２　実施機関は、県政に関する県民の意向をより的確に把握するため、広聴活動その他の情報収集活動の充実に努めるものとする。
　（政策形成への県民の意見の反映）
第三十二条　実施機関は、県の基本的な政策を立案しようとする場合は、あらかじめ、その目的、内容その他必要な事項を公表し、広く県民の意見を求めることにより、当該政策に県民の意見を反映する機会を確保するものとする。
　（附属機関等の会議の公開）
第三十三条　実施機関に置く附属機関およびこれに類するものは、法令等の規定により公開することができないこととされている場合その他正当な理由がある場合を除き、その会議を公開するように努めるものとする。
　（出資法人の情報公開）
第三十四条　県が資本金、基本金その他これらに準ずるものを出資している法人であって、実施機関が定めるもの（以下「出資法人」という。）は、当該出資の公共性にかんがみ、当該出資法人の保有する情報の公開に関し必要な措置を講ずるように努めなければならない。
２　実施機関は、出資法人において、その性格、業務内容、県の出資の割合等に

応じた適切な情報の公開が推進されるよう、必要な措置を講ずるものとする。

第五章　雑則

（公文書の目録）
第三十五条　実施機関は、公文書の目録を作成し、一般の利用に供するものとする。
（実施状況の公表）
第三十六条　知事は、毎年度、実施機関の公文書の公開等の実施状況を取りまとめ、これを公表するものとする。
（適用除外）
第三十七条　刑事訴訟法（昭和二十三年法律第百三十一号）に規定する訴訟に関する書類および押収物については、この条例の規定は、適用しない。
（委任）
第三十八条　この条例の施行に関し必要な事項は、実施機関が定める。

第六章　罰則

（罰則）
第三十九条　第二十二条第六項の規定に違反して秘密を漏らした者は、一年以下の懲役または三十万円以下の罰金に処する。
　　　　　◇追　　加（平成一三年条例一〇号）

付　則
（施行期日）
1　この条例は、平成十三年四月一日から施行する。ただし、第二条第一項の規定（公安委員会および警察本部長に関する部分に限る。）および付則第八項第二号の規定は、規則で定める日から施行する。（平成十三年十月十二日規則第百四号により、平成十四年四月一日から施行）
　　　　　◇一部改正（平成一三年条例一〇号）
（経過措置）
2　この条例の施行の際現に改正前の滋賀県公文書の公開等に関する条例（以下「旧条例」という。）第五条の規定によりされている公文書の公開の請求は、改正後の滋賀県情報公開条例（以下「新条例」という。）第五条第一項の規定による公開請求とみなす。
3　この条例の施行の際現に旧条例第十二条第一項の規定により滋賀県公文書公開審査会に対してされている諮問は、新条例第十九条第一項の規定による審査会に対する諮問とみなす。
4　前二項に規定するもののほか、この条例の施行前に旧条例の規定によりされた処分、手続その他の行為は、新条例中にこれに相当する規定がある場合には、当該規定によりされたものとみなす。
5　旧条例第十三条第一項の規定により置かれた滋賀県公文書公開審査会は、新

条例第二十二条第一項の規定により置く審査会となり、同一性をもって存続するものとする。
6　この条例の施行の際現に旧条例第十三条第三項の規定により滋賀県公文書公開審査会の委員に委嘱されている者は、新条例第二十二条第三項の規定により審査会の委員に任命されたものとみなし、その任期は、同条第四項の規定にかかわらず、平成十四年三月三十一日までとする。
7　この条例の施行に伴い新たに任命される審査会の委員の任期は、新条例第二十二条第四項の規定にかかわらず、平成十四年三月三十一日までとする。
8　次に掲げる公文書については、新条例第二章の規定は、適用しない。
　一　平成十一年十月一日前に実施機関（議会に限る。）の職員が作成し、または取得した公文書で当該実施機関が保有しているもの
　二　付則第一項ただし書に規定する規則で定める日前に実施機関（公安委員会および警察本部長に限る。）の職員が作成し、または取得した公文書で当該実施機関が保有しているもの
（滋賀県特別職の職員の給与等に関する条例の一部改正）
9　滋賀県特別職の職員の給与等に関する条例（昭和二十八年滋賀県条例第十号）の一部を次のように改正する。
　　　　（次のよう）略
（滋賀県個人情報保護条例の一部改正）
10　滋賀県個人情報保護条例（平成七年滋賀県条例第八号）の一部を次のように改正する。
　第二条第三号中「滋賀県公文書の公開等に関する条例（昭和六十二年滋賀県条例第三十七号）」を「滋賀県情報公開条例（平成十二年滋賀県条例第百十三号）」に改め、同条中第四号を削り、第五号を第四号とする。
　第十条第一項中「または磁気テープ等」を削る。
　第十五条第二項を次のように改める。
2　個人情報の開示は、文書、図画または写真（これらを撮影したマイクロフィルムを含む。）に記録されている場合については閲覧または写しの交付により、電磁的記録（電子的方式、磁気的方式その他人の知覚によっては認識することができない方式で作られた記録をいう。）に記録されている場合についてはその種別、情報化の進展状況等を勘案して実施機関が定める方法により行う。ただし、閲覧の方法による開示にあっては、実施機関は、公文書の保存に支障を生ずるおそれがあると認めるときその他正当な理由があるときは、その写しにより、これを行うことができる。
　第十五条第三項を削る。
　第十六条第二項中「ならびに前条第二項および第三項」を「および前条第二項」に改める。
　第十七条中「または第三項の」を「の規定により」に改める。
　第二十三条第二項中「滋賀県公文書の公開等に関する条例」を「滋賀県情報公開条例」に改める。
（滋賀県個人情報保護条例の一部改正に伴う経過措置）

11　前項の規定の施行により新たに同項の規定による改正後の滋賀県個人情報保護条例第二条第三号に規定する公文書となるものに記録された個人情報を取り扱う事務に係る同条例第十条第二項の規定の適用については、同項中「を開始しようとするときは、あらかじめ」とあるのは、「で現に行われているものについては、平成十三年四月一日以後、遅滞なく」とする。

付　則（平成十三年三月二十八日条例第十号）

この条例は、平成十三年四月一日から施行する。

京都府情報公開条例

【制定】平成十三年三月三十日条例第一号

京都府情報公開条例（昭和六十三年京都府条例第十七号）の全部を改正する。

京都府情報公開条例

目次
前文
第一章　総則（第一条〜第三条）
第二章　公文書の公開（第四条〜第十六条）
第三章　不服申立て（第十七条〜第二十七条）
第四章　情報提供の推進（第二十八条〜第三十二条）
第五章　雑則（第三十三条〜第三十八条）
附則

　府が保有する情報の公開は、府民の府政への信頼に基づくより積極的な府政への参加を促し、豊かな地域社会の形成を図る上で、基礎的な条件である。
　また、府が保有する情報は、広くかつ適正に活用され、府民生活の向上に役立てられるべきものである。
　このような精神の下に、個人のプライバシーの保護に最大限の配慮をしつつ、公文書の公開を請求する権利を明らかにすることによって「知る権利」の具体化を図るとともに、府の諸活動を府民に説明する責務を果たすため、府政に関する情報を多様な形態によって積極的に提供し、もって府政に対する理解と信頼を深め、府政のより公正な運営を確保し、府民参加の開かれた府政の一層の推進を図り、併せて府民福祉の向上に寄与するため、この条例を制定する。

第一章　総則

（定義）
第一条　この条例において「実施機関」とは、知事、議会、教育委員会、選挙管理委員会、人事委員会、監査委員、公安委員会、警察本部長、地方労働委員会、収用委員会、海区漁業調整委員会及び内水面漁場管理委員会をいう。
2　この条例において「公文書」とは、実施機関の職員が職務上作成し、又は取得した文書、図画（これらを撮影したマイクロフィルムを含む。）及び電磁的記録（電子的方式、磁気的方式その他人の知覚によっては認識することができない方式で作られた記録をいう。以下同じ。）であって、当該実施機関の職員が組織的に用いるものとして、当該実施機関が保有しているものをいう。ただし、次に掲げるものを除く。
　一　官報、公報、白書、新聞、雑誌、書籍その他不特定多数のものに販売する

ことを目的として発行されるもの
二　京都府立総合資料館、京都府立図書館その他これらに類する施設において、一般の利用に供することを目的として管理されているもの

（実施機関の責務）
第二条　実施機関は、公文書の公開を請求する権利が十分に尊重されるようこの条例を解釈し、及び運用するとともに、公文書の適切な保存及び迅速な検索をするために公文書の適正な管理に努めなければならない。
2　実施機関は、この条例の解釈及び運用に当たっては、通常他人に知られたくないと望むことが正当であると認められる個人に関する情報を公にすることのないよう最大限の配慮をしなければならない。

（利用者の責務）
第三条　公文書の公開を受けたものは、これによって得た情報を、この条例の目的に即して適正に使用しなければならない。

第二章　公文書の公開

（公開請求権）
第四条　何人も、実施機関に対し、当該実施機関の保有する公文書の公開を請求することができる。

（公開請求の方法）
第五条　前条の規定による公開の請求（以下「公開請求」という。）をしようとするものは、次に掲げる事項を記載した請求書（以下「請求書」という。）を実施機関に提出しなければならない。
一　氏名及び住所又は居所（法人その他の団体にあっては、その名称、代表者の氏名及び主たる事務所又は事業所の所在地）
二　公開請求をしようとする公文書を特定するために必要な事項
三　前二号に掲げるもののほか、実施機関が定める事項
2　実施機関は、請求書に形式上の不備があると認めるときは、公開請求をしたもの（以下「請求者」という。）に対し、相当の期間を定めて、その補正を求めることができる。この場合において、実施機関は、請求者に対し、補正の参考となる情報を提供するよう努めなければならない。

（公文書の公開義務）
第六条　実施機関は、公開請求があった場合は、当該公開請求に係る公文書に次の各号に掲げる情報（以下「非公開情報」という。）のいずれかが記録されているときを除き、請求者に対し、当該公文書を公開しなければならない。
一　個人に関する情報（事業を営む個人の当該事業に関する情報を除く。）であって、個人が特定され得るもの（他の情報と照合することにより、個人が特定され得るものを含む。）のうち、通常他人に知られたくないと望むことが正当であると認められるもの又は個人を特定され得ないが、公にすることにより、なお個人の権利利益を害するおそれがあるもの
二　法令、条例又は法律若しくはこれに基づく政令の規定に基づく明示の指示

に基づき公にすることができないとされている情報
三　法人（府、国、他の地方公共団体その他これらに類する団体（以下「府等」という。）を除く。）その他の団体（以下「法人等」という。）に関する情報又は事業を営む個人の当該事業に関する情報であって、公にすることにより、当該法人等又は当該個人の競争上の地位その他正当な利益を害するおそれがあるもの。ただし、次に掲げる情報を除く。
　ア　人の生命、身体又は健康に危害を及ぼすおそれのある事業活動に関する情報
　イ　人の生活又は財産に対して重大な影響を及ぼす違法又は著しく不当な事業活動に関する情報
四　府等又はその相互間における審議、検討又は協議に関する情報であって、公にすることにより、次に掲げるおそれがあるもの
　ア　率直な意見の交換又は意思決定の中立性が不当に損なわれるおそれ
　イ　不当に府民の間に混乱を生じさせるおそれ
　ウ　特定のものに不当に利益を与え、又は不利益を及ぼすおそれ
五　府等が行う事務事業に関する情報であって、公にすることにより、次に掲げるおそれその他事務事業の性質上、当該又は同種の事務事業の適正な遂行に支障を及ぼすおそれがあるもの
　ア　監査、検査、許認可、取締り又は試験に係る事務に関し、正確な事実の把握を困難にするおそれ又は違法若しくは不当な行為を容易にし、苦しくはその発見を困難にするおそれ
　イ　契約、交渉又は争訟に係る事務に関し、国又は地方公共団体の財産上の利益又は当事者としての地位を不当に害するおそれ
　ウ　調査研究に係る事務に関し、その公正かつ能率的な遂行を不当に阻害するおそれ
　エ　人事管理に係る事務に関し、公正かつ円滑な人事の確保に支障を及ぼすおそれ
　オ　国又は地方公共団体が経営する企業に係る事業に関し、その企業経営上の正当な利益を害するおそれ
六　公にすることにより、個人の生命、身体、財産等が侵害されるおそれのある情報（公務員（国家公務員法（昭和二十二年法律第百二十号）第二条第一項に規定する国家公務員及び地方公務員法（昭和二十五年法律第二百六十一号）第二条に規定する地方公務員をいう。）の氏名等であって、公にすることにより、当該公務員個人の生命、身体、財産等が侵害されるおそれがあるもの及びそのおそれがあるものとして実施機関の規則（実施機関が警察本部長である場合にあっては、公安委員会規則）で定めるものを含む。）
七　公にすることにより、犯罪の予防、鎮圧又は捜査、公訴の維持、刑の執行その他の公共の安全と秩序の維持に支障を及ぼすおそれがあると実施機関が認めることにつき相当の理由がある情報
八　実施機関の要請を受けて、公にしないとの条件で任意に個人又は法人等から提供された情報であって、個人又は法人等における通例として公にしない

こととされているものその他の当該条件を付することが当該情報の性質、当時の状況等に照らして合理的であると認められるもの。ただし、次に掲げる情報を除く。
　　ア　人の生命、身体又は健康に危害を及ぼすおそれのある行為又は事業活動に関する情報
　　イ　人の生活又は財産に対して重大な影響を及ぼす違法又は著しく不当な行為又は事業活動に関する情報

（部分公開）
第七条　実施機関は、公開請求に係る公文書の一部に非公開情報が記録されている場合において、当該非公開情報が記録されている部分とそれ以外の部分とが容易に、かつ、公開請求の趣旨を損なわない程度に分離できるときは、当該非公開情報に係る部分を除いて、公文書の公開をしなければならない。

（公益上の理由による裁量的公開）
第八条　実施機関は、公開請求に係る公文書に非公開情報（第六条第二号に規定する情報を除く。）が記録されている場合であっても、公益上特に必要があると認めるときは、請求者に対し、当該公文書の全部又は一部を公開することができる。

（公文書の存否に関する情報）
第九条　公開請求に対し、当該公開請求に係る公文書が存在しているか否かを答えるだけで、非公開情報を公開することとなるときは、実施機関は、当該公文書の存否を明らかにしないで、当該公開請求を拒否することができる。

（公開請求に対する措置）
第十条　実施機関は、公開請求に係る公文書の全部又は一部を公開するときは、その旨の決定（以下「公開決定」という。）をし、速やかに、請求者に対し、その旨及び公開の実施に関して必要な事項を書面により通知しなければならない。
２　実施機関は、公開請求に係る公文書の全部を公開しないとき（前条の規定により公開請求を拒否するとき及び公開請求に係る公文書を保有していないときを含む。）は、公開をしない旨の決定（以下「非公開決定」という。）をし、速やかに、請求者に対し、その旨を書面により通知しなければならない。
３　実施機関は、第一項の規定による公文書の一部を公開する旨の決定又は非公開決定をした旨の通知をするときは、当該通知にその理由を付記しなければならない。この場合において、当該理由が消滅する期日をあらかじめ明示できるときは、当該通知に当該期日を付記しなければならない。

（公開決定等の期限）
第十一条　公開決定及び非公開決定（以下「公開決定等」という。）は、公開請求があった日から起算して十五日以内にしなければならない。ただし、第五条第二項の規定により補正を求めた場合にあっては、当該補正に要した日数は、当該期間に算入しない。
２　実施機関は、事務処理上の困難その他正当な理由があるときは、前項の規定にかかわらず、公開請求があった日から起算して六十日（第五条第二項の規定により補正を求めた場合にあっては、六十日に当該補正に要した日数を加えた

日数。以下同じ。)を限度として、前項に規定する期間を延長することができる。この場合において、実施機関は、速やかに、請求者に対し、当該延長の期間及び理由を書面により通知しなければならない。
3　第一項に規定する期間（前項の規定により当該期間の延長がなされた場合にあっては、当該延長後の期間）内に実施機関が公開決定等をしないときは、請求者は、非公開決定があったものとみなすことができる。
　（公開決定等の期限の特例）
第十二条　特定の実施機関になされている公開請求に係る公文書が著しく大量であるため、当該公開請求があった日から起算して六十日以内にそのすべてについて公開決定等をすることにより事務の遂行に著しい支障が生じるおそれがある場合には、前条第一項及び第二項の規定にかかわらず、当該実施機関は、当該公開請求に係る公文書のうちの相当の部分につき六十日以内に公開決定等をし、残りの公文書については相当の期間内に公開決定等をすれば足りる。この場合において、実施機関は、同条第一項に規定する期間内に、請求者に対し、次に掲げる事項を書面により通知しなければならない。
一　この項を適用する旨及びその理由
二　残りの公文書についての公開決定等をする期限
2　請求者に対し、前項の規定による通知をした場合には、当該通知に係る公文書については、前条第三項の規定は、適用しない。
3　第一項第二号に規定する期限までに、実施機関が同号に規定する残りの公文書について公開決定等をしないときは、請求者は、当該残りの公文書について非公開決定があったものとみなすことができる。
　（事案の移送）
第十三条　実施機関は、公開請求に係る公文書が他の実施機関により作成されたものであるときその他他の実施機関において公開決定等をすることにつき正当な理由があるときは、当該公開請求の趣旨に反しない限りにおいて、当該他の実施機関と協議の上、当該他の実施機関に対し、事案を移送することができる。この場合において、移送をした実施機関は、請求者に対し、事案を移送した旨を書面により通知しなければならない。
2　前項の規定により事案が移送されたときは、移送を受けた実施機関において、当該公開請求についての公開決定等をしなければならない。この場合において、移送をした実施機関が移送前にした行為は、移送を受けた実施機関がしたものとみなす。
3　前項の場合において、移送を受けた実施機関が公開決定をしたときは、当該実施機関は、公開の実施をしなければならない。この場合において、移送をした実施機関は、当該公開の実施に必要な協力をしなければならない。
　（第三者に対する意見書提出の機会の付与等）
第十四条　実施機関は、公開請求に係る公文書に府及び請求者以外のものに関する情報が記録されているときは、公開決定等をするに当たって、あらかじめ当該府及び請求者以外のものに対し、当該公開請求に係る公文書の表示その他実施機関が定める事項を通知して、意見書を提出する機会を与えることができる。

2 実施機関は、公開請求に係る公文書に国、地方公共団体及び請求者以外のもの（以下「第三者」という。）に関する情報が記録されている場合において、次の各号のいずれかに該当するときは、公開決定をするに当たって、あらかじめ当該各号の第三者に対し、当該公開請求に係る公文書の表示その他実施機関が定める事項を書面により通知して、意見書を提出する機会を与えなければならない。ただし、当該第三者の所在が判明しない場合又は公益上緊急に公文書の公開をする必要があるため、意見書を提出する機会を与えることができない場合は、この限りでない。
　一　第三者に関する情報が記録されている公文書の公開をしようとする場合であって、当該情報が第六条第三号ただし書又は同条第八号ただし書に規定する情報に該当すると認められるとき。
　二　第三者に関する情報が記録されている公文書を第八条の規定により公開しようとするとき。
3　実施機関は、前二項の規定により意見書の提出の機会を与えられた第三者が公文書の公開に反対の意思を表示した意見書（以下「反対意見書」という。）を提出した場合において、当該公文書について公開決定をするときは、当該公開決定の日と公開の実施をする日との間に少なくとも二週間を置かなければならない。この場合において、実施機関は、当該公開決定後直ちに、当該反対意見書を提出した第三者に対し、公開決定をした旨及びその理由並びに公開の実施をする日を書面により通知しなければならない。

（公文書の公開の実施）
第十五条　実施機関は、公開決定をしたときは、速やかに、請求者に対し、当該公開決定に係る公文書の公開をしなければならない。
2　公文書の公開は、閲覧又は写しの交付（電磁的記録にあっては、それぞれこれらに準じる方法として、その種別、情報化の進展状況等を考慮して実施機関が定める方法。以下同じ。）により行う。
3　前項の規定にかかわらず、実施機関は、公文書を公開することにより、当該公文書を汚損し、又は破損するおそれがあるとき、第七条の規定により公文書の公開をするときその他相当な理由があるときは、当該公文書の写しを閲覧に供し、又はその写しを交付することができる。

（他の制度との調整等）
第十六条　実施機関は、法令又は他の条例（以下「法令等」という。）の規定に基づき、何人にも公開請求に係る公文書が前条第二項に規定する方法と同一の方法で公開することとされている場合（公開の期間が定められている場合にあっては、当該期間内に限る。）には、同項の規定にかかわらず、当該公文書については、当該同一の方法に関する限りにおいて、この章の規定を適用しない。ただし、当該法令等の規定に一定の場合には公開をしない旨の定めがあるときは、この限りでない。
2　法令等の規定に定める公開の方法が縦覧であるときは、当該縦覧を前条第二項の閲覧とみなして、前項の規定を適用する。

第三章　不服申立て

(審査会への諮問)
第十七条　公開決定等(第十一条第三項又は第十二条第三項の規定により非公開決定があったものとみなされる場合を含む。以下同じ。)について、行政不服審査法(昭和三十七年法律第百六十号)の規定に基づき不服申立てがあった場合は、当該不服申立てに対する裁決又は決定をすべき実施機関は、次の各号のいずれかに該当するときを除き、遅滞なく、京都府情報公開審査会に諮問をしなければならない。
　一　不服申立てが不適法であり、却下するとき。
　二　裁決又は決定で、不服申立てに係る公開決定等(公開請求に係る公文書の全部を公開する旨の決定を除く。以下この号及び第十九条において同じ。)を取り消し、又は変更し、当該不服申立てに係る公文書の全部を公開することとするとき。ただし、当該公開決定等について反対意見書が提出されているときを除く。

(諮問をした旨の通知)
第十八条　前条の規定により諮問をした実施機関(以下「諮問庁」という。)は、次に掲げるものに対し、当該諮問をした旨を通知しなければならない。
　一　不服申立人及び参加人
　二　請求者(請求者が不服申立人又は参加人である場合を除く。)
　三　当該不服申立てに係る公開決定等について反対意見書を提出した第三者(当該第三者が不服申立人又は参加人である場合を除く。)

(第三者からの不服申立てを棄却する場合等における手続)
第十九条　第十四条第三項の規定は、次の各号のいずれかに該当する裁決又は決定をする場合について準用する。
　一　公開決定に対する第三者からの不服申立てを却下し、又は棄却する裁決又は決定
　二　不服申立てに係る公開決定等を変更し、当該公開決定等に係る公文書を公開する旨の裁決又は決定(第三者である参加人が当該公文書の公開に反対の意思を表示している場合に限る。)

(京都府情報公開審査会)
第二十条　第十七条の規定による諮問に応じ不服申立てについて調査審議するため、京都府情報公開審査会(以下「審査会」という。)を置く。
2　審査会は、前項の規定による調査審議のほか、情報公開の制度の運営に関する事項について、実施機関に建議することができる。
3　審査会は、委員五人以内で組織する。
4　委員は、学識経験を有する者のうちから知事が任命する。
5　委員の任期は、二年とし、補欠の委員の任期は前任者の残任期間とする。ただし、再任を妨げない。
6　委員は、職務上知ることのできた秘密を漏らしてはならない。その職を退い

た後も、同様とする。
　（審査会の調査権限）
第二十一条　審査会は、必要があると認めるときは、諮問庁に対し、公開決定等に係る公文書の提示を求めることができる。この場合において、何人も、審査会に対し、その提示された公文書の公開を求めることができない。
2　諮問庁は、審査会から前項の規定による求めがあったときは、これを拒んではならない。
3　審査会は、必要があると認めるときは、諮問庁に対し、公開決定等に係る公文書に記録されている情報の内容を審査会の指定する方法により分類し、又は整理した資料を作成し、審査会に提出するよう求めることができる。
4　第一項及び前項に定めるもののほか、審査会は、不服申立てに係る事件に関して、不服申立人、参加人又は諮問庁（以下「不服申立人等」という。）に意見書又は資料の提出を求めること、適当と認める者にその知っている事実を陳述させることその他必要な調査をすることができる。
　（意見の陳述）
第二十二条　審査会は、不服申立人等から申立てがあったときは、当該不服申立人等に口頭で意見を述べる機会を与えなければならない。ただし、審査会が、その必要がないと認めるときは、この限りでない。
2　前項本文の場合において、不服申立人又は参加人は、審査会の許可を得て、補佐人とともに、審査会に出席することができる。
　（意見書等の提出）
第二十三条　不服申立人等は、審査会に対し、意見書又は資料を提出することができる。ただし、審査会が意見書又は資料を提出すべき相当の期間を定めたときは、その期間内にこれを提出しなければならない。
　（提出された意見書等の閲覧）
第二十四条　不服申立人等は、審査会に対し、審査会に提出された意見書又は資料の閲覧を求めることができる。この場合において、審査会は、当該閲覧を求めるもの以外のものの利益を害するおそれがあると認めるときその他正当な理由があるときでなければ、当該閲覧を拒むことができない。
2　審査会は、前項の規定による閲覧について、その日時及び場所を指定することができる。
　（調査審議手続の非公開）
第二十五条　審査会の行う調査審議の手続は、公開しない。
　（答申等）
第二十六条　審査会は、第十七条の規定による諮問のあった日から起算して九十日以内に答申するよう努めなければならない。
2　審査会は、諮問に対する答申をしたときは、答申書の写しを不服申立人及び参加人に送付するとともに、当該答申の内容を公表するものとする。
3　諮問庁は、審査会の答申を受けたときは、これを尊重して、速やかに、当該答申に係る不服申立てに対する裁決又は決定をしなければならない。
　（規則への委任）

第二十七条　この章に定めるもののほか、審査会の組織及び運営に関し必要な事項は、規則で定める。

第四章　情報提供の推進

（情報提供施策の充実）
第二十八条　実施機関は、その保有する情報を積極的に府民の利用に供するため、公文書の公開のほか、情報提供に関する施策の充実を図り、情報公開の総合的な推進に努めるものとする。
第二十九条　実施機関は、府の施策に関する情報を有効かつ適切な広報媒体等を活用して府民に積極的に提供することにより広報活動の充実を図ること、広く行政資料の提供を行うこと等により、情報提供施策の充実に努めるものとする。
（広聴活動の充実）
第三十条　実施機関は、府民が必要とする情報を的確に把握し、効果的な情報提供を実施するため、広聴活動の充実に努めるものとする。
（情報の収集等の充実）
第三十一条　実施機関は、府民が府政に関する正確で分かりやすい情報を迅速かつ容易に得られるよう、府民の求める情報の収集、管理及び提供の充実に努めるものとする。
（出資法人の情報公開）
第三十二条　府が資本金その他これに準じるものを出資している法人で、実施機関が別に定めるもの（以下「出資法人」という。）は、この条例の趣旨並びに当該出資法人の性格及び業務内容にかんがみ、当該出資法人の保有する情報の公開に関して必要な措置を講じるよう努めなければならない。
2　実施機関は、出資法人に対し、前項に規定する必要な措置を講じるよう指導に努めるものとする。

第五章　雑　則

（公文書の検索資料の作成等）
第三十三条　実施機関は、公開請求をしようとするものが容易に、かつ、的確に公開請求をすることができるよう、公文書を検索するための公文書の目録その他の資料を作成し、閲覧に供するほか、公文書の特定に資する情報の提供その他の公開請求をしようとするものの利便を考慮した適切な措置を講じなければならない。
（費用の負担）
第三十四条　公文書その他の資料の写しの交付を受けるものは、実費の範囲内において実施機関が定める額及び送付に要する費用を負担しなければならない。
（運用状況の公表）
第三十五条　知事は、毎年、実施機関に対し、この条例の運用状況について報告を求め、これを取りまとめて、公表するものとする。

（適用除外）
第三十六条　刑事訴訟法（昭和二十三年法律第百三十一号）第五十三条の二に規定する訴訟に関する書類及び押収物については、この条例の規定は、適用しない。
　（委任）
第三十七条　この条例に定めるもののほか、この条例の施行に関し必要な事項は、実施機関が定める。
　（罰則）
第三十八条　第二十条第六項の規定に違反して秘密を漏らした者は、一年以下の懲役又は三十万円以下の罰金に処する。
　附　則
　（施行期日）
1　この条例は、平成十三年四月一日から施行する。ただし、第一条第一項中、公安委員会及び警察本部長に関する部分は、公布の日から起算して六月を超えない範囲内において公安委員会規則で定める日から施行する。（平成十三年九月二十一日京都府公安委員会規則第十二号により、平成十三年九月二十八日施行）
　（経過措置等）
2　この条例による改正前の京都府情報公開条例（以下「旧条例」という。）第八条第一項の規定による決定（同条第四項の規定により決定があったものとみなす場合を含む。）であって、この条例の施行の際現に行政不服審査法の規定に基づく不服申立てがされているもの及びこの条例の施行の際現にその効力についての事件が裁判所に係属しているものについては、旧条例の規定は、なおその効力を有する。
3　この条例の施行の際現に旧条例第四条の規定によりなされている公文書の公開の請求は、この条例による改正後の京都府情報公開条例（以下「新条例」という。）第四条の規定によりなされた公文書の公開の請求とみなす。
4　前項に規定するもののほか、この条例の施行の日前に旧条例の規定に基づきなされた処分、手続その他の行為（附則第二項の規定が適用される決定を除く。）は、新条例の相当規定に基づきなされた処分、手続その他の行為とみなす。
5　旧条例第十二条の規定により置かれた京都府公文書公開審査会は、新条例第二十条の規定により置く審査会となり、同一性をもって存続する。
6　この条例の施行の際現に旧条第十二条第四項の規定により京都府公文書公開審査会の委員に任命されている者は、新条例第二十条第四項の規定により審査会の委員に任命されたものとみなす。
7　新条例は、次に掲げる公文書について適用する。
　一　平成十三年四月一日以後に実施機関（公安委員会及び警察本部長を除く。）の職員が作成し、又は取得した公文書
　二　平成十三年四月一日前に実施機関（公安委員会及び警察本部長を除く。以下この号において同じ。）の職員が職務上作成し、又は取得した文書及び図画（これらを撮影したマイクロフィルムを含む。）のうち、決裁又は閲覧の手続

が終了し、実施機関が管理しているものであって旧条例が適用されていたもの
　三　附則第一項ただし書に規定する公安委員会規則で定める日以後に実施機関（公安委員会及び警察本部長に限る。）の職員が作成し、又は取得した公文書
（京都府個人情報保護条例の一部改正）
8　京都府個人情報保護条例（平成八年京都府条例第一号）の一部を次のように改正する。
　第二十四条第二項中「京都府情報公開条例（昭和六十三年京都府条例第十七号）」を「京都府情報公開条例（平成十三年京都府条条例第一号）」に改める。

大阪府情報公開条例

【制定】平成十一年十月二十九日条例第三十九号
【改正】平成十二年十月二十七日条例第百三十七号
　　　　平成十三年十月三十日条例第七十四号

大阪府公文書公開条例（昭和五十九年大阪府条例第二号）の全部を改正する。

大阪府情報公開条例

目次
　前文
　第一章　総則（第一条～第五条）
　第二章　行政文書の公開（第六条～第十九条）
　第三章　不服申立て
　　第一節　諮問等（第二十条～第二十二条）
　　第二節　審査会の調査審議の手続等（第二十三条～第三十条）
　第四章　総合的な情報の公開の推進（第三十一条～第三十五条）
　第五章　雑則（第三十六条～第四十二条）
　附則
　　　　　◇一部改正（平成一二年条例一三七号・一三年七四号）

　情報の公開は、府民の府政への信頼を確保し、生活の向上をめざす基礎的な条件であり、民主主義の活性化のために不可欠なものである。
　府が保有する情報は、本来は府民のものであり、これを共有することにより、府民の生活と人権を守り、豊かな地域社会の形成に役立てるべきものであって、府は、その諸活動を府民に説明する責務が全うされるようにすることを求められている。
　このような精神のもとに、府の保有する情報は公開を原則とし、個人のプライバシーに関する情報は最大限に保護しつつ、行政文書の公開を求める権利を明らかにし、併せて府が自ら進んで情報の公開を推進することにより、「知る権利」の保障と個人の尊厳の確保に資するとともに、地方自治の健全な発展に寄与するため、この条例を制定する。

第一章　総則

（目的）
第一条　この条例は、行政文書の公開を求める権利を明らかにし、行政文書の公開に関し必要な事項を定めるとともに、総合的な情報の公開の推進に関する施策に関し基本的な事項を定めることにより、府民の府政への参加をより一層推進し、府政の公正な運営を確保し、府民の生活の保護及び利便の増進を図ると

大阪府情報公開条例

ともに、個人の尊厳を確保し、もって府民の府政への信頼を深め、府民の福祉の増進に寄与することを目的とする。

（定義）

第二条　この条例において、「行政文書」とは、実施機関の職員が職務上作成し、又は取得した文書、図画、写真及びスライド（これらを撮影したマイクロフィルムを含む。以下同じ。）並びに電磁的記録（電子的方式、磁気的方式その他人の知覚によっては認識できない方式で作られた記録をいう。以下同じ。）であって、当該実施機関の職員が組織的に用いるものとして、当該実施機関が管理しているものをいう。ただし、次に掲げるものを除く。

一　実施機関が、府民の利用に供することを目的として管理しているもの
二　官報、公報、白書、新聞、雑誌、書籍その他不特定多数のものに販売することを目的として発行されているもの（前号に掲げるものを除く。）

2　この条例において、「実施機関」とは、知事、教育委員会、選挙管理委員会、人事委員会、監査委員、公安委員会、地方労働委員会、収用委員会、海区漁業調整委員会、内水面漁場管理委員会、水道企業管理者及び警察本部長をいう。

　　　◇一部改正（平成一二年条例一三七号）

（実施機関の責務）

第三条　実施機関は、行政文書の公開を求める権利が十分に保障されるように、この条例を解釈し、運用するとともに、行政文書の適切な保存と迅速な検索に資するための行政文書の管理体制の整備を図らなければならない。

（利用者の責務）

第四条　この条例の定めるところにより行政文書の公開を受けたものは、それによって得た情報を、第一条の目的に則して適正に用いなければならない。

（個人に関する情報への配慮）

第五条　実施機関は、この条例の解釈及び運用に当たっては、個人に関する情報であって、特定の個人が識別され得るもののうち、一般に他人に知られたくないと望むことが正当であると認められるものをみだりに公にすることのないよう最大限の配慮をしなければならない。

第二章　行政文書の公開

（公開請求権）

第六条　何人も、実施機関に対して、行政文書の公開を請求することができる。

（公開請求の方法）

第七条　前条の規定による行政文書の公開の請求（以下本則において「公開請求」という。）は、次に掲げる事項を記載した書面（以下「請求書」という。）を実施機関に提出することにより行わなければならない。

一　氏名及び住所又は居所（法人その他の団体にあっては、その名称、代表者の氏名及び主たる事務所の所在地）
二　行政文書の名称その他の公開請求に係る行政文書を特定するに足りる事項
三　前二号に掲げるもののほか、実施機関の規則（実施機関の規程を含み、実

施機関が警察本部長である場合にあっては、公安委員会規則をいう。以下同じ。）で定める事項
2　実施機関は、公開請求をしようとするものに対し、当該公開請求に係る行政文書の特定に必要な情報を提供するよう努めなければならない。
3　実施機関は、請求書に形式上の不備があると認めるときは、公開請求をしたもの（以下「請求者」という。）に対し、相当の期間を定めて、その補正を求めることができる。この場合において、実施機関は、請求者に対し、当該補正に必要な情報を提供するよう努めなければならない。
　　　　◇一部改正（平成一二年条例一三七号）
（公開しないことができる行政文書）
第八条　実施機関（公安委員会及び警察本部長を除く。）は、次の各号のいずれかに該当する情報が記録されている行政文書を公開しないことができる。
　一　法人（国及び地方公共団体その他の公共団体（以下「国等」という。）を除く。）その他の団体（以下「法人等」という。）に関する情報又は事業を営む個人の当該事業に関する情報であって、公にすることにより、当該法人等又は当該個人の競争上の地位その他正当な利益を害すると認められるもの（人の生命、身体若しくは健康に対し危害を及ぼすおそれのある事業活動又は人の生活若しくは財産に対し重大な影響を及ぼす違法な若しくは著しく不当な事業活動に関する情報（以下「例外公開情報」という。）を除く。）
　二　実施機関の要請を受けて、公にしないことを条件として任意に個人又は法人等から提供された情報であって、当該条件を付することが当該情報の性質、内容等に照らして正当であり、かつ、当該個人又は法人等の承諾なく公にすることにより、当該個人又は法人等の協力を得ることが著しく困難になると認められるもの（例外公開情報を除く。）
　三　府の機関又は国等の機関が行う調査研究、企画、調整等に関する情報であって、公にすることにより、率直な意見の交換若しくは意思決定の中立性が不当に損なわれるおそれ、府民の正確な理解を妨げることなどにより不当に府民の生活に支障を及ぼすおそれ又は特定のものに不当に利益を与え若しくは不利益を及ぼすおそれがあるもの
　四　府の機関又は国等の機関が行う取締り、監督、立入検査、許可、認可、試験、入札、交渉、渉外、争訟等の事務に関する情報であって、公にすることにより、当該若しくは同種の事務の目的が達成できなくなり、又はこれらの事務の公正かつ適切な執行に著しい支障を及ぼすおそれのあるもの
　五　公にすることにより、個人の生命、身体、財産等の保護、犯罪の予防又は捜査その他の公共の安全と秩序の維持に支障を及ぼすと認められる情報
2　公安委員会又は警察本部長は、次の各号のいずれかに該当する情報が記録されている行政文書を公開しないことができる。
　一　前項第一号から第四号までのいずれかに該当する情報
　二　公にすることにより、犯罪の予防、鎮圧又は捜査、公訴の維持、刑の執行その他の公共の安全と秩序の維持に支障を及ぼすおそれがあると公安委員会又は警察本部長が認めることにつき相当の理由がある情報

三　前二号に掲げるもののほか、公にすることにより、個人の生命、身体、財産等の保護に支障を及ぼすおそれがある情報
　　　　◇一部改正（平成一二年条例一三七号）
　（公開してはならない行政文書）
第九条　実施機関は、次の各号のいずれかに該当する情報が記録されている行政文書を公開してはならない。
一　個人の思想、宗教、身体的特徴、健康状態、家族構成、職業、学歴、出身、住所、所属団体、財産、所得等に関する情報（事業を営む個人の当該事業に関する情報を除く。）であって、特定の個人が識別され得るもの（以下「個人識別情報」という。）のうち、一般に他人に知られたくないと望むことが正当であると認められるもの
二　法令の規定により、又は法律若しくはこれに基づく政令の規定による明示の指示（地方自治法（昭和二十二年法律第六十七号）第二百四十五条第一号への指示その他これに類する行為をいう。）により、公にすることができない情報
　（行政文書の部分公開）
第十条　実施機関（公安委員会及び警察本部長を除く。）は、行政文書に次に掲げる情報が記録されている部分がある場合において、その部分を容易に、かつ、公開請求の趣旨を損なわない程度に分離できるときは、その部分を除いて、当該行政文書を公開しなければならない。
一　第八条第一項各号のいずれかに該当する情報で、同項の規定によりその記録されている行政文書を公開しないこととされるもの
二　前条各号のいずれかに該当する情報
2　公安委員会又は警察本部長は、行政文書に次に掲げる情報が記録されている部分がある場合において、その部分を容易に、かつ、公開請求の趣旨を損なわない程度に分離できるときは、その部分を除いて、当該行政文書を公開しなければならない。
一　第八条第二項各号のいずれかに該当する情報で、同項の規定によりその記録されている行政文書を公開しないこととされるもの
二　前条各号のいずれかに該当する情報
　　　　◇一部改正（平成一二年条例一三七号）
　（公益上の理由による公開）
第十一条　第八条の規定にかかわらず、実施機関は、公開請求に係る行政文書に同条第一項各号又は第二項各号に掲げる情報が記録されている場合であっても、公益上特に必要があると認めるときは、請求者に対し、当該行政文書の全部又は一部を公開しなければならない。
2　第九条の規定にかかわらず、実施機関は、公開請求に係る行政文書に同条第一号に掲げる情報が記録されている場合であっても、公益上特に必要があると認めるときは、請求者に対し、当該行政文書の全部又は一部を公開することができる。
3　実施機関は、前項の規定により行政文書を公開しようとする場合には、大阪

府個人情報保護条例（平成八年大阪府条例第二号）の趣旨を勘案し、個人の権利利益が適正に保護されるよう特段の配慮をしなければならない。
　　　　　◇一部改正（平成一二年条例一三七号）
　（行政文書の存否に関する情報）
第十二条　公開請求に対し、当該公開請求に係る行政文書が存在しているか否かを答えるだけで、第十条第一項各号又は第二項各号に掲げる情報を公開することとなるときは、実施機関は、当該行政文書の存否を明らかにしないで、当該公開請求を拒否することができる。
　　　　　◇一部改正（平成一二年条例一三七号）
　（行政文書の公開の決定及び通知）
第十三条　実施機関は、公開請求に係る行政文書の全部又は一部を公開するときは、その旨の決定をし、速やかに、請求者に対し、その旨及び公開の実施に関し必要な事項を書面により通知しなければならない。
２　実施機関は、公開請求に係る行政文書の全部を公開しないとき（前条の規定により公開請求を拒否するとき及び公開請求に係る行政文書を管理していないときを含む。）は、その旨の決定をし、速やかに、請求者に対し、その旨を書面により通知しなければならない。
３　実施機関は、第一項の規定による行政文書の一部を公開する旨の決定又は前項の決定をした旨の通知をするときは、当該通知に次に掲げる事項を付記しなければならない。
　一　当該通知に係る決定の理由
　二　当該通知に係る行政文書に記録されている情報が第十条第一項各号又は第二項各号に掲げる情報に該当しなくなる期日をあらかじめ明示することができる場合にあっては、その期日
　　　　　◇一部改正（平成一二年条例一三七号）
　（公開決定等の期限）
第十四条　前条第一項及び第二項の決定（以下「公開決定等」という。）は、公開請求があった日から起算して十五日以内に行わなければならない。ただし、第七条第三項の規定により請求書の補正を求めた場合にあっては、当該補正に要した日数は、当該期間に算入しない。
２　実施機関は、前項に規定する期間内に公開決定等をすることができないことにつき正当な理由があるときは、その期間を十五日を限度として延長することができる。この場合において、実施機関は、速やかに、請求者に対し、延長後の期間及び延長の理由を書面により通知しなければならない。
３　第一項に規定する期間（前項の規定により当該期間の延長がなされた場合にあっては、当該延長後の期間）内に、実施機関が公開決定等をしないときは、請求者は、前条第二項の規定による行政文書の全部を公開しない旨の決定（以下「非公開決定」という。）があったものとみなすことができる。
　（公開決定等の期限の特例）
第十五条　公開請求に係る行政文書が著しく大量であるため、公開請求があった日から起算して三十日（第七条第三項の規定により請求書の補正を求めた場合

にあっては、これに当該補正に要した日数を加えた日数）以内にそのすべてについて公開決定等をすることにより事務の遂行に著しい支障が生ずるおそれがある場合には、前条第一項及び第二項の規定にかかわらず、実施機関は、当該公開請求に係る行政文書のうちの相当の部分につき当該期間内に公開決定等をし、残りの行政文書については相当の期間内に公開決定等をすれば足りる。この場合において、実施機関は、同条第一項に規定する期間内に、請求者に対し、次に掲げる事項を書面により通知しなければならない。
一　この項を適用する旨及びその理由
二　残りの行政文書についての公開決定等をする期限
2　請求者に対し前項の規定による通知をした場合には、当該通知に係る行政文書については、前条第三項の規定は、適用しない。
3　第一項第二号に規定する期限までに、実施機関が公開決定等をしないときは、請求者は、同号の残りの行政文書について非公開決定があったものとみなすことができる。

（事案の移送）
第十六条　実施機関は、公開請求に係る行政文書が他の実施機関により作成されたものであるときは、当該公開請求の趣旨に反しない限りにおいて、当該他の実施機関と協議の上、当該他の実施機関に対し、事案を移送することができる。この場合において、移送をした実施機関は、請求者に対し、事案を移送した旨を書面により通知しなければならない。
2　前項の規定により事案が移送されたときは、移送を受けた実施機関において、当該事案に係る公開決定等をしなければならない。この場合において、移送をした実施機関が移送前にした行為は、移送を受けた実施機関がしたものとみなす。

（第三者に対する意見の提出の機会の付与等）
第十七条　実施機関は、公開決定等をする場合において、当該公開決定等に係る行政文書に国、地方公共団体及び請求者以外のもの（以下この条、第二十一条及び第二十二条において「第三者」という。）に関する情報が記録されているときは、あらかじめ当該情報に係る第三者に対し、公開請求に係る行政文書の表示その他実施機関の規則で定める事項を通知して、その意見を書面により提出する機会を与えることができる。ただし、次項の規定により、あらかじめ第三者に対し、その意見を書面により提出する機会を与えなければならない場合は、この限りでない。
2　実施機関は、第十三条第一項の決定（以下「公開決定」という。）をする場合において、次の各号のいずれかに該当するときは、あらかじめ当該各号の第三者に対し、公開請求に係る行政文書の表示その他実施機関の規則で定める事項を書面により通知して、その意見を書面により提出する機会を与えなければならない。ただし、当該第三者の所在が判明しない場合は、この限りでない。
一　第三者に関する情報が記録されている行政文書を公開しようとする場合であって、当該情報が例外公開情報に該当すると認められるとき。
二　第三者に関する個人識別情報が記録されている行政文書を公開しようとす

る場合（第十一条第二項の規定により公開しようとする場合を除く。）であって、当該個人識別情報が人の生命、健康、生活又は財産を保護するため公にすることが必要であることから第九条第一号に掲げる情報に該当しないと認められるとき。

　三　第三者に関する情報が記録されている行政文書を第十一条第一項又は第二項の規定により公開しようとするとき。

3　実施機関は、前二項の規定により意見を書面により提出する機会を与えられた第三者が当該機会に係る行政文書の公開に反対の意思を表示した書面（以下「反対意見書」という。）を提出した場合において、当該行政文書について公開決定をするときは、当該公開決定の日と公開を実施する日との間に少なくとも二週間を置かなければならない。この場合において、実施機関は、当該公開決定後直ちに、当該反対意見書を提出した第三者に対し、公開決定をした旨及びその理由並びに公開を実施する日を書面により通知しなければならない。

（行政文書の公開の実施）

第十八条　実施機関は、公開決定をしたときは、速やかに、請求者に対し、当該公開決定に係る行政文書を公開しなければならない。

2　前項の規定による行政文書の公開は、文書、図画、写真又はスライドにあっては閲覧又は写しの交付により、電磁的記録にあってはこれらに準ずる方法としてその種別、情報化の進展状況等を勘案して実施機関の規則で定める方法により行う。

3　前項の規定にかかわらず、実施機関は、行政文書を公開することにより当該行政文書が汚損され、又は破損されるおそれがあるとき、第十条第一項又は第二項の規定により行政文書を公開するときその他相当の理由があるときは、当該行政文書を複写した物を閲覧させ、若しくはその写しを交付し、又はこれらに準ずる方法として実施機関の規則で定める方法により公開することができる。

4　第一項の規定による行政文書の公開を受けるものは、実施機関の規則で定めるところにより、公開決定をした実施機関に対し、その求める公開の実施の方法その他実施機関の規則で定める事項を申し出なければならない。

5　前項の規定による申出は、第十三条第一項の規定による通知があった日から三十日以内にしなければならない。ただし、当該期間内に当該申出をすることができないことにつき正当な理由があるときは、この限りでない。

　　　　◇一部改正（平成一二年条例一三七号）

（他の法令との調整）

第十九条　この章の規定は、次の各号に掲げる行政文書の区分に応じ、当該各号に定める方法による当該行政文書の公開については、適用しない。

　一　他の法令の規定により閲覧し、又は縦覧することができる行政文書（電磁的記録を除く。）　閲覧

　二　他の法令の規定により謄本、抄本等の交付を受けることができる行政文書（電磁的記録を除く。）　写しの交付

　三　他の法令の規定により、前条第二項の実施機関の規則で定める方法と同じ

方法で公開を受けることができる行政文書（電磁的記録に限る。） 当該同じ方法

第三章　不服申立て

第一節　諮問等

（審査会への諮問）
第二十条　公開決定等について、行政不服審査法（昭和三十七年法律第百六十号）に基づく不服申立てがあった場合は、当該不服申立てに対する決定又は裁決をすべき実施機関は、次の各号のいずれかに該当する場合を除き、遅滞なく、大阪府情報公開審査会（以下「審査会」という。）に当該不服申立てに対する決定又は裁決について諮問しなければならない。
一　不服申立てが明らかに不適法であり、却下するとき。
二　決定又は裁決で、不服申立てに係る公開決定等（公開請求に係る行政文書の全部を公開する旨の決定を除く。以下この号において同じ。）を取り消し又は変更し、当該不服申立てに係る行政文書の全部を公開することとするとき。ただし、当該公開決定等について反対意見書が提出されているときを除く。
　　　◇一部改正（平成一二年条例一三七号・一三年七四号）

（諮問をした旨の通知）
第二十一条　前条の規定により諮問をした実施機関（以下「諮問実施機関」という。）は、次に掲げるものに対し、当該諮問をした旨を通知しなければならない。
一　不服申立人及び参加人
二　請求者（請求者が不服申立人又は参加人である場合を除く。）
三　当該諮問に係る公開決定等について反対意見書を提出した第三者（当該第三者が不服申立人又は参加人である場合を除く。）

（第三者からの不服申立てを棄却する場合等における手続）
第二十二条　第十七条第三項の規定は、次の各号のいずれかに該当する決定又は裁決をする場合について準用する。
一　公開決定に対する第三者からの不服申立てを却下し、又は棄却する決定又は裁決
二　不服申立てに係る行政文書を公開する旨の決定又は裁決（第三者である参加人が当該行政文書の公開に反対の意思を表示している場合に限る。）

第二節　審査会の調査審議の手続等

（審査会の調査権限）
第二十三条　審査会は、必要があると認めるときは、諮問実施機関に対し、公開決定等に係る行政文書の提示を求めることができる。この場合において、何人も、審査会に対し、その提示されている行政文書の公開を求めることができない。
2　審査会は、必要があると認めるときは、諮問実施機関に対し、公開決定等に

係る行政文書に記録されている情報の内容を審査会の指定する方法により分類し又は整理した資料を作成し、審査会に提出するよう求めることができる。
3 諮問実施機関は、審査会から第一項前段又は前項の規定による求めがあったときは、これを拒んではならない。
4 第一項及び第二項に定めるもののほか、審査会は、不服申立てに係る事件に関し、不服申立人、参加人又は諮問実施機関（以下「不服申立人等」という。）に対し、その意見を記載した書面（以下「意見書」という。）又は資料の提出を求めること、適当と認める者にその知っている事実を陳述させ又は鑑定を求めることその他の必要な調査をすることができる。

（意見の陳述）
第二十四条 審査会は、不服申立人等から申立てがあったときは、当該不服申立人等に口頭で意見を陳述する機会を与えなければならない。ただし、審査会が、その必要がないと認めるときは、この限りでない。
2 前項本文の場合において、不服申立人又は参加人は、審査会の許可を得て、補佐人とともに出頭することができる。

（意見書等の提出）
第二十五条 不服申立人等は、審査会に対し、意見書又は資料を提出することができる。ただし、審査会が意見書又は資料を提出すべき相当の期間を定めたときは、その期間内にこれを提出しなければならない。

（委員による調査手続）
第二十六条 審査会は、必要があると認めるときは、その指名する委員に、第二十三条第一項の規定により提示された行政文書について閲覧（当該行政文書が電磁的記録である場合にあっては、これに準ずる方法を含む。）をさせ、同条第四項に規定する調査をさせ、又は第二十四条第一項の規定による不服申立人等の意見の陳述を聴かせることができる。

（提出資料の閲覧等）
第二十七条 不服申立人等は、審査会に対し、審査会に提出された意見書又は資料の閲覧又は写しの交付（以下「閲覧等」という。）（当該意見書又は資料が電磁的記録である場合にあっては、閲覧等に準ずる方法として実施機関の規則で定める方法を含む。）を求めることができる。この場合において、審査会は、第三者の利益を害するおそれがあると認めるときその他正当な理由があると認めるときでなければ、当該閲覧等を拒むことができない。

（調査審議手続の非公開）
第二十八条 審査会の行う不服申立てに係る調査審議の手続は、公開しない。

（答申等）
第二十九条 審査会は、第二十条の規定による諮問があった日から起算して六十日以内に書面により答申するよう努めなければならない。
2 審査会は、前項の規定による答申をしたときは、同項の書面の写しを不服申立人及び参加人に送付するとともに、当該答申の内容を公表しなければならない。
3 諮問実施機関は、審査会が第一項の規定による答申をしたときは、これを尊

重して、速やかに、当該答申に係る不服申立てに対する決定又は裁決をしなければならない。
4　諮問実施機関は、不服申立てがあった日から起算して九十日以内に当該不服申立てに対する決定又は裁決をするよう努めなければならない。
　（守秘義務）
第三十条　審査会の委員は、職務上知ることのできた秘密を漏らしてはならない。その職を退いた後も、同様とする。

第四章　総合的な情報の公開の推進

　（総合的な情報の公開に関する施策の充実）
第三十一条　実施機関は、府の諸活動を府民に説明する責務が全うされるようにするため、府政に関する情報が適時に、かつ適切な方法で府民に明らかにされるよう、総合的な情報の公開の推進に関する施策の充実に努めなければならない。
　（情報の公表及び提供）
第三十二条　実施機関は、府民の府政への参加をより一層推進し、府政の公正な運営を確保し、府民の生活の保護及び利便の増進を図るため、情報の公表を積極的に行うとともに、府民の求めに応じ、わかりやすい情報を迅速に提供するよう努めなければならない。
2　実施機関は、第十八条第一項の規定により公開した行政文書に記録された情報の提供及び公表を推進するよう適切な措置を講じなければならない。
　（会議の公開）
第三十三条　実施機関は、府民の府政への参加をより一層推進し、府政の公正な運営を確保するため、府民、学識経験のある者等で構成され、府の事務について審査、審議、調査等を行う審議会等の会議の公開に努めなければならない。
　（出資法人の情報の公開）
第三十四条　実施機関は、府が資本金、基本金その他これらに準ずるものを出資していう法人その他これに類する法人のうち、府又は当該実施機関が法令の規定に基づく権限を有する法人であって、当該実施機関が定めるもの（以下「出資法人」という。）の情報で当該実施機関が管理するものの公開に努めなければならない。
2　実施機関は、出資法人のうち府の事務と特に密接な関係を有する出資法人として実施機関が定めるものについて、その性格及び業務内容に応じ、当該出資法人が管理する情報の公開が推進されるよう、必要な措置を講じなければならない。
　（制度の公正な運営等）
第三十五条　実施機関は、府民、学識経験のある者等の意見を聴いて、行政文書の公開等の制度の公正かつ円滑な運営及び改善に努めなけばならない。

第五章　雑　則

（行政文書の管理）
第三十六条　実施機関は、この条例の適正かつ円滑な運用に資するため、当該実施機関の規則で定めるところにより行政文書の管理に関する定めを設け、これを一般の閲覧に供しなければならない。
2　前項の実施機関の規則においては、行政文書の分類、作成、保存及び廃棄に関する基準その他の行政文書の管理に関し必要な基本的事項について定めなければならない。
（公開請求の利便を考慮した適切な措置）
第三十七条　実施機関は、何人も容易に、かつ、的確に公開請求をすることができるよう、次項に定めるもののほか、当該実施機関が管理する行政文書の特定に資する情報の提供その他の公開請求の利便を考慮した適切な措置を講じなければならない。
2　実施機関は、この条例の適正かつ円滑な運用に資するため、行政文書の目録等行政文書を検索するための資料を作成し、一般の閲覧に供しなければならない。
（費用負担）
第三十八条　次の各号に掲げるものは、それぞれ当該各号の写しの作成及び送付（これらに準ずるものとして実施機関の規則で定めるものを含む。）に要する費用を負担しなければならない。
一　公開請求をして、行政文書又はこれを複写した物の写しの交付（第十八条第二項及び第三項の実施機関の規則で定める方法を含む。）を受けるもの
二　第二十七条の意見書又は資料（これらを複写した物を含む。）の写しの交付（同条の実施機関の規則で定める方法を含む。）を受けるもの
三　第三十二条の規定に基づき、実施機関が定めるところにより、情報の提供として行政文書等の写しの交付（これに準ずるものとして実施機関の規則で定める方法を含む。）を受けるもの
（運用状況の公表）
第三十九条　知事は、毎年度、実施機関に対し、この条例の運用状況について報告を求め、これをとりまとめて、その概要を公表しなければならない。
（適用除外）
第四十条　この条例の規定は、刑事訴訟法（昭和二十三年法律第百三十一号）第五十三条の二の訴訟に関する書類及び押収物については、適用しない。
　　　　◇追　　加（平成一二年条例一三七号）
（委任）
第四十一条　この条例の施行に関し必要な事項は、実施機関が定める。
　　　　◇旧第四十条繰下（平成一二年条例一三七号）
（罰則）
第四十二条　第三十条の規定に違反して秘密を漏らした者は、一年以下の懲役又は三十万円以下の罰金に処する。
　　　　◇追　　加（平成一三年条例七四号）

附　則
　　（施行期日）
1　この条例の施行期日は、規則で定める。（平成十二年五月三十一日大阪府規則第二百二十五号により、平成十二年六月一日から施行）
　　（経過措置）
2　この条例の施行の際現に改正前の大阪府公文書公開条例（以下「旧条例」という。）第七条第一項の規定によりなされている公文書の公開の請求（以下「旧請求」という。）は、改正後の大阪府情報公開条例（以下「新条例」という。）第六条の規定によりなされた行政文書の公開の請求とみなす。
3　この条例の施行の際現に旧条例第十五条第一項の規定により大阪府公文書公開審査会に対してなされている諮問（以下「旧諮問」という。）は、新条例第二十条の規定によりなされた審査会に対する諮問とみなす。
4　前二項に規定するもののほか、この条例の施行の日前に旧条例の規定によりなされた旧請求又は旧諮問に係る処分、手続その他の行為は、新条例中にこれに相当する規定がある場合には、当該規定によってなされたものとみなす。
　（大阪府附属機関条例の一部改正）
5　大阪府附属機関条例（昭和二十七年大阪府条例第三十九号）の一部を次のように改正する。
　　　　［次のよう］略
　　附　則（平成十二年十月二十七日条例第百三十七号）
　この条例の施行日は、規則で定める。（平成十三年十月三十日大阪府規則第九十五号により、平成十三年十一月一日施行）
　　附　則（平成十三年十月三十日条例第七十四号）
　この条例は、公布の日から施行する。

大阪府議会情報公開条例

【制定】平成十二年十月二十七日条例第百五十三号

大阪府議会情報公開条例をここに公布する。

大阪府議会情報公開条例

目次
　第一章　総則（第一条〜第五条）
　第二章　公文書の公開（第六条〜第十九条）
　第三章　異議申立て
　　第一節　意見聴取等（第二十条－第二十二条）
　　第二節　大阪府議会情報公開審査委員会（第二十三条〜第三十一条）
　第四章　総合的な情報の公開の推進（第三十二条）
　第五章　雑則（第三十三条〜第三十七条）
　附則

第一章　総則

（目的）

第一条　この条例は、大阪府議会（以下「府議会」という。）に対する公文書の公開を求める権利を明らかにし、公文書の公開に関し必要な事項を定めるとともに、総合的な情報の公開の推進に関し基本的な事項を定めることにより、府議会の権限の適正な行使を確保し、府民に身近な府議会の実現及び府民の府政への参加をより一層推進するとともに、個人の尊厳を確保し、もって府民の府議会への信頼を深め、府民の福祉の増進に寄与することを目的とする。

（定義）

第二条　この条例において、「公文書」とは、大阪府議会事務局（以下「事務局」という。）の職員が職務上作成し、又は取得した文書、図画、写真及びスライド（これらを撮影したマイクロフィルムを含む。以下同じ。）並びに電磁的記録（電子的方式、磁気的方式その他人の知覚によっては認識できない方式で作られた記録をいう。以下同じ。）であって、事務局の職員が組織的に用いるものとして、大阪府議会議長（以下「議長」という。）が管理しているものをいう。ただし、次に掲げるものを除く。
　一　議長が、府民の利用に供することを目的として管理しているもの
　二　官報、公報、白書、新聞、雑誌、書籍その他不特定多数のものに販売することを目的として発行されているもの（前号に掲げるものを除く。）

（府議会の責務）

第三条　府議会は、公文書の公開を求める権利が十分に保障されるように、この

条例を解釈し、運用するとともに、公文書の適切な保存と迅速な検索に資するための公文書の管理体制の整備を図らなければならない。
　（利用者の責務）
第四条　この条例の定めるところにより公文書の公開を受けたものは、それによって得た情報を、第一条の目的に即して適正に用いなければならない。
　（個人に関する情報への配慮）
第五条　府議会は、この条例の解釈及び運用に当たっては、特定の個人に関する情報であって、特定の個人が識別され得るもののうち、一般に他人に知られたくないと望むことが正当であると認められるものをみだりに公にすることのないよう最大限の配慮をしなければならない。

第二章　公文書の公開

　（公開請求権）
第六条　何人も、議長に対して、公文書の公開を請求することができる。
　（公開請求の方法）
第七条　前条の規定による公文書の公開の請求（以下本則において「公開請求」という。）は、次に掲げる事項を記載した書面（以下「請求書」という。）を議長に提出することにより行わなければならない。
　一　氏名及び住所又は居所（法人その他の団体にあっては、その名称、代表者の氏名及び主たる事務所の所在地）
　二　公文書の名称その他の公開請求に係る公文書を特定するに足りる事項
　三　前二号に掲げるもののほか、議長が規程で定める事項
2　議長は、公開請求をしようとするものに対し、当該公開請求に係る公文書の特定に必要な情報を提供するよう努めなければならない。
3　議長は、請求書に形式上の不備があると認めるときは、公開請求をしたもの（以下「請求者」という。）に対し、相当の期間を定めて、その補正を求めることができる。この場合において、議長は、請求者に対し、当該補正に必要な情報を提供するよう努めなければならない。
　（公開しないことができる公文書）
第八条　議長は、次の各号のいずれかに該当する情報が記録されている公文書を公開しないことができる。
　一　法人（国及び地方公共団体その他の公共団体（以下「国等」という。）を除く。）その他の団体（以下「法人等」という。）に関する情報又は事業を営む個人の当該事業に関する情報であって、公にすることにより、当該法人等又は当該個人の競争上の地位その他正当な利益を害すると認められるもの（人の生命、身体若しくは健康に対し危害を及ぼすおそれのある事業活動又は人の生活若しくは財産に対し重大な影響を及ぼす違法な若しくは著しく不当な事業活動に関する情報（以下「例外公開情報」という。）を除く。）
　二　府議会の要請を受けて、公にしないことを条件として任意に個人又は法人等から提供された情報であって、当該条件を付することが当該情報の性質、

内容等に照らして正当であり、かつ、当該個人又は法人等の承諾なく公にすることにより、当該個人又は法人等の協力を得ることが著しく困難になると認められるもの（例外公開情報を除く。）

三　府の機関又は国等の機関が行う調査研究、企画、調整等に関する情報であって、公にすることにより、率直な意見の交換若しくは意思決定の中立性が不当に損なわれるおそれ、府民の正確な理解を妨げることなどにより不当に府民の生活に支障を及ぼすおそれ又は特定のものに不当に利益を与え若しくは不利益を及ぼすおそれがあるもの

四　府の機関又は國等の機関が行う取締り、監督、立入検査、許可、認可、試験、入札、交渉、渉外、争訟等の事務に関する情報であって、公にすることにより、当該若しくは同種の事務の目的が達成できなくなり、又はこれらの事務の公正かつ適切な執行に著しい支障を及ばずおそれのあるもの

五　会派又は議員の活動に関する情報であって、公にすることにより、会派又は議員の活動に著しい支障を及ぼすおそれのあるもの

六　公にすることにより、個人の生命、身体、財産等の保護、犯罪の予防又は捜査その他の公共の安全と秋序の維持に支障を及ぼすと認められる情報

（公開してはならない公文書）

第九条　議長は、次の各号のいずれかに該当する情報が記録されている公文書を公開してはならない。

一　個人の思想、宗教、身体的特徴、健康状態、家族構成、職業、学歴、出身、住所、所属団体、財産、所得等に関する情報（事業を営む個人の当該事業に関する情報を除く。）であって、特定の個人が識別され得るもの（以下「個人識別情報」という。）のうち、一般に他人に知られたくないと望むことが正当であると認められるもの

二　法令の規定により、又は法律若しくはこれに基づく政令の規定による明示の指示（地方自治法（昭和二十二年法律第六十七号）第二百四十五条第一号への指示その他これに類する行為をいう。）により、公にすることができない情報

（公文書の部分公開）

第十条　議長は、公文書に次に掲げる情報が記録されている部分がある場合において、その部分を容易に、かつ、公開請求の趣旨を損なわない程度に分離できるときは、その部分を除いて、当該公文書を公開しなければならない。

一　第八条各号のいずれかに該当する情報で、同条の規定によりその記録されている公文書を公開しないこととされるもの

二　前条各号のいずれかに該当する情報

（公益上の理由による公開）

第十一条　第八条の規定にかかわらず、議長は、公開請求に係る公文書に同条各号に掲げる情報が記録されている場合であっても、公益上特に必要があると認めるときは、請求者に対し、当該公文書の全部又は一部を公開しなければならない。

2　第九条の規定にかかわらず、議長は、公開請求に係る公文書に同条第一号に

掲げる情報が記録されている場合であっても、公益上特に必要があると認めるときは、請求者に対し、当該公文書の全部又は一部を公開することができる。
3　議長は、前項の規定により公文書を公開しようとする場合には、大阪府個人情報保護条例（平成八年大阪府条例第二号）の趣旨を勘案し、個人の権利利益が適正に保護されるよう特段の配慮をしなければならない。
　（公文書の存否に関する情報）
第十二条　公開請求に対し、当該公開請求に係る公文書が存在しているか否かを答えるだけで、第十条各号に掲げる情報を公開することとなるときは、議長は、当該公文書の存否を明らかにしないで、当該公開請求を拒否することができる。
　（公文書の公開の決定及び通知）
第十三条　議長は、公開請求に係る公文書の全部又は一部を公開するときは、その旨の決定をし、速やかに、請求者に対し、その旨及び公開の実施に関し必要な事項を書面により通知しなければならない。
2　議長は、公開請求に係る公文書の全部を公開しないとき（前条の規定により公開請求を拒否するとき及び公開請求に係る公文書を管理していないときを含む。）は、その旨の決定をし、速やかに、請求者に対し、その旨を書面により通知しなければならない。
3　議長は、第一項の規定による公文書の一部を公開する旨の決定又は前項の決定をした旨の通知をするときは、当該通知に次に掲げる事項を付記しなければならない。
一　当該通知に係る決定の理由
二　当該通知に係る公文書に記録されている情報が第十条各号に掲げる情報に該当しなくなる期日をあらかじめ明示することができる場合にあっては、その期日
　（公開決定等の期限）
第十四条　前条第一項及び第二項の決定（以下「公開決定等」という。）は、公開請求があった日から起算して十五日以内に行わなければならない。ただし、第七条第三項の規定により請求書の補正を求めた場合にあっては、当該補正に要した日数は、当該期間に算入しない。
2　議長は、前項に規定する期間内に公開決定等をすることができないことにつき正当な理由があるときは、その期間を十五日を限度として延長することができる。この場合において、議長は、速やかに、請求者に対し、延長後の期間及び延長の理由を書面により通知しなければならない。
3　第一項に規定する期間（前項の規定により当該期間の延長がなされた場合にあっては、当該延長後の期間）内に、議長が公開決定等をしないときは、請求者は、前条第二項の規定による公文書の全部を公開しない旨の決定（以下「非公開決定」という。）があったものとみなすことができる。
　（公開決定等の期限の特例）
第十五条　公開請求に係る公文書が著しく大量であるため、公開請求があった日から起算して三十日（第七条第三項の規定により請求書の補正を求めた場合にあっては、これに当該補正に要した日数を加えた日数）以内にそのすべてにつ

いて公開決定等をすることにより事務の遂行に著しい支障が生ずるおそれがある場合には、前条第一項及び第二項の規定にかかわらず、議長は、当該公開請求に係る公文書のうちの相当の部分につき当該期間内に公開決定等をし、残りの公文書については相当の期間内に公開決定等をすれば足りる。この場合において、議長は、同条第一項に規定する期間内に、請求者に対し、次に掲げる事項を書面により通知しなければならない。
一　この項を適用する旨及びその理由
二　残りの公文書についての公開決定等をする期限
2　請求者に対し前項の規定による通知をした場合には、当該通知に係る公文書については、前条第三項の規定は、適用しない。
3　第一項第二号に規定する期限までに、議長が公開決定等をしないときは、請求者は、同号の残りの公文書について非公開決定があったものとみなすことができる。

（議長等が欠けている場合の特例）
第十六条　第十四条第一項及び第二項並びに前条第一項に規定する期間の計算については、議員に任期満了、議会の解散その他の事由により議長及び副議長がともに欠けている期間の日数は、算入しない。

（第三者に対する意見の提出の機会の付与等）
第十七条　議長は、公開決定等をする場合において、当該公開決定等に係る公文書に国、地方公共団体及び請求者以外のもの（以下この条、第二十一条及び第二十二条において「第三者」という。）に関する情報が記録されているときは、あらかじめ当該情報に係る第三者に対し、公開請求に係る公文書の表示その他議長が規程で定める事項を通知して、その意見を書面により提出する機会を与えることができる。ただし、次項の規定により、あらかじめ第三者に対し、その意見を書面により提出する機会を与えなければならない場合は、この限りでない。
2　議長は、第十三条第一項の決定（以下「公開決定」という。）をする場合において、次の各号のいずれかに該当するときは、あらかじめ当該各号の第三者に対し、公開請求に係る公文書の表示その他議長が規程で定める事項を書面により通知して、その意見を書面により提出する機会を与えなければならない。ただし、当該第三者の所在が判明しない場合は、この限りでない。
一　第三者に関する情報が記録されている公文書を公開しようとする場合であって、当該情報が例外公開情報に該当すると認められるとき。
二　第三者に関する個人識別情報が記録されている公文書を公開しようとする場合（第十一条第二項の規定により公開しようとする場合を除く。）であって、当該個人識別情報が人の生命、健康、生活又は財産を保護するため公にすることが必要であることから第九条第一号に掲げる情報に該当しないと認められるとき。
三　第三者に関する情報が記録されている公文書を第十一条第一項又は第二項の規定により公開しようとするとき。
3　議長は、前二項の規定により意見を書面により提出する機会を与えられた第

三者が当該機会に係る公文書の公開に反対の意思を表示した書面（以下「反対意見書」という。）を提出した場合において、当該公文書について公開決定をするときは、当該公開決定の日と公開を実施する日との間に少なくとも二週間を置かなければならない。この場合において、議長は、当該公開決定後直ちに、当該反対意見書を提出した第三者に対し、公開決定をした旨及びその理由並びに公開を実施する日を書面により通知しなければならない。

（公文書の公開の実施）
第十八条　議長は、公開決定をしたときは、速やかに、請求者に対し、当該公開決定に係る公文書を公開しなければならない。
2　前項の規定による公文書の公開は、文書、図画、写真又はスライドにあっては閲覧又は写しの交付により、電磁的記録にあってはこれらに準ずる方法としてその種別、情報化の進展状況等を勘案して議長が規程で定める方法により行う。
3　前項の規定にかかわらず、議長は、公文書を公開することにより当該公文書が汚損され、又は破損されるおそれがあるとき、第十条の規定により公文書を公開するときその他相当の理由があるときは、当該公文書を複写した物を閲覧させ、若しくはその写しを交付し、又はこれらに準ずる方法として議長が規程で定める方法により公開することができる。
4　第一項の規定による公文書の公開を受けるものは、議長が規程で定めるところにより、議長に対し、その求める公開の実施の方法その他議長が規程で定める事項を申し出なければならない。
5　前項の規定による申出は、第十三条第一項の規定による通知があった日から三十日以内にしなければならない。ただし、当該期間内に当該申出をすることができないことにつき正当な理由があるときは、この限りでない。

（他の法令との調整）
第十九条　この章の規定は、次の各号に掲げる公文書の区分に応じ、当該各号に定める方法による当該公文書の公開については、適用しない。
一　他の法令の規定により閲覧し、又は縦覧することができる公文書（電磁的記録を除く。）　閲覧
二　他の法令の規定により謄本、抄本等の交付を受けることができる公文書（電磁的記録を除く。）　写しの交付
三　他の法令の規定により、前条第二項の議長が規程で定める方法と同じ方法で公開を受けることができる公文書（電磁的記録に限る。）　当該同じ方法

第三章　異議申立て

第一節　意見聴取等

（異議申立てがあった場合の手続）
第二十条　公開決定等について、行政不服審査法（昭和三十七年法律第百六十号）に基づく異議申立てがあった場合は、議長は、次の各号のいずれかに該当

する場合を除き、遅滞なく第二十三条第一項に規定する大阪府議会情報公開審査委員会に意見を求め、当異議申立てに対する決定を行わなければならない。
一　異議申立てが明らかに不適法であり、却下するとき。
二　異議申立に係る公開決定等（公開請求に係る公文書の全部を公開する旨の決定を除く。以下この号において同じ。）を取り消し又は変更し、当該異議申立てに係る公文書の全部を公開することとするとき。ただし、当該公開決定等について反対意見書が提出されているときを除く。

（意見を求めた旨の通知）
第二十一条　議長は、前条の規定により意見を求めたときは、次に掲げるものに対し、当該意見を求めた旨を通知しなければならない。
一　異議申立人及び参加人
二　請求者（請求者が異議申立人又は参加人である場合を除く。）
三　当該意見の求めに係る公開決定等について反対意見書を提出した第三者（当該第三者が異議申立人又は参加人である場合を除く。）

（第三者からの異議申立てを棄却する場合等における手続）
第二十二条　第十七条第三項の規定は、次の各号のいずれかに該当する決定をする場合について準用する。
一　公開決定に対する第三者からの異議申立てを却下し、又は棄却する決定
二　異議申立てに係る公文書を公開する旨の決定（第三者である参加人が当該公文書の公開に反対の意思を表示している場合に限る。）

第二節　大阪府議会情報公開審査委員会

（大阪府議会情報公開審査委員会の設置）
第二十三条　第二十条の規定による議長の意見の求めに応じ、当該意見の求めに係る異議申立ての審査を行うため、大阪府議会情報公開審査委員会（以下「審査委員会」という。）を置く。
2　審査委員会は、府議会における各会派から推薦を受けた議員のうちから、議長が選任する委員十人以内で組織する。
3　委員の任期は二年とし、補欠委員の任期は前任者の残任期間とする。
4　審査委員会に委員長及び副委員長を置き、委員の互選によってこれを定める。
5　審査委員会は、第一項の審査を行うときは、学識経験を有する者（議長があらかじめ二年を単位として指名した三人以内の者。以下「学識経験者」という。）の意見を聴かなければならない。
6　前各項に定めるもののほか、審査委員会の運営等に関し必要な事項は、議長が定める。

（審査委員会の調査権限）
第二十四条　審査委員会は、必要があると認めるときは、議長に対し、公開決定等に係る公文書の提示を求めることができる。この場合において、何人も、審査委員会に対し、その提示されている公文書の公開を求めることができない。
2　審査委員会は、必要があると認めるときは、議員に対し、公開決定等に係る公文書に記録されている情報の内容を審査委員会の指定する方法により分類し

又は整理した資料を作成し、審査委員会に提出するよう求めることができる。
3　議長は、審査委員会から第一項前段又は前項の規定による求めがあったときは、これを拒んではならない。
4　第一項及び第二項に定めるもののほか、審査委員会は、異議申立に係る事件に関し、異議申立人、参加人又は議長（以下「異議申立人等」という。）に対し、その意見を記載した書面（以下「意見書」という。）又は資料の提出を求めること、適当と認める者にその知っている事実を陳述させ又は鑑定を求めることその他の必要な調査をすることができる。

（意見の陳述）
第二十五条　審査委員会は、異議申立人等から申立てがあったときは、当該異議申立人等に、口頭で意見を陳述する機会を与えることができる。この場合において、異議申立人又は参加人は、審査委員会の許可を得て補佐人とともに出頭することができる。

（意見書等の提出）
第二十六条　異議申立人等は、審査委員会に対し、意見書又は資料を提出することができる。ただし、審査委員会が意見書又は資料を提出すべき相当の期間を定めたときは、その期間内にこれを提出しなければならない。

（委員による調査手続）
第二十七条　審査委員会は、必要があると認めるときは、その指名する委員に、第二十四条第一項の規定により提示された公文書について閲覧（当該公文書が電磁的記録である場合にあっては、これに準ずる方法を含む。）をさせ、同条第四項に規定する調査をさせ、又は第二十五条の規定による異議申立人等の意見の陳述を聴かせることができる。

（提出資料の閲覧等）
第二十八条　異議申立人等は、審査委員会に対し、審査委員会に提出された意見書又は資料の閲覧又は写しの交付（以下「閲覧等」という。）（当該意見書又は資料が電磁的記録である場合にあっては、閲覧等に準ずる方法として議長が規程で定める方法を含む。）を求めることができる。この場合において、審査委員会は、第三者の利益を害するおそれがあると認めるときその他正当な理由があると認めるときでなければ、当該閲覧等を拒むことができない。
2　審査委員会は、前項の規定による閲覧等について、その日時及び場所を指定することができる。

（審査手続の非公開）
第二十九条　審査委員会が行う異議申立てに係る審査の手続は、公開しない。

（報告等）
第三十条　審査委員会は、議長から第二十条の規定による意見の求めがあった場合は、書面による報告を行うものとする。この場合において、その書面の写しを異議申立人及び参加人に送付するとともに、当該報告の内容を公表しなければならない。
2　議長は、審査委員会が前項の規定により報告を行ったときは、これを尊重して、速やかに、当該報告に係る異議申立てに対する決定をしなければならない。

3　議長は、異議申立てがあった日から起算して九十日以内に当該異議申立てに対する決定をするよう努めなければならない。
4　第十六条の規定は、前項の期間の計算について準用する。
　（守秘義務）
第三十一条　審査委員会の委員及び学識経験者は、職務上知ることのできた秘密を漏らしてはならない。その職を退いたときも、同様とする。

第四章　総合的な情報の公開の推進

　（情報の公表及び提供並びに会議の公開）
第三十二条　府議会は、公文書の公開と併せて、より一層の情報の公表及び提供の充実並びに会議の公開に努めることにより、総合的な情報の公開の推進を図るものとする。

第五章　雑　則

　（公文書の管理）
第三十三条　議長は、この条例の適正かつ円滑な運用に資するため、公文書の管理に関する規程を設け、これを一般の閲覧に供しなければならない。
2　前項の公文書の管理に関する規定においては、公文書の分類、作成、保存及び廃棄に関する基準その他の公文書の管理に関し必要な基本的事項について定めなければならない。
　（公開請求の利便を考慮した適切な措置）
第三十四条　議長は、何人も容易に、かつ、的確に公開請求をすることができるよう、次項に定めるもののほか、議長が管理する公文書の特定に資する情報の提供その他の公開請求の利便を考慮した適切な措置を講じなければならない。
2　議長は、この条例の適正かつ円滑な運用に資するため、公文書の目録等公文書を検索するための資料を作成し、一般の閲覧に供しなければならない。
　（費用負担）
第三十五条　次の各号に掲げるものは、それぞれ当該各号の写しの作成及び送付（これらに準ずるものとして議長が規程で定めるものを含む。）に要する費用を負担しなければならない。
　一　公開請求をして、公文書又はこれを複写した物の写しの交付（第十八条第二項及び第三項の議長が規程で定める方法を含む。）を受けるもの
　二　第二十八条の意見書又は資料（これらを複写した物を含む。）の写しの交付（同条の議長が規程で定める方法を含む。）を受けるもの
　三　第三十二条の規定に基づき、議長が規程で定めるところにより、情報の提供として公文書等の写しの交付（これに準ずるものとして議長が規程で定める方法を含む。）を受けるもの
　（運用状況の公表）
第三十六条　議長は、毎年度、この条例の運用状況をとりまとめて、その概要を

公表しなければならない。
　（委任）
第三十七条　この条例の施行に関し必要な事項は、議長が規程で定める。
　　附　則
　（施行期日等）
1　この条例の施行期日は、規程で定める。
2　この条例の公文書の公開に関する規定は、施行日以後に事務局の職員が職務上作成し、又は取得した公文書に適用する。

兵庫県情報公開条例

【制定】平成十二年三月二十八日条例第六号
【改正】平成十三年十二月二十日条例第四十二号
　　　　平成十四年三月二十七日条例第十九号

兵庫県情報公開条例

目次
　前文
　第一章　総則（第一条～第三条）
　第二章　公文書の公開（第四条～第十六条）
　第三章　不服申立て
　　第一節　諮問等（第十七条～第十九条）
　　第二節　審査会の調査審議の手続（第二十条～第二十七条）
　第四章　情報公開の総合的な推進（第二十八条～第三十一条）
　第五章　雑則（第三十二条～第三十九条）
　附則

　県が保有する情報の公開は、県民の県政への参加を促進し、公正で透明な県民に開かれた県政を実現するために不可欠なものであり、本県ではこれまでから、その積極的な推進に努めてきたところである。
　いま、本格的な地方分権と公民協働の時代を迎え、情報公開の重要性はますます高まってきており、成熟社会にふさわしい兵庫の新時代を創造していくためにも、これを一層充実していかなければならない。
　このような認識に基づき、公文書の公開を請求する権利を明らかにするとともに、県民の「知る権利」を尊重し、県の諸活動を県民に説明する責務を果たすため、情報公開制度の一層の整備を進め、もって地方自治の本旨に即した県政の推進と県民生活の向上に寄与することを目的として、この条例を制定する。

第一章　総則

（定義）
第一条　この条例において「実施機関」とは、知事、教育委員会、選挙管理委員会、人事委員会、監査委員、公安委員会、警察本部長、地方労働委員会、収用委員会、海区漁業調整委員会、内水面漁場管理委員会並びに公営企業及び病院事業の管理者をいう。
2　この条例において「公文書」とは、実施機関の職員が職務上作成し、又は取得した文書、図画及び写真（これらを撮影したマイクロフィルムを含む。以下同じ。）並びに電磁的記録（電子的方式、磁気的方式その他人の知覚によっては認識することができない方式で作られた記録をいう。以下同じ。）であって、当

該実施機関の職員が組織的に用いるものとして、当該実施機関が保有しているものをいう。ただし、次に掲げるものを除く。
　一　実施機関が一般の利用に供することを目的として保有しているもの
　二　官報、公報、白書、新聞、雑誌、書籍その他不特定多数の者に販売することを目的として発行されるもの
　　　　◇一部改正（平成一四年条例一九号）
（実施機関の責務）
第二条　実施機関は、公文書の公開を請求する権利が十分に保障されるようこの条例を解釈し、及び運用するものとする。
2　実施機関は、県民が必要とする情報を迅速に提供する等その保有する情報を広く県民の利用に供するよう努めるものとする。
3　前二項の場合において、実施機関は、個人に関する情報がみだりに公にされることのないよう最大限の配慮をしなければならない。
（請求権者の責務）
第三条　この条例の定めるところにより公文書の公開を請求しようとするものは、この条例の目的に即して、適正な請求に努めるとともに、公文書の公開を受けたときは、これによって得た情報を適正に使用しなければならない。

第二章　公文書の公開

（公開請求権）
第四条　何人も、実施機関に対し、公文書の公開を請求することができる。
（公開請求の手続）
第五条　前条の規定による公開の請求（以下「公開請求」という。）は、次に掲げる事項を記載した請求書（以下「請求書」という。）を実施機関に提出してしなければならない。
　一　公開請求をするものの氏名又は名称及び住所又は居所並びに法人その他の団体にあっては、その代表者の氏名
　二　公開請求に係る公文書を特定するために必要な事項
2　実施機関は、公開請求をしようとするものに対し、当該公開請求に係る公文書の特定に必要な情報を提供するものとする。
3　実施機関は、請求書に形式上の不備があると認めるときは、公開請求をしたもの（以下「請求者」という。）に対し、相当の期間を定めて、その補正を求めることができる。この場合において、実施機関は、請求者に対し、補正の参考となる情報を提供するよう努めなければならない。
（公文書の公開義務）
第六条　実施機関は、公開請求があったときは、当該公開請求に係る公文書に次の各号のいずれかに該当する情報（以下「非公開情報」という。）が記録されている場合を除き、請求者に対し、当該公文書を公開しなければならない。
　一　個人に関する情報（事業を営む個人の当該事業に関する情報を除く。）であって、特定の個人を識別することができるもののうち、通常他人に知られた

くないと認められるもの又は特定の個人を識別することはできないが、公にすることにより、なお個人の権利利益を害するおそれがあるもの
二　法人その他の団体（国及び地方公共団体を除く。以下「法人等」という。）に関する情報又は事業を営む個人の当該事業に関する情報であって、公にすることにより、当該法人等又は当該個人の権利、競争上の地位その他正当な利益を害するおそれがあるもの。ただし、人の生命、身体若しくは健康に危害を及ぼすおそれのある事業活動又は人の財産若しくは生活に重大な影響を及ぼす違法若しくは著しく不当な事業活動に関する情報を除く。
三　公にすることにより、犯罪の予防、鎮圧又は捜査、公訴の維持、刑の執行その他の公共の安全と秩序の維持に支障を及ぼすおそれがあると実施機関が認めることにつき相当の理由がある情報
四　法令若しくは条例の規定により、又は法律若しくはこれに基づく政令による明示の指示（地方自治法（昭和二十二年法律第六十七号）第二百四十五条第一号ヘの指示その他これに類する行為をいう。）により、公にすることができない情報
五　県の機関並びに国及び他の地方公共団体の内部又は相互間における審議、検討又は協議に関する情報であって、公にすることにより、率直な意見の交換若しくは意思決定の中立性が不当に損なわれるおそれ、不当に県民の間に混乱を生じさせるおそれ又は特定の者に不当に利益を与え若しくは不利益を及ぼすおそれがあるもの
六　県の機関若しくは国若しくは他の地方公共団体が行う事務若しくは事業に関する情報であって、公にすることにより、次に掲げるおそれその他当該事務若しくは事業の性質上、当該事務若しくは事業の適正な遂行に支障を及ぼすおそれがあるもの又は警察官その他の公務員（国家公務員法（昭和二十二年法律第百二十号）第二条第一項に規定する国家公務員及び地方公務員法（昭和二十五年法律第二百六十一号）第二条に規定する地方公務員をいう。）（以下「警察官等」という。）の従事する事務若しくは事業の遂行に係る情報に含まれる警察官等の氏名であって、公にすることにより、当該警察官等の従事する事務若しくは事業の適正な遂行に支障を及ぼすおそれがあるものとして実施機関の規則（実施機関が警察本部長である場合にあっては、公安委員会規則）で定めるもの
　　ア　監査、検査、取締り又は試験に係る事務に関し、正確な事実の把握を困難にするおそれ又は違法若しくは不当な行為を容易にし、若しくはその発見を困難にするおそれ
　　イ　契約、交渉又は争訟に係る事務に関し、国又は地方公共団体の財産上の利益又は当事者としての地位を不当に害するおそれ
　　ウ　調査研究に係る事務に関し、その公正かつ能率的な遂行を不当に阻害するおそれ
　　エ　人事管理に係る事務に関し、公正かつ円滑な人事の確保に支障を及ぼすおそれ
　　オ　国又は地方公共団体が経営する企業に係る事業に関し、その企業経営上

の正当な利益を害するおそれ
（部分公開）
第七条　実施機関は、公開請求に係る公文書の一部に非公開情報が記録されている場合において、当該非公開情報が記録されている部分を容易に区分して除くことができるときは、請求者に対し、当該部分を除いた部分について当該公文書を公開しなければならない。ただし、当該部分を除いた部分に有意の情報が記録されていないと認められるときは、この限りでない。
（公益上の理由による裁量的公開）
第八条　実施機関は、公開請求に係る公文書に非公開情報（第六条第四号に規定する情報に該当する情報を除く。）が記録されている場合であっても、公益上特に必要があると認めるときは、請求者に対し、当該公文書を公開することができる。
（公文書の存否に関する情報）
第九条　公開請求に対し、当該公開請求に係る公文書が存在しているか否かを答えるだけで、非公開情報を公開することとなるときは、実施機関は、当該公文書の存否を明らかにしないで、当該公開請求を拒否することができる。
（公開請求に対する措置）
第十条　実施機関は、公開請求に係る公文書の全部又は一部を公開するときは、その旨の決定（以下「公開決定」という。）をし、請求者に対し、その旨及び公開の実施に関して必要な事項を書面により通知しなければならない。
2　実施機関は、公開請求に係る公文書の全部を公開しないとき（前条の規定により公開請求を拒否するとき及び公開請求に係る公文書を保有していないときを含む。）は、公開しない旨の決定（以下「非公開決定」という。）をし、請求者に対し、その旨を書面により通知しなければならない。
3　実施機関は、第一項の規定による公文書の一部を公開する旨の決定又は非公開決定をした旨の通知をするときは、当該通知にその理由を付記しなければならない。この場合において、時の経過等によって当該理由が消滅することをあらかじめ明示できるときは、その旨を明らかにしなければならない。
（公開決定等の期限）
第十一条　公開決定及び非公開決定（以下これらを「公開決定等」という。）は、公開請求があった日から起算して十五日以内にしなければならない。ただし、第五条第三項の規定により補正を求めた場合にあっては、当該補正に要した日数は、当該期間に算入しない。
2　実施機関は、事務処理上の困難その他正当な理由があるときは、前項の規定にかかわらず、公開請求があった日から起算して六十日（第五条第三項の規定により補正を求めた場合にあっては、これに当該補正に要した日数を加えた日数。以下次条において同じ。）を限度として、前項に規定する期間を延長することができる。この場合において、実施機関は、遅滞なく、延長後の期間及び延長の理由を書面により請求者に通知しなければならない。
3　第一項に規定する期間（前項の規定により当該期間の延長がなされた場合にあっては、当該延長後の期間）内に実施機関が公開決定等をしないときは、請

求者は、非公開決定があったものとみなすことができる。
（公開決定等の期限の特例）
第十二条　公開請求に係る公文書が著しく大量であるため、当該公開請求があった日から起算して六十日以内にそのすべてについて公開決定等をすることにより事務の遂行に著しい支障が生ずるおそれがある場合には、前条第一項及び第二項の規定にかかわらず、実施機関は、当該公開請求に係る公文書のうちの相当の部分につき当該期間内に公開決定等をし、残りの公文書については相当の期間内に公開決定等をすれば足りる。この場合において、実施機関は、同条第一項に規定する期間内に、請求者に対し、次に掲げる事項を書面により通知しなければならない。
一　本項を適用する旨及びその理由
二　残りの公文書について公開決定等をする期限
2　請求者に対し、前項の規定による通知をした場合には、当該通知に係る公文書については、前条第三項の規定は、適用しない。
3　第一項第二号の期限までに、実施機関が同号に規定する残りの公文書について公開決定等をしないときは、請求者は、当該残りの公文書について非公開決定があったものとみなすことができる。
（事案の移送）
第十三条　実施機関は、公開請求に係る公文書が他の実施機関により作成されたものであるときその他他の実施機関において公開決定等をすることにつき正当な理由があるときは、当該他の実施機関と協議の上、当該他の実施機関に対し、事案を移送することができる。この場合において、移送をしようとする実施機関は、あらかじめ、請求者の意見を聴かなければならない。
2　前項の規定により事案を移送した実施機関は、請求者に対し、事案を移送した旨を書面により通知しなければならない。
3　第一項の規定により事案が移送されたときは、移送を受けた実施機関において、当該公開請求についての公開決定等をしなければならない。この場合において、移送をした実施機関が移送前にした行為は、移送を受けた実施機関がしたものとみなす。
4　前項の場合において、移送を受けた実施機関が公開決定をしたときは、当該実施機関は、公開の実施をしなければならない。この場合において、移送をした実施機関は、当該公開の実施に必要な協力をしなければならない。
5　第一項の規定は、公開請求に係る公文書が兵庫県議会事務局の職員により作成されたものであるときその他兵庫県議会議長において公開決定等に相当する決定をすることにつき正当な理由があるときについて準用する。この場合において、兵庫県議会議長に対し事案が移送されたときは、公開請求のあった日に、兵庫県議会議長に対し、兵庫県議会情報公開条例（平成十二年兵庫県条例第四十五号）の規定に基づく公文書の公開請求があったものとみなす。
（第三者に対する意見書提出の機会の付与等）
第十四条　実施機関は、公開決定等をする場合において、公開請求に係る公文書に国、地方公共団体及び請求者以外のもの（以下この条、第十八条及び第十九

条において「第三者」という。)に関する情報が記録されているときは、あらかじめ、当該情報に係る第三者に対し、当該公開請求に係る公文書の表示その他実施機関の規則（告示その他の規程を含む。以下同じ。）で定める事項を通知して、意見書を提出する機会を与えることができる。

2　実施機関は、公開決定をする場合において、次の各号のいずれかに該当するときは、あらかじめ、当該各号の第三者に対し、公開請求に係る公文書の表示その他実施機関の規則で定める事項を書面により通知して、意見書を提出する機会を与えなければならない。ただし、当該第三者の所在が判明しない場合は、この限りでない。

一　第三者に関する情報が記録されている公文書を公開しようとする場合であって、当該情報が第六条第二号ただし書に規定する情報に該当すると認められるとき。

二　第三者に関する情報が記録されている公文書を第八条の規定により公開しようとするとき。

3　実施機関は、前二項の規定により意見書の提出の機会を与えられた第三者が公文書の公開に反対の意思を表示した意見書を提出した場合において、当該公文書について公開決定をするときは、当該公開決定の日と公開の実施をする日との間に少なくとも二週間を置かなければならない。この場合において、実施機関は、当該公開決定後直ちに、当該意見書（以下「反対意見書」という。）を提出した第三者に対し、公開決定をした旨及びその理由並びに公開の実施をする日を書面により通知しなければならない。

（公開の実施）

第十五条　公文書の公開は、文書、図画又は写真にあっては閲覧又は写しの交付により、電磁的記録にあってはこれらに準ずる方法としてその種別、情報化の進展状況等を勘案して実施機関の規則で定める方法により行う。ただし、閲覧の方法（電磁的記録にあっては、これに準ずる方法としてその種別、情報化の進展状況等を勘案して実施機関の規則で定める方法）による公文書の公開にあっては、実施機関は、当該公文書を汚損し、又は破損するおそれがあるときその他正当な理由があるときは、当該公文書の写しによりこれを行うことができる。

2　公開決定に基づき公文書の公開を受けるものは、実施機関の規則で定めるところにより、当該公開決定をした実施機関に対し、その求める公開の実施の方法その他の実施機関の規則で定める事項を申し出なければならない。

3　前項の規定による申出は、第十条第一項の規定による通知があった日から起算して三十日以内にしなければならない。ただし、当該期間内に当該申出をすることができないことにつき正当な理由があるときは、この限りでない。

（他の制度との調整等）

第十六条　実施機関は、法令又は他の条例（以下「法令等」という。）の規定により、何人にも公開請求に係る公文書が前条第一項本文に規定する方法と同一の方法で公開することとされている場合（公開の期間が定められている場合にあっては、当該期間内に限る。）には、同項本文の規定にかかわらず、当該公文書

については、当該同一の方法による公開を行わない。ただし、当該法令等の規定に一定の場合には公開をしない旨の定めがあるときは、この限りでない。
2 法令等の規定に定める公開の方法が縦覧であるときは、当該縦覧を前条第一項本文の閲覧とみなして、前項の規定を適用する。

第三章 不服申立て

第一節 諮問等

（審査会への諮問）
第十七条 公開決定等（第十一条第三項又は第十二条第三項の規定により非公開決定があったものとみなされる場合を含む。）について、行政不服審査法（昭和三十七年法律第百六十号）の規定により不服申立てがあった場合は、当該不服申立てに対する裁決又は決定をすべき実施機関は、次の各号のいずれかに該当するときを除き、あらかじめ、附属機関設置条例（昭和三十六年兵庫県条例第二十号）第一条第一項に規定する情報公開審査会（以下「審査会」という。）に諮問をしなければならない。
一 不服申立てが不適法であり、却下するとき。
二 裁決又は決定で、不服申立てに係る公開決定等（公開請求に係る公文書の全部を公開する旨の決定を除く。以下この号及び第二十条において同じ。）を取り消し、又は変更し、当該不服申立てに係る公文書の全部を公開することとするとき。ただし、当該公開決定等について反対意見書が提出されているときを除く。
　　　　◇一部改正（平成一三年条例四二号）
（諮問をした旨の通知）
第十八条 前条の規定により諮問をした実施機関（以下「諮問庁」という。）は、次に掲げるものに対し、当該諮問をした旨を通知しなければならない。
一 不服申立人及び参加人
二 請求者（請求者が不服申立人又は参加人である場合を除く。）
三 当該諮問に係る公開決定等について反対意見書を提出した第三者（当該第三者が不服申立人又は参加人である場合を除く。）
（裁決又は決定）
第十九条 諮問庁は、審査会の答申を受けたときは、これを尊重して、速やかに、当該答申に係る不服申立てに対する裁決又は決定をしなければならない。
2 第十四条第三項の規定は、次の各号のいずれかに該当する裁決又は決定をする場合について準用する。
一 公開決定に対する第三者からの不服申立てを却下し、又は棄却する裁決又は決定
二 不服申立てに係る公開決定等を変更し、当該公開決定等に係る公文書を公開する旨の裁決又は決定（第三者である参加人が当該公文書の公開に反対の意思を表示している場合に限る。）

第二節　審査会の調査審議の手続

（審査会の調査権限）
第二十条　審査会は、必要があると認めるときは、諮問庁に対し、公開決定等に係る公文書の提示を求めることができる。この場合において、何人も、審査会に対し、その提示された公文書の公開を求めることができない。
2　審査会は、必要があると認めるときは、諮問庁に対し、公開決定等に係る公文書に記録されている情報の内容を審査会の指定する方法により分類し、又は整理した資料を作成し、審査会に提出するよう求めることができる。
3　諮問庁は、審査会から第一項前段又は前項の規定による求めがあったときは、これを拒んではならない。
4　第一項及び第二項に定めるもののほか、審査会は、不服申立てに係る事件に関して、不服申立人、参加人又は諮問庁（以下「不服申立人等」という。）に意見書又は資料の提出を求めること、適当と認める者にその知っている事実を陳述させ、又は鑑定を求めることその他の必要な調査をすることができる。

（意見の陳述）
第二十一条　審査会は、不服申立人等から申立てがあったときは、当該不服申立人等に口頭で意見を述べる機会を与えなければならない。ただし、審査会が、その必要がないと認めるときは、この限りでない。
2　前項本文の場合において、不服申立人又は参加人は、審査会の許可を得て、補佐人とともに出頭することができる。

（意見書等の提出）
第二十二条　不服申立人等は、審査会に対し、意見書又は資料を提出することができる。ただし、審査会が意見書又は資料を提出すべき相当の期間を定めたときは、その期間内にこれを提出しなければならない。

（委員による調査手続）
第二十三条　審査会は、必要があると認めるときは、その指名する委員に、第二十条第一項の規定により提示された公文書について閲覧（当該公文書が電磁的記録である場合にあっては、これに準ずる行為）をさせ、同条第四項の規定による調査をさせ、又は第二十一条第一項本文の規定による不服申立人等の意見の陳述を聴かせることができる。

（提出された意見書等の閲覧等）
第二十四条　不服申立人等は、審査会に対し、審査会に提出された意見書又は資料の閲覧又は写しの交付（当該意見書又は資料が電磁的記録である場合にあっては、これらに準ずる行為として実施機関の規則で定める行為。以下「閲覧等」という。）を求めることができる。この場合において、審査会は、第三者の利益を害するおそれがあると認めるときその他正当な理由があるときでなければ、当該閲覧等を拒むことができない。
2　審査会は、前項の規定による閲覧等について、その日時及び場所を指定することができる。

（調査審議手続の非公開）

第二十五条　審査会の行う不服申立てに係る調査審議の手続は、公開しない。
　　（答申等）
第二十六条　審査会は、諮問に対する答申をしたときは、答申書の写しを不服申立人及び参加人に送付するとともに、当該答申の内容を公表するものとする。
　　（秘密を守る義務）
第二十七条　審査会の委員は、職務上知ることのできた秘密を漏らしてはならない。その職を退いた後も同様とする。

第四章　情報公開の総合的な推進

　　（情報公開の総合的な推進に関する施策の充実）
第二十八条　県は、第二章に定める公文書の公開のほか、県政に関する情報が適時に、かつ、適切な方法で県民に明らかにされるよう、情報公開の総合的な推進に関する施策の充実に努めなければならない。
　　（県民の求めに応じた情報の提供）
第二十九条　実施機関は、県民が必要とする情報を的確に把握し、積極的に収集するととも、県民の利用しやすいように整理するものとする。
2　実施機関は、その保有する情報を広く県民の利用に供するため、情報の所在の周知を図るとともに、県民の求めに応じて正確で分かりやすい情報を迅速に提供するものとする。
　　（広報活動の充実）
第三十条　実施機関は、県政の重要な施策の内容、経過等に関する情報を各種の広報媒体を活用して県民に積極的に提供する等広報活動の充実を図るものとする。
　　（出資法人等の情報公開）
第三十一条　県が資本金の出資その他財政支出等をしている法人であって実施機関が定めるもの（以下「出資法人等」という。）は、この条例の趣旨並びに当該出資法人等の性格及び業務内容にかんがみ、当該出資法人等の保有する情報の公開に関して必要な措置を講ずるよう努めなければならない。
2　実施機関は、出資法人等に対し、前項に規定する必要な措置を講ずるよう指導に努めるものとする。

第五章　雑　則

　　（制度の適正な運営等）
第三十二条　実施機関は、情報公開制度の適正な運営及び改善に努めなければならない。
2　実施機関は、情報公開制度の運営及び改善に関する重要事項については、審査会の意見を聴くものとする。
　　（公文書の管理）
第三十三条　実施機関は、この条例の適正かつ円滑な運用に資するため、当該実

施機関の規則で公文書の分類、作成、保存及び廃棄に関する事項その他の公文書の管理に関して必要な事項について定めるものとする。
　（公文書の検索資料の作成等）
第三十四条　実施機関は、公文書の検索に必要な資料を作成し、一般の利用に供するものとする。
　（費用の負担）
第三十五条　次の各号に掲げる写しの交付を受けるものは、それぞれ当該写しの作成及び送付（これらに準ずるものとして実施機関の規則で定めるものを含む。）に要する費用を負担しなければならない。
　一　公開請求をして、公文書の写しの交付を受けるもの
　二　第二十四条第一項の意見書又は資料の写しの交付を受けるもの
　（運用状況の公表）
第三十六条　知事は、毎年度、実施機関に対し、この条例の運用状況について報告を求め、これを取りまとめて、その概要を公表するものとする。
　（適用除外）
第三十七条　刑事事件に係る訴訟に関する書類及び押収物については、この条例の規定は、適用しない。
　（補則）
第三十八条　この条例の施行に関して必要な事項は、実施機関の規則で定める。
　（罰則）
第三十九条　第二十七条の規定に違反して秘密を漏らした者は、一年以下の懲役又は三万円以下の罰金に処する。
　附　則
　（施行期日）
1　この条例は、平成十二年四月一日から施行する。ただし、第一条第一項の規定（公安委員会及び警察本部長に関する部分に限る。）は兵庫県規則で定める日から、第十三条第五項の規定は兵庫県議会情報公開条例の施行の日から、第三十一条の規定は公布の日から起算して六月を超えない範囲内において兵庫県規則で定める日から施行する。（第一条第一項の規定については平成十三年十一規則第百号で、同十四年一月一日から、第三十一条の規定については平成十二年九月規則第九十四号で、同十二年九月二十七日から施行）
　　　　◇一部改正（平成一三年条例四二号）
　（公文書の公開等に関する条例の廃止）
2　公文書の公開等に関する条例（昭和六十一年兵庫県条例第三号。以下「旧条例」という。）は、廃止する。
　（経過措置）
3　この条例の施行の際現に旧条例第五条の規定によりなされている公開の請求は、この条例第四条の規定によりなされた公開請求とみなす。
4　この条例の施行の際現になされている旧条例第十二条第一項に規定する行政不服審査法の規定に基づく不服申立ては、この条例第十七条に規定する同法の規定に基づく不服申立てとみなす。

5 前二項に規定するもののほか、この条例の施行の日前に旧条例の規定によりなされた処分、手続その他の行為は、この条例の相当規定によりなされた処分、手続その他の行為とみなす。
　（附属機関設置条例の一部改正）
6 附属機関設置条例の一部を次のように改正する。
　第一条第一項の表公文書公開審査会の項を次のように改める。
　　　　（次のよう）略
　（委員会の委員等の報酬及び費用弁償に関する条例の一部改正）
7 委員会の委員等の報酬及び費用弁償に関する条例（昭和三十五年兵庫県条例第二十四号）の一部を次のように改正する。
　　　　（次のよう）略
　附　則（平成十三年十二月二十日条例第四十二号）
　この条例は、平成十四年一月一日から施行する。
　附　則（平成十四年三月二十七日条例第十九号）抄
　（施行期日）
1 この条例は、平成十四年四月一日から施行する。
　（情報公開条例の一部改正に伴う経過措置）
10 施行日前に前項の規定による改正前の情報公開条例（以下「改正前の情報公開条例」という。）の規定により知事がした処分その他の行為で施行日以後同項の規定による改正後の情報公開条例（以下「改正後の情報公開条例」という。）第一条第一項に規定する病院事業の管理者（以下この項及び次項において「管理者」という。）が処理することとなる事務に係るものは、改正後の情報公開条例の規定により管理者がした処分その他の行為とみなす。
11 施行日前に改正前の情報公開条例の規定により知事に対してなされた請求その他の行為で施行日以後管理者が処理することとなる事務に係るものについては、改正後の情報公開条例の規定により管理者に対してなされた請求その他の行為とみなす。

兵庫県議会情報公開条例

【制定】平成十二年四月三日条例第四十五号

兵庫県議会情報公開条例

目次
　前文
　第一章　総則（第一条～第三条）
　第二章　公文書の公開（第四条～第十六条）
　第三章　不服申立て
　　第一節　不服申立てに関する手続（第十七条～第十九条）
　　第二節　兵庫県議会情報公開審査会（第二十条～第二十七条）
　第四章　情報公開の総合的な推進（第二十八条～第三十条）
　第五章　雑則（第三十一条～第三十五条）
　附則

　本格的な地方分権の時代を迎え、地方公共団体の議会は、その役割と責任がますます大きなものとなり、住民の代表機関として、より一層住民の意思を反映した活動を積極的に推進することが求められている。
　議会が住民の負託にこたえて活動するためには、住民の議会への理解と参加の促進が不可欠であり、本会議、委員会等における審議をはじめとする幅広い活動に係る情報を、住民の共有の財産として積極的に公開し、提供することが、何よりも重要である。
　このような認識に基づき、公文書の公開を請求する権利を明らかにするとともに、県民の「知る権利」を尊重し、兵庫県議会の諸活動を県民に説明する責務を果たすため、情報公開制度を整備し、もって新しい地方分権の時代にふさわしい開かれた兵庫県議会の実現と地方自治の本旨に即した県政の推進を目的として、この条例を制定する。

第一章　総則

（定義）
第一条　この条例において「公文書」とは、兵庫県議会事務局（以下「議会事務局」という。）の職員が職務上作成し、又は取得した文書、図画及び写真（これらを撮影したマイクロフィルムを含む。以下同じ。）並びに電磁的記録（電子的方式、磁気的方式その他人の知覚によっては認識することができない方式で作られた記録をいう。以下同じ。）であって、議会事務局の職員が組織的に用いるものとして、兵庫県議会議長（以下「議長」という。）が管理しているものをいう。ただし、次に掲げるものを除く。

一　議長が一般の利用に供することを目的として管理しているもの
二　官報、公報、白書、新聞、雑誌、書籍その他不特定多数の者に販売することを目的として発行されるもの

（議会の責務）
第二条　兵庫県議会（以下「議会」という。）は、この条例に定める公文書の公開を請求する権利が十分に保障されるようこの条例を解釈し、及び運用するものとする。
2　議会は、県民が必要とする情報を迅速に提供する等その保有する情報を広く県民の利用に供するよう努めるものとする。
3　前二項の場合において、議会は、個人に関する情報がみだりに公にされることのないよう最大限の配慮をしなければならない。

（請求権者の責務）
第三条　この条例の定めるところにより公文書の公開を請求しようとするものは、この条例の目的に即して、適正な請求に努めるとともに、公文書の公開を受けたときは、これによって得た情報を適正に使用しなければならない。

第二章　公文書の公開

（公開請求権）
第四条　何人も、議長に対し、公文書の公開を請求することができる。

（公開請求の手続）
第五条　前条の規定による公開の請求（以下「公開請求」という。）は、次に掲げる事項を記載した請求書（以下「請求書」という。）を議長に提出してしなければならない。
一　公開請求をするものの氏名又は名称及び住所又は居所並びに法人その他の団体にあっては、その代表者の氏名
二　公開請求に係る公文書を特定するために必要な事項
2　議長は、公開請求をしようとするものに対し、当該公開請求に係る公文書の特定に必要な情報を提供するものとする。
3　議長は、請求書に形式上の不備があると認めるときは、公開請求をしたもの（以下「請求者」という。）に対し、相当の期間を定めて、その補正を求めることができる。この場合において、議長は、請求者に対し、補正の参考となる情報を提供するよう努めなければならない。

（公文書の公開義務）
第六条　議長は、公開請求があったときは、当該公開請求に係る公文書に次の各号のいずれかに該当する情報（以下「非公開情報」という。）が記録されている場合を除き、請求者に対し、当該公文書を公開しなければならない。
一　個人に関する情報（事業を営む個人の当該事業に関する情報を除く。）であって、特定の個人を識別することができるもののうち、通常他人に知られたくないと認められるもの又は特定の個人を識別することはできないが、公にすることにより、なお個人の権利利益を害するおそれがあるもの

二 法人その他の団体（国及び地方公共団体を除く。以下「法人等」という。）に関する情報又は事業を営む個人の当該事業に関する情報であって、公にすることにより、当該法人等又は当該個人の権利、競争上の地位その他正当な利益を害するおそれがあるもの。ただし、人の生命、身体若しくは健康に危害を及ぼすおそれのある事業活動又は人の財産若しくは生活に重大な影響を及ぼす違法若しくは著しく不当な事業活動に関する情報を除く。

三 公にすることにより、犯罪の予防、鎮圧又は捜査、公訴の維持、刑の執行その他の公共の安全と秩序の維持に支障を及ぼすおそれがあると議長が認めることにつき相当の理由がある情報

四 法令若しくは条例の規定により、又は法律若しくはこれに基づく政令による明示の指示（地方自治法（昭和二十二年法律第六十七号）第二百四十五条第一号への指示その他これに類する行為をいう。）により、公にすることができない情報

五 議会及び議会以外の県の機関並びに国及び他の地方公共団体の内部又は相互間における審議、検討又は協議に関する情報であって、公にすることにより、率直な意見の交換若しくは意思決定の中立性が不当に損なわれるおそれ、不当に県民の間に混乱を生じさせるおそれ又は特定の者に不当に利益を与え若しくは不利益を及ぼすおそれがあるもの

六 議会若しくは議会以外の県の機関又は国若しくは他の地方公共団体が行う事務又は事業に関する情報であって、公にすることにより、次に掲げるおそれその他当該事務若しくは事業の性質上、当該事務若しくは事業の適正な遂行に支障を及ぼすおそれがあるもの

　ア 監査、検査、取締り又は試験に係る事務に関し、正確な事実の把握を困難にするおそれ又は違法若しくは不当な行為を容易にし、若しくはその発見を困難にするおそれ

　イ 契約、交渉又は争訟に係る事務に関し、国又は地方公共団体の財産上の利益又は当事者としての地位を不当に害するおそれ

　ウ 調査研究に係る事務に関し、その公正かつ能率的な遂行を不当に阻害するおそれ

　エ 人事管理に係る事務に関し、公正かつ円滑な人事の確保に支障を及ぼすおそれ

　オ 国又は地方公共団体が経営する企業に係る事業に関し、その企業経営上の正当な利益を害するおそれ

七 議会の会派又は議員の活動に関する情報であって、公にすることにより、これらの活動に著しい支障を及ぼすおそれがあるもの

（部分公開）

第七条　議長は、公開請求に係る公文書の一部に非公開情報が記録されている場合において、当該非公開情報が記録されている部分を容易に区分して除くことができるときは、請求者に対し、当該部分を除いた部分について当該公文書を公開しなければならない。ただし、当該部分を除いた部分に有意の情報が記録されていないと認められるときは、この限りでない。

(公益上の理由による裁量的公開)
第八条　議長は、公開請求に係る公文書に非公開情報（第六条第四号に規定する情報に該当する情報を除く。）が記録されている場合であっても、公益上特に必要があると認めるときは、請求者に対し、当該公文書を公開することができる。
　(公文書の存否に関する情報)
第九条　公開請求に対し、当該公開請求に係る公文書が存在しているか否かを答えるだけで、非公開情報を公開することとなるときは、議長は、当該公文書の存否を明らかにしないで、当該公開請求を拒否することができる。
　(公開請求に対する措置)
第十条　議長は、公開請求に係る公文書の全部又は一部を公開するときは、その旨の決定（以下「公開決定」という。）をし、請求者に対し、その旨及び公開の実施に関して必要な事項を書面により通知しなければならない。
2　議長は、公開請求に係る公文書の全部を公開しないとき（前条の規定により公開請求を拒否するとき及び公開請求に係る公文書を保有していないときを含む。）は、公開しない旨の決定（以下「非公開決定」という。）をし、請求者に対し、その旨を書面により通知しなければならない。
3　議長は、第一項の規定による公文書の一部を公開する旨の決定又は非公開決定をした旨の通知をするときは、当該通知にその理由を付記しなければならない。この場合において、時の経過等によって当該理由が消滅することをあらかじめ明示できるときは、その旨を明らかにしなければならない。
　(公開決定等の期限)
第十一条　公開決定及び非公開決定（以下これらを「公開決定等」という。）は、公開請求があった日から起算して十五日以内にしなければならない。ただし、第五条第三項の規定により補正を求めた場合にあっては、当該補正に要した日数は、当該期間に算入しない。
2　議長は、事務処理上の困難その他正当な理由があるときは、前項の規定にかかわらず、公開請求があった日から起算して六十日（第五条第三項の規定により補正を求めた場合にあっては、これに当該補正に要した日数を加えた日数。以下次条において同じ。）を限度として、前項に規定する期間を延長することができる。この場合において、議長は、遅滞なく、延長後の期間及び延長の理由を書面により請求者に通知しなければならない。
3　第一項に規定する期間（前項の規定により当該期間の延長がなされた場合にあっては、当該延長後の期間）内に議長が公開決定等をしないときは、請求者は、非公開決定があったものとみなすことができる。
　(公開決定等の期限の特例)
第十二条　公開請求に係る公文書が著しく大量であるため、当該公開請求があった日から起算して六十日以内にそのすべてについて公開決定等をすることにより事務の遂行に著しい支障が生ずるおそれがある場合には、前条第一項及び第二項の規定にかかわらず、議長は、当該公開請求に係る公文書のうちの相当の部分につき当該期間内に公開決定等をし、残りの公文書については相当の期間内に公開決定等をすれば足りる。この場合において、議長は、同条第一項に規

定する期間内に、請求者に対し、次に掲げる事項を書面により通知しなければならない。
　一　本項を適用する旨及びその理由
　二　残りの公文書について公開決定等をする期限
2　請求者に対し、前項の規定による通知をした場合には、当該通知に係る公文書については、前条第三項の規定は、適用しない。
3　第一項第二号の期限までに、議長が同号に規定する残りの公文書について公開決定等をしないときは、請求者は、当該残りの公文書について非公開決定があったものとみなすことができる。
　（事案の移送）
第十三条　議長は、公開請求に係る公文書が情報公開条例（平成十二年兵庫県条例第六号。以下「公開条例」という。）第一条第一項に規定する実施機関（以下「実施機関」という。）の職員により作成されたものであるときその他実施機関において公開決定等に相当する決定をすることにつき正当な理由があるときは、当該実施機関と協議の上、当該実施機関に対し、事案を移送することができる。この場合において、議長は、あらかじめ、請求者の意見を聴かなければならない。
2　議長は、前項の規定により事案を移送したときは、請求者に対し、事案を移送した旨を書面により通知しなければならない。
3　第一項の規定により実施機関に対し事案が移送されたときは、公開請求のあった日に、当該実施機関に対し、公開条例の規定に基づく公文書の公開請求があったものとみなす。
　（第三者に対する意見書提出の機会の付与等）
第十四条　議長は、公開決定等をする場合において、公開請求に係る公文書に国、地方公共団体及び請求者以外のもの（以下この条、第十八条及び第十九条において「第三者」という。）に関する情報が記録されているときは、あらかじめ、当該情報に係る第三者に対し、当該公開請求に係る公文書の表示その他議長が定める事項を通知して、意見書を提出する機会を与えることができる。
2　議長は、公開決定をする場合において、次の各号のいずれかに該当するときは、あらかじめ、当該各号の第三者に対し、公開請求に係る公文書の表示その他議長が定める事項を書面により通知して、意見書を提出する機会を与えなければならない。ただし、当該第三者の所在が判明しない場合は、この限りでない。
　一　第三者に関する情報が記録されている公文書を公開しようとする場合であって、当該情報が第六条第二号ただし書に規定する情報に該当すると認められるとき。
　二　第三者に関する情報が記録されている公文書を第八条の規定により公開しようとするとき。
3　議長は、前二項の規定により意見書の提出の機会を与えられた第三者が公文書の公開に反対の意思を表示した意見書を提出した場合において、当該公文書について公開決定をするときは、当該公開決定の日と公開の実施をする日との

間に少なくとも二週間を置かなければならない。この場合において、議長は、当該公開決定後直ちに、当該意見書（以下「反対意見書」という。）を提出した第三者に対し、公開決定をした旨及びその理由並びに公開の実施をする日を書面により通知しなければならない。

（公開の実施）

第十五条　公文書の公開は、文書、図画又は写真にあっては閲覧又は写しの交付により、電磁的記録にあってはこれらに準ずる方法としてその種別、情報化の進展状況等を勘案して議長が定める方法により行う。ただし、閲覧の方法（電磁的記録にあっては、これに準ずる方法としてその種別、情報化の進展状況等を勘案して議長が定める方法による公文書の公開にあっては、議長は、当該公文書を汚損し、又は破損するおそれがあるときその他正当な理由があるときは、当該公文書の写しによりこれを行うことができる。

2　公開決定に基づき公文書の公開を受けるものは、議長が定めるところにより、議長に対し、その求める公開の実施の方法その他の議長が定める事項を申し出なければならない。

3　前項の規定による申出は、第十条第一項の規定による通知があった日から起算して三十日以内にしなければならない。ただし、当該期間内に当該申出をすることができないことにつき正当な理由があるときは、この限りでない。

（他の制度との調整等）

第十六条　議長は、法令又は他の条例（以下「法令等」という。）の規定により、何人にも公開請求に係る公文書が前条第一項本文に規定する方法と同一の方法で公開することとされている場合（公開の期間が定められている場合にあっては、当該期間内に限る。）には、同項本文の規定にかかわらず、当該公文書については、当該同一の方法による公開を行わない。ただし、当該法令等の規定に一定の場合には公開をしない旨の定めがあるときは、この限りでない。

2　法令等の規定に定める公開の方法が縦覧であるときは、当該縦覧を前条第一項本文の閲覧とみなして、前項の規定を適用する。

第三章　不服申立て

第一節　不服申立てに関する手続

（不服申立てがあった場合の手続）

第十七条　公開決定等（第十一条第三項又は第十二条第三項の規定により非公開決定があったものとみなされる場合を含む。）について、行政不服審査法（昭和三十七年法律第百六十号）の規定により不服申立てがあった場合は、議長は、次の各号のいずれかに該当するときを除き、あらかじめ、兵庫県議会情報公開審査会の意見を聴いて、速やかに、当該不服申立てに対する決定をしなければならない。この場合において、議長は、兵庫県議会情報公開審査会の意見を尊重するものとする。

一　不服申立てが不適法であり、却下するとき。

二　決定で、不服申立てに係る公開決定等（公開請求に係る公文書の全部を公開する旨の決定を除く。以下この号及び第二十一条において同じ。）を取り消し、又は変更し、当該不服申立てに係る公文書の全部を公開することとするとき。ただし、当該公開決定等について反対意見書が提出されているときを除く。

（意見を求めた旨の通知）
第十八条　議長は、前条の規定により意見を求めたときは、次に掲げるものに対し、その旨を通知しなければならない。
一　不服申立人及び参加人
二　請求者（請求者が不服申立人又は参加人である場合を除く。）
三　当該不服申立てに係る公開決定等について反対意見書を提出した第三者（当該第三者が不服申立人又は参加人である場合を除く。）

（第三者からの不服申立てを棄却する場合等における手続）
第十九条　第十四条第三項の規定は、次の各号のいずれかに該当する決定をする場合について準用する。
一　公開決定に対する第三者からの不服申立てを却下し、又は棄却する決定
二　不服申立てに係る公開決定等を変更し、当該公開決定等に係る公文書を公開する旨の決定（第三者である参加人が当該公文書の公開に反対の意思を表示している場合に限る。）

第二節　兵庫県議会情報公開審査会

（設置等）
第二十条　第十七条の規定による意見の求めに応じ、不服申立てについて調査審議をするため、議会に兵庫県議会情報公開審査会（以下「審査会」という。）を置く。
2　審査会は、委員十人以内で組織し、委員は、議会の議員のうちから、議長が指名する。
3　審査会は、第一項の調査審議をする場合において、必要があると認めるときは、情報公開制度について学識を有する者（以下「学識経験者」という。）から、意見を聴くことができる。
4　前三項に定めるもののほか、審査会の組織及び運営に関して必要な事項は、議長が定める。

（審査会の調査権限）
第二十一条　審査会は、必要があると認めるときは、議長に対し、公開決定等に係る公文書の提示を求めることができる。この場合において、何人も、審査会に対し、その提示された公文書の公開を求めることができない。
2　審査会は、必要があると認めるときは、議長に対し、公開決定等に係る公文書に記録されている情報の内容を審査会の指定する方法により分類し、又は整理した資料を作成し、審査会に提出するよう求めることができる。
3　議長は、審査会から第一項前段又は前項の規定による求めがあったときは、これを拒んではならない。

4　第一項及び第二項に定めるもののほか、審査会は、不服申立てに係る事件に関して、不服申立人、参加人又は議長（以下「不服申立人等」という。）に意見書又は資料の提出を求めること、適当と認める者にその知っている事実を陳述させ、又は鑑定を求めることその他の必要な調査をすることができる。

（意見の陳述）

第二十二条　審査会は、不服申立人等から申立てがあったときは、当該不服申立人等に口頭で意見を述べる機会を与えなければならない。ただし、審査会が、その必要がないと認めるときは、この限りでない。

2　前項本文の場合において、不服申立人又は参加人は、審査会の許可を得て、補佐人とともに出頭することができる。

（意見書等の提出）

第二十三条　不服申立人等は、審査会に対し、意見書又は資料を提出することができる。ただし、審査会が意見書又は資料を提出すべき相当の期間を定めたときは、その期間内にこれを提出しなければならない。

（委員による調査手続）

第二十四条　審査会は、必要があると認めるときは、その指名する委員に、第二十一条第一項の規定により提示された公文書について閲覧（当該公文書が電磁的記録である場合にあっては、これに準ずる行為）をさせ、同条第四項の規定による調査をさせ、又は第二十二条第一項本文の規定による不服申立人等の意見の陳述を聴かせることができる。

（提出された意見書等の閲覧）

第二十五条　不服申立人等は、審査会に対し、審査会に提出された意見書又は資料の閲覧又は写しの交付（当該意見書又は資料が電磁的記録である場合にあっては、これらに準ずる行為として議長が定める行為。以下「閲覧等」という。）を求めることができる。この場合において、審査会は、第三者の利益を害するおそれがあると認めるときその他正当な理由があるときでなければ、当該閲覧等を拒むことができない。

2　審査会は、前項の規定による閲覧等について、その日時及び場所を指定することができる。

（調査審議手続の非公開）

第二十六条　審査会の行う不服申立てに係る調査審議の手続は、公開しない。

（秘密を守る義務）

第二十七条　審査会の委員及び第二十条第三項の規定により意見を聴いた学識経験者は、職務上知ることのできた秘密を漏らしてはならない。委員にあっては、その職を退いた後も同様とする。

第四章　情報公開の総合的な推進

（情報公開の総合的な推進の基本方針）

第二十八条　県は、第二章に定める公文書の公開のほか、県政に関する情報が適時に、かつ、適切な方法で県民に明らかにされるよう、情報公開の総合的な推

（県民の求めに応じた情報の提供）
第二十九条　議会は、県民が必要とする情報を的確に把握し、本会議の会議録のほか、議会関係資料を広く閲覧に供すること等により、正確で分かりやすい情報を県民に積極的に提供する等情報提供の充実を図るものとする。
（広報活動の充実）
第三十条　議会は、議会の諸活動に関する情報を、高度な通信技術の活用を含め、多様な広報媒体を効果的に活用して県民に積極的に提供する等広報活動の充実を図るものとする。

第五章　雑　則

（公文書の管理）
第三十一条　議長は、この条例の適正かつ円滑な運用に資するため、公文書の分類、作成、保存及び廃棄に関する事項その他の公文書の管理に関して必要な事項について定めるものとする。
（公文書の検索資料の作成等）
第三十二条　議長は、公文書の検索に必要な資料を作成し、一般の利用に供するものとする。
（費用の負担）
第三十三条　次の各号に掲げる写しの交付を受けるものは、それぞれ当該写しの作成及び送付（これらに準ずるものとして実施機関の規則で定めるものを含む。）に要する費用を負担しなければならない。
一　公開請求をして、公文書の写しの交付を受けるもの
二　第二十五条第一項の意見書又は資料の写しの交付を受けるもの
（運用状況の公表）
第三十四条　知事は、毎年度、この条例の運用状況の概要を公表するものとする。
（補則）
第三十五条　この条例の施行に関して必要な事項は、議長が定める。
　附　則
（施行期日）
1　この条例は、公布の日から起算して一年を超えない範囲内において、議長が定める日から施行する。
2　この条例の規定は、この条例の施行の日以後に議会事務局の職員が作成し、又は取得した公文書について適用する。

奈良県情報公開条例

【制定】平成十三年三月三十日条例第三十八号
【改正】平成十四年三月二十九日条例第二十三号

奈良県情報公開条例（平成八年三月奈良県条例第二十八号）の全部を改正する。

奈良県情報公開条例

目次
　第一章　総則（第一条～第四条）
　第二章　行政文書の開示等
　　第一節　行政文書の開示（第五条～第十八条）
　　第二節　不服申立て（第十九条～第二十九条）
　第三章　奈良県情報公開審査会（第三十条）
　第四章　情報公開の総合的推進（第三十一条・第三十二条）
　第五章　雑則（第三十三条～第三十八条）
　附則

第一章　総則

（目的）
第一条　この条例は、行政文書の開示を請求する権利を明らかにするとともに、情報公開の総合的な推進に関し必要な事項を定めることにより、県政に対する県民の理解と信頼を深め、県民の県政への参加を促進し、もって県民の知る権利への理解を深めつつ、県の有するその諸活動を県民に説明する責務が全うされるようにするとともに、公正で開かれた県民本位の県政を一層推進することを目的とする。

（定義）
第二条　この条例において「実施機関」とは、知事、議会、教育委員会、選挙管理委員会、人事委員会、監査委員、公安委員会、警察本部長、地方労働委員会、収用委員会及び内水面漁場管理委員会をいう。
2　この条例において「行政文書」とは、実施機関の職員が職務上作成し、又は取得した文書、図画及び電磁的記録（電子的方式、磁気的方式その他人の知覚によっては認識することができない方式で作られた記録をいう。以下同じ。）であって、当該実施機関の職員が組織的に用いるものとして、当該実施機関が保有しているものをいう。ただし、次に掲げるものを除く。
　一　官報、公報、白書、新聞、雑誌、書籍その他不特定多数の者に販売することを目的として発行されるもの
　二　図書館、博物館、美術館その他これらに類する県の施設において、当該施

設の設置目的に応じて収集し、整理し、及び保存している図書、記録、図画その他の資料

（解釈及び運用）

第三条　実施機関は、この条例の解釈及び運用に当たっては、行政文書の開示を請求する権利を十分に尊重するものとする。この場合において、実施機関は、個人に関する情報がみだりに公にされることがないよう最大限の配慮をしなければならない。

（適正な請求及び使用）

第四条　行政文書の開示の請求をする者は、この条例の目的に即し、適正な請求をするとともに、行政文書の開示を受けたときは、これによって得た情報を適正に使用しなければならない。

　　　　第二章　行政文書の開示等

　　　　　第一節　行政文書の開示

（開示請求権）

第五条　何人も、この条例の定めるところにより、実施機関に対し、当該実施機関の保有する行政文書の開示を請求することができる。

（開示請求の手続）

第六条　前条の規定による開示の請求（以下「開示請求」という。）は、次に掲げる事項を記載した書面（以下「開示請求書」という。）を実施機関に提出してしなければならない。

一　開示請求をする者の氏名又は名称及び住所又は居所並びに法人その他の団体にあっては代表者の氏名

二　行政文書の名称その他の開示請求に係る行政文書を特定するに足りる事項

三　前二号に掲げるもののほか、規則で定める事項

2　実施機関は、開示請求書に形式上の不備があると認めるときは、開示請求をした者（以下「開示請求者」という。）に対し、相当の期間を定めて、その補正を求めることができる。この場合において、実施機関は、開示請求者に対し、補正の参考となる情報提供するよう努めなければならない。

（行政文書の開示義務）

第七条　実施機関は、開示請求があったときは、開示請求に係る行政文書に次の各号に掲げる情報（以下「不開示情報」という。）のいずれかが記録されている場合を除き、開示請求者に対し、当該行政文書を開示しなければならない。

一　法令若しくは他の条例（以下「法令等」という。）の規定又は実施機関が法律上従う義務を有する各大臣その他国の機関の指示により、公にすることができないと認められる情報

二　個人に関する情報（事業を営む個人の当該事業に関する情報を除く。）であって、当該情報に含まれる氏名、生年月日その他の記述等により特定の個人を識別することができるもの（他の情報と照合することにより、特定の個人

を識別することができることとなるものを含む。）又は特定の個人を識別することはできないが、公にすることにより、なお個人の権利利益を害するおそれがあるもの。ただし、次に掲げる情報を除く。

　　ア　法令等の規定により又は慣行として公にされ、又は公にすることが予定されている情報
　　イ　人の生命、健康、生活又は財産を保護するため、公にすることが必要であると認められる情報
　　ウ　当該個人が公務員等（国家公務員法（昭和二十二年法律第百二十号）第二条第一項に規定する国家公務員（独立行政法人通則法（平成十一年法律第百三号）第二条第二項に規定する特定独立行政法人の役員及び職員を除く。）、独立行政法人等（独立行政法人等の保有する情報の公開に関する法律（平成十三年法律第百四十号）第二条第一項に規定する独立行政法人等をいう。以下同じ。）の役員及び職員並びに地方公務員法（昭和二十五年法律第二百六十一号）第二条に規定する地方公務員をいう。）である場合において、当該情報がその職務の遂行に係る情報であるときは、当該情報のうち、当該公務員等の職及び当該職務遂行の内容に係る部分
三　法人その他の団体（国、独立行政法人等及び地方公共団体を除く。以下「法人等」という。）に関する情報又は事業を営む個人の当該事業に関する情報であって、次に掲げるもの。ただし、人の生命、健康、生活又は財産を保護するため、公にすることが必要であると認められる情報を除く。
　　ア　公にすることにより、当該法人等又は当該個人の権利、競争上の地位その他正当な利益を害するおそれがあるもの
　　イ　実施機関の要請を受けて、公にしないとの条件で任意に提供されたものであって、法人等又は個人における通例として公にしないこととされているものその他の当該条件を付することが当該情報の性質、当時の状況等に照らして合理的であると認められるもの
四　公にすることにより、犯罪の予防、鎮圧又は捜査、公訴の維持、刑の執行その他の公共の安全と秩序の維持に支障を及ぼすおそれがあると実施機関が認めることにつき相当の理由がある情報
五　県の機関並びに国、独立行政法人等及び他の地方公共団体の内部又は相互間における審議、検討又は協議に関する情報であって、公にすることにより率直な意見の交換若しくは意思決定の中立性が不当に損なわれるおそれ、不当に県民等の間に混乱を生じさせるおそれ又は特定の者に不当に利益を与え若しくは不利益を及ぼすおそれがあるもの
六　県の機関又は国、独立行政法人等若しくは他の地方公共団体が行う事務又は事業に関する情報であって、公にすることにより、次に掲げるおそれその他当該事務又は事業の性質上、当該事務又は事業の適正な遂行に支障を及ぼすおそれがあるもの
　　ア　監査、検査、取締り又は試験に係る事務に関し、正確な事実の把握を困難にするおそれ又は違法若しくは不当な行為を容易にし、若しくはその発見を困難にするおそれ

イ　契約、交渉又は争訟に係る事務に関し、国、独立行政法人等又は地方公共団体の財産上の利益又は当事者としての地位を不当に害するおそれ
　　ロ　調査研究に係る事務に関し、その公正かつ能率的な遂行を不当に阻害するおそれ
　　エ　人事管理に係る事務に関し、公正かつ円滑な人事の確保に支障を及ぼすおそれ
　　オ　国又は地方公共団体が経営する企業又は独立行政法人等に係る事業に関し、その企業経営上の正当な利益を害するおそれ
　七　議会の会派又は議員の活動に関する情報であって、公にすることによりこれらの活動に著しい支障を及ぼすおそれがあるもの
　　　◇一部改正（平成一四年条例二三号）
　（部分開示）
第八条　実施機関は、開示請求に係る行政文書の一部に不開示情報が記録されている場合において、不開示情報が記録されている部分を容易に区分して除くことができるときは、開示請求者に対し、当該部分を除いた部分につき開示しなければならない。ただし、当該部分を除いた部分に有意の情報が記録されていないと認められるときは、この限りでない。
2　開示請求に係る行政文書に前条第二号の情報（特定の個人を識別することができるものに限る。）が記録されている場合において、当該情報のうち、氏名、生年月日その他の特定の個人を識別することができることとなる記述等の部分を除くことにより、公にしても、個人の権利利益が害されるおそれがないと認められるときは、当該部分を除いた部分は、同号の情報に含まれないものとみなして、前項の規定を適用する。
　（公益上の理由による裁量的開示）
第九条　実施機関は、開示請求に係る行政文書に不開示情報（第七条第一号の情報を除く。）が記録されている場合であっても、公益上特に必要があると認めるときは、開示請求者に対し、当該行政文書を開示することができる。
　（行政文書の存否に関する情報）
第十条　開示請求に対し、当該開示請求に係る行政文書が存在しているか否かを答えるだけで、不開示情報を開示することとなるときは、実施機関は、当該行政文書の存否を明らかにしないで、当該開示請求を拒否することができる。
　（開示請求に対する措置）
第十一条　実施機関は、開示請求に係る行政文書の全部又は一部を開示するときは、その旨の決定をし、開示請求者に対し、その旨及び開示の実施に関し規則で定める事項を書面により通知しなければならない。
2　実施機関は、開示請求に係る行政文書の全部を開示しないとき（前条の規定により開示請求を拒否するとき及び開示請求に係る行政文書を保有していないときを含む。）は、開示をしない旨の決定をし、開示請求者に対し、その旨を書面により通知しなければならない。
3　実施機関は、前二項の規定により開示請求に係る行政文書の全部を開示しない旨の決定又は一部を開示する旨の決定をしたときは、当該各項に規定する書

面にその決定の理由を記載しなければならない。この場合において、その理由がなくなる期日をあらかじめ明示することができるときは、当該期日を併せて記載しなければならない。

(開示決定等の期限)

第十二条　前条第一項及び第二項の決定（以下「開示決定等」という。）は、開示請求があった日から起算して十五日以内にしなければならない。ただし、第六条第二項の規定により補正を求めた場合にあっては、当該補正に要した日数は、当該期間に算入しない。

2　前項の規定にかかわらず、実施機関は、事務処理上の困難その他正当な理由があるときは、同項に規定する期間を四十五日以内に限り延長することができる。この場合において、実施機関は、開示請求者に対し、遅滞なく、延長後の期間及び延長の理由を書面により通知しなければならない。

(開示決定等の期限の特例)

第十三条　開示請求に係る行政文書が著しく大量であるため、開示請求があった日から起算して六十日以内にそのすべてについて開示決定等をすることにより事務の遂行に著しい支障が生ずるおそれがある場合には、前条の規定にかかわらず、実施機関は、開示請求に係る行政文書のうちの相当の部分につき当該期間内に開示決定等をし、残りの行政文書については相当の期間内に開示決定等をすれば足りる。この場合において、実施機関は、同条第一項に規定する期間内に、開示請求者に対し、次に掲げる事項を書面により通知しなければならない。

一　本条を適用する旨及びその理由
二　残りの行政文書について開示決定等をする期限

(事案の移送)

第十四条　実施機関は、開示請求に係る行政文書が他の実施機関により作成されたものであるときその他他の実施機関において開示決定等をすることにつき正当な理由があるときは、当該他の実施機関と協議の上、当該他の実施機関に対し、事案を移送することができる。この場合においては、移送をした実施機関は、開示請求者に対し、事案を移送した旨を書面により通知しなければならない。

2　前項の規定により事案が移送されたときは、移送を受けた実施機関において、当該開示請求についての開示決定等をしなければならない。この場合において、移送をした実施機関が移送前にした行為は、移送を受けた実施機関がしたものとみなす。

3　前項の場合において、移送を受けた実施機関が第十一条第一項の決定（以下「開示決定」という。）をしたときは、当該実施機関は、開示の実施をしなければならない。この場合において、移送をした実施機関は、当該開示の実施に必要な協力をしなければならない。

(第三者に対する意見書提出の機会の付与等)

第十五条　開示請求に係る行政文書に国、独立行政法人等、地方公共団体及び開示請求者以外の者（以下この条、第二十条及び第二十一条において「第三者」

という。)に関する情報が記録されているときは、実施機関は、開示決定等をするに当たって、当該情報に係る第三者に対し、開示請求に係る行政文書の表示その他規則で定める事項を通知して、意見書を提出する機会を与えることができる。
2 実施機関は、次の各号のいずれかに該当するときは、開示決定に先立ち、当該第三者に対し、開示請求に係る行政文書の表示その他規則で定める事項を書面により通知して、意見書を提出する機会を与えなければならない。ただし、当該第三者の所在が判明しない場合は、この限りでない。
一 第三者に関する情報が記録されている行政文書を開示しようとする場合であって、当該情報が第七条第二号イ又は同条第三号ただし書に規定する情報に該当すると認められるとき。
二 第三者に関する情報が記録されている行政文書を第九条の規定により開示しようとするとき。
3 実施機関は、前二項の規定により意見書の提出の機会を与えられた第三者が当該行政文書の開示に反対の意思を表示した意見書を提出した場合において、開示決定をするときは、開示決定の日と開示を実施する日との間に少なくとも二週間を置かなければならない。この場合において、実施機関は、開示決定後直ちに、当該意見書(第十九条及び第二十条において「反対意見書」という。)を提出した第三者に対し、開示決定をした旨及びその理由並びに開示を実施する日を書面により通知しなければならない。
◇一部改正(平成一四年条例二三号)
(開示の実施)
第十六条 行政文書の開示は、文書又は図面については閲覧又は写しの交付により、電磁的記録についてはその種別、情報化の進展状況等を勘案して規則で定める方法により行う。ただし、閲覧の方法による行政文書の開示にあっては、実施機関は、当該行政文書の保存に支障を生ずるおそれがあると認めるときその他正当な理由があるときは、その写しにより、これを行うことができる。
2 開示決定に基づき行政文書の開示を受ける者は、規則で定めるところにより、当該開示決定をした実施機関に対し、その求める開示の実施の方法その他の規則で定める事項を申し出なければならない。
3 前項の規定による申出は、第十一条第一項に規定する通知があった日から三十日以内にしなければならない。ただし、当該期間内に当該申出をすることができないことにつき正当な理由があるときは、この限りでない。
4 開示決定に基づき行政文書の開示を受けた者は、最初に開示を受けた日から三十日以内に限り、実施機関に対し、更に開示を受ける旨を申し出ることができる。この場合においては、前項ただし書の規定を準用する。
(法令等による開示の実施との調整)
第十七条 実施機関は、法令等の規定により、何人にも開示請求に係る行政文書が前条第一項本文に規定する方法と同一の方法で開示することとされている場合(開示の期間が定められている場合にあっては、当該期間内に限る。)には、同項本文の規定にかかわらず、当該行政文書については、当該同一の方法によ

る開示を行わない。ただし、当該法令等の規定に一定の場合には開示をしない旨の定めがあるときは、この限りでない。
2　法令等の規定に定める開示の方法が縦覧であるときは、当該縦覧を前条第一項本文の閲覧とみなして、前項の規定を適用する。
　（費用負担）
第十八条　第十六条第一項の規定により行政文書（行政文書を複写した物を含む。）の写し（電磁的記録にあっては、同項の規則で定める方法により交付される物を含む。）の交付を受ける者は、当該写しの作成及び送付に要する費用を負担しなければならない。

　　　　　　　　第二節　不服申立て

　（審査会への諮問）
第十九条　開示決定等について行政不服審査法（昭和三十七年法律第百六十号）による不服申立てがあったときは、当該不服申立てに対する決定又裁決をすべき実施機関（議会を除く。以下この節及び第三十条第二項において同じ。）は、次の各号のいずれかに該当する場合を除き、奈良県情報公開審査会に諮問しなければならない。
　一　不服申立てが不適法であり、却下するとき。
　二　決定又は裁決で、不服申立てに係る開示決定等（開示請求に係る行政文書の全部を開示する旨の決定を除く。以下この号及び第二十一条において同じ。）を取り消し又は変更し、当該不服申立てに係る行政文書の全部を開示することとするとき。ただし、当該開示決定等について反対意見書が提出されているときを除く。
　（諮問をした旨の通知）
第二十条　前条の規定により諮問をした実施機関（以下「諮問実施機関」という。）は、次に掲げる者に対し、諮問をした旨を通知しなければならない。
　一　不服申立人及び参加人
　二　開示請求者（開示請求者が不服申立人又は参加人である場合を除く。）
　三　当該不服申立てに係る開示決定等について反対意見書を提出した第三者（当該第三者が不服申立人又は参加人である場合を除く。）
　（第三者からの不服申立てを棄却する場合等における手続）
第二十一条　第十五条第三項の規定は、次の各号のいずれかに該当する決定又は裁決をする場合について準用する。
　一　開示決定に対する第三者からの不服申立てを却下し、又は棄却する決定又は裁決
　二　不服申立てに係る開示決定等を変更し、当該開示決定等に係る行政文書を開示する旨の決定又は裁決（第三者である参加人が当該行政文書の開示に反対の意思を表示している場合に限る。）
　（審査会の調査権限）
第二十二条　奈良県情報公開審査会は、第十九条の規定による諮問に係る調査審議を行うため必要があると認めるときは、諮問実施機関に対し、開示決定等に

係る行政文書の提示を求めることができる。この場合においては、何人も、奈良県情報公開審査会に対し、その提示された行政文書の開示を求めることができない。
2　諮問実施機関は、奈良県情報公開審査会から前項の規定による求めがあったときは、これを拒んではならない。
3　奈良県情報公開審査会は、第十九条の規定による諮問に係る調査審議を行うため必要があると認めるときは、諮問実施機関に対し、開示決定等に係る行政文書に記録されている情報の内容を奈良県情報公開審査会の指定する方法により分類又は整理した資料を作成し、奈良県情報公開審査会に提出するよう求めることができる。
4　第一項及び前項に定めるもののほか、奈良県情報公開審査会は、不服申立てに係る事件に関し、不服申立人、参加人又は諮問実施機関（以下「不服申立人等」という。）に意見書又は資料の提出を求めること、適当と認める者にその知っている事実を陳述させ又は鑑定を求めることその他必要な調査をすることができる。

（意見の陳述）
第二十三条　奈良県情報公開審査会は、不服申立人等から申立てがあったときは、当該不服申立人等に口頭で意見を述べる機会を与えなければならない。ただし、奈良県情報報公開審査会が、その必要がないと認めるときは、この限りでない。
2　前項本文の場合においては、不服申立人又は参加人は、奈良県情報公開審査会の許可を得て、補佐人とともに出頭することができる。

（意見書等の提出）
第二十四条　不服申立人等は、奈良県情報公開審査会に対し、意見書又は資料を提出することができる。ただし、奈良県情報公開審査会が意見書又は資料を提出すべき相当の期間を定めたときは、その期間内にこれを提出しなければならない。

（委員による調査手続）
第二十五条　奈良県情報公開審査会は、必要があると認めるときは、その指名する委員に、第二十二条第一項の規定により提示された行政文書を閲覧させ、同条第四項の規定による調査をさせ、又は第二十三条第一項本文の規定による不服申立人等の意見の陳述を聴かせることができる。

（提出資料の閲覧）
第二十六条　不服申立人等は、奈良県情報公開審査会に対し、奈良県情報公開審査会に提出された意見書又は資料の閲覧を求めることができる。この場合において、奈良県情報公開審査会は、第三者の利益を害するおそれがあると認めるときその他正当な理由があるときでなければ、その閲覧を拒むことができない。
2　奈良県情報公開審査会は、前項の規定による閲覧について、日時及び場所を指定することができる。

（調査審議手続の非公開）
第二十七条　奈良県情報公開審査会の行う第十九条の規定による諮問に係る調査審議の手続は、公開しない。

(答申書の送付等)
第二十八条　奈良県情報公開審査会は、第十九条の規定による諮問に対する答申をしたときは、答申書の写しを不服申立人及び参加人に送付するとともに、答申の内容を公表するものとする。
(答申の尊重義務)
第二十九条　諮問実施機関は、前条の規定による諮問に対する答申を受けたときは、これを尊重して、速やかに、当該不服申立てに対する決定又は裁決を行わなければならない。

第三章　奈良県情報公開審査会

第三十条　第十九条の規定による諮問に応じて調査審議を行わせるため、奈良県情報公開審査会(以下この条において「審査会」という。)を置く。
2　審査会は、この条例に定めるもののほか、情報公開に関する重要事項について、実施機関の諮問に応じて調査審議し、及び実施機関に建議することができる。
3　審査会は、委員五人以内で組織する。
4　委員は、学識経験を有する者のうちから、知事が委嘱する。
5　委員の任期は、二年とする。ただし、補欠の委員の任期は、前任者の残任期間とする。
6　委員は、再任されることができる。
7　委員は、職務上知り得た秘密を漏らしてはならない。その職を退いた後も、同様とする。
8　第三項から前項までに定めるもののほか、審査会の組織及び運営に関し必要な事項は、規則で定める。

第四章　情報公開の総合的推進

(実施機関の保有する情報の提供に関する施策の充実)
第三十一条　県は、その保有する情報の公開の総合的な推進を図るため、実施機関の保有する情報が適時に、かつ、適切な方法で県民に明らかにされるよう、実施機関の保有する情報の提供に関する施策の充実に努めるものとする。
(出資法人の情報公開)
第三十二条　県が資本金、基本金その他これらに準ずるものを出資している法人であって、その性格、業務内容等を勘案して当該法人を所管する実施機関が定めるもの(以下「出資法人」という。)は、この条例の趣旨にのっとり、当該出資法人の保有する情報の公開に関し必要な措置を講ずるよう努めるものとする。
2　実施機関は、出資法人に対し、前項の措置を講ずるよう指導に努めるものとする。
3　出資法人は、当該出資法人が保有する情報の公開に関し、奈良県情報公開審査会に対し、意見を求めることができる。

第五章　雑　則

（行政文書の管理）
第三十三条　実施機関は、この条例の適正かつ円滑な運用に資するため、行政文書を適正に管理するものとする。
2　実施機関は、行政文書の分類、作成、保存及び廃棄その他の行政文書の管理に必要な事項についての定めを設けるものとする。
（検索資料の作成）
第三十四条　実施機関は、行政文書を検索するための資料を作成し、一般の利用に供するものとする。
（運用状況の公表）
第三十五条　知事は、毎年一回、各実施機関におけるこの条例の運用状況を取りまとめ、公表するものとする。
（適用除外）
第三十六条　次に掲げる行政文書については、この条例の規定は適用しない。
一　刑事訴訟に関する書類及び押収物
二　漁業法（昭和二十四年法律第二百六十七号）第五十条第一項に規定する免許漁業原簿
（その他）
第三十七条　この条例に定めるもののほか、この条例の施行に関し必要な事項は、規則で定める。
（罰則）
第三十八条　第三十条第七項の規定に違反して秘密を漏らした者は、一年以下の懲役又は三十万円以下の罰金に処する。
　附　則
（施行期日）
1　この条例は、平成十三年四月一日から施行する。ただし、次の各号に掲げる規定は、当該各号に定める日から施行する。
一　第二条第二項、第十六条第一項及び第十八条の規定中電磁的記録に係る部分　平成十三年十月一日
二　第二条第一項（公安委員会及び警察本部長に係る部分に限る。）及び第三十八条並びに附則第三項の規定　規則で定める日（平成十四年一月二十五日規則第三十七号により、平成十四年四月一日から施行）
（経過措置）
2　改正後の奈良県情報公開条例（以下「新条例」という。）の規定は、この条例の施行の日（以下「施行日」という。）以後に実施機関（公安委員会及び警察本部長を除く。）の職員が職務上作成し、又は取得した行政文書について適用する。
3　新条例の規定は、附則第一項第二号に掲げる日以後に実施機関（公安委員会及び警察本部長に限る。）の職員が職務上作成し、又は取得した行政文書について適用する。

4 改正前の奈良県情報公開条例（以下「旧条例」という。）第二条第二項に規定する公文書であって、施行日前に実施機関（議会、公安委員会及び警察本部長を除く。）の職員が職務上作成し、又は取得したものについては、新条例の規定にかかわらず、なお従前の例による。

5 旧条例第十四条第一項の規定により置かれた奈良県情報公開審査会は、新条例第三十条第一項の規定により置かれた奈良県情報公開審査会となり、同一性をもって存続するものとする。

6 この条例の施行の際現に旧条例第十四条第四項の規定により委嘱された奈良県情報公開審査会の委員である者は、施行日に、新条例第三十条第四項の規定により奈良県情報公開審査会の委員として委嘱されたものとみなす。この場合において、その委嘱されたものとみなされる者の任期は、同条第五項の規定にかかわらず、同日における旧条例第十四条第五項の規定による委員としての任期の残任期間と同一の期間とする。

（奈良県個人情報保護条例の一部改正）

7 奈良県個人情報保護条例（平成十二年三月奈良県条例第三十二号）の一部を次のように改正する。

第二条第四号を次のように改める。

四 行政文書 実施機関の職員が職務上作成し、又は取得した文書、図画及び電磁的記録（電子的方式、磁気的方式その他人の知覚によっては認識することができない方式で作られた記録をいう。以下同じ。）であって、当該実施機関の職員が組織的に用いるものとして、当該実施機関が保有しているものをいう。ただし、次に掲げるものを除く。

　ア 官報、公報、白書、新聞、雑誌、書籍その他不特定多数の者に販売することを目的として発行されるもの

　イ 図書館、博物館、美術館その他これらに類する県の施設において、当該施設の設置目的に応じて収集し、整理し、及び保存している図書、記録、図画その他の資料

第二条中第五号を削り、第六号を第五号とする。

第十一条第一項中「公文書又は磁気テープ等」を「行政文書」に改め、ただし書を削る。

第十四条第一項中「公文書又は磁気テープ等」を「行政文書」に改める。

第十五条第一項第一号中「公文書」を「文書又は図画」に改め、同項第二号を次のように改める。

二 電磁的記録に記録されている個人情報 当該電磁的記録の種別、情報化の進展状況等を勘案して規則で定める方法

第十九条中「規定により写し」の下に「（電磁的記録にあっては、同項第二号の規則で定める方法により交付される物を含む。）」を、「費用」の下に「として規則で定める額」を加える。

第二十八条第三項中「奈良県情報公開条例（平成八年三月奈良県条例第二十八号）」を「奈良県情報公開条例（平成十三年三月奈良県条例第三十八号。）」に、「閲覧若しくは写しの交付」を「開示」に改め、同条第四項中「閲覧又は

写しの交付」を「開示」に改める。
附　則（平成十四年三月二十九日条例第二十三号）
　（施行期日）
1　この条例の施行期日は、規則で定める。（平成十四年九月十三日規則第十八号で、平成十四年十月一日から施行）
　（経過措置）
2　この条例による改正後の奈良県情報公開条例（以下「改正後の条例」という。）第七条及び第十五条の規定は、この条例の施行後にされた開示請求（改正後の条例第六条第一項に規定する開示請求をいう。以下同じ。）について適用し、この条例の施行前にされた開示請求については、なお従前の例による。

〔編者紹介〕

秋吉健次（あきよし・けんじ）

　1930年生まれ。中央大学第一法学部卒業。51年日本新聞協会事務局職員となり、業務部課長、経営部労務担当主管、研究所主任研究員、大阪事務所長、事務局長付部長、90年定年退職。86年マスコミ倫理懇談会全国協議会事務局長代理、同事務局長（以上出向）、同顧問（現職）。97年10月から千葉県市川市公文書公開審査会委員。

　01年9月から、出版倫理協議会ゾーニング委員会判定委員。

　最近の著作＝「条文比較による個人情報保護条例集」上1・上2・中・下（2000年、信山社）、「情報公開条例集」上・中・下（99年、信山社）、共著＝「情報公開制度　運用の実務」（99年、新日本法規出版）、「青少年条例—自由と規制の争点」（92年、三省堂）。

田北康成（たきた・やすなり）

　1968年生まれ。立教大学大学院社会学研究科博士課程後期在。94年4月からマスコミ倫理懇談会全国協議会嘱託。最近の共著「メディア総研ブックレット8　デジタル放送用語事典2002」（02年、メディア総合研究所）、雑誌論文＝「メディア規制の潮流とマス・メディアの消極的対応」（「出版ニュース」02年4月上旬号）、「FOCUS休刊から考えること」（「新聞研究」01年10月号）ほか。

新編　情報公開条例集（1）
都道府県情報公開条例〔全文集〕＜上＞

2003（平成15年）6月30日　第1版第1刷発行
3161-0101

編　者	秋　吉　健　次
	田　北　康　成
発行者	今　井　　貴
発行所	信山社出版株式会社

〒113-0033 東京都文京区本郷6-2-9-102
電　話　03（3818）1019
ＦＡＸ　03（3818）0344

Printed in Japan

Ⓒ 秋吉健次，田北康成，2003　印刷製本／長野印刷
ISBN4-7972-3161-0 C3332
3113-012-040-020
NDC 分類-323.926

発売中

情報公開条例の解釈　平松　毅著　2,900円

自由人権協会編
情報公開条例の運用と実務（上）〈増補版〉、（下）〈新版〉
　　　　　―情報公開法案と情報公開条例―
　　　　　増補版（上）（368頁）本体　5,000円
　　　　　新　版（下）（536頁）本体　6,000円

情報公開条例集（上）東京都23区　　　　　　　8,000円
情報公開条例集（中）東京都27各市　　　　　　9,800円
情報公開条例集（下）政令指定都市・都道府県　12,000円
　　　　　　　（上）（中）（下）セット　29,800円

条文比較による
個人情報保護条例集（上）-1　A-1　都道府県（384頁）　5,760円
個人情報保護条例集（上）-2　A-2　都道府県（432頁）　6,480円
個人情報保護条例集（中）　　B　政令指定都市（384頁）　5,760円
個人情報保護条例集（下）　　C　東京23区（544頁）　　8,160円
　　　　　　　　　　　　　　　　　　全4冊セット　26,160円

新編　情報公開条例集（1）　都道府県[全文集]上　8,000円
新編　情報公開条例集（2）　都道府県[全文集]下　8,000円
新編　情報公開条例集（3）　都道府県[項目別]上　8,000円
新編　情報公開条例集（4）　都道府県[項目別]下　7,000円
新編　情報公開条例集（5）　政令指定都市・県庁所在36市[全文集]　続刊
新編　情報公開条例集（6）　政令指定都市・県庁所在36市[項目別]　続刊
新編　情報公開条例集（7）　首都圏各市[全文集]　続刊
新編　情報公開条例集（8）　首都圏各市[項目別]　続刊

都市計画法規概説	荒 秀・小高 剛編 五〇〇〇円
行政計画の法的統制	見上 崇洋著 一〇〇〇〇円
大規模施設設置手続の法構造	山田 洋著 一二〇〇〇円
日韓土地行政法制の比較研究	荒 秀編 一二〇〇〇円
裁判制度 ―やわらかな司法の試み―	笹田 栄司著 二六〇〇円
日本の経済成長とその法的構造	川原 謙一著 二五〇〇円
行政負担調整法	庄司 実著 一二〇〇〇円

信山社

予算・財政監督の法構造	甲斐 素直 著	九八〇〇円
わが国市町村議会の起源	上野 裕久 著	一二九八〇円
法の中の男女不平等	陸路 順子 著	一五五三円
行政裁判の理論	田中舘 照橘 著	一五五三四円
受益者負担制度の法的研究	三木 義一 著	五八〇〇円
行政裁量とその統制密度	宮田 三郎 著	六〇〇〇円
税法講義（第二版）——税法と納税者の権利義務——	山田 二郎 著	四八〇〇円

信山社

租税債務確定手続　占部　裕典著　四三〇〇円

消費税法の研究　湖東　京至著　一〇〇〇〇円

日本をめぐる国際租税環境　明治学院大学法学部立法研究会　編　七〇〇〇円

固定資産税の現状と課題　占部　裕典監・全国婦人税理士連盟　編　五六〇〇円

土地利用の公共性（土地法制研究Ⅰ）　土地法制研究会編　奈良次郎・吉牟田勲・田島裕編集代表　一四〇〇〇円

環境影響評価の制度と法　―環境管理システムの構築のために―　浅野　直人著　二六〇〇円

信山社

留置権の研究	関 武志 著 一三八〇〇円
借地借家法の実務	都市再開発法制研究会 編 二一三六円
定期借家権	阿部泰隆・野村好弘・福井秀夫 編 四八〇〇円
マンション管理法セミナー	山畑 哲世 著 二三二二円
マンション管理法入門	山畑 哲世 著 三六〇〇円
不動産仲介契約論	明石 三郎 著 一二〇〇〇円
損害額算定と損害限定	ヘルマン・ラング 著 西原道雄・齋藤修 訳 二五〇〇円

信山社